权威·前沿·原创

皮书系列为
"十二五""十三五""十四五"时期国家重点出版物出版专项规划项目

B

BLUE BOOK

智库成果出版与传播平台

黄河蓝皮书

BLUE BOOK OF YELLOW RIVER

黄河水利与流域绿色发展报告（2023）

REPORT ON YELLOW RIVER CONSERVANCY AND GREEN DEVELOPMENT (2023)

主　　编／千　析　李闽榕

执行主编／田世民　李志伟

社会科学文献出版社

SOCIAL SCIENCES ACADEMIC PRESS (CHINA)

图书在版编目（CIP）数据

黄河水利与流域绿色发展报告.2023 / 千析，李闽
榕主编. -- 北京：社会科学文献出版社，2024.2
　（黄河蓝皮书）
　ISBN 978-7-5228-3155-8

　Ⅰ.①黄…　Ⅱ.①千…②李…　Ⅲ.①黄河-流域经
济-绿色经济-区域经济发展-研究报告　Ⅳ.①F127

　　中国国家版本馆 CIP 数据核字（2024）第 023741 号

黄河蓝皮书
黄河水利与流域绿色发展报告（2023）

主　　编 / 千　析　李闽榕

出 版 人 / 冀祥德
责任编辑 / 张建中
责任印制 / 王京美

出　　版 / 社会科学文献出版社
　　　　　　地址：北京市北三环中路甲 29 号院华龙大厦　邮编：100029
　　　　　　网址：www.ssap.com.cn
发　　行 / 社会科学文献出版社（010）59367028
印　　装 / 天津千鹤文化传播有限公司

规　　格 / 开　本：787mm×1092mm　1/16
　　　　　　印　张：22　字　数：330 千字
版　　次 / 2024 年 2 月第 1 版　2024 年 2 月第 1 次印刷
书　　号 / ISBN 978-7-5228-3155-8
定　　价 / 178.00 元

读者服务电话：4008918866

编委会名单

主编单位　黄河水利委员会黄河水利科学研究院
　　　　　　中智科学技术评价研究中心

协编单位　黄河水利委员会新闻宣传出版中心
　　　　　　黄河研究会

资助单位　中国保护黄河基金会

主　　编　千　析　黄河水利委员会办公室主任
　　　　　　李闽榕　中智科学技术评价研究中心理事长

执行主编　田世民　黄河水利委员会黄河水利科学研究院水生态
　　　　　　　　　　环境研究所所长
　　　　　　李志伟　中智科学技术评价研究中心主任助理

首席专家　江恩慧　黄河水利委员会黄河水利科学研究院副院长

委　　员　（以姓氏笔画为序）

千　析　　马广州　　马东方　　王军涛　　王志慧
王弯弯　　王嘉仪　　田世民　　田依林　　师　芮
乔西现　　刘　杨　　刘　畅　　孙彭成　　李军华
李志伟　　李闽榕　　李恩宽　　李洁玉　　余甫坤
张　杰　　张　敏　　张少华　　张文鸽　　张向萍
张展硕　　陈　冰　　郑佳芸　　赵凌栋　　栗　方
贾　佳　　曹永涛　　梁　帅　　董其华　　韩　冰
景　明　　焦　鹏　　窦身堂

主要编撰者及首席专家简介

干 析 男，1971 年生，高级经济师。黄河水利委员会办公室主任、黄河文化研究中心主任，主要研究方向为宏观经济、竞争战略、黄河文化等，出版著作《人与黄河》。

李闽榕 男，1955 年生，经济学博士。中智科学技术评价研究中心理事长、主任，福建师范大学兼职教授、博士生导师，中国区域经济学会副理事长，中国科学院海西研究院产业发展咨询委员会副主任。主要研究方向为宏观经济、区域经济竞争力、现代物流等。

江恩慧 女，1963 年生，正高级工程师（二级），黄河水利委员会黄河水利科学研究院副院长，中国水利学会流域发展战略专业委员会主任委员，中国大坝工程学会水库泥沙处理与资源利用专业委员会主任委员，水利部科学技术委员会委员，中国湖库清淤与泥沙利用协同创新平台理事长。兼任河海大学、华北水利水电大学、南开大学、郑州大学等博士生导师。曾连任两届国际大坝委员会水库泥沙专业委员会主席。先后获"国家有突出贡献中青年专家""十佳全国优秀科技工作者""水利领军人才"等称号，获全国创新争先奖等，享受国务院政府特殊津贴专家，入选"百千万人才工程"国家级人选、水利部"5151 人才工程"、水利青年科技英才、河南省优秀科技专家等，黄河保护立法重点任务记功表彰。主持和参与完成国家重点研发计划、国家自然科学基金重点项目等国家级和省部级重大项目 200 多项。发表论文 300 余篇，SCI/EI 收录近 100 篇，出版专著 21 部，获国家专利 25 项。获国家科技进步奖一、二等奖各 1 项。

田世民　男，1981 年生，工学博士，正高级工程师。黄河水利委员会黄河水利科学研究院水生态环境研究所所长，兼任河南省水利学会河湖健康诊断与系统治理专业委员会主任、河南省黄河水生态环境工程技术研究中心副主任。主要研究方向为流域生态保护。主持和参与国家级、省部级项目 20 余项，发表学术论文 102 篇，出版专著 5 部，编制标准 2 部，获发明/实用新型专利 22 项，软件著作权 6 项。获省部级科技进步奖特等奖 1 项、一等奖 3 项，黄河水利委员会科技进步奖一等奖 2 项。第 24 届河南青年五四奖章获得者，水利青年拔尖人才，黄委拔尖人才。

李志伟　男，1971 年生，高级经济师，中智科学技术评价研究中心主任助理，黄河文化研究中心副主任。曾任中国传统文化产业发展中心副主任、北京金石莲华华文化传媒有限公司总经理，从事经济管理、文化相关产业运作，策划出版《唐诗密码》。

摘　要

保护黄河是事关中华民族伟大复兴的千秋大计。2019 年，黄河流域生态保护和高质量发展成为重大国家战略，受到党和国家的高度重视。为更好地服务国家战略和流域发展，充分发挥科技支撑黄河治理智库作用，黄河水利委员会黄河水利科学研究院作为黄河科研主力军，整合单位多学科和交叉学科优势，联合中智科学技术评价研究中心、中国保护黄河基金会和黄河研究会，编撰《黄河水利与流域绿色发展报告（2023）》，对黄河流域保护治理和社会经济发展状况进行综合评价，为加强黄河流域生态环境保护治理以提高防洪安全保障能力、强化水资源节约集约利用以推动绿色高质量发展、理清黄河文化弘扬路径以增强文化自信提供智力支持和理论支撑。

黄河流域生态保护和高质量发展是一个复杂的系统工程。习近平总书记指出，黄河流域存在的问题，表象在黄河，根子在流域。治理黄河，重在保护，要在治理。要坚持山水林田湖草综合治理、系统治理、源头治理。① 历史上，黄河以"善淤、善决、善徙"而闻名，具有水少沙多、水沙关系不协调的特点。新中国成立以来，黄河流域已基本建成"上拦下排、两岸分滞"的防洪减灾体系，形成了"拦、调、排、放、挖"的泥沙综合治理思路，主河槽最小过流量由 2002 年汛前的 1800m³/s 恢复到 2021 年汛前的 5000m³/s 左右，黄河流域水资源节约集约利用水平持续提升，黄河源区水源涵养功能逐渐恢复，流域水土保持与生态治理效果显著，流域生态系统碳

---

① 习近平：《在黄河流域生态保护和高质量发展座谈会上的讲话》，载中共中央党史和文献研究室编《十九大以来重要文献选编》（中），中央文献出版社，2021，第 197、199 页。

汇量逐年增加。本书从社会经济发展模式出发，围绕流域生态保护中的具体问题如防洪安全、水生态环境、水资源节约集约利用及其与社会经济发展的相关性、水资源利用效率等问题，探讨社会经济绿色发展、高质量发展模式，评估黄河流域保护治理与高质量发展的协同关系，为黄河流域生态保护和高质量发展重大国家战略的实施和推进提供支撑。

本书由总报告、黄河水利篇、绿色发展篇、区域治理篇、幸福河建设篇共5个部分组成。以黄河水利与流域绿色发展为主题，从黄河治理与流域绿色发展，黄河流域水生态环境、水土流失治理、防洪安全与水沙调控、水资源节约集约利用、水资源安全与绿色发展、生态保护与绿色发展、水生态环境治理与绿色发展、保护治理与"双碳"目标，以及黄河水文化保护传承弘扬、黄河源区水源涵养、黄河三角洲地区生态修复、乌梁素海水生态环境及修复、黄河幸福河建设评价、黄河流域生态保护和高质量发展的法治保障等15个方面，全面展现黄河流域生态保护和高质量发展现状、存在的问题及应对措施，以实现高水平生态保护与高质量发展的内在统一为目标，提出了加强生态治理措施碳汇机制与效益评价，健全黄河水资源管控指标体系，发展特色鲜明的全链条文旅文化产业，完善黄河流域生态保护和高质量发展的法治保障体系等建议。

关键词： 黄河流域　区域治理　生态保护　黄河水利

目 录 ⤵

I 总报告

B.1 黄河治理与流域绿色发展报告

…………………… 千 析 张 敏 王弯弯 王嘉仪 马东方 / 001

一 黄河流域人水关系演变规律 ……………………… / 002

二 黄河流域水沙情势发展特点 ……………………… / 005

三 黄河流域生态保护和绿色发展取得的成效 ……………… / 021

四 新时代推动黄河流域水利高质量发展的建议 …………… / 024

II 黄河水利篇

B.2 黄河流域水生态环境状况 …………… 韩 冰 梁 帅 王弯弯 / 027

B.3 黄河流域水土流失治理报告 ……………… 刘 杨 焦 鹏 / 040

B.4 黄河流域防洪安全与水沙调控发展状况

…………………… 李军华 郑佳芸 李洁玉 陈 冰 张向萍 / 062

B.5 黄河流域水资源节约集约利用发展报告

…………………………… 王军涛 景 明 刘 畅 / 096

Ⅲ　绿色发展篇

B.6 黄河流域水资源安全与绿色发展研究

　　………………… 李恩宽　张文鸽　张　杰　师　芮 / 137

B.7 黄河流域生态保护与绿色发展报告 ……………… 王志慧 / 159

B.8 黄河流域水生态环境治理与绿色发展报告 …… 韩　冰　王嘉仪 / 174

B.9 黄河流域保护治理与"双碳"目标

　　………………………… 王志慧　贾　佳　孙彭成 / 186

B.10 黄河水文化保护传承弘扬状况 …… 马广州　余甫坤　栗　方 / 207

Ⅳ　区域治理篇

B.11 黄河源区水源涵养状况及面临形势

　　………………………… 梁　帅　韩　冰　田世民 / 243

B.12 黄河三角洲地区生态修复状况 ……………… 窦身堂　张少华 / 260

B.13 乌梁素海水生态环境状况及修复对策

　　………………………… 韩　冰　赵凌栋　张展硕 / 275

Ⅴ　幸福河建设篇

B.14 黄河幸福河建设评价报告 ………… 王弯弯　梁　帅　曹永涛 / 285

B.15 黄河流域生态保护和高质量发展的法治保障 ………… 乔西现 / 306

Contents ……………………………………………………… / 318

皮书数据库阅读**使用指南**

总 报 告

General Report

B.1
黄河治理与流域绿色发展报告

千析 张敏 王弯弯 王嘉仪 马东方*

摘　要: 黄河是我国的第二大河,以含沙量高和泥沙细而著称于世。黄河多年平均输沙量 16 亿 t,是科罗拉多河和尼罗河的 16 倍,但是水量只有长江的 5%。河流的变化是自然和人为因素共同作用的结果。黄河流域人水关系极其复杂,人水关系的和谐稳定对推动流域绿色发展具有至关重要的作用。本报告围绕黄河流域人水关系演变规律、水沙情势发展特点,揭示了黄河治理开发保护进程中人与自然的关系,阐明了自然和人类活动对黄河水文和泥沙过程的影响。黄河的自然属性对人类产生了利害

* 千析,黄河水利委员会黄河水利科学研究院高级经济师,主要研究方向为宏观经济、竞争战略、黄河文化等;张敏,博士,黄河水利委员会黄河水利科学研究院正高级工程师,博士研究生导师,主要研究方向为河道输沙、河势演变及河道综合治理等;王弯弯,硕士,黄河水利委员会黄河水利科学研究院工程师,主要研究方向为水生态环境治理等;王嘉仪,博士研究生,黄河水利委员会黄河水利科学研究院高级工程师,主要研究方向为管道水力学、水力学及河流泥沙动力学;马东方,硕士,黄河水利委员会黄河水利科学研究院工程师,研究方向为河床演变及水资源高效利用等。

相伴的影响，而自然和人类活动共同作用也会影响河流的水沙过程。因此，一部黄河治理史也是一部人与自然的关系史。同时，本报告从水安全、水生态、水资源和绿色发展等方面系统阐述了近年来治黄取得的新成效，研究提出进一步加大生态环境保护治理力度、提高防洪安全保障水平、强化水资源刚性约束和推动绿色高质量发展等方面的具体建议，以期为推动新时代黄河水利与流域绿色发展提供理论支撑。

关键词： 黄河流域　水生态　生态保护　绿色发展

一　黄河流域人水关系演变规律

黄河是世界第六长河、中国第二长河，干流全长 5464km，流域总面积 79.5 万 km² （含内流区），流经青海、四川、甘肃、宁夏、内蒙古、山西、陕西、河南、山东 9 省区，横跨我国北方西、中、东三大地理阶梯，青藏高原、黄土高原、内蒙古高原和黄淮海平原四个地貌单元。与其他大河相比，黄河是世界上泥沙含量最高，也是最复杂难治的河流。黄河多年平均天然径流量 580 亿 m³，仅为长江天然径流量的 1/17，在世界大江大河中排名 100 位之外，多年平均输沙量高达 16 亿 t，平均含沙量是 35kg/m³，干流最高含沙量达到 920kg/m³，输沙量与含沙量均在世界大江大河中排名首位。大量的泥沙淤积加之人类干预使得黄河下游逐渐形成一个独特的河道形态，那就是地上"悬河"，这也是黄河不同于其他江河的显著特点。早在汉代，黄河下游河道就有了"悬河"的说法，这种特殊的自然属性致使历史上黄河洪水决口泛滥频繁，根据史书记载统计，从公元前 602 年（周定王五年）到 1938 年，黄河决溢 1590 次，发生较大改道 26 次，也就有了"三年两决口、百年一改道"说法。黄河因其战略地位重要而备受倚重和依赖，治黄一直是兴国安邦的大事，起自先秦、两汉，中历魏晋南北朝，下迄唐宋元明清，历朝历代都十分重视对黄河的治理。国家统一、太平盛世时如此，诸侯鼎立、藩镇割据的分裂时期也很少间断。这种情况在其他江河是没有的。

习近平总书记指出："从某种意义上讲，中华民族治理黄河的历史也是一部治国史。"① 然而，一部黄河治理史也是一部人与自然的关系史。从人类起源到今天，随着生产力水平的不断提升，以生产工具和生产方式的变革为标志，人类经历了四次大发展，即渔猎文明、农耕文明、工业文明以及生态文明新时代。人与自然的关系，从依存于自然到依赖自然，再到改造自然、保护自然。人对自然的态度，从自然拜物主义到自然优势主义的天定胜人，再到人文优势主义的人定胜天，以及今天的人与自然和谐相处。与此相对应，人类治黄的指导方略也随之发生了巨大的变化。

渔猎文明时期。这一时期生产力极其低下，生产工具非常简单，人类没有能力与黄河洪水抗争，只能采取"择丘陵而处之"的方式，这一时期人类治黄的主要手段就是人力的大规模、有组织利用，治黄方略基本采取的是"不与水争地"的方针。传说共工"壅防百川"和"鲧障洪水"，都反映了人们开始在部落定居地周围垒土挡水、保护自己不受洪灾危害。相传大禹"因以水为师"，根据水流移动由高向低的特性和具体的流势，采用"疏川导滞"的策略，然后"合通四海"，最终战胜了大洪水。由"堵"到"疏"是中国治水史上的一大飞跃。

农耕文明时期。随着社会生产力的发展，人类发明了简单技术和铁器工具，在能源利用上从人的体力扩展到人、畜及简单天然动力，人类治理黄河、改造自然的能力和手段有了很大进步。人类进入农业时代，农业与畜牧业逐渐代替采集和狩猎成为社会的主要产业，人类由游牧生活转向定居生活，学会了用石头和木块建造房屋，并逐渐发展了水利灌溉技术。在漫长的农业文明时期，人类与黄河抗争、与洪水争地，黄河的下游防洪成为历朝历代不断思考的主要问题，这一时期的治黄方略，更确切地应该被称为黄河下

① 习近平：《在黄河流域生态保护和高质量发展座谈会上的讲话》，载中共中央党史和文献研究院编《十九大以来重要文献选编》（中），中央文献出版社，2021，第196页。

游治理方略，著名的有西汉贾让三策、东汉王景治河、明朝潘季驯主张"以堤束水、以水攻沙"。中国古代人民不断总结水利治理过程中与黄河相处的经验并吸取教训，丰富完善、适时调整治河方略，取得了积极的治理成效。但治理措施多局限于下游一隅，由于对河流生态系统的整体性缺乏认识，这个时期的治理手段还不足以打破河淤堤高、屡治屡决的循环。

工业文明时期。在人与自然的关系上，人类处于改造自然的优势地位，态度上也表现为人文优势主义的人定胜天。工业化时代，人类改造自然的能力迅速提高，开始利用机械力改造水环境。1946年开启人民治黄事业，正式进入现代治河时期，新中国的治黄方略发生了历史性变革。与历史上众多治黄方略相比，这一时期的治黄方略具有截然不同的特点。一是以全流域为对象，突破了长期以来治黄仅限于下游、仅限于防洪的被动局面。二是综合性治理开发，将防洪、水土保持、水资源开发利用视为一个完整的系统，强调除害与兴利的一致。三是标本兼治，针对黄河水少沙多、水沙不平衡的特点，人类以库坝工程建设为核心，以干流治理为纽带，并首次将水土保持纳入治黄方略，最终总结提出了"拦、调、排、放、挖"泥沙综合治理对策。四是打破流域界限，提出跨流域调水。人民治黄以来，先后战胜了12次洪峰流量超过$10000m^3/s$的大洪水，彻底扭转了黄河"三年两决口、百年一改道"的险恶局面，避免了黄河决口改道带来的巨大生态灾难，创造了70多年黄河伏秋大汛不决口的奇迹。

生态文明新时代。生态文明以尊重自然、维护自然为前提，以人与自然、社会和谐共生为宗旨，强调可持续发展的生产方式和消费方式，追求可持续、和谐共生的发展道路。习近平总书记多次视察黄河，走遍上中下游，将黄河流域生态保护和高质量发展上升为国家战略，指出"保护黄河是事关中华民族伟大复兴的千秋大计"，"让黄河成为造福人民的幸福河"①。2023年7月，习近平总书记在全国生态环境保护大会上指出，推进生态文

① 习近平：《在黄河流域生态保护和高质量发展座谈会上的讲话》，载中共中央党史和文献研究院编《十九大以来重要文献选编》（中），中央文献出版社，2021，第194、199页。

明建设必须正确处理"五个重大关系",即高质量发展和高水平保护的关系、重点攻坚和协同治理的关系、自然恢复和人工修复的关系、外部约束和内生动力的关系、"双碳"承诺和自主行动的关系,① 为新时代黄河流域生态保护和高质量发展提供了根本遵循和行动指南。

漫长的历史时期,黄河既是华北平原的主要塑造者,也是区域生态的重要影响者。黄河孕育了渔猎文明时期的华夏先民,哺育了繁盛辉煌的中华农耕文明,然而频繁、严重的水旱灾害给中华文明核心地区造成巨大破坏,多泥沙河流的洪水泛滥改道往往伴随着严重的生态灾难。黄河的自然属性对人类产生了利害相伴的影响,造就了历史上黄河二元对立统一的社会属性:黄河既是中华民族的母亲河,又被称为"中国之忧患"。迈入新阶段,沿着习近平生态文明思想指引的方向推进黄河保护治理,必将不断谱写黄河流域生态保护和高质量发展的崭新篇章,中华民族的母亲河必将以"幸福河"的全新姿态奔流在中华大地,助力中华民族伟大复兴。

二 黄河流域水沙情势发展特点

黄河以含沙量高和泥沙细而著称于世。黄河多年平均输沙量 16 亿 t,是科罗拉多河和尼罗河的 16 倍,但是水量只有长江的 5%。河流的变化是自然和人为因素共同作用的结果。人类活动中大坝的修建和水土保持措施的实施是最主要的影响因素,它改变了水沙过程。水库大坝修建后,下游水沙和河道形态都会发生改变。黄河中游的水土保持措施对于减少进入黄河的泥沙量做出了重要贡献。因此,在天然气候和人类活动的共同影响下,进入黄河的泥沙明显减少。2000 年之后,进入黄河的泥沙减少为年均 2.4 亿 t,水量减少为 255 亿 m^3,约为 20 世纪 50 年代的 15% 和 53%。水沙的显著变化给黄河的治理带来新的挑战。

---

① 《习近平:推进生态文明建设需要处理好几个重大关系》,中国政府网,2023 年 11 月 15 日,https://www.gov.cn/yaowen/liebiao/202311/content_ 6915305. htm。

（一）黄河流域河流水系

黄河流域水系的特点是干流弯曲多变、支流分布不均、河床纵比降较大。根据流域形成发育的地理、地质条件及水文情况，黄河干流河道在上、中、下游又可分为 11 个河段。河源至内蒙古托克托县河口镇为上游，河道长 3471.6km，流域面积 42.8 万 km^2。自托克托县河口镇至河南郑州市桃花峪为黄河中游。黄河中游河道长 1206.4km，流域面积 34.4km^2，落差 890m，平均比降 7.4‰。桃花峪至入海口为黄河下游。该河段流域面积 2.3 万 km^2，仅占全流域面积的 3%，河道长 785.6km，落差 93.6m，比降上陡下缓，平均为 1.2‰（见表 1）。

表 1　黄河干流各河段特征值

河段	起讫地点	流域面积（km^2）	河长（km）	落差（m）	比降（‰）	汇入支流（条）
全河	河源至河口	794712	5463.6	4480.0	8.2	76
上游	河源至河口镇	428235	3471.6	3496.0	10.1	43
	1. 河源至玛多	20930	269.7	265.0	9.8	3
	2. 玛多至龙羊峡	110490	1417.5	1765.0	12.5	22
	3. 龙羊峡至下河沿	122722	793.9	1220.0	15.4	8
	4. 下河沿至河口镇	174093	990.5	246.0	2.5	10
中游	河口镇至桃花峪	343751	1206.4	890.4	7.4	30
	1. 河口镇至禹门口	111591	725.1	607.3	8.4	21
	2. 禹门口至小浪底	196598	368.0	253.1	6.9	7
	3. 小浪底至桃花峪	35562	113.3	30.0	2.6	2
下游	桃花峪至河口	22726	785.6	93.6	1.2	3
	1. 桃花峪至高村	4429	206.5	37.3	1.8	1
	2. 高村至陶城铺	6099	165.4	19.8	1.2	1
	3. 陶城铺至宁海	11694	321.7	29.0	0.9	1
	4. 宁海至河口	504	92	7.5	0.8	

注：流域面积包括内流区，其面积计入下河沿至河口镇河段；落差以约古宗列盆地上口为起点计算；汇入支流是指流域面积在 1000km^2 以上的一级支流。

资料来源：水利部黄河水利委员会《黄河流域综合规划：2012—2030 年》，黄河水利出版社，2013；黄河水利委员会黄河志总编辑室编《黄河流域综述》，河南人民出版社，1998。

黄河流域面积大于 $1000km^2$ 的一级支流共 76 条。流域面积大于 1 万 km^2 或入黄泥沙大于 0.5 亿 t/a 的一级支流有 13 条：上游有 5 条，其中湟水、洮河天然来水量分别为 49 亿 m^3/a、48 亿 m^3/a，是上游径流的主要来源区；中游有 7 条，其中渭河是黄河最大的一条支流，天然径流量、沙量分别为 93.0 亿 m^3/a、4.4 亿 t/a，是中游径流、泥沙的主要来源区；下游有 1 条，为大汶河。

（二）水沙主要特点

黄河水沙的主要特点为水少沙多，水沙关系不协调，水沙异源，且年内集中分配，年际变化大。这决定了黄河防洪的特殊性和复杂性。

在我国大江大河中，黄河的流域面积仅次于长江而居第二位，但由于大部分地区处于干旱和半干旱地带，流域的径流量极为贫乏，与流域面积很不相称。黄河陕县站（今河南省三门峡市北关村）1919～1960 年多年平均水量为 422 亿 m^3，而输沙量为 16 亿 t，经计算平均含沙量为 $37.9kg/m^3$。黄河水量约为长江水量的1/20，而沙量却是长江的 3 倍。与世界多泥沙河流相比，孟加拉国境内的恒河年沙量达 14.5 亿 t[1]，与黄河沙量相近，但其年均水量达 3710 亿 m^3（见图 1），含沙量只有 $3.9kg/m^3$，远小于黄河年均含沙量。可见，黄河沙量之多、含沙量之高，是世界上大江大河中绝无仅有的。水少沙多，水沙关系不协调，使得黄河下游河道成为举世闻名的地上"悬河"。

黄河流域幅员辽阔，自然地理条件差别大，水沙来源明显不同。黄河流域的水量主要来自河口镇以上，而沙量主要来自河口镇至龙门区间。河口镇以上黄河流域面积 42.8 万 km^2，占全流域面积的 53.9%，来沙量仅占全河沙量的 8.7%，而来水量却占全河水量的 54%。黄河中游河口镇至龙门区间流域面积为 11.2 万 km^2，来水量仅占 14%，而来沙量却占 55%，是黄河泥沙的主要来源区。龙门至三门峡区间（渭河、洛河和汾河）来水量占全河的 32%，来沙量占全河的 36%。

---

① 胡一三主编《中国江河防洪丛书：黄河卷》，中国水利水电出版社，1996。

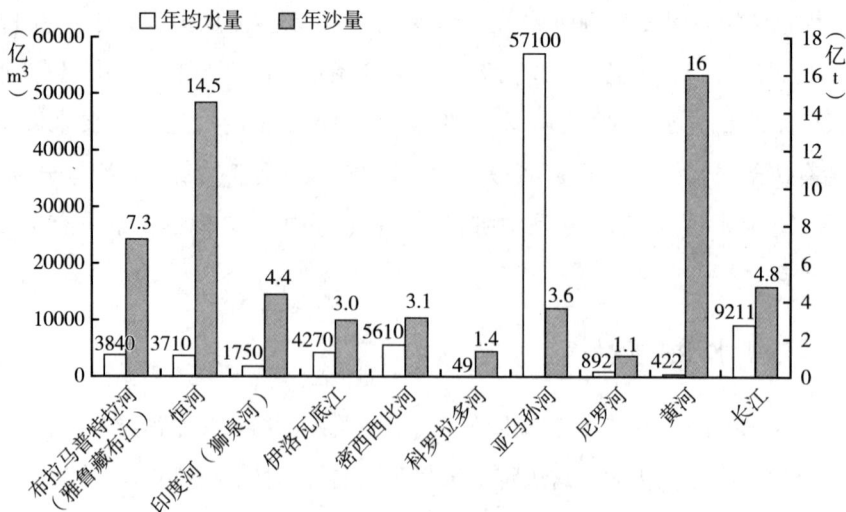

图1　国内外著名河流年均水量和沙量

资料来源：胡一三主编《中国江河防洪丛书：黄河卷》，中国水利水电出版社，1996。

黄河水沙在时间上分布也不均衡，年内分配较为集中，年际变化大。一年之内，水沙量主要集中在汛期（7~10月），沙量的集中更甚于水量，兰州及河口镇汛期水量约占全年的60%，而汛期沙量约占全年的83%。汛期泥沙又常常集中于几场暴雨洪水中。黄河水沙的年际变化很大，年沙量的变幅大于年水量的变幅。1919年以来，三门峡年水量以1964年为最大，达644亿 m³，2001年最小，为138亿 m³，相差3.7倍。年沙量最大为1933年，陕县来沙量达39.1亿 t，为多年平均值的2.4倍。实测最小沙量为2016年，来沙量仅有1.1亿 t，年际变化悬殊，最大年沙量约为最小年沙量的40倍。

（三）近70年水沙变化特征

1.径流量有所减少

从人类活动对下垫面的影响来说，大型水库的修建对水沙过程的调节起到至关重要的作用。黄河流域较大的水利枢纽主要是1986年修建的龙羊峡水库和1999年修建的小浪底水库。因此，本报告主要从4个时段来分析水沙的变化特点：1950～1959 年作为天然时期主要反映自然因素对水沙的影响，1960～1985 年主要是龙羊峡水库运用前的影响，1986～1999 年反映小浪底水库运用前的影响，2000～2020 年则反映小浪底水库运用后对水沙变化的影响。

黄河干支流主要控制站近 70 年来实测水沙量统计结果如图 2、图 3 和表 2 所示。可以看出，各站的年均水沙量很不一致。但总体来说，除 2018～2020 年出现较丰的水量过程外，近 70 年水沙量整体均呈波动下降的趋势。

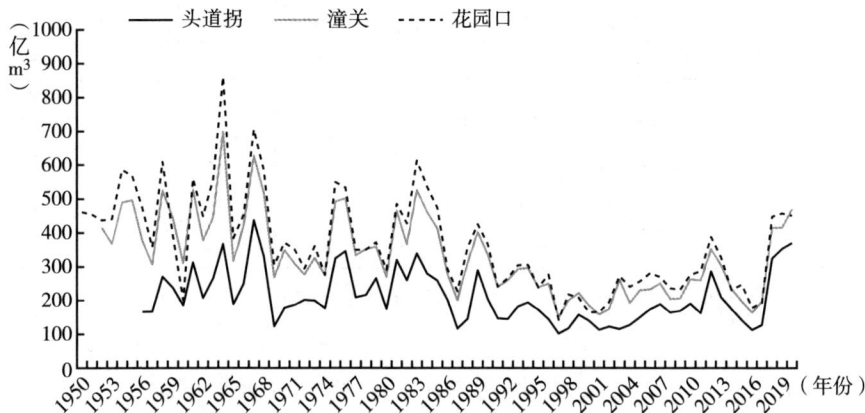

图 2　1950～2020 年黄河典型水文站水量变化

资料来源：本报告水沙数据均来自历年中华人民共和国水文年鉴黄河流域水文资料，此后不赘。

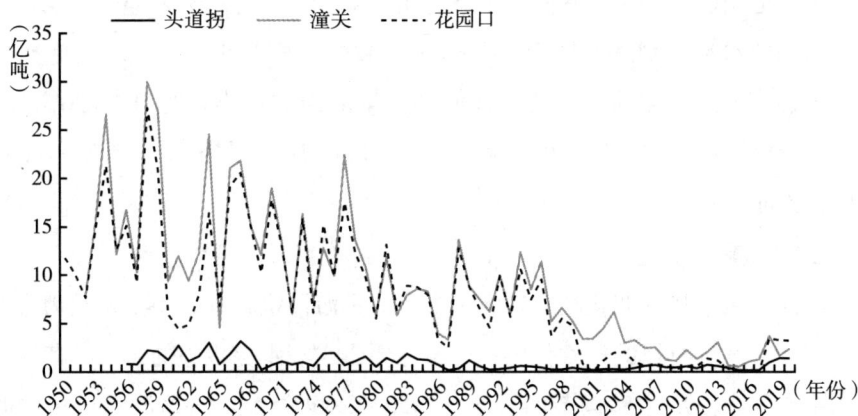

图 3　1950～2020 年黄河典型水文站沙量变化

表2 1950~2020年黄河干流控制站实测水沙量统计

河段	站名	时段(年)	年均水量 (亿 m³)	汛期水量 (亿 m³)	汛期水量 比(%)	年均沙量 (亿 t)	汛期沙量 (亿 t)	汛期沙量 比(%)
上游	头道拐	1952~1959	237.3	146.4	62	1.52	1.27	84
		1960~1985	254.1	146.9	58	1.41	1.12	80
		1986~1999	165.7	66.9	40	0.47	0.30	65
		2000~2020	186.9	84.2	45	0.53	0.32	61
中游	潼关	1950~1959	427.6	261.1	60	18.27	14.66	87
		1960~1985	407.0	234.0	58	12.39	10.45	84
		1986~1999	262.8	120.5	46	7.77	5.83	75
		2000~2020	255.8	118.5	46	2.44	1.86	76
下游	花园口	1950~1959	477.8	294.3	62	15.08	12.81	85
		1960~1985	449.7	260.2	58	10.97	9.04	82
		1986~1999	276.3	131.1	47	6.84	5.79	85
		2000~2020	276.3	112.8	41	1.13	0.89	79

注：头道拐水文站于1952年1月1日开始建站，因此表中起始年份为1952年。

20世纪50年代的年均水量比较丰沛，属于这几个时期里面年均水量最大的时段，头道拐、潼关和花园口年均水量分别为237.3亿 m³、427.6亿 m³ 和477.8亿 m³。1960~1985年，头道拐水量略有增加，潼关和花园口略有减少，但幅度不大，相比20世纪50年代分别增加7%、减少5%和6%。至龙羊峡水库运用后，1986~1999年水量有明显减少，3站相比20世纪50年代天然时期的水量分别减少了30%、39%和42%。2000年之后，小浪底水库对进入黄河下游的泥沙进行拦蓄，但对水量的影响较小。2000~2020年，3站的水量较1985~1999年变化不大，基本维持在186.9亿 m³、255.8亿 m³ 和276.3亿 m³。

2. 输沙量显著减少

黄河流域沙量的变化幅度较水量更大。上游沙量较少，主要是因为青铜峡和三盛公水利枢纽的拦蓄作用；中游主要受水利水保措施的影响；黄河下游则主要受小浪底水库调节的影响。1950~1959年，是3站沙量最多的时期，分别为1.52亿 t、18.27亿 t 和15.08亿 t。70年代以后，随着中游水保措施慢慢发挥作用，中下游的沙量开始减少，1960~1985 年 3 站沙量相比 50 年代分别减少 7%、32% 和 27%。1986~1999 年，上游主要受龙羊峡水库和刘家峡水库联合运用的影响，中下游则主要受水保措施和天然来水的共同影响，沙量不足天然时期的一半，3 站沙量较 50 年代的天然时期分别减少 69%、57% 和 55%。2000~2020 年，沙量基本到了最小的时期，3 站沙量只有 50 年代的 35%、13% 和 7%，其中黄河下游降幅最大，年均沙量仅有 1.13 亿 t。

3. 汛期水沙量占比减少

黄河流域水沙量主要集中在汛期，汛期水量占全年一半左右，汛期沙量比例则更高。近些年，在人为和自然因素的共同影响下，汛期水沙量的比例均有所减少（见图 4 和图 5）。

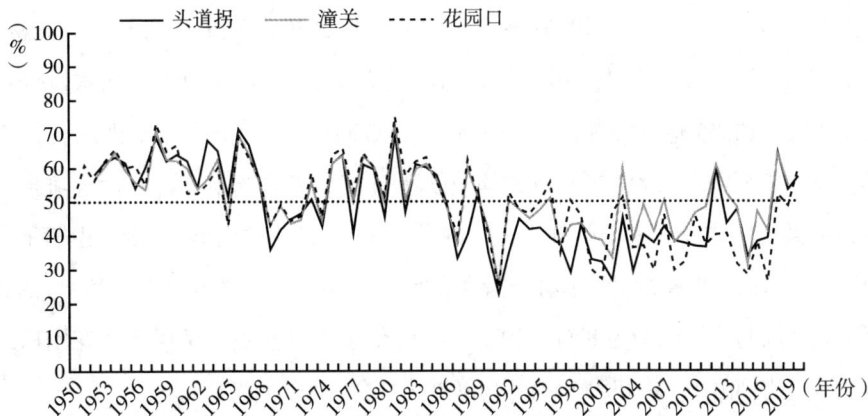

图 4 1950~2020 年黄河典型水文站汛期水量比例

目前黄河流域汛期水量比例由之前的六四开变为四六开，即汛期与非汛期比例恰好相反。1950~1959 年，头道拐、潼关和花园口站实测汛期水量比例分别为 62%、60% 和 62%。1986~1999 年，由于龙羊峡、刘家峡等大型水库的调蓄作用和工农业用水的影响，3 站汛期水量比例分别降低为 40%、46% 和 47%。2000 年小浪底水库运用后至 2020 年，花园口汛期水量比例降低至 41%。

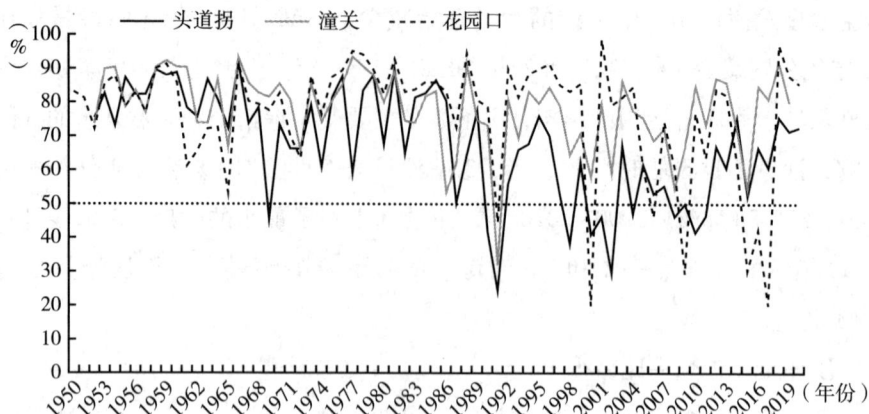

图5 1950~2020年黄河典型水文站汛期沙量比例

汛期沙量的比例也略有减少，变化较明显的是上游头道拐站，1952~1959年汛期沙量比例为84%，1986~1999年和2000~2020年则减少为65%和61%。1952~1985年，头道拐站多年汛期日均流量大于3000m³/s的历时和水量分别为4.2天、12.35亿m³，1986~2020年大于3000m³/s的流量级出现的天数很短，仅有1989年、1997年和2012年出现过1天。汛期有利于输沙的大流量历时和水量大幅减少，水流的动力大大减弱，汛期输送沙量相应减少。由于水库调蓄和中游水土保持的减沙作用，潼关站汛期沙量比例也明显减少。1950~1959年潼关站汛期沙量比例为87%，1986年后降低至75%左右。黄河下游花园口站汛期沙量比例由1950~1959年的85%降低为2000~2020年的79%。

（四）2022年水沙变化特点

1.干支流水沙特征

2022年，干流主要站唐乃亥、兰州、石嘴山、头道拐、龙门、潼关、花园口和利津各站年水量分别为178.16亿m³、308.53亿m³、259.39亿m³、184.81亿m³、205.72亿m³、295.56亿m³、375.05亿m³、320.77亿m³。与2021年水量相比，利津以上不同程度偏少；与多年均值（1950~2020年，下同）相比，三门峡站以上均不同程度偏少，下游偏多；与近期均值（1987~2020年，下同）相比，河源区唐乃亥偏少，其余站整体偏多（见图6）。干流主要控制站头道拐、龙门、潼关、花园口和利津站年沙量分别为0.32亿t、1.75亿t、2.07亿t、1.63亿t、1.45亿t。与上年沙量相比，龙门和潼关偏多，其余站偏少；与多年均值相比，偏少35%以上；与近期均值相比，偏少28%以上（见图7）。

支流主要控制站华县（渭河）、河津（汾河）、状头（北洛河）、黑石关（伊洛河）、武陟（沁河）年水量分别为63.50亿m³、15.72亿m³、5.23亿m³、21.54亿m³、12.19亿m³。与上年相比，整体不同程度偏少；与多年均值相比，汾河和沁河偏多，北洛河和伊洛河偏少；与近期均值相比，北洛河偏少。支流主要控制站华县（渭河）、河津（汾河）、状头（北洛河）、黑石关（伊洛河）、武陟（沁河）年沙量分别为0.979亿t、0.002亿t、0.031亿t、0亿t、0亿t，除华县（渭河）较上年同期偏多外，其余站较上年同期均偏少，支流主要控制站较多年均值和近期均值均偏少。

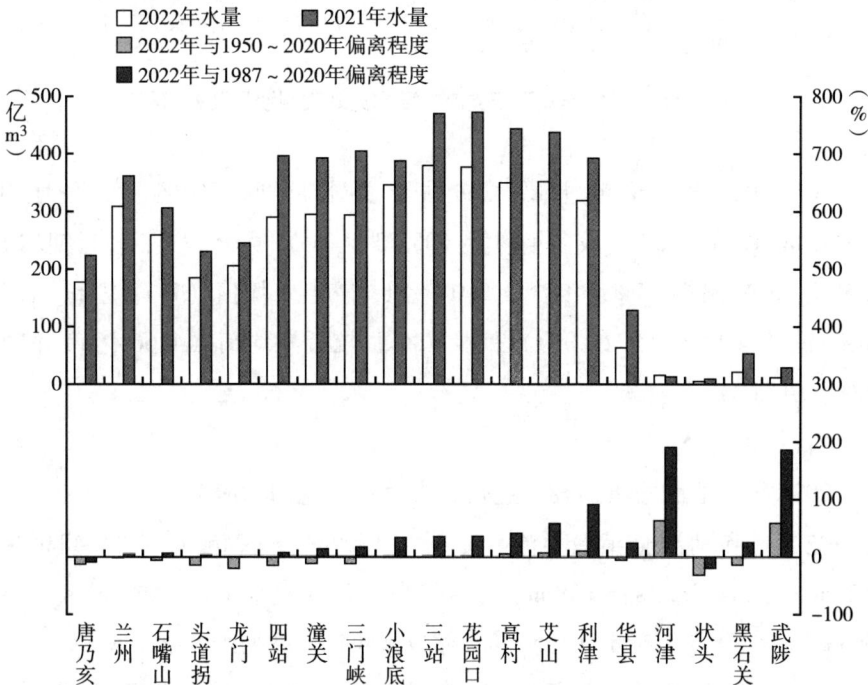

图6 2021~2022年黄河干支流主要水文站实测水量及偏离程度

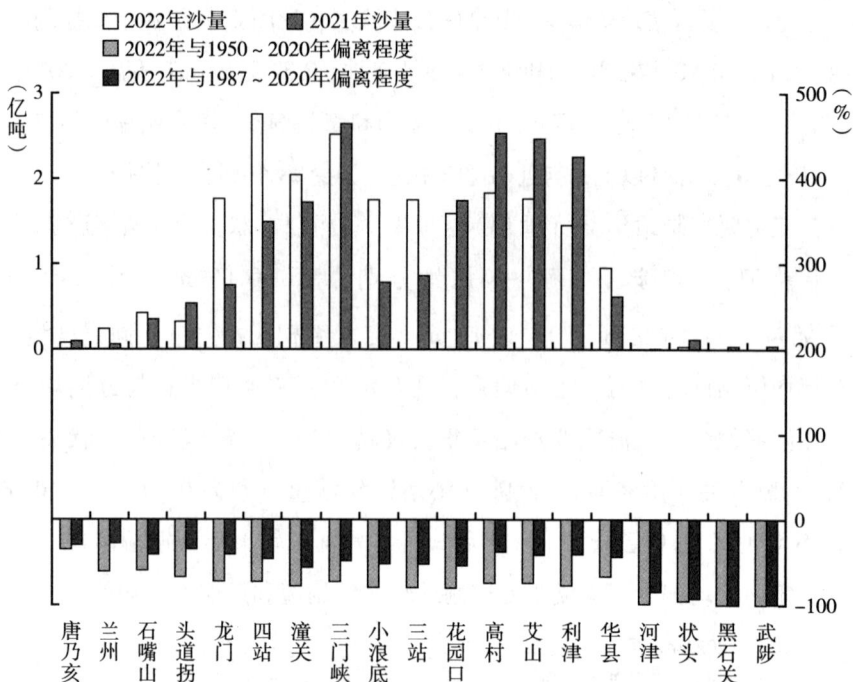

图7 2021~2022年黄河干支流主要水文站实测沙量及偏离程度

2022年，黄河干流主要水文站潼关水量295.56亿 m³，较上年（392.34m³）偏少25%，较多年均值（335.3亿 m³）偏少12%，较近期均值（258亿 m³）偏多15%；年沙量2.07亿 t，较上年均值（1.72亿 t）偏多20%，较多年均值（9.21亿 t）偏少78%，较近期均值（4.66亿 t）偏少56%（见图8）。

2. 洪水特征

2022年，干流站唐乃亥、兰州、头道拐、龙门、潼关、三门峡、小浪底、花园口和利津全年最大流量分别为1300m³/s、2460m³/s、1540m³/s、3620m³/s、3430m³/s、5740m³/s、4630m³/s、4980m³/s、4030m³/s（见图9），其中唐乃亥流量为1956年建站以来年极值系列第5小流量。

支流主要站华县（渭河）、河津（汾河）、状头（北洛河）、黑石关（伊洛河）、武陟（沁河）全年最大流量分别为2020m³/s、200m³/s、

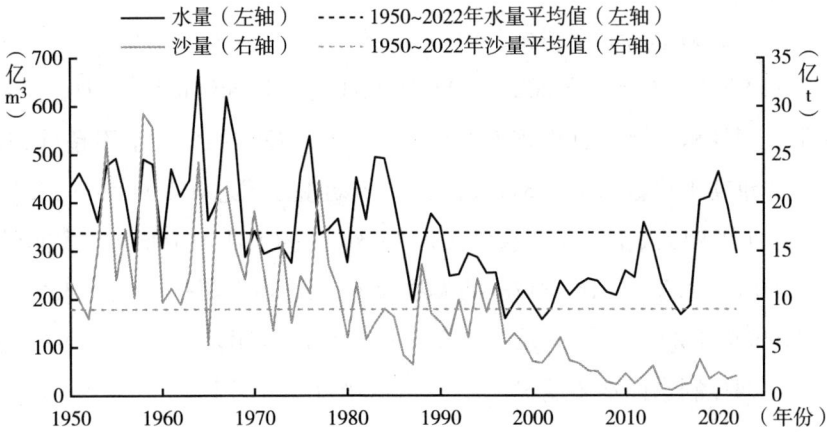

图8　1950~2022年潼关站水沙量

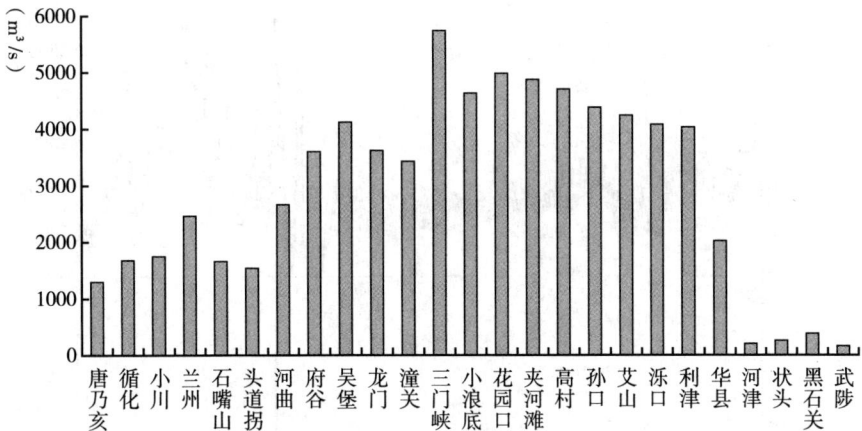

图9　2022年黄河干支流主要水文站最大流量

258m³/s、388m³/s、160m³/s。

2022年，黄河干流未出现编号洪水，但受局地强降雨影响，多条支流发生多年未见的较大洪水过程，其中渭河形成一次编号洪水。特别是泾河支流马莲河庆阳站7月15日10时18分洪峰流量5100m³/s，列1952年有实测资料以来年极值系列第2位，为1956年以来最大洪水。

3. 水库运用

（1）三门峡水库运用方式

2022 年（运用年，指 2021 年 11 月 1 日至 2022 年 10 月 31 日，下同）非汛期三门峡水库运用过程较为平稳，史家滩水位按照原则上不超过 318m 控制，非汛期平均蓄水位为 317.16m。非汛期水位超过 318m 运用的天数为 8 天，占非汛期天数的 3%；水位在 317~318m 的天数为 146 天，占非汛期天数的 60%；水位在 316~317m 的天数为 87 天，占非汛期天数的 36%；水位在 316m 以下的天数仅 1 天。2022 年汛期水库运用基本按洪水期敞泄排沙、平水期控制水位不超过 305m，水库运用过程见图 10。

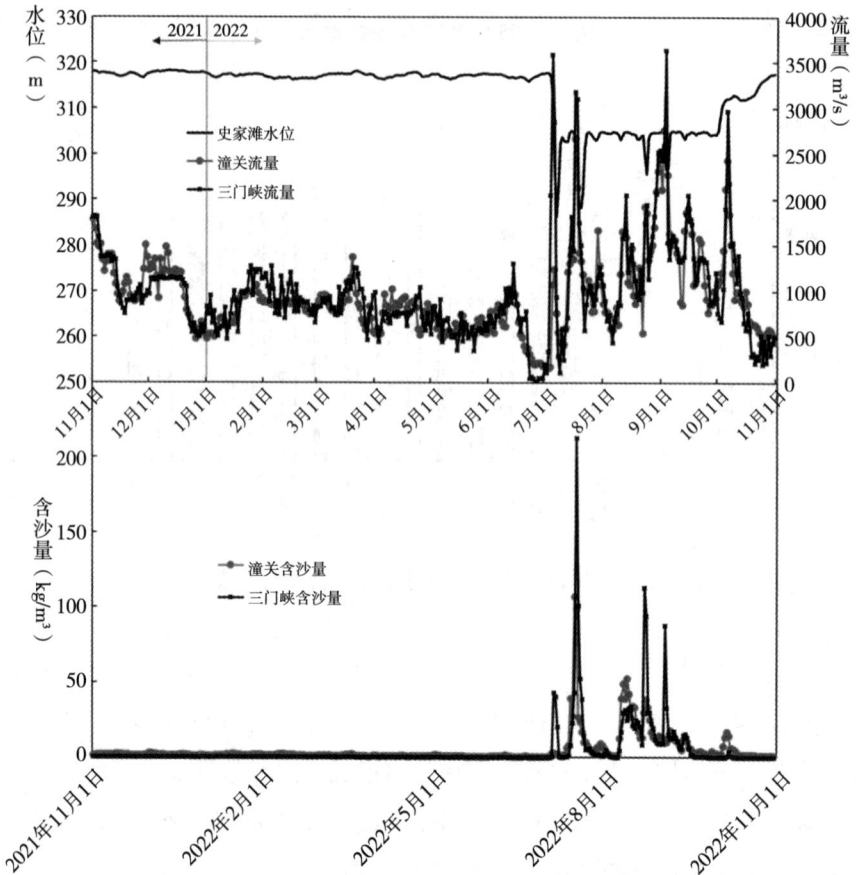

图 10　2022 年三门峡水库进出库水沙和蓄水位过程

（2）小浪底水库运用方式

2022 年，小浪底水库最高运用水位 269.81m（2021 年 11 月 2 日 8 时），最低为 215.13m（2022 年 7 月 4 日 22 时）（见图 11）。年度内水库运用可划分为 4 个阶段。

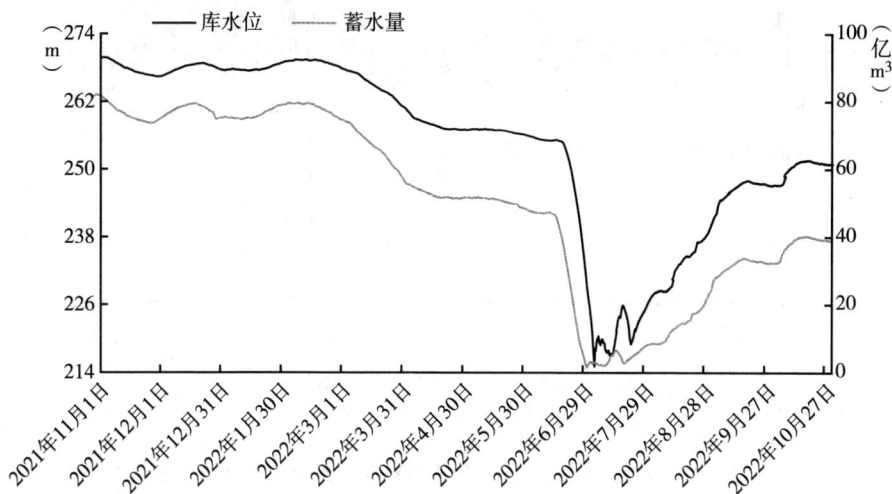

图 11 2022 年小浪底库水位及蓄水量变化过程

第一阶段为 2021 年 11 月 1 日至 2022 年 6 月 18 日，水库以蓄水、防凌、供水、灌溉为主。其中，2021 年 11 月至 2022 年 2 月中上旬，水库蓄水，最高运用水位为 269.81m，相应蓄水量为 82.04 亿 m³。2022 年 2 月中下旬至 2022 年 6 月中旬，为保证黄河下游工农业生产、城市生活及生态用水，水库向下游补水，至 2022 年 6 月 19 日 8 时，库水位降至 254.62m，相应蓄水量为 46.15 亿 m³，水库补水 33.38 亿 m³。

第二阶段为汛前调水调沙生产运行期，从 6 月 19 日 8 时开始至 7 月 9 日 10 时结束，历时约 19 天（见图 12）。该阶段又分为小浪底水库清水下泄期和排沙期。

小浪底水库清水下泄期从 6 月 19 日 8 时至 7 月 4 日 12 时：从 6 月 19 日 8 时开始逐级加大下泄流量，冲刷并维持下游河槽过洪能力，最大出库流量

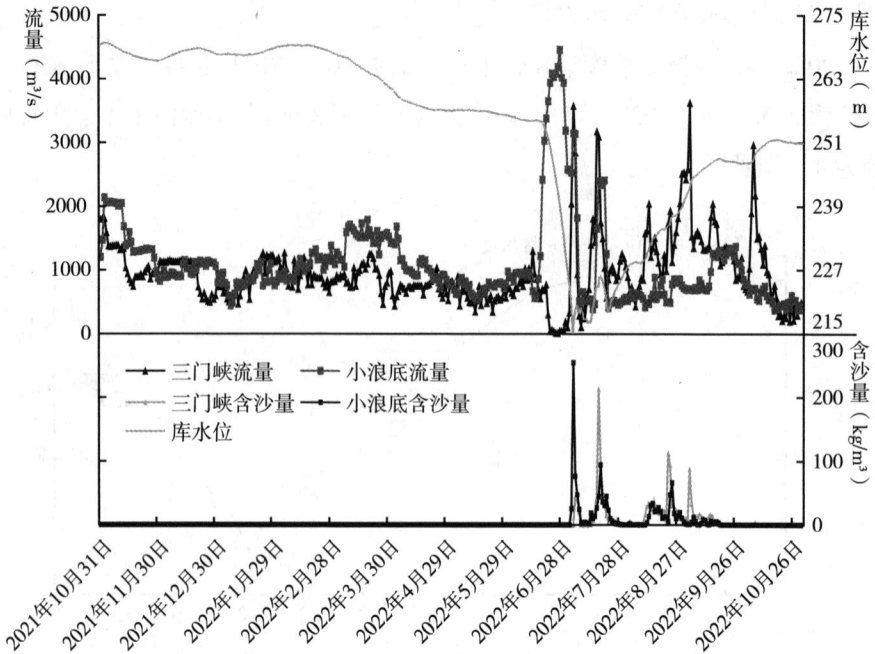

图12 2022年小浪底进出库日均流量、含沙量及水位过程

4630m³/s（6月27日9时12分），之后流量逐渐减小，至7月4日12时三门峡水库开始加大下泄流量进行人工塑造异重流时，小浪底出库流量降至2300m³/s，库水位降至217.47m，库水位累计下降37.15m，蓄水量降至2.20亿m³，下泄水量43.95亿m³。

小浪底水库排沙期从7月4日5时30分至调水调沙结束：受水库泄流降水冲刷影响，7月4日5时30分小浪底水库开始出沙，出库含沙量为0.135kg/m³，10时迅速升高至20.0kg/m³以上。7月4日12时三门峡水库开始加大泄量进行人工塑造异重流，22时小浪底库水位降至215.13m（蓄水量1.62亿m³），与三门峡大流量泄放过程形成对接，出库含沙量迅速增加，最大出库含沙量为357kg/m³，出现在7月5日4时，之后开始回落。小浪底水库入库泥沙过程出现在排沙后期。7月5日9时，三门峡水库开始排沙，含沙量为0.022kg/m³；6日8时升高至10.0kg/m³以上；最大含沙量为155kg/m³，出现在 6 日 11 时 24 分。至 7 月 9 日 10 时调水调沙结束，小浪底库水位为 219.24m，蓄水量为 2.80 亿 m³，比调水调沙期开始时减少 43.35 亿 m³。

第三阶段为 7 月 9 日至 8 月 20 日，水库以防洪、排沙运用为主，库水位始终控制在汛限水位以下。其中，7 月中旬，泾河支流马莲河普降大到暴雨，局部特大暴雨，泾渭河发生明显涨水过程。受此影响，潼关水文站发生一次明显的洪水过程。黄河水利委员会联合调度三门峡、小浪底水库，于 7 月 17～24 日实施了 2022 年汛期调水调沙。其间，小浪底库水位最低降至 219.02m。之后，水库蓄水，水位抬升，至 8 月 20 日 8 时，库水位上升至 234.63m，相应蓄水量为 14.51 亿 m³。

第四阶段为 8 月 21 日至 10 月 31 日，水库以防洪蓄水为主。10 月 31 日 8 时，库水位上升至 250.86m，相应蓄水量为 38.97 亿 m³。

4. 下游河道冲淤

（1）小北干流河道冲淤

根据断面法冲淤量计算（见图 13 和表 3），小北干流河段非汛期冲刷 0.1899 亿 m³，汛期淤积 0.4660 亿 m³，全年累积淤积 0.2761 亿 m³。从冲淤分布来看，非汛期黄淤 59～68 河段冲刷量最大，占全河段冲刷量的 82%。汛期淤积主要集中在黄淤 50～59 断面，淤积 0.1977 亿 m³。

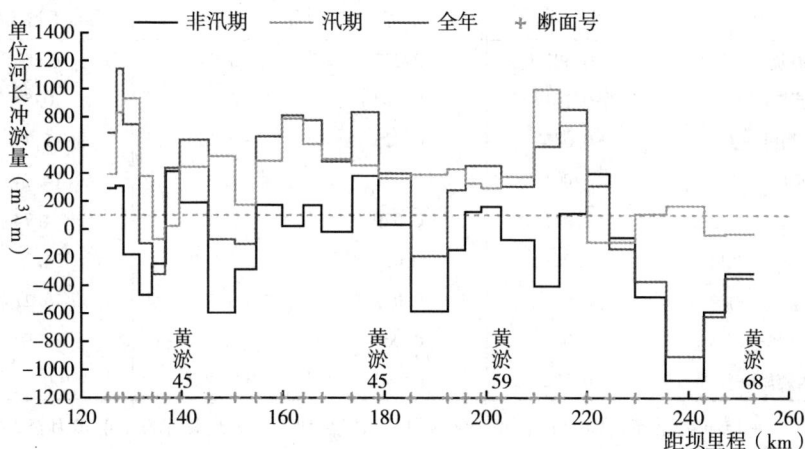

图 13　2022 年小北干流冲淤量沿程分布

表3 2022年小北干流河段冲淤变化

单位：亿 m³

时段	黄淤 41~45	黄淤 45~50	黄淤 50~59	黄淤 59~68	黄淤 41~68
非汛期	−0.0031	−0.0228	−0.0087	−0.1554	−0.1899
汛期	0.0529	0.0894	0.1977	0.1260	0.4660
全年	0.0498	0.0666	0.1890	−0.0294	0.2761

（2）黄河下游河道冲淤

根据统测大断面的资料，2022运用年下游汊3以上河段淤积0.380亿 m³，其中非汛期冲刷0.382亿 m³，汛期淤积0.762亿 m³。在运用年期间，黄河下游河道的冲淤变化特点为：除夹河滩至高村河段发生冲刷以外，其他河段均表现为淤积。夹河滩至高村河段发生微冲，冲刷量为0.060亿 m³。利津以下河段淤积最为显著，占下游河道总淤积量的39.74%，花园口至夹河滩河段淤积量最小，占下游河道总淤积量的0.53%；下游河道非汛期以冲刷为主，而汛期则以淤积为主（见表4）。

表4 2022运用年下游河道断面法冲淤量

单位：亿 m³，%

河段	非汛期	汛期	运用年	占全下游比例
西霞院—花园口	−0.323	0.372	0.049	12.89
花园口—夹河滩	−0.161	0.163	0.002	0.53
夹河滩—高村	−0.085	0.025	−0.060	−15.79
高村—孙口	0.001	0.055	0.056	14.74
孙口—艾山	−0.011	0.029	0.018	4.74
艾山—泺口	0.061	0.031	0.092	24.21
泺口—利津	0.051	0.022	0.073	19.21
利津—汊3	0.085	0.066	0.151	39.74
西霞院—汊3	−0.382	0.762	0.380	100

注：每年统测大断面时间为2次，汛前在4月，汛后在10月，因此采用2021年10月至2022年4月近似作为非汛期，2022年4~10月近似作为汛期。2021年10月至2022年10月作为运用年。

水少、沙多、水沙关系不协调是黄河水沙的基本特征。但近些年由于降水、人类活动对下垫面的影响以及水库调蓄和社会经济用水等因素的综合作用，黄河水沙发生了明显变化，主要是径流量和输沙量大幅度减少，且输沙量降幅远远大于径流量。支流入黄水、沙量同样变化很大，且沙量降幅大于水量。由于黄河水沙问题复杂，对其发展趋势的研究不会一蹴而就，需要开展长期的重大课题研究，建议今后针对水土保持措施减蚀动力机理及其临界效应、产流机制对植被作用的响应关系、暴雨洪水变化规律、人类活动对流域水文系统干扰作用的评价方法、支流产输沙与干流水沙变化及河道演变的响应关系等问题开展深入研究。

三 黄河流域生态保护和绿色发展取得的成效

2022 年是党的二十大召开之年，是深入推动黄河流域生态保护和高质量发展的重要一年。在以习近平同志为核心的党中央坚强领导下，沿黄各省区坚持生态优先、绿色发展理念，统筹流域上下游、左右岸、干支流，全面加强生态环境保护、推动高质量发展，黄河保护治理工作取得新进展和新突破。

（一）河湖生态环境持续向好

一是不断强化生态调度效果。2022 年，累计向黄河河道外生态补水 37.3 亿 m^3，促进乌梁素海、岱海、河口三角洲湿地生态修复，支持华北地下水超采区综合治理，保障白洋淀生态水位，为京杭大运河全线贯通提供助力。黄河干支流 20 个重要控制断面生态流量全部达标，2021~2022 调度年利津入海水量创统一调度以来新高。黑河东居延海实现连续 18 年不干涸。二是突出抓好水土流失治理。依据水利部《推动黄河流域水土保持高质量发展的指导意见》，制定黄河水利委员会"十四五"实施方案、重点小流域试点思路框架，明确了主攻方向和重点任务。抽查 48 个国家水保重点项目、151 个地方生产建设项目，印发"一省一单"推进整改。完成 190 多万 km^2

水土流失动态监测。三是强力整治侵害河湖健康行为。清理整治黄河水利委员会台账内"四乱"问题6226个。督导黄河流域生态环境突出问题水利整改，60项问题中基本完成整改56项，完成陕西韩城龙门段侵占河道问题整改。四是着力强化水生态监测评价。完成127个干支流断面水质监测，开展扎陵湖、岱海和黄河三角洲等水域生境和水生生物指标监测，为河湖健康评价、生态调度等提供了基础数据。

（二）水旱灾害防御取得新胜利

一是下好备汛备旱"先手棋"。针对社情河情变化开展防汛演练和各类方案预案修订。完成直管工程汛前普查和隐患排查，处理问题隐患12354个，排查整治妨碍河道行洪突出问题1879个，全面完成中型以上淤地坝风险隐患大排查。调整组建16支专业机动抢险队伍集结待命，落实100多万人的群防队伍、6亿多元的防汛物资，新纳入水文报汛站383处。落实财政部、应急管理部防汛抢险追加资金1.6亿元。二是打好灾害防御"主动仗"。2022年汛期，黄河流域共发生19场强降雨过程，11条支流发生超警以上洪水。黄河水利委员会锚定"四不"目标，强化"四预"措施，贯通"四情"防御，绷紧"四个链条"，发布洪水预报281期，推送强降雨风险提醒5.23万次。及时启动应急响应，先后118次做出动态部署、派出47个专家组和工作组，有力应对了黑河黄藏寺工程截流以来最大洪水、泾河高含沙洪水和黄河上中游部分地区较重旱情。适时启用应急分洪区分凌，确保了2021~2022年度防凌安全。面对2022~2023年度凌汛期快速封河等特点，加密会商研判、加强水库调度、强化行凌障碍清除，实现平稳封河。三是牵牢水沙关系调节"牛鼻子"。实施汛前和汛期调水调沙，三门峡水库排沙1.085亿t，小浪底水库排沙1.566亿t。实施海勃湾水库低水位排沙、万家寨和龙口水库联合排沙调度，为全河统一水沙调控积累了经验。抓好后汛期水库调度，汛末干流五大水库蓄水量276亿 m^3，保障了冬春抗旱灌溉用水需要。

（三）水资源节约集约利用水平显著提高

一是建立健全水资源管控指标体系。完成"八七"分水方案调整方案，窟野河水量分配方案进入批复程序。制定《黄河干流山东段全面落实水资源最大刚性约束实施方案》，建立河南黄（沁）河刚性约束指标体系。完成青海、甘肃等5省（区）地下水管控指标成果复核。强化水资源统一调度。严格执行水量调度计划，在实现黄河连续23年不断流的同时，干流供水214亿 m³。二是狠抓重抓取用水管理。印发《黄河流域坚决遏制违规取用水实施意见》，完善取用水计量监测、事中事后监管等制度。严格水资源论证和取水许可审批，36个黄河水利委员会审批项目通过水权转让和利用非常规水源解决用水需求，对划定的水资源超载地区暂停新增取水许可审批。开展取用水管理专项整治行动整改提升和"回头看"，对72个项目进行水行政处罚。实现黄河水利委员会审批和已发放取水许可证的855个取用水户现场监督检查全覆盖。三是全面打响深度节水控水攻坚战。完成354家火力发电企业水效对标达标复核。对58项规划和建设项目节水评价进行审核审查，累计核减水量2742万 m³。实现年用水量1万 m³ 及以上工业和服务业单位计划用水管理全覆盖。完成流域（片）水源地摸底调查，开展17个全国重要饮用水水源地安全评估。完成8省（区）地下水超采区划定成果、232处中型灌区续建配套和节水改造立项申报复核。新创建节水型单位14家。

（四）绿色发展水平不断提升

一是生态治理与经济发展协同推进方面，在水资源安全制度保障、支撑经济社会快速发展和促进经济结构优化调整、国民经济用水效率提升、黄河下游生态环境改善等方面取得明显成效。2000~2019 年，黄河流域森林覆盖面积由6.42 万 km² 增至 8.48 万 km²，增幅为 32.09%；草地覆盖面积由 15.85 万 km² 增至 21.15 万 km²，增幅为 33.44%；1999~2020 年，黄河流域水土保持率由46.33%增至 66.94%，增幅为 20.61 个百分点；2020 年，黄河流域9省（区）

GDP 合计 24.74 万亿元，占全国的 1/4，生态治理恢复与 GDP 经济发展进一步趋于平衡。经过近 20 年的水土保持措施治理，2000~2020 年，黄河流域生态系统碳汇由-1.15TgC 增至 9.88TgC，增量为 11.03TgC。2000~2018 年，黄河流域植被碳吸收量由 401.57TgC 增至 662.54TgC，增幅为 64.99%。二是黄河文化保护传承弘扬方面，有效推动了沿黄 9 省（区）黄河水文化建设，加快了黄河文化遗产系统保护和黄河文化基因深入传承的步伐。同时，打造具有国际影响力的黄河文化旅游带，推动黄河文化和旅游融合发展成为沿黄 9 省（区）的共识。三是幸福河建设方面。基于河流健康导向，满足社会经济高质量发展需求，构建了包含防洪保安全、优质水资源、健康水生态、宜居水环境、先进水文化、现代水经济和科学水管理七个方面的黄河幸福河评价指标体系，评价结果表明黄河流域幸福指数呈逐渐向好的态势。

四 新时代推动黄河流域水利高质量发展的建议

当前，黄河流域仍面临上游局部地区水源涵养功能降低、中游仍有近半水土流失面积未得到有效治理、下游河道和滩区综合治理亟待提升等问题，黄河保护治理任重而道远。新时代，推动黄河流域水利高质量发展应统筹做好水生态保护修复、水环境治理、水灾害防治、水资源节约、水经济发展，着力构建水治理现代化格局，为流域可持续高质量发展提供有力保障。

（一）加大生态环境保护治理力度

一是深化水污染综合防治。以汾河、湟水河、涑水河、无定河、延河、乌梁素海、东平湖等河湖为重点，统筹推进农业面源污染、工业污染、城乡生活污染防治，加强黄河支流及流域腹地生态环境治理，降低流域污染负荷。二是推进水生态系统治理。加强上游水源涵养能力建设，筑牢"中华水塔"，保护重要水源补给地，加强重点区域荒漠化治理，减少人为活动过度对生态系统的影响和破坏；在黄河源区、三江源、祁连山等重点支流的源头区，以退牧还草、退耕还林还草、封育保护、生态移民等措施为主，减少人为扰动和预防保护相结合，进一步提升水源涵养能力。加强中游水土流失治理。在黄土高原以北的风沙干旱草原及沙漠区，以自然恢复为主，实施退牧还草、轮封轮牧，固定沙丘区防止沙漠化继续扩张；在黄土高原地区，以减少入河入库泥沙为重点，坚持沟坡兼治，加强小流域综合治理。在下游及黄河三角洲地区，推进湿地保护和生态治理，建设黄河下游绿色生态走廊，加大黄河三角洲湿地生态系统保护修复力度，促进黄河下游河道生态功能提升和入海口生态环境改善，开展滩区生态环境综合整治，促进生态保护与人口经济协调发展。

（二）提高防洪安全保障水平

一是提升水文现代化精准化水平。进一步完善黄河流域天空地一体化水文监测现代化感知网络系统，推动卫星遥感、无人机、无人船、走航式ADCP、雷达在线测流、自动报汛系统等先进技术在水文测报中发挥整体效能；完善水文预报—预警模拟系统，提升水文气象、降雨产流产沙预报、气象—降雨—洪水等水文精准化预警技术水平与能力。提升水库群联合调度技术水平和极端天气情势应对能力，为实时优化水库群调度预案和决策方案提供支撑。二是推进数字孪生黄河建设。以数字孪生黄河建设为抓手，将各类数学模型和水沙联合调控系统有机融入黄河流域水利"一张图"，通过原型黄河、模型黄河全要素的数字化映射，实现多维度、多时空尺度智慧化模拟。三是提升确保防洪安全理论技术水平。加强气象、降雨、产流、汇流规律与机理研究，提升水文泥沙实时预报的理论与技术水平；开展水沙运移规律与机理研究，提升黄河流域水沙联合调控和极端天气事件应对的理论与技术水平。四是解决特殊区域的防洪安全问题。立足从根本上解决滩区居民防洪安全问题，结合乡村振兴战略实施，大力推动滩区居民迁建，指导河南、山东两省加快滩区综合提升治理。

（三）强化水资源刚性约束

一是控总量、抓分水、管定额。坚持生态优先，加快确定黄河干流及重

要支流主要控制断面的生态水（流）量目标、各地地下水水量和水位管控
指标。健全黄河流域水资源承载能力预警机制，研究推进地表水与地下水相
统一的水资源承载能力监测评估，实施分类管理。优化细化现有流域生态调
度方案，科学评估生态调度受水区生态效果，从流域层面统筹生态调度分水
指标，提高生态用水的整体生态效益。强化用水定额执行，在高耗水行业和
主要用水产品中推行强制性节水标准。二是加大农业节水增效实施力度。加
快推进大中型灌区续建配套节水改造，开展宁蒙等重点地区农业节水控水专
项行动，推动农业适水发展与绿色高效节水，加快引黄滴灌等关键技术应用
与转化。三是强化用水节水管控。建立覆盖取、用、退各涉水环节的计量监
测设施，实现对规模以上用水户计量监测全覆盖，加强用水节水统计。加强
节水型社会建设，发挥制度的约束和激励作用，健全有利于节约集约的水价
体系，进一步激发用水户的节水主动性，提升节水内生动力。

（四）推动绿色高质量发展

一是协同推进低碳发展、经济发展与环境保护。将绿色低碳发展的相关
要求融入多项规划，包括气候变化专项规划、经济社会发展总体规划、产业
发展规划和环境保护规划等，以加强部门协作和资源整合。加大政策引导和
支持力度，加快发展绿色低碳新兴产业，推动绿色低碳技术的创新应用，着
力推进经济高质量发展。二是保护传承弘扬黄河文化。系统保护黄河文化遗
产，深入传承黄河文化基因，打造具有国际影响力的黄河文化旅游带。依托
黄河丰富的文脉资源，确立系统性保护利用思路，统筹近期与中远期，发展
特色鲜明的全链条文旅产业，不断壮大文旅市场主体，讲好黄河故事。三是
推进流域经济绿色可持续发展。以高质量发展、绿色发展、可持续发展为导
向，因地制宜构建特色优势产业体系，增强流域经济发展的动力和韧性。尤
其要带动中上游经济发展，加快推进兰西、关中等城市群发展；强化西安、
郑州等国家中心城市带头作用，充分发挥山东半岛城市群龙头作用。

黄河水利篇
Yellow River Conservancy

B.2
黄河流域水生态环境状况

韩冰 梁帅 王弯弯*

摘　要： 水生态环境状况是反映流域人与自然关系和谐程度的重要表征。本文对黄河流域上、中、下游和河口生态环境格局进行概述，并以重点断面生态流量保障情况、国控断面水质状况以及黄河下游（河南段）生物多样性等为重点，对2021年黄河流域水生态环境状况进行分析评价，最后对沿黄九省（区）水生态环境治理重点工作进行梳理总结。研究表明，2021年，黄河流域来水550.58亿立方米，较多年同期值偏多20%，黄河水利委员会通过全力保障流域供水安全、实施全流域生态调度、河道外生态补水等，实现黄河干流以及洮河、大通河等12条支流22个重点断面生态流量全部达标；黄河流域256个国控断面中，Ⅰ～Ⅲ类水

---

* 韩冰，博士，黄河水利委员会黄河水利科学研究院江河治理试验中心生态环境治理研究室副主任、高级工程师，主要研究方向为水生态修复与污染防治；梁帅，黄河水利委员会黄河水利科学研究院工程师，主要研究方向为水生态环境治理；王弯弯，黄河水利委员会黄河水利科学研究院工程师，主要研究方向为水生态环境治理。

质断面占 87.5%，劣 V 类断面占 2.3%，干流水质为优，主要支流水质良好，较 2020 年有明显改善；黄河下游（河南段）鱼类由 2009~2010 年的 36 种增加到 2018~2020 年的 62 种，表明近年来该河段生物多样性显著提升。沿黄九省（区）积极推进山水林田湖草系统治理，因地制宜开展水生态环境治理工作，均取得明显成效。

关键词： 生态流量　水质　生物多样性　水生态　环境治理

一　流域水生态环境格局

（一）上游河段

黄河上游河段为河口镇以上河段，按照自然地理特征的不同又可分为源头段、高山峡谷段、冲积平原段。其中源头段为玛多以上河段，高山峡谷段为玛多至下河沿段，冲积平原段为下河沿至河口镇段。

源头段地势平坦、支流众多、湖泊密布，分布有扎陵湖、鄂陵湖一对姊妹湖，以及著名的草滩湿地"星宿海"。出鄂陵湖东行 65 公里流经黄河上游第一座县城玛多。黄河干流上第一座水文站——黄河沿水文站即设于此地。黄河沿以上流域面积 2 万多平方公里，年水量 5 亿立方米。

玛多至下河沿河段河道长 2211.4 公里，水面落差 2985 米，属青藏高原与黄土高原交接地带，地质条件复杂，河谷忽宽忽窄，出现川峡相间的河谷形态。川地河段一般长数十公里，短的有 7~8 公里，长的可达 200~300 公里。其中，龙羊峡以上段沿河川地主要分布在鄂陵湖口至达日河段，该区域河谷较为开阔，河网较发育，河道比降小，生物多样性相对较丰富，是高原鱼类生境条件较为适宜的区域。峡谷河段短的仅数公里，长的可达 200 公里，总长约占该河段的 40%。

下河沿至河口镇河段河道长990公里，区间流域面积17.4万平方公里（含内流区），水面落差246米，是宽浅的平原型冲积河流。下河沿至石嘴山一段，河宽400~3000米，河床由砂卵石组成。石嘴山至磴口，河床缩窄，局部地段有砾石基岩出露，水面宽300~700米，河道两岸沙丘起伏。磴口至河口镇，黄河蜿蜒于内蒙古河套平原之上，河宽500~2500米，水流缓慢，是弯曲型的平原河道。这一河段生物资源丰富，有浮游植物6门73属，其中硅藻门37属，绿藻门24属，蓝藻门7属，裸藻门2属，黄藻门2属，甲藻门1属；有浮游动物4类62种（属），其中原生动物36种（属），轮虫18种（属），枝角类5种（属），桡足类3种（属）；底栖生物13种，其中以萝卜螺、钩虾、摇蚊幼虫分布较广；水生植物29种。鱼类4目9科22属24种，其中优势种为鲤鱼、鲇鱼、瓦氏雅罗鱼、鲫鱼、棒花鱼等。

（二）中游河段

黄河自河口镇急转南下，直至禹门口，为峡谷河段。这段河道比较顺直，谷底宽400~600米，无大的川盆地。在壶口瀑布处，黄河由250~300米宽的水面，骤然束窄至30~50米宽。至末端，两岸断崖绝壁犹如刀劈斧削，河宽缩至100米左右。该河段支流水系特别发育，大于100平方公里的支流有56条。该河段谷深流急、冲刷强烈，是黄河渔业较薄弱的河段。据调查，府谷段渔获物11种，以鲫鱼、鲤鱼、长春鳊、鲦鱼和鲇鱼为优势种，壶口段渔获物8种，以鲦鱼、乌苏里拟鲿、鲤鱼、黄河鮈、鲫鱼和鲇鱼为优势种，总体上鱼类种类较少，群落结构较简单，多样性指数低。每当洪水季节，峡口水位壅高，出龙门后，黄河河面豁然开阔，水位骤然下降，在龙门形成明显的水位差，有"龙门三跌水"之说和"鲤鱼跳龙门"的传说。

禹门口至潼关段称小北干流。河谷宽3~15公里，滩地面积达600平方公里，滩面高出水面0.5~2.0米，发育了众多湿地。湿地类型主要有盐碱滩地、水洼地、沼泽地、湿草地和林地湿地。小北干流段为黄河中游主要的鱼类产卵场，渭河、北洛河、汾河等主要支流皆由此段注入黄河，众多的入河口与广阔的黄河滩湿地构成了适应多种水生野生生物繁衍生息的天然生境。据调查，该河段有鱼类 7 目 15 科 58 种，以鲶鱼、鲤鱼和鳑鲏为优势种，物种较为丰富，生物多样性较高。潼关至桃花峪段为晋豫峡谷段，谷底宽 200~800 米，大支流有洛河及沁河。该河段修建了三门峡水库和小浪底水库，河道生态发生了很大的改变。孟津以下，是黄河由山区进入平原的过渡河段。南依邙山，北傍青风岭，部分地段修有堤防。

（三）下游河段

桃花峪至入海口为下游，横贯华北平原，绝大部分河段靠堤防约束。下游河道比降很小，河道宽浅游荡，冲淤频繁，沿河塑造了 3544 平方公里的滩地。由于主河道的游荡摆动及汛期漫滩，黄河滩涂此起彼伏，水流分支在河床中留下许多夹河滩，一些低洼地常年积水，形成了特殊的黄河河道湿地。由于下游河道湿地随河道变迁而变迁，其形成、发展和萎缩与黄河水沙条件、河道边界条件息息相关，具有不稳定性、原生性、生态环境脆弱性，水生植物贫乏，有相当一部分为季节性湿地，水分主要由洪水和地下水补给。湿地生态环境复杂，适于各类生物如甲壳类、鱼类、两栖类、爬行类及植物在这里繁衍，适于珍稀鸟类的生息，是亚洲候鸟迁徙的中线。黄河滩区作为我国河流湿地最具代表性的地区之一，滩涂和沼泽遍布，是全球候鸟迁徙通道的中心区域和生物多样性分布的重要地段。

（四）河口三角洲

黄河三角洲是中国暖温带最年轻、增长最快、景观变化最剧烈的区域，资源丰富，生物多样，生态系统完整独特，生态状况良好。小清河以南为山前冲积平原，其他地区为典型的三角洲地貌，主要有河滩高地、缓岗、微斜平地、浅平洼地、海滩地等。气候属暖温带大陆性季风气候，气候温和，四季分明。在入海口附近，有面积达 15.33 万公顷的国家级自然保护区，是目前我国最大的滨海河口湿地，保存着最完整的湿地生态系统。生物资源多样，鱼虾蟹贝资源丰富，素有"百鱼之乡"和"东方对虾故乡"的称号。

湿地生态系统集中分布于环渤海沿岸和黄河入海口附近，与渤海直接相连。在日潮线以下分布着滩涂，地面几乎无植被覆盖；在日潮线以上至年高潮线之间生长着柽柳，以一年生盐生植物分布为主，偶见生长线以上，覆盖度低，多为5%~45%；在年高潮线以上，以沼生盐生植物生态系统分布最为集中，并掺杂着咸水植物生态系统，群落建群种主要有芦苇、藻类、扁秆草、香蒲等。区内分布各种野生动物达1524种，其中，海洋性水生动物418种，属国家重点保护的有江豚、宽吻海豚、斑海豹、小须鲸、伪虎鲸5种；淡水鱼类108种，属国家重点保护的有达氏鲟、白鲟、松江鲈3种；鸟类265种，属国家一级保护的有丹顶鹤、白头鹤、白鹳、金雕、大鸨、中华秋沙鸭、白尾海雕等7种；属国家二级保护的有灰鹤、大天鹅、鸳鸯等33种。世界上存量极少的稀有鸟类黑嘴鸥，在区内有较多分布，并做巢、产卵、繁衍生息于此。

二 流域水生态环境状况

（一）重点断面生态流量保障情况

2021~2022年度黄河流域来水较丰，水量调度总体形势较好，黄河年度水量调度圆满完成①，确保了流域供水安全、生态安全。本年度黄河流域主要来水区合计来水550.58亿立方米，较多年同期（1950~2020年，下同）均值偏多20%；非汛期（2021年11月至2022年6月）黄河流域主要来水区合计来水206.32亿立方米，较多年同期均值偏多11%。年度可供耗水量

---

① 《2021-2022年度黄河水量调度执行情况公告》，黄河网，2022年8月5日，http：//www. yrcc. gov. cn/zwzc/gzgb/gg/202208/t20220805_ 243172. html。

370 亿立方米，达到"八七"分水方案中正常来水年份分水水平。

黄河水利委员会认真贯彻落实习近平总书记关于黄河流域生态保护和高质量发展系列讲话精神，全面践行"节水优先、空间均衡、系统治理、两手发力"治水思路，统筹做好引黄供水、全河生态调度、生态流量管控等工作，取得显著社会效益、经济效益和生态效益。

一是全力保障流域供水安全。黄河干流合计供水 253.24 亿立方米，比上年度多 20.74 亿立方米，保障了流域供水安全。

二是加强重点断面生态流量保障。构建生态流量监管平台，强化生态流量管控，实施调度管理和生态流量监管的洮河、大通河、湟水、渭河、北洛河、泾河、窟野河、无定河、汾河、伊洛河、沁河、大汶河等 12 条支流 22 个断面生态流量和最小流量控制指标及保证率均达标。

三是河道外生态补水实现多赢。2021~2022 年度，黄河流域及供水区各省区河道外生态补水合计 36.29 亿立方米。其中，甘肃 3.10 亿立方米，宁夏 3.76 亿立方米，内蒙古 11.21 亿立方米，山西 4.07 亿立方米，陕西 1.17 亿立方米，河南 5.23 亿立方米，山东 4.39 亿立方米，河北 3.36 亿立方米。

（二）国控断面水质状况

《2022 中国生态环境状况公报》显示，2022 年，黄河流域水质良好。监测的 256 个水质断面中，Ⅰ~Ⅲ类水质断面占 87.5%，比 2021 年上升 5.6 个百分点；劣Ⅴ类断面占 2.3%，比 2021 年下降 1.5 个百分点。其中，干流水质为优，主要支流水质良好。从全国各大流域水质状况来看，长江流域、珠江流域、浙闽片河流、西北诸河和西南诸河水质为优，黄河流域、淮河流域和辽河流域水质为良，松花江流域和海河流域为轻度污染（见图 1）。

（三）生物多样性

2020~2022 年，黄河水利委员会黄河水利科学研究院对黄河下游（河南段）大型底栖无脊椎动物、鸟类和鱼类生物多样性进行了调查评价。

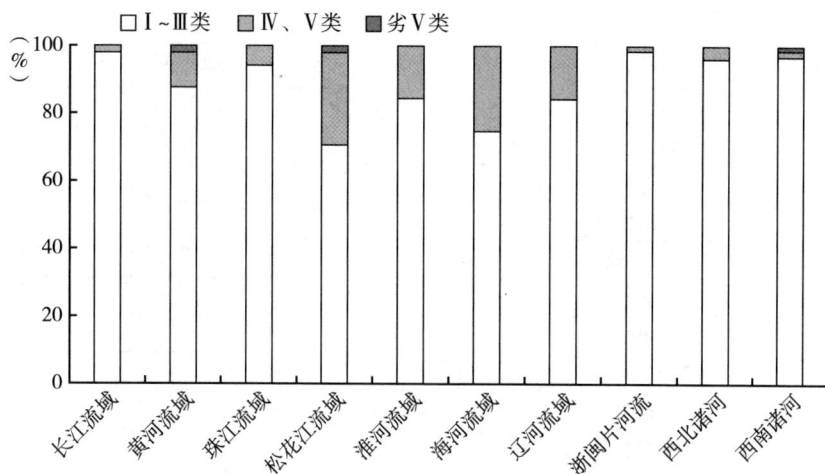

图1 2022年七大流域和浙闽片河流、西北诸河、西南诸河水质状况

资料来源：《2022中国生态环境状况公报》。

1. 大型底栖无脊椎动物

项目组于黄河下游（河南段）自上而下设置11个监测点进行大型底栖无脊椎动物样本采集。底栖动物利用1/16彼得逊采泥器采集，每个点位采集2次。混合样方，将样品洗净挑拣后加入75%的酒精固定，后续带回实验室计数、称重，并鉴定所有个体至可信的分类单元。经统计，黄河下游（河南段）大型底栖无脊椎动物共计18种，分别属昆虫纲、甲壳纲、腹足纲和寡毛纲，其中昆虫纲占种类总数的61%（见表1）。

表1 黄河下游（河南段）大型底栖无脊椎动物名录

类群	物种	S1	S2	S3	S4	S5	S6	S7	S8	S9	S10	S11
环节动物	吻盲虫	+										
软体动物	铜锈环棱螺	+										
	梨形环棱螺	+										
	大脐圆扁螺			+	+							

续表

类群	物种	S1	S2	S3	S4	S5	S6	S7	S8	S9	S10	S11
水生昆虫	羽摇蚊				+							
	青步甲				+			+				+
	指突隐摇蚊	+		+								
	分齿异腹摇蚊	+										
	软铗小摇蚊	+										
	小划蝽	+	+	+	+		+		+			
	直突摇蚊	+	+		+		+		+			
	拟细裳蜉	+		+								
	多足摇蚊	+	+	+	+	+		+	+	+		+
	长蹒摇蚊	+					+					
	大蚊科一种	+				+						
其他类群	等足目一种	+										
	异钩虾		+		+	+						
	日本扁跳钩虾			+								

2. 鱼类

鱼类作为水生态系统食物链的顶端生物，对于河流健康具有十分重要的意义。查阅文献可知，20 世纪 80 年代黄河全流域的土著鱼类共有 191 种，隶属于 12 目 21 科 78 属，其中河南段曾发现的土著鱼类有 103 种。黄河鱼类总体在高级分类阶元上的多样性较高，但物种多样性则处在较低水平。20 世纪 80 年代后，受自然条件和人类开发活动的影响，黄河鱼类多样性呈现大幅降低的趋势，尤其是花园口上游水电开发程度高、水资源利用过度、水域污染严重、历史上渔业捕捞过度等诸多因素，导致该河段鱼类的物种多样性急剧退化。

黄河下游于 2002 年开始调水调沙，2008 年首次实施生态调度，鱼类栖息地的生境条件得到了改善、鱼类活动范围不断增大，鱼类种群结构及多样性指数得到了一定程度的恢复性提高。据调查，2009~2010 年黄河下游（河南段）鱼类有 36 种；2013~2017 年上升至 54 种，2018~2020 年黄河下游（河南段）监测到的鱼类共有 62 种。多次调查结果发现，黄河下游（河南段）常见的鱼类有鲫、鲤、鳊、似鳊、高体鳑鲏、鲦鱼、草鱼、麦穗鱼、棒花鱼、赤眼鳟、红鳍原鲌、鲂、长蛇鮈、银飘鱼、翘嘴红鲌、鲇、黄颡鱼、鰕虎鱼、鳜、乌鳢等。

3. 鸟类

湿地和自然保护区是鸟类重要的栖息地，因此该指标采用现场调查、查询湿地公园和自然保护区网站信息等方式获取。河南省内黄河流域湿地面积20.34万公顷，其中河流湿地15.6万公顷，湖泊湿地0.04万公顷，沼泽湿地0.2万公顷，人工湿地4.5万公顷，占全省湿地面积的22.67%。黄河湿地生态系统多样，不但具有河流湿地的特征，还具有库塘湿地和沼泽湿地的特征，是众多鸟类的栖息地和鸟类迁徙的重要停歇地和越冬地，生态区位非常重要。河南省黄河湿地生物多样性丰富，涉及的保护区内共有动物867种，其中国家一级重点保护动物黑鹳、金雕等9种，国家二级重点保护动物33种，该区是河南省分布大鸨、大天鹅等国家重点保护野生动物数量最多的区域，也是全国分布大鸨、大天鹅等国家重点保护野生动物数量最多的湿地之一。

水鸟状况的调查主要以评价河段内自然保护区和黄河湿地公园为依托，其涉及的自然保护区包括2个国家级和3个省级黄河自然保护区，分别为郑州黄河国家湿地公园、新乡黄河湿地鸟类国家级自然保护区、开封柳园口湿地省级自然保护区、郑州黄河湿地省级自然保护区和濮阳县黄河湿地省级自然保护区，其类型均为湿地，主要保护对象为湿地生态和珍稀鸟类等。各地市林业部门各个自然保护区（湿地公园）的基本信息和水鸟状况显示，黄河下游（河南段）沿线自然保护区（湿地公园）水鸟多达百余种，包括国家重点保护的黑鹳、东方白鹳、大鸨、白尾海雕、金雕、白肩雕、玉带海雕、白头鹤、丹顶鹤、白鹤等多种珍稀鸟类。根据新乡国家级自然保护区综合服务中心数据，新乡黄河湿地鸟类国家级自然保护区内珍稀水鸟种类达39种，现场观察其水鸟数量也非常可观，现场观察期间可频繁拍摄到云雀、戴胜等多种常见鸟类。

表 2　黄河下游（河南段）黄河湿地保护区情况

序号	名称	批建时间	湿地保护类型	涉及行政区
1	郑州黄河国家湿地公园	2008 年 12 月	湿地公园	惠济
2	新乡黄河湿地鸟类国家级自然保护区	1996 年 11 月	自然保护区	封丘、长垣
3	郑州黄河湿地省级自然保护区	1994 年 6 月	自然保护区	巩义、荥阳、惠济、金水
4	开封柳园口湿地省级自然保护区	2007 年 11 月	自然保护区	龙亭、祥符、兰考
5	濮阳县黄河湿地省级自然保护区	2008 年 12 月	自然保护区	濮阳

三　黄河流域九省（区）水生态环境治理重点工作

青海省实施山水林田湖草系统治理，大力推进湿地保护和河湖水系连通，提高生态用水比例。强化水生态空间管控，加强重点区域水土流失治理，加快推进生态清洁小流域建设，综合整治农村水系，加强水源涵养保护，维护水系健康。推进河湖保护行动，以深入推进河（湖）长制为抓手，加快河（湖）立法，划定河（湖）管理范围、保护范围，全面监管"盛水的盆"和"盆里的水"。持续推进清河行动和"清四乱"工作，使各河流水环境得到改善，实现河畅水清。

四川省全力加强污染防治，打好污染防治"八大战役"，确保污染防治攻坚战约束性目标全面完成。实现省级生态环保专项督察全覆盖，加强生态环境派驻监察。深入实施河（湖）长制，推进河（湖）管理保护示范县建设，扎实做好清河护岸净水保水工作。强化黄河上游生态建设，加强黄河流域及川西北高原湿地草原生态保护。启动创建若尔盖国家湿地公园，整合优化各类自然保护地。实施山水林田湖草生态保护修复试点工程，加强水土流失、沙化、石漠化等综合防治。强化"三条红线"刚性约束，落实最严格的耕地保护制度和水资源管理制度。完善主体功能区配套政策，执行生态环境损害赔偿制度，探索建立流域横向生态保护补偿机制。

　　甘肃省黄河流域生态保护和高质量发展水利规划体系初步建立，形成了包含 1 个水利规划报告、6 个专项规划、6 个专题研究、4 个数据库、1 个黄河流域涉水底数图的"1+6+6+4+1"规划体系，谋划项目 18 项，规划投资 1146 亿元。编制完成陇中陇东黄土高原区水土治理保护建设方案和甘南黄河上游水源涵养区治理保护建设方案，标志着甘肃黄河流域生态保护和高质量发展工作进入落地阶段，为下一步生态保护和高质量发展区域经济格局的形成提供了有力支撑。

　　宁夏回族自治区严格落实禁伐、禁垦、禁采、禁牧"四禁"规定，完善减少资源消耗、减少污染行为、减少废物排放、减少肥药用量"四减"措施，努力实现保持河道不断流、保持湖泊不干涸、保持水土不流失、保持农田不污染"四保"目标，以"一河三山"保护治理为重点，全区水土流失实现了总体逆转，治理率达到 58%，森林覆盖率达到 15.8%。在治理上出重拳，持续推进煤尘、烟尘、汽尘、扬尘"四尘"同治，统筹推进饮用水源、黑臭水体、工业废水、城镇污水、农村排水"五水"共治，大力开展建筑垃圾、生活垃圾、危险废物、畜禽养殖、工业固废、电子废弃物"六废"联治，黄河干流（宁夏段）水质连续四年实现 Ⅱ 类进 Ⅱ 类出，劣 Ⅴ 类水体全面清零，地级市优良天数比例连续 3 年稳定在 85% 以上。在建设上抓统筹，系统推进森林、草原、湿地、流域、农田、城市、沙漠"七大生态系统"建设，实施天然林保护和三北防护林工程，继续推进封山禁牧、退耕还林还草，大力实施国土绿化行动，加强湖泊湿地全域化保护、整体性修复，西北地区重要生态安全屏障建设得到全面加强。

　　内蒙古自治区落实沙化土地封禁保护制度，支持全社会力量参与防沙治沙，持续治理库布齐沙漠、乌兰布和沙漠、毛乌素沙地，减少入黄泥沙。实施黄河流域国土绿化行动，建设沿黄生态廊道，增强黄河岸线及其支流流域水土保持能力。经过坚持不懈的努力，毛乌素沙地治理率达到 70%；库布齐沙漠植被覆盖率达到 53%，库布齐沙漠治理模式被联合国确定为"全球沙漠生态经济示范区"，获得联合国环境奖；乌兰布和沙漠西南缘建起长 110 公里、宽 3~15 公里的防风阻沙林带，林草覆盖度由 2000 年的 5% 提高到 2022 年的 50%，有效遏制了乌兰布和沙漠东移南进。乌梁素海流域乌兰布和沙漠治理区，被命名为"绿水青山就是金山银山"实践创新基地。沿黄七盟市森林覆盖率达到 16.28%、草原植被覆盖度达到 44.76%。建立沿黄地区污染防治联防、联控、联动机制，加强工业园区和城镇污水处理设施建设及提标改造，基本消除城市建成区黑臭水体。

陕西省坚持系统治理，启动黄河流域生态空间治理"十大行动"，截至 2022 年黄河流域植被覆盖度达到 60.68%。加强淤地坝建设，截至 2022 年累计建成 3.4 万座，淤地造田 86 万亩。有效调节水沙关系，年均入黄泥沙量减至 2.7 亿吨左右。2020 年水土流失治理面积 2160 平方公里。突出精准治污，强化河湖长责任，实施"一河一策"深入推进渭河、延河、泾河、无定河、北洛河等综合治理。开展黄河干、支流排污口排查，整治问题 105 个，推动 26 条城市黑臭水体达到"长制久清"标准。完成"千吨万人"水源保护区划定，持续整治水源地环境问题。深化流域水污染补偿，将渭河补偿经验扩展至清涧河、北洛河流域。渭南市、铜川市纳入全国 10 个水生态环境保护"十四五"规划编制试点市。

山西省坚持把水土保持放在重要位置，大力实施塬面保护、京津风沙源治理、林草植被治理、淤地坝建设等工程，蓄水保土能力明显增强。坚持控污、增湿、清淤、绿岸、调水"五策并举"，实施饮用水源、黑臭水体、工业废水、城镇污水、农村排水"五水同治"，底汾河入黄口国考断面退出劣 V 类。坚持"两山五湖七河一流域"系统推进，实施全流域修复。以流域为单元、河流为纽带，把山上山下、岸上岸下、上游下游、城镇农村结合起来，大力推进太行山和吕梁山两山增绿，黄河流经市县林草覆盖率接近 60%。全面开展汾河、桑干河、滹沱河、漳河、沁河、涑水河、大清河"七河"生态修复，扎实推进晋阳湖、漳泽湖、云竹湖、盐湖、伍姓湖"五湖"生态修复，汾河谷地地下水位连续 10 年回升。

河南省以黄河流域生态保护治理百公里生态廊道、千公顷湿地公园群、万亩滩区耕地高效利用试点为抓手，打造黄河保护治理标杆工程。以郑州段、开封段、洛阳段、新乡段、三门峡段生态廊道建设为试点，加快建设沿黄生态廊道示范工程。高标准推进郑汴洛沿黄生态大道建设，打造集生态屏障、防汛防洪、文化弘扬、休闲观光、高效农业于一体的复合型带状沿黄生态长廊。以郑州黄河国家湿地公园为试点，着力打造湿地公园群，逐步恢复黄河湿地生态，保护生物多样性。按照宜湿则湿、宜草则草、宜林则林、宜耕则耕的原则，选取郑州、开封、新乡等基础条件好、地方积极性高的区域，开展耕地高效利用试点，引导实施适度规模化经营，以滩区耕地高效利用推动滩区高质量发展。

山东省加大力度开展黄河三角洲湿地保护，持续开展生态补水，补水水量创新高。加强东平湖生态治理，实施九大攻坚行动，东平湖和主要支流大汶河水质稳定达到Ⅲ类标准。评估调整生态保护红线，持续加大水生态水环境保护和修复力度，实施湿地保护，清理整治河湖违法问题，加强水土流失治理。实施滩区居民迁建，启动滩区生态整治和保护工程，加强黄河下游生态廊道建设。

B.3

黄河流域水土流失治理报告

刘杨 焦鹏*

摘 要： 黄河流域构成我国西北重要的生态屏障，是连接青藏高原、黄土高原、华北平原的生态廊道，也是我国水土流失最为严重的地区。黄河流域水土流失主要分布在黄土高原地区，该地区面积为64.06万km²，占流域面积的80.61%，但其水土流失面积占流域水土流失面积的89.20%，因此黄土高原地区一直是水土流失治理的重点区域。本报告从黄河流域的水土流失现状、特点和危害出发，分析黄河流域水土流失治理的5个阶段性发展过程，并进一步揭示黄河流域现阶段水土流失和治理情况，最后提出新时代水土流失治理的新问题和新对策。结果表明，水土流失能够造成生态环境恶化、易引发黄河水患、影响水资源的有效利用及危害农业生产等，严重威胁沿岸人民的生命财产安全。通过退耕还林（草）等政策支持、小流域综合治理和遥感等新技术的运用，截至2021年，黄河流域累计初步治理水土流失面积25.96万km²，建成淤地坝5.70万座、修建梯田624.14万hm²、营造水土保持林1297.18万hm²、种草237.66万hm²、封禁治理437.32万hm²，水土保持率稳定在67.37%。

关键词： 黄河流域 水土流失 水土保持

---

* 刘杨，黄河水利委员会黄河水利科学研究院助理工程师，主要研究方向为生态环境遥感、地理空间大数据挖掘等；焦鹏，黄河水利委员会黄河水利科学研究院高级工程师，主要研究方向为黄河水沙变化与水土保持减沙效益等。

一　黄河流域水土流失特点

（一）水土流失现状

黄河是我国最重要的水系之一，其发源的支流达 200 多条，汛期水量占全年水量的 7% 以上。黄河流域是连接青藏高原、黄土高原和华北平原的生态廊道，构成我国西北地区的生态屏障，也产生了极其严重的水土流失。水土流失造成了河道泥沙淤积，加剧了荒漠化发展和下游洪水灾害的发生，严重制约了黄河流域经济的可持续发展。习近平总书记在黄河流域生态保护和高质量发展座谈会上的讲话中强调，黄河流域要"共同抓好大保护，协同推进大治理"。[①] 在新时代黄河流域水土保持工作中，应时刻牢记监测先行，对流域的水土流失现状和动态变化情况做到精准掌握，进而科学、合理和有效地指导流域水土流失综合防治工作。

人民治黄以来，黄河流域治理取得巨大成就，保障了黄河安澜，但随着气候等自然条件变化和流域社会经济快速发展，黄河流域水土流失仍然存在诸多问题。目前，关于黄河流域水土流失状况及治理的研究多集中在黄土高原地区，该地区面积为 64.06 万 km^2，占流域面积的 80.61%，但其水土流失面积（23.13 万 km^2）占流域水土流失面积的 89.20%[②]。该地区侵蚀强度高，侵蚀区类型复杂，主要分为风力侵蚀区、水力风力交错侵蚀区、水力侵蚀区。根据 1990 年全国遥感普查资料，黄土高原地区水土流失面积 45.4 万 km^2，占土地总面积的 71%。其中，风蚀面积 11.7 万 km^2，水蚀面积 33.7 万 km^2，分别占水土流失面积的 25.8% 和 74.2%，年平均输沙量达到 16 亿 t，是我国

---

① 习近平：《黄河流域生态保护和高质量发展的主要目标任务（二〇一九年九月十八日）》，载《论把握新发展阶段、贯彻新发展理念、构建新发展格局》，中央文献出版社，2021，第 330 页。

② 《黄河流域水土保持公报（2021 年）》，中国政府网，2022 年 12 月 5 日，https://www.gov.cn/xinwen/2022-12/05/content_ 5730141. htm。

乃至全球水土流失最严重、生态环境最脆弱的地区之一。大量的水土流失直接破坏水土资源和生态环境，造成农业生产力急剧下降，自然灾害频发。同时造成黄河下游河道泥沙淤积，形成地上"悬河"，直接影响下游人民的生命财产安全。近年来，黄土高原水土流失治理取得显著成效，其中小流域综合治理是黄土高原地区治理成功的重要经验，黄河水沙关系不协调得到改善，但黄土高原地区存在区域治理不平衡、传统治理模式和格局与当前乡村振兴战略的要求存在较大差距等问题①。

（二）水土流失特点

黄河流域水土流失直接导致环境恶化、水土资源破坏，造成流域泥沙量不断增加，影响区域经济发展②。根据全国水土流失动态监测成果和《黄河流域水土保持公报》，黄河流域水土流失呈现如下特点。

1.水土流失面积比例大

截至 2021 年，黄河流域水土流失面积为 25.93 万 km²，占黄河流域土地总面积的 32.63%，高于全国平均值（28.15%）。其中，黄土高原地区水土流失面积为 23.13 万 km²，占黄河流域水土流失面积的 89.20%，仍是中国水土流失最严重的地区③。

2.水土流失区域分布相对集中

基于 2021 年全国水土流失动态监测成果，黄河流域水土流失主要分布在腾格里—阴山北麓沙漠草原风沙区、黄河中游多沙区、湟水洮河黄土丘陵区和黄河源高地草原区。该区域面积占总面积的 27.29%，但水土流失面积占流域水土流失面积的 54.47%。其中，黄河中游多沙区是黄土高原水土流失的主要区域，也是黄河下游泥沙淤积的重要来源。黄河中游多沙区降雨

---

① 胡春宏、张晓明：《关于黄土高原水土流失治理格局调整的建议》，《中国水利》2019 年第 23 期。

② 王天元、刘劲松：《黄河流域水土流失的现状、特点和成因分析及治理对策》，《甘肃科技纵横》2022 年第 8 期。

③ 《黄河流域水土保持公报（2021）》，中国政府网，2022 年 12 月 5 日，https：//www.gov.cn/xinwen/2022-12/05/content_ 5730141. htm。

表 1　黄河中游年经流量与输沙量对比

	年径流量（亿m³）		汛期径流量（亿m³）		年输沙量（亿t）		汛期输沙量（亿t）		年均中数粒径（mm）		年输沙模数（t/a·km²）	
	龙门	潼关	龙门	潼关	龙门	潼关	龙门	潼关	龙门	潼关	龙门	潼关
多年均值	258.7	335.2	—	—	6.33	9.2	—	—	0.026	0.021	1270	1350
近期均值	206.4	258.0	—	—	2.98	4.7	—	—	0.025	0.020	599	683
2021 年	237.2	395.1	80.5	186.8	0.76	1.7	0.63	1.4	0.020	0.015	153	251
2020 年	376.7	469.6	216.0	284.4	2.01	2.4	1.92	2.2	0.021	0.016	404	352
2019 年	380.0	415.6	196.0	228.2	1.25	1.7	1.11	1.3	0.021	0.019	251	246
2018 年	341.2	414.6	212.0	265.6	3.24	3.7	3.07	3.4	0.023	0.015	651	547
2017 年	146.7	197.7	60.6	88.9	1.07	1.3	0.98	1.1	0.019	0.014	215	191
2016 年	139.6	165.0	63.8	77.5	1.19	1.1	1.09	0.9	0.017	0.010	239	158
2015 年	155.5	197.2	51.6	61.6	0.52	0.6	0.41	0.3	0.020	0.014	104	81
2014 年	195.3	235.1	87.8	113.6	0.38	0.7	0.31	0.5	0.017	0.015	76	101
2009 年	178.3	206.5	64.0	84.8	0.57	1.1	0.37	0.7	0.025	0.018	—	—
2008 年	177.6	204.8	65.3	77.7	0.58	1.3	0.21	0.7	0.016	0.014	—	—

注：多年均值龙门站为 1950~2020 年，潼关站为 1952~2020 年；近期均值为 1987~2020 年。
资料来源：相关年份《黄河泥沙公报》。

少、蒸发大，年均降水量不足 50mm，但较为集中。龙门和潼关水文站每年 7~10 月（汛期）仅 4 个月的输沙量分别占全年入河输沙量的 90% 以上和 80% 以上。1987~2020 年龙门水文站的输沙模数比 1950~2020 年下降 52.8%，潼关水文站近期均值下降了 49.4%（见表 1），输沙模数下降证明流域内水土流失放缓。黄河中游多沙粗沙区 1985 年、1999 年和 2020 年水土流失面积和水土流失强度见表 2，2020 年水土流失面积占总流失面积的 54.3%，以轻度和中度侵蚀为主，与 1985 年相比，水土流失面积减少 $3.25×10^4 km^2$，水土流失面积下降 43.2%，证明我国的水土流失治理取得显著成效。目前，黄河流域内的多沙粗沙区和粗泥沙集中来源区仍分别有 $4.27×10^4 km^2$ 和 $9.90×10^3 km^2$ 的水土流失面积亟待治理，是黄河流域水土流失治理的重点和难点。

表 2 1985 年、1999 年和 2020 年黄河中游多沙粗沙区水土流失面积比较

单位：km^2，%

年份	水土流失面积	占总流失面积比重	水土流失强度强烈及以上面积	占总流失面积比重	水土流失强度中度和轻度面积	占总流失面积比重
1985	$7.52×10^4$	95.7	$6.43×10^4$	85.5	$1.09×10^4$	14.5
1999	$7.32×10^4$	93.1	$5.57×10^4$	76.1	$1.75×10^4$	23.9
2020	$4.27×10^4$	54.3	$1.22×10^4$	28.6	$3.05×10^4$	71.4

资料来源：相关年份黄河多沙粗沙国家级重点治理区水土流失地块数据集。

3. 土壤侵蚀类型多样

黄河流域土壤侵蚀类型涵盖了水力侵蚀、风力侵蚀、冻融侵蚀和重力侵蚀。同时，部分区域多种侵蚀类型共同作用，直接加剧了水土流失。其中，黄河中游多沙区和湟水洮河黄土丘陵区，受其特殊的地形、地貌、土壤和气候等条件的影响，坡面和沟道发生严重的水力侵蚀，形成明显的侵蚀沟现象，地形破坏严重。腾格里—阴山北麓沙漠草原风沙区是风力侵蚀最为严重的区域；黄土高原北部长城沿线一带水蚀风蚀交错分布区生态环境极为脆弱；黄河流域冻融侵蚀类型面积较少，主要分布于黄河上游青海省东部。

4. 高侵蚀强度区面积较大

黄河流域强烈及以上等级水土流失面积为 3.19 万 km^2，占流域水土流失总面积的 12.3%，其中水力侵蚀强烈及以上等级水土流失面积比例为 15.27%，高于全国同类平均值（11.16%）。黄河流域高侵蚀强度水土流失主要分布于黄土高原地区，其强烈及以上侵蚀等级面积占水土流失总面积的 13.32%，占黄河流域同类面积的 96.55%，黄河流域强烈及以上侵蚀等级面积占比依然较大。

5. 水土流失重点土地类型集中

黄河流域水土流失主要集中在草地、林地和耕地，分别占水土流失总面积的 47.72%、20.59% 和 17.87%。水土流失重点发生地类分别为旱地、天然牧草地、其他草地和沙地。其中，6° 以上的旱地面积为 3.45 万 km^2，占不同坡度等级耕地总面积的 21.89%；产生水土流失的面积为 2.61 万 km^2，占不同坡度等级耕地水土流失总面积的 41.90%，占 6° 以上旱地面积的 75.73%，属极易产生水土流失地类[1]。因此，6° 以上旱地为重点关注类型。

（三）水土流失危害

1. 恶化生态环境

2000 年以来，黄土高原坡顶和缓坡地带植被明显恢复，但气候的干旱和降水的不稳定、黄土以及风沙物质的不稳定性结合，黄土高原地区生态环境十分脆弱，造成内蒙古、陕西、宁夏等地区荒漠化严重，植被覆盖率较低，保水固沙任务仍然十分艰巨。同时，自然资源的开发与水土保持矛盾突出，随着项目开发规模和强度的日趋增大，流域废水排放量也急剧增加，造成流域水质污染日益严重。党的十八大以来，随着流域污染治理力度的不断加大以及水质监督和管理水平的不断提高，截至 2021 年，黄河流域污染有所好转，水质良好，但在抽查的 265 个水质断面中，劣 V 类水占比仍达 3.8%，比 2020

---

[1] 李晶晶、张建国：《水土流失仍是黄河流域重要生态问题》，《中国科学报》2021 年 11 月 18 日。

年下降 1.1 个百分点，相比全国河流 0.9% 的平均水平仍高出较多[1]。

2. 引发黄河水患

黄河上中游的水土流失造成大粒径泥沙淤积在下游河道，使黄河下游成为著名的地上"悬河"，直接影响黄河下游两岸人民的生命财产安全。由于河道淤积，黄河水沙关系进一步恶化，加速"槽高于滩，滩又高于背河地面"的"二级悬河"的发展，使"横河""斜河"，甚至"滚河"的发生概率大增，中常洪水情况下黄河下游的防洪形势依然严峻[2]。

3. 影响水资源合理和有效利用

黄河流域整体降水量少、蒸发量大，资源性缺水较严重，尤其是受到水土流失的影响，水资源承载量和土地生产力急剧下降，同时黄河流域水资源开发利用率高达 80%，远超流域生态警戒线（40%）。黄河最突出的特点是水少沙多、水沙异源，水土流失导致黄河干流及主要支流的大型水利枢纽工程泥沙淤积现象明显，进一步加剧了黄河水资源的供需矛盾。黄河水资源贫乏，还必须采用蓄清排浑的方式缓解泥沙淤积造成的库容损伤，因此直接影响水资源的利用。

4. 危害农业生产

据统计，20 世纪 50 年代以来，全国由于水土流失而损失的耕地约为 $266.67 \times 10^4 hm^2$，造成的经济损失远超 100 亿元。黄河流域黄土高原地区产生水土流失的土地主要包括沟壑地、坡耕地和荒山荒坡[3]。黄土高原上覆盖的厚厚的黄土层土质松软，且含有大量磷、钾、硼、锰等元素，也含有丰富的碳酸钙[4]，极适宜农作物的生长。但黄土高原地区植被缺失，加上自然气

---

① 《2021 中国生态环境状况公报》，中国政府网，2022 年 5 月 28 日，https：//www.gov.cn/xinwen/2022-05/28/content_ 5692799. htm.

② 庞启航、毕忠飞、樊晓华：《新时期黄土高原水土流失治理存在问题与对策》，《人民黄河》2022 年第 1 期。

③ 李永红、高照良：《黄土高原地区水土流失的特点、危害及治理》，《生态经济》2011 年第 8 期。

④ 张喜荣、蔡艳蓉、赵晶：《黄土高原水土流失造成的危害及其综合治理措施》，《安徽农业科学》2010 年第 28 期。

候等因素的影响，使得黄土冲刷严重，缺乏一定的抗蚀性①，形成大量沟壑，众多农作物无法正常生长。当地严重的土壤侵蚀已经威胁居民正常生产生活，超负荷的水土流失导致土壤熟化层严重不足，诸多土地无法正常耕种。

二 黄河流域水土流失治理的阶段性发展特点

黄土高原地区是黄河流域水土保持的重点，因此黄土高原地区水土流失治理阶段性发展特点代表全流域水土流失治理是较为合适的。

（一）第一阶段

新中国成立初期至20世纪70年代是水土保持系统试验推广和发展的阶段。在此期间，为了进一步开展关于水土流失成因和规律等方面的研究，黄土高原地区建立了一批多种类型区的水土保持试验站，并推广了机修梯田、水坠筑坝和飞播造林等系统防治技术②。

（二）第二阶段

20世纪80年代是土地利用、小流域治理开发和坡耕地的重点研究阶段，如改变土地利用类型，大力退耕还林还牧，实现农林牧综合发展。黄土高原地区水土流失加剧的主要因素是滑坡泥石流，因此以小流域为单位的综合治理是防治滑坡泥石流的根本措施。水平梯田在坡耕地治理中展现出良好的效果，如何更好地治理坡耕地是一个重点方向。因此，当时形成了"山顶植树造林戴帽子，山坡退耕种草披褂子，山腰兴修梯田系带子，沟底筑坝淤地穿靴子"的治理模式。

---

① 薛梅：《基于文献计量学的我国黄土高原水土流失治理发展特点及前景》，硕士学位论文，西北农林科技大学，2018。

② 胡春宏、张晓明：《黄土高原水土流失治理与黄河水沙变化》，《水利水电技术》2020年第1期。

（三）第三阶段

20世纪90年代是依法防治水土流失、深化水土保持改革阶段。1991年《中华人民共和国水土保持法》出台，1993年水利部设置水土保持司，黄土高原持续开展了秀美山川建设。在此期间，众多学者逐步从收集基础资料向深入研究水土流失规律转变，不仅提出更多治理方法，也更加注重治理效果，许多新技术如遥感、地理信息系统等，为黄土高原水土流失治理提供了新的手段，小流域治理也朝着综合性的方向进一步发展。

（四）第四阶段

1999年以后，黄土高原处于生态建设和保护阶段，小流域综合治理、实施退耕还林（草）、封山绿化和坡改梯、淤地坝建设、DEM和"3S"技术成为建设和研究的热点。退耕还林（草）是一项重要国策，实施退耕还林（草）后，土地利用方式发生巨大转化，对区域生态环境、土壤侵蚀强度、土壤理化性质产生一定的影响。淤地坝工程在这一时期得到飞速发展，其成果不仅体现在工程建设和管理方面，也体现在对淤地坝淤积量及淤地坝建成后对流域土壤侵蚀的影响方面。在退耕还林（草）、小流域综合治理和淤地坝建设和研究的基础上，RUSLE（修订的水土流失通用方程）模型在黄土高原土壤侵蚀研究领域得到了大量的应用。

（五）第五阶段

党的十八大以后，生态文明、绿色发展理念引领水土流失高标准系统治理进入强化监督管理阶段，"绿水青山"与"金山银山"相融相生。2019年，黄河流域生态保护和高质量发展上升为重大国家战略，黄土高原进入大保护和大治理协同推进时期[①]。

---

① 胡春宏、张晓明：《黄土高原水土流失治理与黄河水沙变化》，《水利水电技术》2020年第1期。

三 2021年黄河流域水土流失状况和治理

（一）水土流失状况

1. 黄河流域

截至 2021 年，黄河流域水土流失面积为 25.93 万 km²。其中，水力侵蚀面积 18.86 万 km²，风力侵蚀面积 7.07 万 km²。根据《土壤侵蚀分类分级标准（SL190—2007）》中侵蚀强度分级标准，轻度、中度、强烈、极强烈、剧烈侵蚀面积分别为 17.02 万 km²、5.72 万 km²、1.97 万 km²、0.96 万 km²、0.26 万 km²，分别占流域水土流失总面积的 63.64%、22.06%、7.60%、3.70%、1.00%（见图 1）。

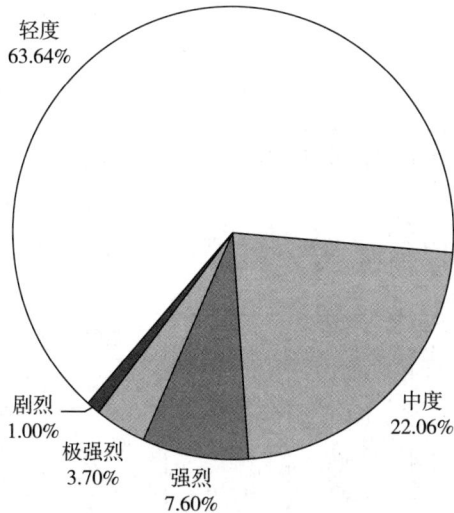

图 1　2021 年黄河流域不同强度等级土壤侵蚀面积分布

资料来源：《黄河流域水土保持公报（2021 年）》

黄河流域各省（区）水土流失面积主要集中于内蒙古、陕西和甘肃，分别占流域水土流失总面积的 25.41%、18.36%、17.93%（见表 3）。水力侵蚀主要集中于甘肃、陕西和山西，分别占流域水力侵蚀总面积的

24.44%、24.28%、19.51%（见表4）。风力侵蚀主要集中于内蒙古、青海和宁夏，分别占流域风力侵蚀总面积的65.63%、20.08%、6.93%（见表5）。

表3 2021年黄河流域九省（区）不同强度水土流失面积

单位：万 km²

省（区）	水土流失面积	轻度	中度	强烈	极强烈	剧烈
青　海	3.39	2.62	0.47	0.15	0.1	0.05
四　川	0.32	0.32	0	0	0	0
甘　肃	4.65	2.66	1.18	0.49	0.26	0.06
宁　夏	1.54	1.03	0.34	0.11	0.05	0.01
内蒙古	6.59	5.03	1.12	0.30	0.09	0.05
陕　西	4.76	2.64	1.31	0.48	0.27	0.06
山　西	3.68	1.95	1.12	0.40	0.18	0.03
河　南	0.75	0.56	0.15	0.03	0.01	0
山　东	0.25	0.21	0.03	0.01	0	0
合计	25.93	17.02	5.72	1.97	0.96	0.26

资料来源：《黄河流域水土保持公报（2021年）》。

表4 2021年黄河流域九省（区）不同强度水力侵蚀面积

单位：万 km²

省（区）	水力侵蚀面积	轻度	中度	强烈	极强烈	剧烈
青　海	1.97	1.34	0.42	0.14	0.06	0.01
四　川	0.03	0.03	0	0	0	0
甘　肃	4.61	2.62	1.18	0.49	0.26	0.06
宁　夏	1.05	0.59	0.30	0.10	0.05	0.01
内蒙古	1.95	1.32	0.40	0.14	0.08	0.01
陕　西	4.58	2.50	1.27	0.48	0.27	0.06
山　西	3.68	1.95	1.12	0.40	0.18	0.03
河　南	0.74	0.55	0.15	0.03	0.01	0
山　东	0.25	0.21	0.03	0.01	0	0
合计	18.86	11.11	4.87	1.79	0.91	0.18

资料来源：《黄河流域水土保持公报（2021年）》。

表5 黄河流域九省（区）不同强度风力侵蚀面积

单位：万 km²

省（区）	风力侵蚀面积	轻度	中度	强烈	极强烈	剧烈
青 海	1.42	1.28	0.05	0.01	0.04	0.04
四 川	0.29	0.29	0	0	0	0
甘 肃	0.04	0.04	0	0	0	0
宁 夏	0.49	0.44	0.04	0.01	0	0
内蒙古	4.64	3.71	0.72	0.16	0.01	0.04
陕 西	0.18	0.14	0.04	0	0	0
山 西	0	0	0	0	0	0
河 南	0.01	0.01	0	0	0	0
山 东	0	0	0	0	0	0
合 计	7.07	5.91	0.85	0.18	0.05	0.08

资料来源：《黄河流域水土保持公报（2021年）》。

2.黄河源区

黄河源区是指黄河流域龙羊峡以上涉及的流域范围，是黄河水资源的主要来源地之一，被称为黄河的"水塔"，面积为13.14万 km²，涉及青海玉树市、果洛藏族自治州、海南藏族自治州、黄南藏族自治州，四川阿坝藏族羌族自治州和甘肃甘南藏族自治州的19个县，占黄河流域面积的16.53%。2021年，黄河源区水土流失面积为2.53万 km²，其中水力侵蚀面积和风力侵蚀面积分别达到0.85万 km²、1.68万 km²。按侵蚀强度分，轻度侵蚀面积为2.33万 km²、中度侵蚀面积为0.11万 km²、强烈侵蚀面积为0.01km²、极强烈侵蚀面积为0.04万 km²、剧烈侵蚀面积为0.04万 km²，分别占区域水土流失总面积的92.09%、4.35%、0.40%、1.58%、1.58%（见表6和图2）。

3.黄土高原区

黄河流域黄土高原地区是指黄河流域龙羊峡至桃花峪区间流域范围，涉及青海、甘肃、宁夏、内蒙古、陕西、山西、河南7个省（区），面积为64.06万 km²，占黄河流域面积的80.61%。

表6 2021年黄河源区不同强度水土流失面积及占比

单位：万 km², %

		合计	轻度	中度	强烈	极强烈	剧烈
水土流失	面积	2.53	2.33	0.11	0.01	0.04	0.04
	占比	100	92.09	4.35	0.40	1.58	1.58
水力侵蚀	面积	0.85	0.78	0.06	0.01	0	0
	占比	100	91.76	7.06	1.18	0	0
风力侵蚀	面积	1.68	1.55	0.05	0	0.04	0.04
	占比	100	92.26	2.98	0	2.38	2.38

资料来源：《黄河流域水土保持公报（2021年）》。

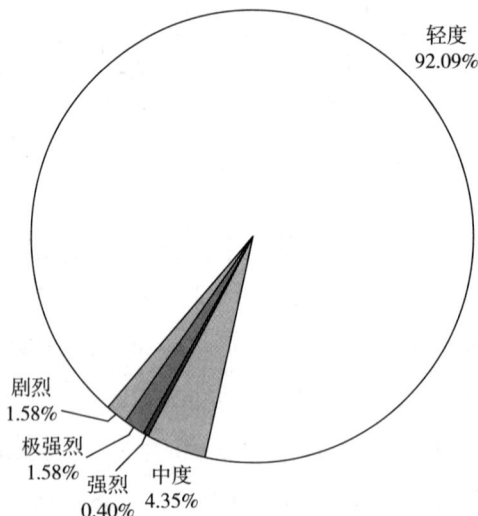

图2 2021年黄河源区不同强度等级土壤侵蚀面积分布

资料来源：《黄河流域水土保持公报（2021年）》。

黄河流域水土流失主要分布于黄河流域黄土高原地区。2021年，黄河流域黄土高原地区水土流失面积为23.13万 km²。其中，水力侵蚀和风力侵蚀面积分别为17.75万 km²、5.38万 km²。按侵蚀强度分，轻度侵蚀面积为14.47万 km²、中度侵蚀面积为5.58万 km²、强烈侵蚀面积为1.94万 km²、极强烈侵蚀面积为0.93万 km²、剧烈侵蚀面积为0.21万 km²，分别占区域水土流失总面积的 62.56%、24.12%、8.39%、4.02%、0.91%（见表 7 和图 3）。

表 7　2021 年黄河流域黄土高原地区不同强度水土流失面积及占比

单位：万 km^2，%

		合计	轻度	中度	强烈	极强烈	剧烈
水土流失	面积	23.13	14.47	5.58	1.94	0.93	0.21
	占比	100	62.56	24.12	8.39	4.02	0.91
水力侵蚀	面积	17.75	10.11	4.78	1.77	0.91	0.18
	占比	100	56.96	26.93	9.97	5.13	1.01
风力侵蚀	面积	5.38	4.36	0.80	0.17	0.02	0.03
	占比	100	81.04	14.87	3.16	0.37	0.56

资料来源：《黄河流域水土保持公报（2021 年）》。

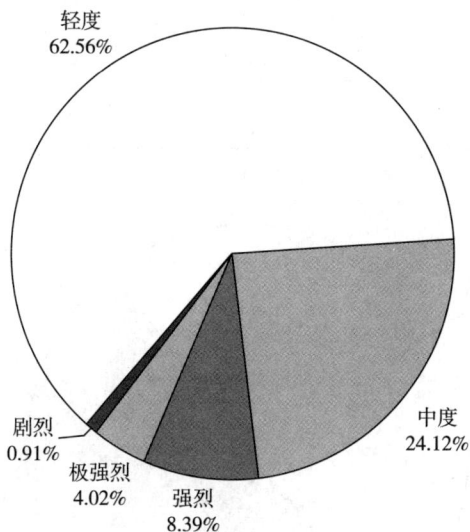

图 3　2021 年黄河流域黄土高原地区不同强度等级土壤侵蚀面积分布

资料来源：《黄河流域水土保持公报（2021 年）》。

4. 黄河中游多沙区

黄河中游多沙区总面积为 21.20 万 km^2，主要分布在黄河河口镇至龙门区间及泾河、北洛河中上游以及湟水、祖厉河、清水河、伊洛河部分地区，涉及青海、甘肃、宁夏、内蒙古、陕西、山西、河南 7 个省（区）。

2021 年，黄河中游多沙区水土流失面积为 9.05 万 km^2。其中，水力侵蚀和风力侵蚀面积分别为 8.52 万 km^2、0.53 万 km^2。按侵蚀强度分，轻度侵蚀面积为 4.45 万 km^2、中度侵蚀面积为 2.76 万 km^2、强烈侵蚀面积为 1.11 万 km^2、极强烈侵蚀面积为 0.61 万 km^2、剧烈侵蚀面积为 0.12 万 km^2，分别占区域水土流失总面积的 49.16%、30.50%、12.27%、6.74%、1.33%（见表 8 和图 4）。

表 8　2021 年黄河中游多沙区不同强度水土流失面积及占比

单位：万 km^2，%

		合计	轻度	中度	强烈	极强烈	剧烈
水土流失	面积	9.05	4.45	2.76	1.11	0.61	0.12
	占比	100	49.16	30.50	12.27	6.74	1.33
水力侵蚀	面积	8.52	3.97	2.71	1.11	0.61	0.12
	占比	100	46.59	31.81	13.03	7.16	1.41
风力侵蚀	面积	0.53	0.48	0.05	0	0	0
	占比	100	90.57	9.43	0	0	0

资料来源：《黄河流域水土保持公报（2021 年）》。

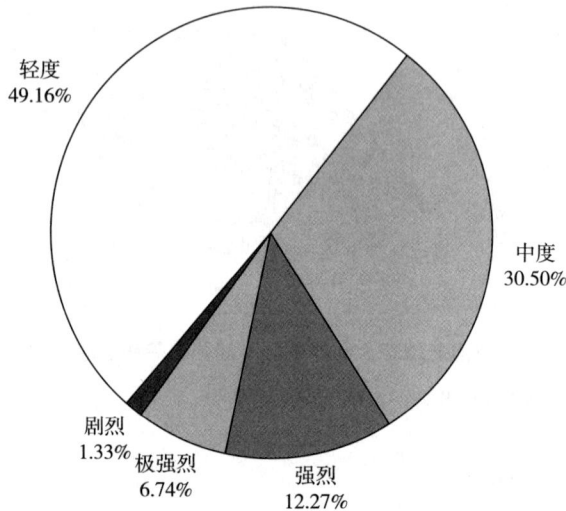

图 4　2021 年黄河中游多沙区不同强度等级土壤侵蚀面积分布

资料来源：《黄河流域水土保持公报（2021 年）》。

5. 黄河中游多沙粗沙区

黄河中游多沙粗沙区总面积为 7.86 万 km^2，主要分布在黄河河口镇至龙门区间的窟野河、黄甫川、无定河以及泾河与北洛河上游等 26 条黄河一级支流，涉及甘肃、宁夏、内蒙古、陕西、山西 5 个省（区）的 9 个市 45 个县（市、区、旗）。

2021 年，黄河中游多沙粗沙区水土流失面积为 4.23 万 km^2。其中，水力侵蚀和风力侵蚀面积分别为 4.18 万 km^2、0.05 万 km^2。按侵蚀强度分，轻度侵蚀面积为 1.64 万 km^2、中度侵蚀面积为 1.46 万 km^2、强烈侵蚀面积为 0.67 万 km^2、极强烈侵蚀面积为 0.39 万 km^2、剧烈侵蚀面积为 0.07 万 km^2，分别占区域水土流失总面积的 38.77%、34.52%、15.84%、9.22%、1.65%（见表 9 和图 5）。

表 9　2021 年黄河中游多沙粗沙区不同强度水土流失面积及占比

单位：万 km^2，%

		合计	轻度	中度	强烈	极强烈	剧烈
水土流失	面积	4.23	1.64	1.46	0.67	0.39	0.07
	占比	100	38.77	34.52	15.84	9.22	1.65
水力侵蚀	面积	4.18	1.59	1.46	0.67	0.39	0.07
	占比	100	38.04	34.93	16.03	9.33	1.67
风力侵蚀	面积	0.05	0.05	0	0	0	0
	占比	100	100	0	0	0	0

资料来源：《黄河流域水土保持公报（2021 年）》。

6. 黄河中游粗泥沙集中来源区

黄河中游粗泥沙集中来源区面积为 1.88 万 km^2，主要分布于黄河河口镇至龙门区间的窟野河、黄甫川、无定河等 11 条支流，涉及陕西、内蒙古 2 个省（区）3 个市的 15 个县（市、区、旗），呈"品"字形分布的三大片。

2021 年，黄河中游粗泥沙集中来源区水土流失面积为 0.97 万 km^2。其中，水力侵蚀面积为 0.96 万 km^2，风力侵蚀面积为 0.01 万 km^2。按侵蚀强

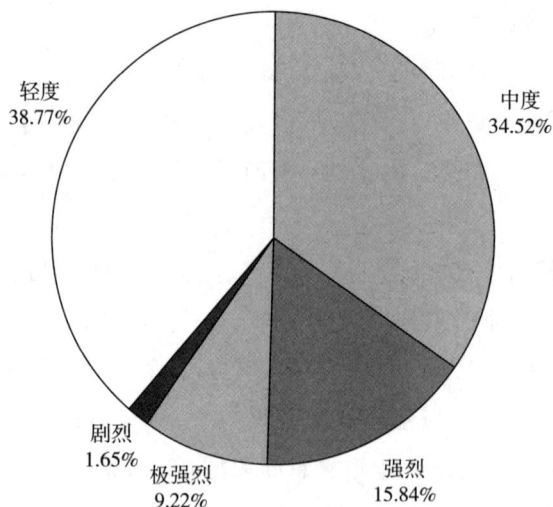

图5　2021年黄河中游多沙粗沙区不同强度等级土壤侵蚀面积分布

资料来源：《黄河流域水土保持公报（2021年）》。

度分，轻度侵蚀面积为0.37万km^2、中度侵蚀面积为0.30万km^2、强烈侵蚀面积为0.17万km^2、极强烈侵蚀面积为0.10万km^2、剧烈侵蚀面积为0.03万km^2，分别占区域水土流失总面积的38.14%、30.93%、17.53%、10.31%、3.09%（见表10和图6）。

表10　2021年黄河中游粗泥沙集中来源区不同强度水土流失面积及占比

单位：万km^2，%

		合计	轻度	中度	强烈	极强烈	剧烈
水土流失	面积	0.97	0.37	0.30	0.17	0.10	0.03
	占比	100	38.14	30.93	17.53	10.31	3.09
水力侵蚀	面积	0.96	0.36	0.30	0.17	0.10	0.03
	占比	100	37.50	31.25	17.70	10.42	3.13
风力侵蚀	面积	0.01	0.01	0	0	0	0
	占比	100	100	0	0	0	0

资料来源：《黄河流域水土保持公报（2021年）》。

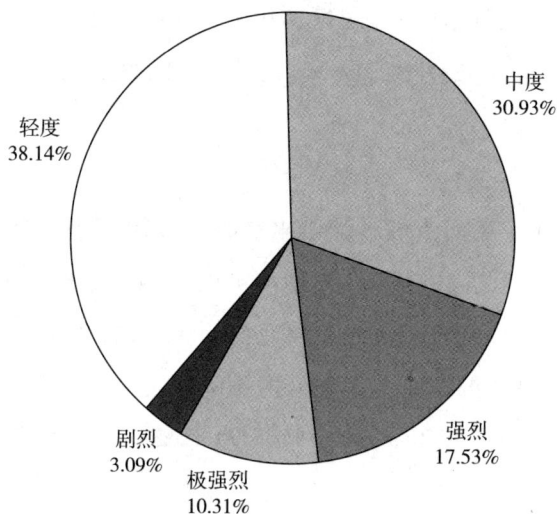

图 6　2021 年黄河中游粗泥沙集中来源区不同强度等级土壤侵蚀面积分布

资料来源：《黄河流域水土保持公报（2021 年）》。

（二）水土流失治理

黄土高原地区的淤地坝建设主要集中于 20 世纪 70 年代和 21 世纪初。其中，20 世纪 70 年代的淤地坝建设以中小型淤地坝为主，21 世纪初的淤地坝建设则以控制性的大型淤地坝为主。林草植被建设以 1999 年实施退耕还林（草）工程之后最为显著。整体而言，随着水土流失治理理念的演变与完善，措施配置也经历了坡面治理（20 世纪 80 年代之前）、流域综合治理（20 世纪 80 年代至 2000 年）和区域协调管理（2001 年至今）。20 世纪 50 年代以来，国家在黄土高原地区开展了大规模水土流失综合治理，黄河流域水土保持形成了以小流域为单元的"生态系统治理模式""水土保持型生态农业结构治理模式"等综合治理技术体系。1999 年以来，大规模退耕还林（草）工程的实施，在实现黄土高原由"黄"变"绿"的过程中发挥了重要作用。

截至 2021 年，黄河流域累计初步治理水土流失面积 25.96 万 km²。其中，建成淤地坝 5.70 万座、修建梯田 624.14 万 hm^2、营造水土保持林 1297.18 万 hm^2、种草 237.66 万 hm^2、封禁治理 437.32 万 hm^2，水土保持率稳定在 67.37%。

1. 淤地坝建设

截至 2021 年，黄河流域累计建成淤地坝 5.70 万座，其中大型坝 6265 座，中型淤地坝 1.05 万座，小型淤地坝 4.02 万座。淤地坝建设主要集中于陕西省和山西省，分别占流域淤地坝总数的 58.05% 和 31.84%，两省淤地坝合计约占流域总数的 90%。其中，两省所建大型坝、中型坝和小型坝合计分别占流域总数的 67.40%、84.74%、94.75%（见表 11）。

表 11　2021 年黄河流域黄土高原地区分省（区）淤地坝建设情况

单位：座

省（区）	小计	大型坝	中型坝	小型坝
青　海	665	168	124	373
甘　肃	1492	557	345	590
宁　夏	1104	335	369	400
内蒙古	2180	880	602	698
陕　西	33079	3037	8089	21953
山　西	18140	1186	828	16126
河　南	319	102	166	51
合　计	56979	6265	10523	40191

资料来源：《黄河流域水土保持公报（2021 年）》。

2. 水土保持率

水土保持率指区域内水土保持状况良好的面积（非水土流失面积）占该区域面积的比例，是反映水土保持总体状况的宏观管理指标，是水土流失预防治理成效和自然禀赋水土保持功能在空间尺度的综合体现。截至 2021 年，黄河流域及重点区域的水土保持率见表 12。

表 12　2021 年黄河流域及重点区域水土保持率

单位：%

区域	水土保持率
黄河流域	67.37
黄河源区	80.75
黄河流域黄土高原地区	63.89
黄河中游多沙区	57.31
黄河中游多沙粗沙区	46.18
黄河中游粗泥沙集中来源区	48.4

资料来源：《黄河流域水土保持公报（2021 年）》。

3. 植被覆盖度

截至 2021 年，黄河流域植被面积达到 54.64 万 km²，其中林地面积 19.90 万 km²，草地面积 33.15 万 km²，园地面积 1.59 万 km²，分别占流域植被面积的 36.42%、60.67%、2.91%[①]。

根据《土壤侵蚀分类分级标准（SL190—2007）》中植被覆盖度分级标准，2021 年，黄河流域高覆盖度植被面积 21.68 万 km²，中高覆盖度植被面积 7.99 万 km²，中覆盖度植被面积 7.45 万 km²，中低覆盖度植被面积 8.11 万 km²，低覆盖度植被面积 9.41 万 km²。中覆盖及以上等级植被面积为 37.12 万 km²，占植被总面积的 67.93%（见表 13）。

表 13　黄河流域植被覆盖统计

单位：万 km²，%

植被覆盖等级	面积	占比
高覆盖	21.68	39.68
中高覆盖	7.99	14.62
中覆盖	7.45	13.63

---

① 《黄河流域水土保持公报（2021 年）》，中国政府网，2022 年 12 月 5 日，https://www.gov.cn/xinwen/2022-12/05/content_5730141.htm。

植被覆盖等级	面积	占比
中低覆盖	8.11	14.84
低覆盖	9.41	17.23
合计	54.64	100

资料来源：《黄河流域水土保持公报（2021 年）》。

四 新时代黄河流域水土流失治理新问题和新对策

（一）新问题

黄河流域水土流失治理虽然取得了阶段性胜利，但在黄河流域生态保护和高质量发展重大国家战略为背景的新时代仍存在一些问题。

一是水土流失治理理念尚需更新。人类活动仍然是影响水土流失最活跃的因素。在黄河上游地区，如果当地农牧民的基本生活得不到保障，甚至正当利益受到严重损害，他们可能不会对生态环境进行积极建设和维护，并可能在经济活动中破坏生态系统建设的成果，将加大水土流失治理难度。

二是水土流失治理科技水平亟须进一步提升。在长期的水土保持治理中，对关键技术、措施配置模式等缺乏系统的研究，黄土高原以北的风沙干旱草原和沙漠区，沙漠化扩张仍然较严重，存在强烈侵蚀等潜在风险。

三是水土流失治理中水保工程需进一步改善。目前黄河水沙调控体系已初步形成，但水沙关系不协调的症结仍然未发生改变，仍应该严格控制入河入库的泥沙量。在黄土高原地区，部分梯田和淤地坝工程老旧，升级改造不及时，小流域综合治理、淤地坝建设、坡耕地整治等水土保持工程布局仍需完善。

四是水土流失治理方法仍需进一步改进。黄河下游和黄河三角洲地区河道淤积严重，生态系统受损严重，缺乏生态修复和保护工程。

（二）新对策

在黄河源区、三江源、祁连山、子午岭—六盘山林区、秦岭北麓、贺兰山东麓以及渭河、湟水等重点支流的源头区，以退牧还草、退耕还林（草）、封育保护、生态移民等措施为主，基于大自然的自我恢复能力，减少人为扰动和预防保护相结合，进一步提升水源涵养能力。要鼓励当地农牧民积极参与水土流失治理行动，自觉维护生态平衡，并引入市场机制，通过稳定所有权、放活使用权、延长承包和租赁年限等措施进一步加强水土保持治理。

在黄土高原以北的风沙干旱草原及沙漠区，以自然恢复为主，实施退牧还草、轮封轮牧，固定沙丘区，种植灌草，局部流动、半流动沙丘配置沙障，防止沙漠化继续扩张。加强典型生态脆弱区土壤侵蚀与生态退化互馈机制、水土流失过程的精准预测预报、基于时空大数据理念的水土保持现代化监测评价等技术研发，将新技术积极运用到实际的治理过程中。

在黄河中游黄土高原地区，以减少入河入库泥沙为重点，坚持沟坡兼治，加强小流域综合治理的合理布局、淤地坝建设、坡耕地整治、黄土高原塬面保护等多项措施协同作用，并进一步改造升级现有老旧梯田、淤地坝工程。

在下游及黄河三角洲地区，因滩施策，实施大汶河流域水土流失治理，刁口河流路生态修复和保护工程，促进沿线受损生态系统修复，推进黄河三角洲湿地保护，改善生态环境[1]。

---

[1]　李晶晶、苏鹏飞、张建国：《黄河流域生态保护和高质量发展规划区水土流失特征与防治对策》，《水土保持通报》2021 年第 5 期。

B.4
黄河流域防洪安全与水沙调控发展状况

李军华　郑佳芸　李洁玉　陈冰　张向萍*

摘　要： 黄河"善淤、善决、善徙",流域洪水灾害严重,给沿岸人民带来深重灾难,几千年来,中华民族始终在同黄河洪水灾害做斗争。洪水灾害成因主要有洪水、泥沙、堤防、社会因素等,洪水灾害主要发生在黄河下游。新中国成立前,河患发生频率为平均每年一次,新中国成立以来,水沙治理取得显著成效,黄河流域已基本建成"上拦下排、两岸分滞"的防洪减灾体系,形成了"拦、调、排、放、挖"的泥沙综合治理基本思路,水沙调控体系逐步形成,主河槽最小过流量由2002年汛前的1800m³/s恢复到2021年汛前的5000m³/s左右,主河槽过流能力显著提高;连续调水调沙,取得了显著的防洪保安、排沙减淤、洪水资源化、生态补水等综合效益,保障了伏秋大汛岁岁安澜,确保了人民生命财产安全。本文还介绍了2018~2020年调水调沙、2021年秋汛防御为典型案例。

关键词： 黄河流域　防洪安全　水沙调控　黄河秋汛防御

---

* 李军华,黄河水利委员会黄河水利科学研究院正高级工程师,主要研究方向为河床演变和河道整治;郑佳芸,黄河水利委员会黄河水利科学研究院助理工程师,主要研究方向为水力学及河流动力学;李洁玉,黄河水利委员会黄河水利科学研究院工程师,主要研究方向为水沙调控与防洪安全;陈冰,黄河水利委员会黄河水利科学研究院助理工程师,主要研究方向为防汛减灾;张向萍,黄河水利委员会黄河水利科学研究院高级工程师,主要研究方向为自然灾害和河道整治。

一 黄河流域洪水灾害

（一）流域洪水灾害成因与特征

1.洪水灾害成因

黄河自西向东，穿行于北纬32°~42°，这里正是自然灾害环球密集带的腹心。我国历代兴衰治乱都与黄河流域的灾害密切相关，其中洪水灾害是黄河最严重的灾害之一。

根据洪水发生的季节，黄河流域汛期分为伏汛、秋汛、凌汛和桃汛四个时期。根据1950~2020年河南省农业自然灾害成灾面积资料[①]统计，黄河流域洪灾多年平均成灾面积75.22万 hm^2，成为阻碍黄河流域经济发展与社会进步的"绊脚石"[②]。其中，黄河下游洪灾是最严重的，也是最难治理的。黄河洪灾成因主要有洪水、泥沙、堤防、社会因素等。

黄河是世界上含沙量最多的河流，黄河下游每年平均有2亿t（1919~1949年）泥沙淤积在河道内，河床以平均每年0.04m的速度淤积抬高[③]，形成了地上"悬河"，高出地面的"悬河"一旦堤防决溢，犹如垮坝水流高速倾泻，其摧毁作用之强远远超过一般平原型河流。河道淤积还导致下游河道比降平缓，河道排洪能力较差，水流宽、浅、散、乱，摆动频繁，是造成历史上黄河屡屡泛滥的祸根。黄河年水量虽然很小，但是洪水具有暴涨陡落、水势凶猛的特点，流量陡然上涨时，河床将发生剧烈冲淤变化，主流摆动，甚至形成"横河""斜河"，严重时冲垮大堤，引发洪灾。

黄河下游洪水主要依靠堤防约束，由于堤身土多为砂土、壤土或粉砂土，且压实密度低、接缝多，一些堤段还有洞穴或空洞，堤身一旦偎水、抗

---

① 缺1966~1977年、1991~2009年资料。
② 蒋金才等：《河南省1950~1990年水旱灾害分析》，《灾害学》1996年第4期。
③ 黄河流域及西北片水旱灾害编委会：《黄河流域水旱灾害》，黄河水利出版社，1996。

水流淘刷能力差，易发生坍坡、跨堤等险情。此外，一些堤基曾因堵口时埋有秸料、木桩等，形成强透水层，易形成渗水通道。堤防隐患若不及时治理，发生洪水时堤防频频出现各种险情，严重时造成决口[①]。

"黄河宁，天下平。"古代社会经济鼎盛时，水利事业相应较发达，黄河洪灾减少，反之，则灾害频繁，甚至战争期间发生多次人为决口。历史上，抢险技术落后也是黄河洪灾发生的原因之一。

2. 洪水灾害分布特征

（1）时间分布特征

历史上黄河两岸以水灾严重而著称。有学者以 10 年为单位，建立了 960~1938 年黄河下游近 1000 年河患频次序列。统计表明，960~1938 年共发生河患 860 次，平均 8.79 次/10a，约 1.1 年一次。最多的为 1884 年，共有 33 次。发生河患最多的年代为 1880~1889 年，共有 98 次；其次为 1890~1899 年，共有 38 次。这两个年代正值清朝末期，黄河改道北流不久，新河堤防初步建成，但它多由民埝改造而来，不够坚固牢靠，若遇汛期河水泛涨，漫溢决口时常发生。960~1930 年黄河下游河患频次随时间推移呈现逐渐增加的趋势。960~1270 年平均发生河患频次为 4.8 次/10a，1280~1600 年为 9.45 次/10a，1610~1930 年为 10.93 次/10a。960~1270 年河患频次相对较少，并表现出前期多、后期少的特点（见图 1）。

新中国成立以后，对灾害造成的影响如受灾面积、受灾人口等开始进行整理和统计，形成了较为系统的档案资料。本文以受灾面积和成灾面积为例，统计了黄河流域八省(区)[②] 1960~2020 年(未包括 1967~1977 年) 洪灾平均受灾面积为 258.1 万 hm^2，平均成灾面积为 147.1 万 hm^2，平均成灾率为 57.0%，略高于全国水灾平均成灾率（55.2%）。受灾超过 500hm^2 的年份有 1963 年、1964 年和 2003 年，农田受灾惨重（见图 2）。

---

① 胡一三：《黄河堤防》，黄河水利出版社，2012。
② 洪灾统计范围为黄河流域八省（区），不含四川。本文余同，此后不赘。

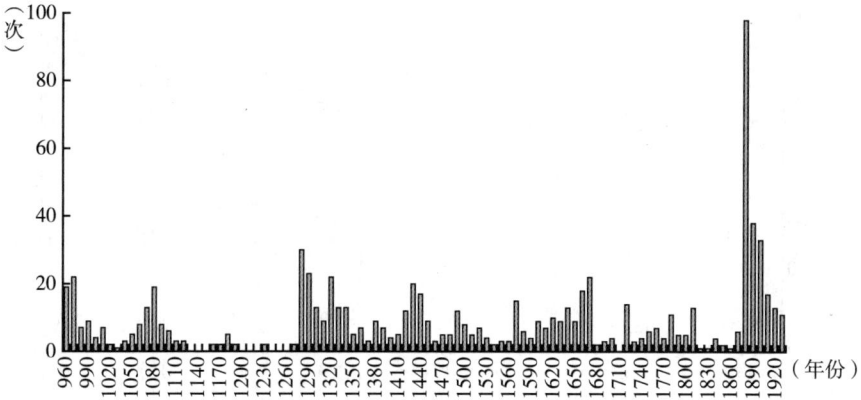

图1　960~1938年黄河下游决溢次数

资料来源：Zhang Xiangping、Fang Xiuqi，"Temporal and Spatial Variation of Catastrophic River Floodings in the Lower Yellow River from AD 960 to 1938"，*The Holocene*，（9）2017，pp. 1359-1369。

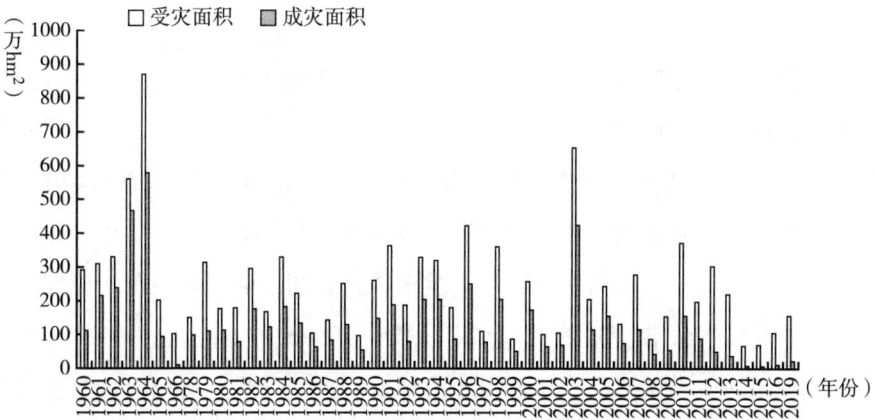

图2　1960~2019年部分年份沿黄八省（区）水灾受灾、成灾面积

资料来源：相关年份《黄河年鉴》。

（2）空间分布特征

黄河流域洪水灾害遍及上、中、下游，尤其以下游洪水灾害最为严重。图3为沿黄八省（区）1960~2019年累计受灾面积分布。可以看出，河南、山东、陕西的洪灾受灾面积居前三位。这与前文分析的黄河流域洪灾分布区间一致。

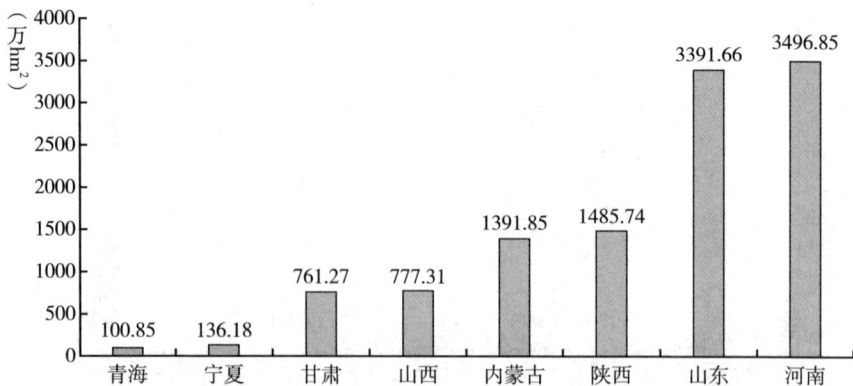

图 3　1960~2019 年沿黄八省（区）累计受灾面积分布

注：未包括 1967~1977 年、2017 年、2018 年。
资料来源：相关年份《黄河年鉴》。

（3）洪灾特征

世界上的平原型河流基本都发生过不同程度的洪灾。相比之下，黄河下游的洪灾存在以下特征。

一是地上"悬河"加重洪灾。高出地面的"悬河"一旦堤防决溢，水流将高速倾泻，其摧毁作用之强远远超过一般平原型河流①。1938 年 6 月 9 日，黄河下游花园口人为决口，黄河洪水奔腾直泻，邻近村庄荡然无存，宽 30~40km 的滚滚洪流形成西北—东南向长约 400km 的黄泛区。

二是泥沙淹没城市。位于黄河岸边的七朝古都开封，历史上曾六次被黄河水淹没②。文物发掘证实，宋代开封城基在今地面以下 8m，明代周王府厅堂地面在今地面以下 4.6m。郑州市北郊从今地面以下 13.5m 深处发掘出 6000 年前仰韶文化遗物。滑县在打井时，发掘出古代先民用过的木船。徐州市附近的黄河故道之下，也发掘出古徐州城的遗址。

三是历史上洪灾频繁。据资料统计，从公元前 602 年至 1949 年的 2500

---

① 夏富强：《黄河下游悬河决溢风险评价》，硕士学位论文，新疆大学，2006。
② 吴朋飞、陆静、马建华：《1841 年黄河决溢围困开封城的空间再现及原因分析》，《河南大学学报》2014 年第 3 期。

多年间，黄河决溢了 1590 余次，改道 26 次，素有"三年两决口、百年一改道"之说。但黄河下游堤防建设客观上加速了河床的淤积，最终造成重大决溢甚至改道。历史上每次改道后，初期因新河道无堤防，黄河洪灾更加频繁。

四是灾后恢复难度大。黄河以多沙著称于世，一旦决溢成灾，大量房舍、良田等将被泥沙埋没，在很长时间内难以恢复。例如，1933 年黄河泛滥，在河南省境内淤成的沙岗，直到 20 世纪 60 年代末期尚未全部铲平[①]。历史上每次大改道，都使大量灾民流离失所，给国家造成沉重的经济负担并增加不稳定因素，甚至引发社会动乱[②]。

（二）防洪体系建设情况

1. 防洪工程措施建设

按照"上拦下排、两岸分滞"的方针，初步建成了防洪工程体系。修建三门峡、小浪底、陆浑、故县和河口村等"上拦"水利枢纽工程，增强了拦蓄洪水、拦截泥沙和调水调沙能力；建设"下排"河防工程包括下游两岸临黄堤总长 1451.7km、河道整治工程 502km 等；设防标准以内洪水的"漫决"和"溃决"问题基本得到解决；加强东平湖和北金堤蓄滞洪区防洪工程建设，提升了"两岸分滞能力"。

上中游防洪防凌能力显著提升。中游建设三门峡、小浪底、陆浑、故县和河口村工程，干支流开展河道治理、堤防建设等，提高了洪水防御能力；禹门口至三门峡大坝河段已建成各类护岸及控导工程 80 处、总长度 256km，有效控制了河势，减少了塌滩塌岸损失。上游建设龙羊峡、刘家峡、海勃湾水库，修建堤防 2313km、河道整治工程 255km，在内蒙古河段设置 6 个应急分凌区，初步建成防洪防凌工程体系。龙羊峡、刘家峡联合运用对减轻宁蒙平原河道凌汛威胁发挥了重要作用；海勃湾在一定程度上减轻了黄河宁蒙

① 史辅成、易元俊、高治定：《1933 年 8 月黄河中游洪水》，《水文》1984 年第 6 期。

② 张翼、牛阿敏：《历史上黄河下游的几次重大改道及其影响》，《学理论》2021 年第 3 期。

河段凌汛灾害。同时，各省（区）加快推进湟水、无定河、汾河、渭河、伊洛河和沁河等主要支流和中小河流治理，流域洪水防御能力和山洪灾害防御能力进一步提高。

初步形成"拦、调、排、放、挖"泥沙综合治理体系。累计减少入黄泥沙近 300 亿 t，减少下游河道淤积 112 亿 t，有效减缓了黄河下游河道淤积抬升的趋势①。

2. 防洪非工程措施建设

新中国成立 70 余年来，国家颁布实施了《中华人民共和国水法》《中华人民共和国防洪法》《中华人民共和国防汛条例》等法律法规，在长期的实践工作中形成了中央政府直接投资、流域机构负责建设和运行管理、防汛组织与指挥实行地方行政首长负责制的体制，对于指导黄河防洪工作发挥了重要作用。

通过黄河流域水旱灾害管理制度建设，进一步细化防汛抗旱责任制、防汛抗旱预案制度、防汛抗旱物资储备制度、抢险救灾制度等，为加强防汛抗旱组织领导、常设机构能力建设、多渠道增加防汛抗灾投入、提高防洪工程能力、建立防洪预案体系、强化清除洪水障碍、组织动员干部群众防汛抗灾、提升依靠科技进步减灾能力等防汛抗灾工作提供了法治保障，并逐步形成相对完善的防汛抗旱指挥体系、防洪抗旱工程体系、水情监测预警体系、巡查防守和应急抢险和防汛抗旱保障体系②。据黄河水文网，截至 2020 年，在信息采集方面，共有水文站 145 处，水位站 93 处，雨量站 891 处，蒸发站 37 处，水库、河道及滨海区淤积测验断面 760 个。在信息传输存贮方面，基本形成"黄河水利委员会（以下简称'黄委'）机关—各省局（委属单位）—市局—县局"的四级计算机综合业务网。在这些制度政策的保障下，依靠防洪减淤体系、防汛指挥管理和沿黄广大军民的严密防守，彻底扭转了历史上黄河下游频繁决口改道的险恶局面，取得了连续

---

① 宋华力：《黄河防洪工程体系建设与布局展望》，《中国水利》2022 年第 4 期。
② 张志华：《浅析济南城市建设防洪体系规划》，《城市道桥与防洪》2004 年第 1 期。

70多年伏秋大汛堤防不决口的辉煌成就，保障了黄淮海平原的防洪安全和稳定发展。

（三）防洪能力提升对策

在黄河流域生态保护和高质量发展要求下，黄河流域防洪减灾能力紧紧抓住水沙关系调节"牛鼻子"，围绕以疏为主、疏堵结合、增水减沙、调水调沙，完善水沙调控体系，优化"上拦下排、两岸分滞"的防洪格局，强化洪灾应对体系和能力建设，构建河道畅通、安全稳固、保障有力的综合性防洪减灾体系，确保大堤不决口、河床不抬高，为实现黄河长治久安提供保障。

1. 进一步完善"上拦"工程，增强洪水控制能力

完善以骨干水库等重大水利工程为主的水沙调控体系，提高径流调节和洪水泥沙控制能力，确保河床不抬高。加快推进古贤水利枢纽前期工作并力争早日开工建设。深化黑山峡河段开发治理工程前期论证，开展桃花峪水利枢纽前期研究。开展三门峡水库清淤试点工程前期工作，力争早日开工实施。加快实施淤地坝除险加固，提高淤地坝防洪能力。

2. 进一步完善"下排"工程，畅通河流洪水通道

实施下游河道综合治理，推进下游现代化堤防建设，加强游荡性河道整治，保持河道主槽稳定，解决河口防洪问题，提高下游防洪能力，确保防御花园口洪峰流量22000m³/s洪水堤防不决口。加快推进黄河下游"十四五"防洪工程建设。实施河口河段河道疏浚工程，减少河口淤积延伸的溯源淤积影响，加强刁口河备用流路综合治理。实施禹潼河段河道疏浚工程，推进中游禹潼河段和潼三河段塌岸与塌滩治理。加大上中游干流河道治理力度，统筹推进黄河干流青海、四川、甘肃、宁夏、内蒙古等河段防洪治理，加固堤防、整治河道，实施必要的护滩和护岸工程，增强河道泄洪排沙能力；加强重要支流险工险段和薄弱堤防治理；实施中小河流治理与山洪灾害防治。

3. 完善"两岸分滞"工程，提高洪水有效滞蓄能力

积极研究东平湖蓄滞洪区综合治理方案，完善蓄滞洪区防洪工程，实施安全建设措施，确保"分得进、蓄得住、退得出"。统筹洪水风险与社会经济发展，研究北金堤蓄滞洪区运用方式。完善纳入规划的内蒙古6个应急分凌区工程设施，加强分凌区运用管理。

4. 实施滩区综合提升治理，保障滞洪沉沙功能

因滩施策，解决滩区群众防洪安全问题。力争贯孟堤扩建工程尽快立项，完成"十四五"期间工程建设任务，完善黄河下游防洪工程体系。推进"二级悬河"治理，降低黄河大堤防洪风险。积极推进滩区居民迁建，鼓励滩内群众外迁安置。在不影响河道行洪的前提下，统筹考虑生态保护和滩区高质量发展，结合乡村振兴，支持引导滩区走现代生态农业发展之路①。

5. 加强城市防洪工程建设，增强抵御灾害能力

加强济南、郑州、西安、兰州等重要城市防洪工程建设，实施县城防洪达标建设，有条件的地区可结合生态、交通、景观开展多功能高质量防洪工程提升；统筹城市防洪排涝工作，加强重要城市周边山洪沟道治理，增强抵御灾害能力，逐步形成与城市规模、功能、定位相适应的城市防洪排涝体系②。

6. 加快推进智慧水利建设

加强黄河流域水安全监测体系建设。推进黄河流域全覆盖水监控系统项目，建立规模以上地表水取退水口和地下水取水井在线监测系统。实施水土保持监测工程，完善水土保持监测站网体系。实施已建水利工程智能化改造和水域岸线视频监测监视工程。整编融合流域全要素数据，构建黄河流域数字流场。整合流域通用模型及专用模型，建设流域知识图谱等大数据分析系统，构建涵盖山水林田湖草沙冰与物理黄河实时同步的数字孪生黄河③。

---

① 苏立志、鲁详磊、龚西城：《黄河下游洪水适应性与滩区治理模式研究》，《水利水电技术（中英文）》2021年第S2期。

② 张志华：《浅析济南城市建设防洪体系规划》，《城市道桥与防洪》2004年第1期；何予川等：《黄河流域及下游沿黄城市防洪对策》，《人民黄河》2002年第10期。

③ 李文学、寇怀忠：《关于建设数字孪生黄河的思考》，《中国防汛抗旱》2022年第2期。

二 黄河流域水沙调控情况

（一）水沙调控对防洪安全的支撑作用

20世纪80年代中期以来，黄河下游来水减少，黄河流域社会经济快速发展，对水资源的需求量逐年增加，超过水资源承载力，人与河争地现象日益严重。泥沙导致下游河槽淤积，黄河在很大程度上失去了行洪输沙基本功能，防洪形势日益严峻。水沙调控通过利用骨干枢纽的调节功能，塑造协调的水沙关系，对防洪安全发挥着积极作用，主要体现在以下三个方面。

1.减缓水库淤积，维持蓄水能力

多沙河流上，水流挟带泥沙进入库区后，由于库区水深增大、水面扩宽，流速逐渐减小，水流挟沙能力减弱，泥沙在库区逐步沉积，库容逐渐变小，在汛期可蓄积的水量减小，水库的调蓄作用变差，防洪能力减弱。中游水库水沙联合调控，通过调节流量和流速冲刷水库库底泥沙并搬运至坝前，再通过排沙设施将泥沙排到水库下游，从而减缓水库淤积。其中，溯源冲刷和人工塑造异重流是水库排沙的两种主要方式。2002年以来的黄河调水调沙试验与实践，有效减缓了水库淤积，调整了库区淤积形态，维持了水库蓄水能力。据统计，小浪底库区自1997年10月（大坝截流）至2021年汛前累计淤积泥沙32.01亿 m^3，占水库设计拦沙库容的42.40%，比原设计少淤积近44亿 m^3，大大延长了水库的使用寿命。[①]

2.冲刷河道主槽，提高行洪能力

协调的水沙关系，是指进入黄河下游的流量、含沙量、悬沙级配组合与过程，基本接近黄河下游河道的挟沙能力，使下游河道基本不淤积或发生连续冲刷。调水调沙通过黄河中游水库的联合调度，结合水沙输移规律、水沙

---

① 水利部黄河水利委员会、水利部小浪底水利枢纽管理中心：《解密现代治黄标志性技术——调水调沙》，"中国水利"微信公众号，2021年7月2日。

对接技术、河道过流能力预测技术等，使自然条件下不协调的水沙关系变得更加协调，从而达到减轻河道萎缩、恢复中水河槽并维持行洪输沙能力的目的。据统计，2002～2021年持续开展的黄河调水调沙，初步遏制了黄河下游河道主河槽不断萎缩的势头，下游河道主河槽平均降低2.6米，主河槽最小过流能力由2002年汛前的1800m³/s恢复到2021年汛前的5000m³/s左右，打开了下游防洪调度空间。[①]

3. 汛前腾库迎洪，汛期削减洪峰

黄河防汛的难点在于既要防洪又要调沙。为使汛期水库有足够的库容调蓄洪水，汛前通常需将水库蓄水位降至汛限水位以下。黄河汛前调水调沙，利用小浪底水库大量下泄的清水，冲刷下游河道，挟带泥沙入海，既能达到使小浪底水库腾库迎洪的目的，又能减轻下游河道淤积。汛期洪水来临时，利用水库空闲库容拦蓄用水、削减洪峰，降低黄河下游洪水漫滩的概率。

历经多年工程和防汛实践，黄河水利委员会提出了"一高一低"水库调度思路，即上游龙羊峡水库拦洪削峰，尽量保持高水位运行，中游小浪底水库为迎接渭河洪水低水位运行。按照"一高一低"调度思路，通过准确预报、超前部署、科学调度，小浪底水库降低库水位腾库预泄，可为下游保滩运用增加宝贵库容，有效降低下游滩区遭遇"上大洪水"时的漫滩概率。例如，当小浪底水库降至205m时，可为下游保滩运用增加约15亿m³的防洪库容（与汛限水位235m相比）。小浪底水库按照全力保滩方式运用，对于30年一遇"上大洪水"，可基本保障下游洪水不上滩；对于30年一遇以上"上大洪水"，可有效推迟大流量洪水漫滩时间，为滩区群众转移争取宝贵时间。

（二）水沙调控工程与非工程措施

2019年9月18日，习近平总书记在黄河流域生态保护和高质量发展座

---

① 《黄河2021年度汛前调水调沙结束》，中国政府网，2021年7月8日，https：//www.qov.cn/xinwen/2021-07/08/content_5623553.htm.

谈会上指出，"要保障黄河长久安澜，必须紧紧抓住水沙关系调节这个'牛鼻子'"，"完善水沙调控机制，减缓黄河下游淤积，确保黄河沿岸安全"。[①] 水沙调控机制包括工程措施和非工程措施两类。工程措施指建立完善的水沙调控工程体系，非工程措施指发展水沙调控技术。软硬手段的结合使水沙调控相比于以往的泥沙处理利用方式更具优势。

1. 水沙调控工程措施

自黄河流域第一座大型水利枢纽三门峡水库1960年建成并投入运用以来，黄河干支流已建成大（2）型以上水库（库容>1亿 m^3）36座，在建和规划待建大型水库4座。根据黄河治理开发与保护的总体规划，黄河水沙调控工程体系由上游调控子体系和中游调控子体系构成。目前，黄河干流已建龙羊峡、刘家峡、三门峡、小浪底等控制性骨干工程，在黄河防洪（防凌）、水量调度、调水调沙方面发挥了巨大作用。

根据黄河水沙特点和干流各河段特点，统筹考虑流域经济社会发展、洪水管理、协调全河水沙关系、合理配置和高效利用水资源等，黄河水沙调控体系以干流龙羊峡、刘家峡、三门峡、小浪底等骨干水利枢纽为主体，以海勃湾、万家寨水库为补充，联合支流陆浑、故县、河口村等控制性水库。黄河上游以水量调控为主的子体系主要由龙羊峡、刘家峡等水库构成，进行水库群联合调度，实现黄河水资源优化配置及水量多年调节，并满足上游河段防凌防洪减淤要求。其中，龙羊峡、刘家峡水库联合运用，承担兰州市城市防洪和宁蒙河段防凌任务，兼顾宁蒙河段防洪；海勃湾水库配合龙羊峡、刘家峡水库承担内蒙古河段防凌任务。中游以洪水泥沙调控为主的子体系主要由万家寨、三门峡和小浪底等水库构成，管理黄河中游洪水，进行调水调沙，协调黄河水沙关系，并进一步优化调度水资源。万家寨水库承担其库区及下游北干流河段防凌任务，三门峡、小浪底、陆浑、故县、河口村水库联合调度，承担黄河下游防洪任务，三门峡、小浪底水库承担下游河段防凌任务。

---

① 习近平：《在黄河流域生态保护和高质量发展座谈会上的讲话》，《求是》2019 年第 20 期。

2. 水沙调控非工程措施

（1）水沙监测技术

自 2002 年开始，每年汛前黄河水利委员会都需要按照安全可控、统筹兼顾的原则，结合黄河中游水库腾库迎汛要求，通过万家寨、三门峡、小浪底水库联合调度，实施汛前调水调沙。要做到调水调沙安全可控、统筹兼顾，需要有完善的水沙监测体系及精准的水沙预报技术。

在黄河首次调水调沙试验前，黄河水利委员会就开始进行黄河中下游水库、河道原型监测体系的建设工作，在已有的水文测验站网和设施基础上，对小浪底水库和下游河道的原型监测站网、监测设施、观测仪器、观测技术和组织管理等方面进行大规模的更新与加强。万家寨、三门峡、小浪底水库、下游河道和河口区水文站及水库、河道监测断面，构成了较为完善的调水调沙原型监测体系。调水调沙期间，在水位、流量、含沙量、异重流和水库河道等项目监测中发挥着举足轻重的作用。

水沙的精准预报是开展调水调沙的重要保障。调水调沙期间，在有关测站加密测验的同时，利用高时效性、准确的水沙预报技术对黄河中下游的中短期天气和降水进行分析及预报，对中下游水文站的径流进行分析和预测，并对沙峰含沙量、过程、沙量等进行预报和预估，为调水调沙的顺利实施提供了可靠的决策依据。

（2）异重流排沙技术

"水库异重流"是黄河等高含沙河流特有的水流形式。当高含沙水流进入水库遭遇库区清水后，由于密度大于清水，潜入清水底部运行，从而产生"异重流"这种壮观而奇特的现象。水库异重流塑造是一项高效精细的排沙技术，利用异重流能挟带大量泥沙而不与清水相混合的规律，在异重流首部到达坝址处时，打开闸门即可将高含沙的异重流排出水库。

汛前调水调沙人工塑造异重流过程可大致分为三个阶段：①小浪底泄流冲刷下游河道，使水库水位降低，有利于三门峡清水冲刷或高含沙水流输移，并缩短异重流运行距离，为异重流排沙提供有利条件；②三门峡水库下泄大流量过程，冲刷小浪底库区上段淤积的泥沙，形成高含沙水流，转化为异重流输沙流态；③万家寨水库泄水，在三门峡水库临近泄空时抵达三门峡水库，冲刷三门峡库区泥沙，形成高含沙水流进入小浪底库区，与前期异重流过程相衔接，使三门峡与万家寨泄流形成一次完整的异重流排沙过程。

2018~2021年，黄河采用汛前腾空小浪底水库的大胆尝试（前提是确保汛后有足够的水量，提供水库抗旱防下游断流的功能），利用万家寨、三门峡水库联合调度和中游产生的洪水，冲刷三门峡水库和小浪底水库前期淤积的泥沙。这期间，小浪底水文站监测到的最大含沙量，从2017年的不足2kg/m³逐年提高到2021年的378kg/m³，水库冲刷效果明显。

（3）时空对接技术

水沙调控范围涵盖1000多km的黄河中游区域。若希望通过水库调度，实现区间自然来水来沙、水库蓄水、河床滞留泥沙三者相互作用和补充，从而形成相对协调的水沙过程，必须掌握不同河段和库区水沙传播规律，以及不同区域水沙过程的叠加过程。

时空对接的一项关键技术是万家寨水库下泄水流与三门峡水库蓄水的对接技术［见图4（a）］。万家寨水库泄流与三门峡水库蓄水对接的目标，是最大限度冲刷三门峡水库泥沙，为小浪底水库异重流提供连续的水流动力和充足的细泥沙来源。但是，万家寨水库和三门峡水库距离将近900km，万家寨下泄的洪水传播到三门峡的时间为3~4天，洪水传播过程中会坦化变形。为实现人工塑造洪水过程冲刷三门峡水库，需要三门峡水库具有适当的水位，并根据万家寨至三门峡的河道情况，准确预测水流从万家寨至三门峡的传播时间，在万家寨蓄水量一定的情况下，达到泄流量和泄水历时的最优组合。

时空对接的另一项关键技术是小浪底水库下泄浑水与下游支流下泄清水的对接技术［见图4（b）］。当采用人工塑造异重流的形式排沙时，小浪底水库下泄的浑水含沙量最高达300kg/m³以上，高含沙水流进入下游河道，容易造成河道的淤积。而调水调沙的目的本来是塑造协调的水沙关系，使黄河下游各河段基本不淤或发生连续冲刷，这就需要洛河、伊河和沁河三条支流上的故县、陆浑和河口村水库下泄清水相配合。为了实现浑水与清水对接这一过程，需要对小浪底—花园口区间洪水、泥沙进行准确预报。此外，要对故县、陆浑和河口村三座水库的入库洪水进行准确预报，以实现三座水库的合理调度，从而与小浪底水库密切配合，使干流浑水和支流清水在花园口形成适宜的水沙过程，挟沙入海。

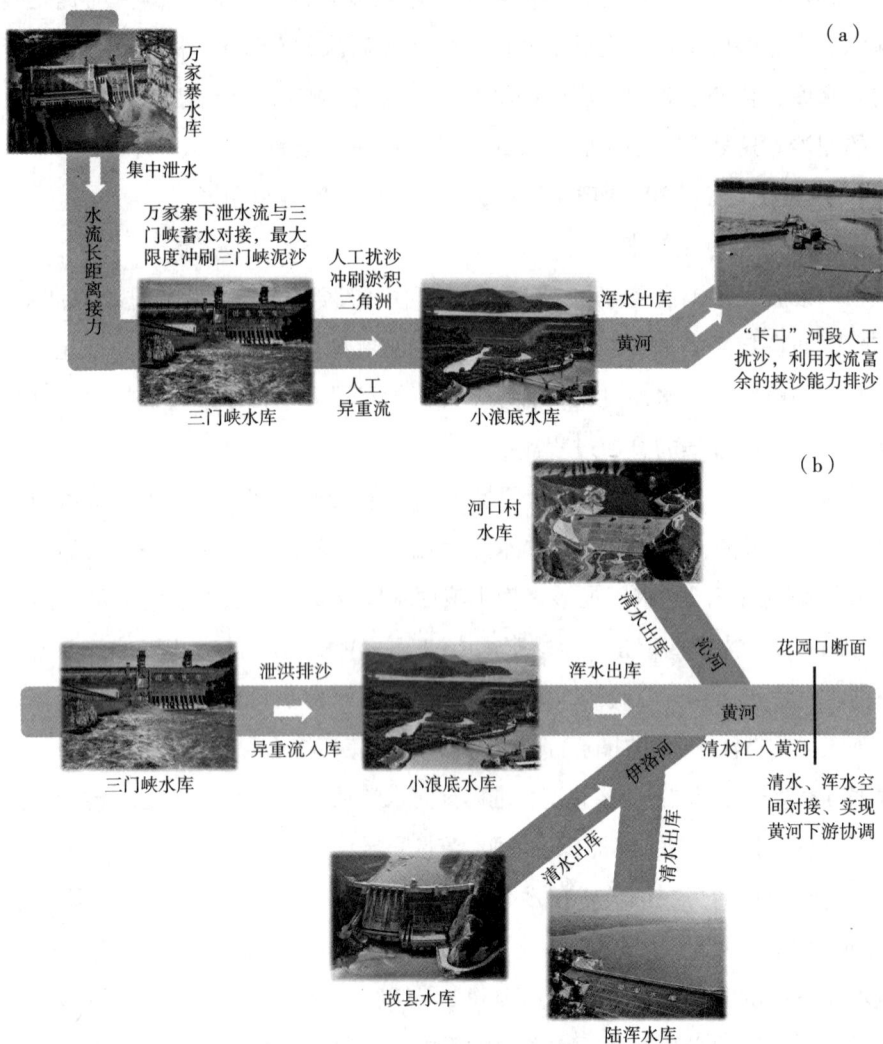

图 4　水库群水沙时空对接技术示意

资料来源：水利部黄河水利委员会《黄河调水调沙理论与实践》，黄河水利出版社，2013，第 160~182 页。

（4）水沙调控智慧决策平台

2001年7月，黄河水利委员会提出建设"数字黄河"，进一步推动黄河治理开发与现代化管理。数字黄河是水利行业第一个流域级信息化系统工程，作为智慧水利在数字信息化时代的典范，起到智慧水利建设先行者和领路人作用。

数字黄河借助现代化手段及传统手段采集基础数据，针对黄河治理开发、流域经济社会发展的相关要素，构建一体化的数字集成平台和虚拟环境。黄河水沙调控系统是数字黄河的重要组成部分。时间上，包括"预决策—决策—实时调度修正—效果评价"四个阶段；空间上，涵盖了黄河干支流水库群和下游河道的调度与控制；内容上，涉及河道水沙监测、水沙预报、水库调度等各个环节。目前，已经研发集成了水文气象预报系统、工情险情会商系统、预报调度耦合系统、实时调度监测系统等。在系统平台上，可以直观看到河道冲淤过程和下游滩区村庄、耕地和经济损失等受灾过程情况，根据雨水情和工程动态情况可对水库进行调度方案优化，并在系统上进行方案结果的比选，从而进行快速、科学决策和黄河中下游水沙过程的精细调控。

（三）水沙调控面临的问题

水沙调控虽然取得了显著成效，但仍存在一些不足，主要体现在以下方面。

1. 水沙调控体系不完善

黄河干流已建成龙羊峡、刘家峡、三门峡、小浪底四座控制性骨干工程。龙羊峡、刘家峡水库通过防洪防凌和水量调度，有力支持了沿黄地区经济社会发展，但龙羊峡、刘家峡水库汛期大量蓄水，造成宁蒙河段水沙关系恶化、河道淤积加重、主槽严重淤积萎缩，对中下游水沙关系也造成不利影响。

小浪底水库调水调沙在减少下游河道淤积、维持下游行洪输沙功能等方面发挥了重要作用，但目前黄河北干流缺乏控制性骨干工程，小浪底水库调水调沙后续动力不足，不能充分发挥水流的输沙功能，影响水库拦沙库容的使用寿命，同时在黄河水沙关系仍不协调的情况下，小浪底水库拦沙库容淤满后，下游河道主槽仍会严重淤积，水库拦沙期塑造的中水河槽将难以长期维持。

2. 小浪底拦沙库容淤满后协调黄河下游水沙关系作用将受到限制

水库拦沙和调水调沙是协调黄河下游水沙关系、恢复中水河槽的关键措施。小浪底水利枢纽投入运用后，通过水库拦沙和调水调沙运用，黄河下游普遍发生冲刷，下游河道主槽过流能力不断恢复。小浪底水库设计拦沙库容72.5亿 m^3，水库拦沙完成后，在入库泥沙没有明显减少、水沙关系依旧严重不协调的情况下，仅依靠水库10亿 m^3 的调水调沙库容已难以有效协调黄河下游水沙关系，进入黄河下游的沙量将大大增加，黄河下游河道仍会严重淤积，水库拦沙初期恢复的中水河槽将难以维持。

3. 宁蒙河道淤积萎缩

宁蒙河段地处平原地区，落差小，水流缓慢，而宁夏、内蒙古的水土流失造成了宁蒙河段的泥沙淤积，河床不断抬高。特别是龙羊峡、刘家峡水库运用以来，汛期大量蓄水，改变了宁蒙河道的水沙关系，减少了冲刷宁蒙河道的大流量洪水过程，使宁蒙河道淤积加重，更易引发洪涝灾害。

（四）水沙调控建议

水沙调控作为一项处理黄河泥沙长期的、行之有效的战略措施，对实现维持黄河健康生命的治河目标发挥重要作用。根据上述存在的问题，应从完善工程体系和提升调控技术两方面着手健全水沙调控机制。

1. 构建完善的水沙调控体系

调水调沙实践证明，利用水库群联合调度塑造协调的水沙关系是当前乃至今后解决黄河下游水沙关系不协调问题的有效措施之一。但在现有工程条件下，通过调水调沙协调进入黄河下游的水沙关系仍存在一定的局限性，单靠小浪底水库调水调沙不能实现长期协调水沙关系，需要在上、中游修建黑山峡、碛口、古贤骨干工程，完善黄河水沙调控体系，提供足够的调水调沙库容，协调黄河水沙关系，维持黄河健康生命。

2.研究深化调水调沙技术

塑造协调的水沙关系是一项极其庞大、复杂且具有挑战性的课题。由于黄河问题的复杂性，在推进协调水沙关系的进程中，还有许多问题需要不断进行探索研究。黄河水沙调控体系的规划、黄河水沙调控体系的运行方式、水沙调控理论与模式、泥沙输移规律等都是需要不断深入研究的重要技术问题。

三 防洪保安对黄河流域绿色发展的支撑作用

人民治黄以来，党中央高度重视黄河水患治理，在党中央的坚强领导下，依靠社会主义制度的优越性，黄河防汛组织动员能力提高到前所未有的程度，形成了强大的军民联防合力。国家投入大量人力物力，全力改变防洪工程羸弱、隐患众多的局面，先后四次加高培厚堤防，持续开展河道整治，进行河口治理。加固堤防 1300 多 km，新建、改建、加固险工、控导 500 多处，修建坝垛 14000 多道；建成了三门峡、小浪底、沁河河口村、伊河陆浑、洛河故县等干支流水库，开辟了北金堤、东平湖等蓄滞洪区，形成了"上拦下排、两岸分滞"的防洪工程体系。通过水库联合调度，可将黄河下游千年一遇洪水洪峰流量削减至 22600m³/s，下游凌汛威胁基本解除。2002年以来连年开展调水调沙，减缓了下游主河槽淤积抬高的步伐。新中国成立初期，流域各类水文站点仅有 200 余处，目前已建成雨量、水位、流量、水质等水文站点 6000 多处，[①] 形成了布局合理、功能完善的监测站网；开展了"三条黄河"（原型黄河、数字黄河、模型黄河）建设，为黄河治理和防汛决策现代化提供了坚实支撑。通过 70 余年的黄河治理，以及水沙调控工程体系和技术手段的配合，黄河水沙调控在防洪减淤、生态环境、社会经济方面取得了巨大效益。

---

① 中共水利部党组：《中国共产党领导人民治理黄河的经验与启示》，《中国水利报》2021年9月4日。

（一）彻底改写黄河频繁决口改道的历史，实现岁岁安澜

1958 年黄河下游发生 22300m³/s 的有水文实测资料以来最大洪水，周恩来总理亲临一线指挥，200 万军民顽强奋战，在未分洪的情况下战胜洪水。而 1933 年 8 月下游发生 22000m³/s 的大洪水，两岸 60 多处决口，豫、鲁、冀、苏四省 6592km²、273 万人受灾；1935 年发生 14900m³/s 的大洪水，造成鲁、苏两省 12215km²、341 万人受灾。党的十八大以来，面对极端天气突发性、反常性、不确定性日益突出的新挑战，流域各方积极践行"两个坚持、三个转变"防灾减灾救灾新理念，先后战胜了黄河干流 15 次编号洪水，确保了人民生命财产安全，为流域建成和巩固全面小康成果提供了有力保障。人民治黄以来，依托黄河防洪减淤工程体系，以及科学调度和严密防守，先后 12 次战胜超过 10000m³/s 的大洪水，两岸大堤安然无恙，黄河频繁决口改道的历史一去不复返。

（二）减缓了"悬河"淤积抬升步伐

强化泥沙淤积的源头治理，通过淤地坝建设、退耕还林还草、封山绿化等工程治理和自然修复相结合，黄土高原累计保存治理面积近 22 万 km²，累计拦减泥沙 193.6 亿 t，平均每年减少入黄泥沙近 3 亿 t。强化泥沙淤积的"靶向"治理，在中游界定了多沙粗沙区和对下游淤积影响最大的粗泥沙集中来源区。努力塑造协调的水沙关系，2002 年以来连续进行 19 次调水调沙，下游河道最小过流能力由 1800m³/s 提高到 4200m³/s，打破了"河淤堤高""人沙赛跑"的恶性循环。

（三）取得了巨大的防洪减淤效益

防洪减淤效益一方面体现在可以冲刷下游河道，改善"二级悬河"形态。2002 年实施水沙调控前，黄河下游淤积严重，历经 20 多年的调水调沙，黄河下游河道出现全程冲刷，泥沙冲刷量达 4.3 亿 t，输水输沙能力显著提高，对保证黄河下游汛期的防洪安全起到了积极作用。平滩流量

是当水位在平滩高程时对应的流量，可反映河道主槽过流能力。2002～2017年汛前，调水调沙使黄河下游各水文站的平滩流量逐年增大，进而主槽的过流能力也逐年增大。调水调沙以来，黄河下游河道主槽不断萎缩的势头得到初步遏制，平均降低2.6m。主河槽最小过流能力由2002年汛前的1800m³/s恢复到2021年汛前的5000m³/s左右，主河槽过流能力显著提高。

防洪减淤效益另一方面体现在显著减轻了水库的库区淤积，有利于水库长期保持有效库容。2002～2021年调水调沙期间，小浪底水库累计入库水量238.5亿m³、出库水量678.5亿m³，累计入库沙量10.72亿t、出库沙量6.60亿t，排沙比（出库沙量和入库沙量的比例）为62%。2010～2013年连续4年汛前小浪底水库排沙比均超过100%，分别达到137%、145%、208%和204%，恢复了水库调节库容。部分年份调水调沙后续动力较好时，还可冲刷小浪底水库库区尾部段，消除库区"翘尾巴"现象，调整库区淤积不利形态，防止在大的支流形成拦门沙坎，避免部分支流库容丧失调节能力。

（四）有效改善了生态环境

水沙调控生态环境效益一方面体现在扭转了黄河下游决口改道的历史，保护了黄淮海平原生态环境。历史上，黄河下游河道决口改道频繁，黄河决口改道造成良田沙化，生态环境遭到极大破坏，黄河故道形成著名的"黄泛区"，环境恶劣，难以治理。全河水沙调控使黄河岁岁安澜，不但保护了黄淮海平原1.3亿人民的生命财产安全，而且保护了12万km²防洪保护区的生态环境，形成了930万hm²的高产良田。

另一方面体现在实现了黄河干流不断流，维持了黄河健康生命。由于社会经济的快速发展和水资源管理手段的落后，1972～1999年，黄河山东段有22年出现断流，给黄河沿岸的居民生活、工农业发展和生态环境造成了巨大损失。自1999年黄河水利委员会实施黄河干流水量统一调度以来，黄河断流成为历史。通过保障主要过流断面水量和过程，基本满足了沿黄湿地补水需求，河流湿地面积增加，河道基本生态功能得以维持；向黄河三角洲自然保护区补水，遏制了河口湿地的退化趋势，河口淡水湿地面积逐年回升，生物多样性增加，生态系统得到一定程度恢复。近20年，入海水量尤其是调水调沙期间入海水量的增加，对促进河口地区海洋生态环境改善起到了积极作用。

根据监测资料，2008年以来，黄河调水调沙以及河道大流量时有计划补水，累计为黄三角补水8.39亿 m^3。生态补水带来大量淡水和泥沙，为湿地生物提供了大量营养物质，湿地生态功能得到了良好的恢复，生物种类逐渐增加。2020年生态补水后，黄三角芦苇沼泽湿地面积达1.73万 hm^2，恢复至20世纪80年代水平，较2008年增加5800余 hm^2；鸟类从2005年的296种增加到2020年的370种，数量达600多万只。

（五）促进了流域经济社会发展

随着流域经济社会的快速发展，黄河水资源的承载压力日益增大，挤占黄河河道的输沙用水和生态用水现象日益严峻。调水调沙试验证了输沙用水在黄河下游治理中的重要作用，但输沙用水与生产生活用水的矛盾也引起了人们的关注和反思。大量挤占黄河输沙生态用水必然导致下游河道形态恶化，"二级悬河"加剧，最终将严重制约沿黄地区经济社会可持续发展。调水调沙使下游河道过流能力提高后，下游滩区发生漫滩洪水的次数减少。党中央、国务院高度重视黄河下游滩区治理和滩区群众脱贫致富工作，黄河滩区居民的迁建逐步实施，乡村振兴持续推进。

黄河连续20年的调水调沙，探索出了一条多沙河流综合治理的新道路，改变了长期以来人们对黄河输沙用水被大量挤占的漠视态度，增强了人与河和谐相处的共识，唤醒了人们对维持黄河健康生命的共鸣，促进了经济社会的稳定与发展。水力发电效益包括直接经济效益和节能减排效益。截至2015年，黄河流域已建水电站共568座，总装机容量22081.8MW，其中大型水电站16417.7MW、中型3148.3MW、小型2515.8MW。水电站调峰调频能力强，不仅是华北、西北电网安全稳定运行的重要保障，而且为西北地区丰富的光伏、风能资源的有效利用提供了条件。截至 2015 年，黄河流域水电站累计发电量 11863.72 亿 kW·h。经计算，发电总效益为 7486 亿元，其中直接经济效益 5341 亿元、节能减排效益 2145 亿元。水力发电不但为流域经济社会发展提供了电力支撑，而且减少标准煤耗 3.9 亿 t、减排二氧化碳约 10.7 亿 t，为实现国家节能减排目标做出了积极贡献①。

四　近期小浪底水库调水调沙

自 2002 年起，黄河水利委员会开展了 20 余次调水调沙试验与实践，调水调沙、塑造异重流排沙出库是水库及下游河道排沙减淤的主要方式。2018~2020 年汛期是黄河多年不遇的丰水年，黄河上游是洪水主要来源区，黄河水利委员会抓住上游来水的有利时机，开展水沙调控新实践。

该水沙调度考虑到黄河下游滩区居住近 200 万人口。随着滩区经济社会发展，滩区防洪保安与经济发展之间矛盾日益凸显。黄河"上拦"工程尚不完善，规划的中游四座骨干水沙调控工程只有三门峡、小浪底两座水库投入运行，调水调沙后续动力不足。黄河防洪的重点和难点在下游。下游不仅要解决好洪水问题，还要处理好泥沙问题。同时，黄河流域经常出现旱涝急转、洪旱交替的局面，而黄河的控制性工程建设严重滞后，仅龙羊峡、小浪底水库具有一定调节能力。按照国务院批复的《黄河防御洪水方案》，当花园口站发生 8000m³/s 以下洪水时，小浪底水库原则上不控制运用。而目前下游卡口河段的过流能力在 5000m³/s 左右，当花园口流量达到 5000~8000m³/s，下游部分滩区将可能漫滩，调度难度很大。这就只能从小浪底水库拦沙库容的多元化利用上寻找出路，解决下游滩区防洪安全问题。

为减轻下游滩区洪水威胁，2018~2020 年调度小浪底水库预泄，降低库

---

① 李文学：《黄河治理开发与保护 70 年效益分析》，《人民黄河》2016 年第 10 期。

水位，首次实施低水位排沙运用调度，进一步完善了黄河水沙调控模式；立足于现有工程体系条件，创新提出了"一高一低"水库调度思路，即"上游龙羊峡水库拦洪削峰，尽量保持高水位运行，中游小浪底水库为迎接渭河洪水低水位运行"。连续三年汛期调度实践取得了显著的防洪保安、排沙减淤、洪水资源化、生态补水等综合效益。

（一）小浪底库区冲淤变化

2018～2020年汛期小浪底入库洪水及泥沙相对较多。为应对黄河流域汛期洪水，小浪底水库均进行了较长时间的低水位排沙运用，2018～2020年出库沙量分别为4.636亿t、5.451亿t、3.285亿t，排沙比分别为94.8%、194.9%和95.4%，泥沙全部集中在汛期出库，并主要为调水调沙期出库，取得了较好的排沙效果。2018～2020年小浪底水库不同时段进出库水沙量见图5至图7。

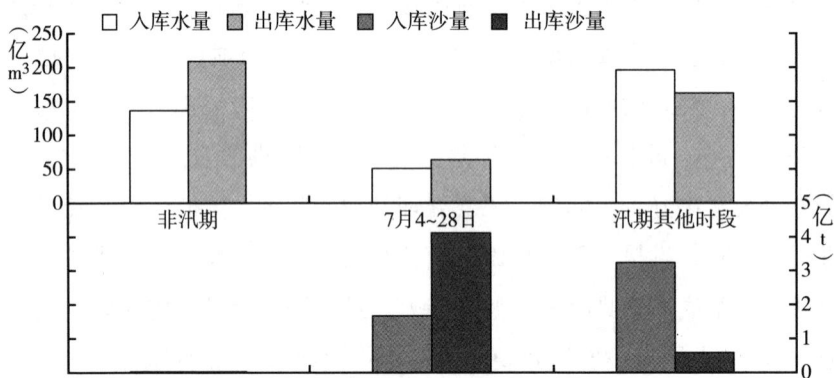

图5　2018年小浪底水库不同时段进出库水沙量

资料来源：《2020年汛期小浪底水库调度运用指标》（成果编号：黄科技ZX-2020-58）。

2018～2020年汛期，小浪底水库进行了长时间低水位排沙运用，库区干流大部分库段表现出强烈的冲刷现象，沙量平衡法计算3年全库区累计冲刷2.240亿t，冲刷主要集中在干流。

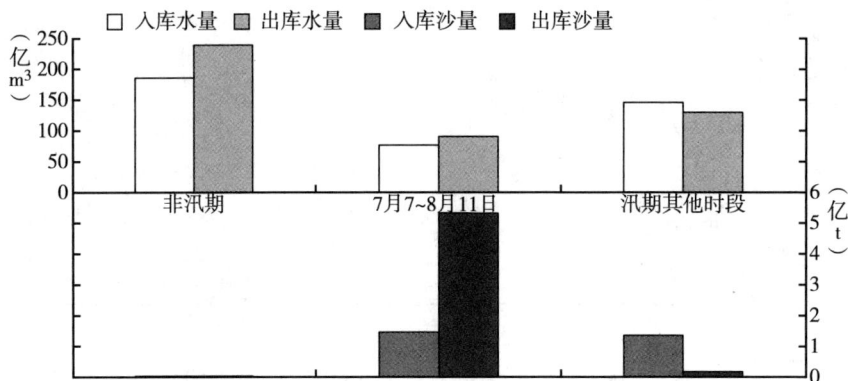

图 6   2019 年小浪底水库不同时段进出库水沙量

资料来源：《2020 年汛期小浪底水库调度运用指标》（成果编号：黄科技 ZX-2020-58）。

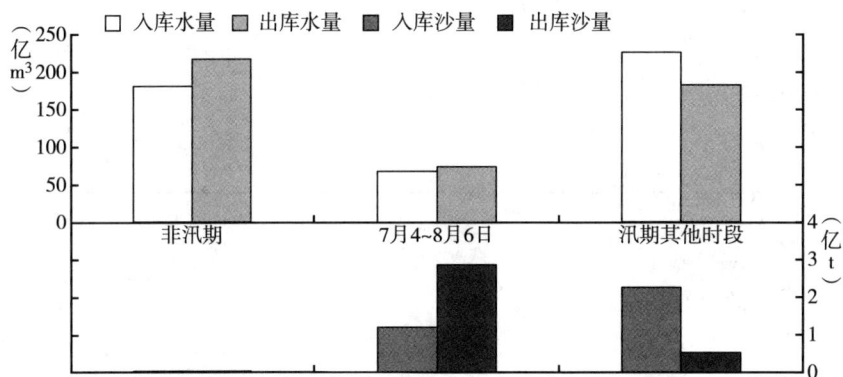

图 7   2020 年小浪底水库不同时段进出库水沙量

资料来源：《2020 年汛期小浪底水库调度运用指标》（成果编号：黄科技 ZX-2020-58）。

（二）下游河道冲淤变化

1. 河道冲淤变化

2018~2020 年汛期和非汛期下游河道冲淤情况分别如图 8 和图 9 所示。
2018~2020 年西霞院—韦城 1 区间发生淤积，其他各河段均发生冲刷；非汛
期西霞院—于店区间发生冲刷，其他各河段整体发生淤积。

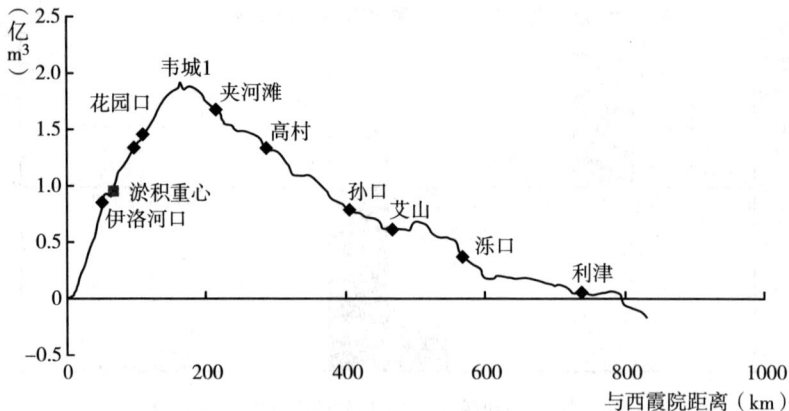

图8 2018~2020年汛期沿程累计冲淤量曲线

资料来源:《小浪底水库与下游河道输沙规律及2021年小浪底水库调度建议》(成果编号: 黄科技 ZX-2021-48)。

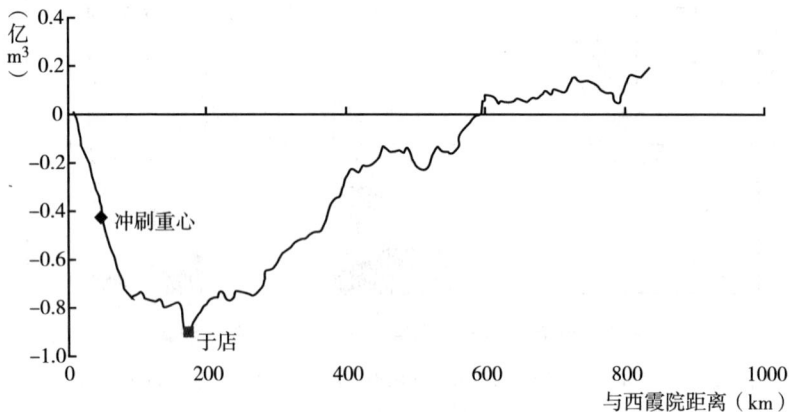

图9 2018~2020年非汛期沿程累计冲淤量曲线

资料来源:《小浪底水库与下游河道输沙规律及2021年小浪底水库调度建议》(成果编号: 黄科技 ZX-2021-48)。

2. 过流能力变化

统计分析 2020 年首场和末场洪水涨落水期的 3000m³/s 同流量水位,结果见表 1 和图 10。末场和首场洪水涨水期 3000m³/s 水位相比,在 7 个水文站中,有夹河滩、高村和泺口三站水位下降明显,下降值分别为 0.31m、

0.24m 和 0.30m，孙口降低了 0.06m，其他三站（花园口、艾山和利津）的水位变化很小，说明 2020 年汛期夹河滩、高村和泺口三站过流能力提升最大。

表 1　2020 年水文站断面 3000m³/s 同流量水位变化

单位：m

站名	第一场		最后一场		水位变化	
	涨水期①	落水期②	涨水期③	落水期④	③~①	④~①
花园口	90.06	90.19	90.09	90.26	0.03	0.20
夹河滩	72.76	72.52	72.45	72.48	−0.31	−0.28
高村	58.96	58.97	58.72	59.17	−0.24	0.21
孙口	44.69	44.99	44.63	44.85	−0.06	0.16
艾山	38.25	38.45	38.26	38.29	0.01	0.04
泺口	27.53	27.32	27.23	27.30	−0.30	−0.23
利津	10.76	10.92	10.79	10.80	0.03	0.04

资料来源：《小浪底水库与下游河道输沙规律及 2021 年小浪底水库调度建议》（成果编号：黄科技 ZX-2021-48）。

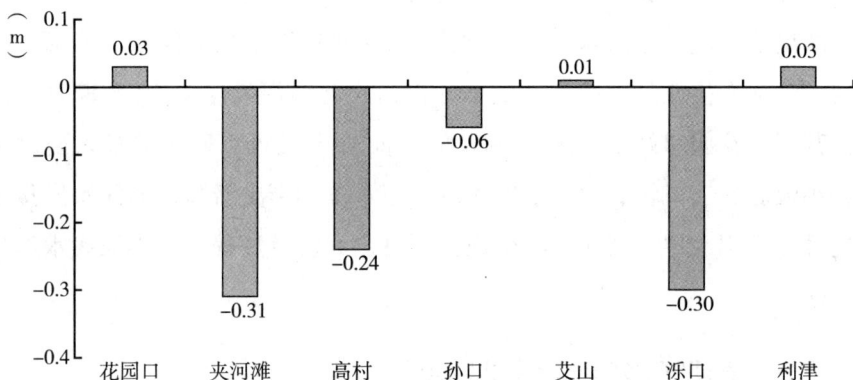

图 10　2020 年黄河下游首场和末场洪水涨水期 3000m³/s 水位变化

资料来源：《小浪底水库与下游河道输沙规律及 2021 年小浪底水库调度建议》（成果编号：黄科技 ZX-2021-48）。

"一高一低"水库调度思路是黄河调水调沙理论与实践的延续与发展，科学实施上游龙羊峡、刘家峡、小浪底等水库的联合防洪调度和水沙调控，探索完善了上中游水库群联合水沙调控模式，为今后全河水沙联合调控积累了经验。通过三年的摸索和完善，"一高一低"调度思路日渐成熟，进一步丰富和发展了水沙调控理论与实践。

上游龙羊峡等水库高水位运行，实现了防洪减灾和洪水资源有效利用。中游小浪底等水库低水位运行，实现了洪水期集中排沙，利用花园口以上河段平滩流量较大的优势进行滞沙，次年通过清水大流量将淤积的泥沙冲刷带走，实现了小浪底水库多排沙和下游河道接续排沙的良好效果。

五　2021年黄河秋汛防御中的水沙调控

2021 年 8 月下旬至 10 月上旬，我国北方部分地区连续发生 8 次强降水过程，阴雨持续 40 余天，其中黄河流域泾渭洛河、汾河、三花区间、大汶河累积降水量较常年同期偏多 2～5 倍，列有实测资料以来同期第 1 位。受降雨影响，黄河发生新中国成立以来最严重秋汛洪水，中下游 9 天内连续出现 3 次编号洪水，潼关站出现 1979 年以来最大洪水。渭河、伊洛河、沁河发生 9 月同期最大洪水，汾河、北洛河发生 10 月同期最大洪水。其间，花园口站以上来水 244.5 亿 m³。干支流水库相继投入防洪运用，小浪底、河口村、故县水库防洪运用水位创历史新高，陆浑水库接近历史最高运用水位。黄河下游出现长历时、大流量过程，为小浪底水库建库以来首次。

（一）黄河2021年秋汛主要特点[1]

1. 降雨历时长、雨量大、笼罩范围广、雨区重叠度高

2021 年华西秋雨于 8 月 23 日开始，较常年偏早 17 天，黄河中下游地区

---

[1]　范国庆等：《2021 年黄河秋汛洪水特点及预报实践》，《中国水利》2022 年第 4 期。

自8月下旬开始,发生多次明显强降水过程,并持续至10月上旬结束,时间长达近50天。降雨落区覆盖整个黄河中下游地区,250mm以上暴雨笼罩面积达23.0万km²,累积面雨量433.6mm,较常年偏多1.4倍,列历史第一位,其中汾河、北洛河、泾河、渭河下游、伊洛河、沁河、三花干流、金堤河、大汶河较常年偏多2~4倍,山陕区间南部偏多近1倍,均列历史第一位。8月下旬至10月上旬,黄河中下游共出现7场强降水过程,主要集中在山陕区间南部、汾河、泾渭洛河和三花区间,降雨落区在上述区间高度重叠。

2. 洪水场次多、过程长、洪峰高、水量大

秋汛期间,渭河、伊洛河、沁河发生9月历史同期最大洪水,汾河、北洛河发生10月历史同期最大洪水,渭河华县站、汾河河津站出现历史最高洪水位;渭河华县站、伊河东湾站、洛河卢氏站洪峰流量超1000m³/s的洪水过程分别发生6次、5次、6次;经水库调度作用后,伊洛河黑石关站、沁河武陟站明显洪水过程分别出现5次、3次。9月下旬至10月上旬,9天内连续出现3次编号洪水,其中黄河潼关水文站编号2次、花园口水文站编号1次。自9月27日21时黄河第2号洪水形成至10月21日15时,黄河下游花园口水文站流量在4000m³/s以上历时达24天,其中流量在4800m³/s左右历时近20天。

秋汛洪水期间,1号洪水潼关站9月29日洪峰流量7480m³/s,为1988年以来最大;3号洪水潼关站10月7日洪峰流量8360m³/s,为1979年以来最大。潼关站2次洪水共历时28天,总水量高达92.9亿m³。经初步还原后,潼关站2次洪水洪峰流量分别为7950m³/s、9060m³/s,花园口2次洪峰流量分别为12500m³/s、11000m³/s。

3. 水库蓄水位高

由于洪水场次多、水量大,小浪底、陆浑、故县、河口村及东平湖等水库高水位运行,多座水库出现历史最高或次高蓄水位。10月9日18时沁河河口村水库最高水位279.89m,20时黄河小浪底水库最高水位273.50m,间隔2个小时,两库均达到建库以来最高水位;洛河故县水库10月12日最高

水位 537.75m，为建库以来最高水位；伊河陆浑水库 10 月 26 日最高水位 319.36m，为建库以来第 2 高水位。①

（二）黄河2021年秋汛成效与不足

1. "预警、预报、预演、预案"链式洪水防御机制基本形成

秋汛期间，充分利用数学模型、实体模型等技术手段，开展洪水防御的"预警、预报、预演、预案"。逐日开展雨水情滚动会商研判，洪水期间加密会商，通过密切监视天气形势，滚动分析雨水情变化趋势，提前 10 天对小浪底以上及小花区间来水形势进行预估，科学预报黄河干流 9 天内相继出现的 3 次编号洪水，洪峰流量预报合格率达到 84.3%，提前 20 小时预报潼关水文站将出现 8000m³/s 左右的洪峰流量，峰现时间预报误差仅为 1 小时，洪峰流量预报误差为 4.3%。在调度上下足"绣花"功夫，精细控制花园口站流量 4800m³/s 左右，在确保水库安全和滩区不漫滩的前提下，充分发挥水库拦蓄洪功能和下游河道排洪能力，科学处置秋汛各种复杂汛情。在工程防守上，根据实体模型试验确定的不同量级洪水工程易出险部位，提前预置防守力量，对可能出险的工程或部位实施"预加固""预抢险"，为下游防洪工程险情均为一般险情奠定基础。

2. 先进的测报技术在秋汛洪水防御中发挥重要作用

近些年陆续建设运行的先进测报技术与装备实现了空、天、地、水下有机结合，秋汛洪水期间实现水情、工情、险情多要素全方位实时监测。在水文测报方面，黄河干流站及主要支流把口站走航式 ADCP、雷达在线测流系统、自动报汛平台等先进仪器、软件的应用，大幅提高了报汛频次，也大大降低了测验成本。及时的信息反馈，使得整个调度过程干支流各站水位、流量、含沙量控制良好，全部测站水情报汛精度均在 96% 以上，为科学调度提供了强有力的基础信息支撑。

---

① 2021 年黄河秋汛洪水原型观测与分析编写组：《2021 年黄河秋汛洪水原型观测与分析》，黄河水利出版社，2021，第 336~337 页。

在河势、工程险情原型观测方面，利用卫星、无人机、无人船等观测手段，记录整个秋汛洪水的发生、发展、消退时空变化过程；首次利用"水沙床全息化监测系统"开展黑岗口、霍寨等重点工程出险过程中的水深、流场、水下地形；开展黄河口流路与口门变化等数据采集，为秋汛防御决策和多部门联动防御大洪水提供了宝贵的第一手资料。

3. 水库群联合调控精细调度确保秋汛洪水防控目标全面实现

面对严峻的秋汛防御形势，水利部提出系统、统筹、科学、安全的黄河秋汛洪水调度原则和要求，以及"人员不伤亡、滩区不漫滩、工程不跑坝"的防御目标。在确保防洪安全前提下，利用上中游水库群（龙羊峡、刘家峡、海勃湾、万家寨）联合调控，限制基流过程；精细调度中下游干支流水库群（三门峡、小浪底、西霞院、故县、陆浑、河口村）发挥滞洪、削峰、错峰作用；在秋汛不同时期，适时调整调度指标，下足"绣花"功夫，以2小时为单位调整调度方案，实现优化洪水过程的精准时空对接。

干流洪水经三门峡、小浪底水库调蓄后最大削峰率85%，故县、陆浑、河口村水库最大削峰率59%~91%。小浪底、故县、河口村水库最高运用水位分别达到273.5m、537.75m、279.89m，均创历史最高水位，陆浑水库最高运用水位达到319.39m。下游防洪控制断面花园口站的削峰率达58%，有效避免下游滩区大量人员转移和耕地受淹。三门峡水库进行多次敞泄运用，库区发生强烈冲刷，库区冲刷0.875亿t，小浪底水库主要采用蓄水运用和高水位运用，库区以淤积为主，库区淤积2.078亿t。东平湖蓄滞洪区综合考虑大汶河、黄河、金堤河来水情况，在补偿泄洪入黄运用的基础上，利用南水北调东线工程加大向胶东地区和华北地区送水、向南四湖排水，保障黄河艾山以下河道滩区安全和东平湖防洪安全"两个安全"目标。

4. 长历时洪水持续冲刷造成的河道工程频发险情不容忽视

持续的长历时秋汛洪水使黄河下游共冲刷泥沙0.888亿t。冲刷主要集中在高村以上河段，占小浪底—利津冲刷量的91.5%。与秋汛初期相比，秋汛末黄河下游各水文站平滩流量均不同程度增大。秋汛期黄河下游局部不利河势得到明显调整，韦滩等典型河段畸形河弯得到改善，但仍有一些工程靠溜部位、靠河长度与规划流路存在一定差别。尤其是长历时洪水持续冲刷造成河道工程险情频发，虽然均为一般险情，但潜在的危险不容忽视。经统计，秋汛期间黄河下游共有205处工程1549道坝出险3496次，抢险合计用石80.70万 m^3，耗资2.98亿元。累计16处滩区发生24段坍塌，坍塌长度9708m，坍塌面积总计155.47亩。黄河干流大堤最大偎水长度24.31km，最大偎堤水深2.8m。黄河下游生产堤偎水长度最大176.55km，生产堤最小出水高度0.25m。

（三）黄河2021年秋汛对绿色发展的支撑作用[①]

2021年秋汛期间黄河下游河道与河口生态环境得到进一步改善。秋汛洪水期间水质监测结果表明，黄河干支流水质总体为Ⅱ~Ⅲ类，干流部分时段出现水质超标现象，主要超标污染物为TN、TP和石油类。洪水期间，黄河下游河槽全面过水，河流水面区域扩展一倍以上，为黄河下游河漫滩湿地水分提供充分补给，为冬季候鸟迁徙栖息提供丰富的饵料资源，同时对10km以内周边地下水补给效果相对明显，对距离黄河河道10~20km以内地下水水位也有一定补给作用。

对黄河河口湿地生态系统监测结果表明，补水期间共向刁口河流路生态分洪3981万 m^3，向黄河三角洲国家级自然保护区北部湿地修复区补水2292万 m^3，增加修复区内淡水水面面积；向刁口河口近海水域补水1374万 m^3，为近海水域补充丰富的淡水资源。受来水影响，黄河口门迅速推进，一周时间向海内推进约1.6km，东部陆域推进约1.3km，同时近海表层淡水面积约由310km² 扩展至1670km²，增长4倍多，显现出黄河入海径流对河口海域水沙资源的补充效应。

---

① 2021年黄河秋汛洪水原型观测与分析编写组：《2021年黄河秋汛洪水原型观测与分析》，黄河水利出版社，2021，第336~337页。

（四）建议①

针对秋汛洪水防御过程中的问题，本文从提升水文泥沙预测—预报—监测的现代化水平、极端天气下水库调度的应对能力、工程安全预警预报抢护的防控能力、数学模型与实体模型预演—预警的数字孪生水平等等方面提出如下建议。

1. 完善水文监测—预测—预报系统，提升水文现代化精准化水平

进一步完善黄河流域天空地一体化水文监测现代化感知网络系统，在水文测报中发挥卫星遥感、无人机、无人船、走航式 ADCP、雷达在线测流、自动报汛系统等先进技术整体效能；完善水文预报—预警模拟系统，提升水文气象、降雨产流产沙预报、气象—降雨—洪水等水文精准化预警技术水平与能力。

2. 加快黄河水沙联合调度系统研发，提升极端天气应对能力

黄河流域水沙联合调度系统还没有完全建立，以系统性调度应对流域性水灾害、以机动性调度应对突发性水灾害的能力难以满足现实需求。因此，全方位开展水库大坝安全监测与评估，在确保水库本身安全运行的前提下，整合构建黄河流域水沙联合调度系统，提升水库群联合调度技术水平和极端天气应对能力，为实时优化水库群调度预案和决策方案提供支撑。

3. 构建野外精细化观测体系，提升河道防洪预演—预警—预案—抢护能力

系统开展跟踪性野外观测监测，增加原型测验及报汛频次，为水情预报、水沙演进、河势演变等基本规律研究提供基础资料，构建河道防洪工程安全监控系统，持续开展典型河段河势跟踪观测，"三个黄河"联动，充分发挥实体模型、数学模型、原型分析等技术优势，预演河势演变及可能河道工程险情，制定河道工程预置防守力量，对可能出险的工程或部位实施"预加固""预抢险"，研究河道工程出险快速、高效抢险技术，提高险情抢护水平和能力。

---

① 《黄委召开 2021 年黄河秋汛防御总结表彰大会》，黄河网，2021 年 11 月 25 日，http://www.yrcc.gov.cn/xwzx/hhyw/202111/t20211125_ 235606.html。

4. 推进数字孪生黄河建设，增强流域治理智慧化水平

以数字孪生黄河建设为抓手，围绕构建数字化场景，完善流域水安全监测网络体系，强化对涉水信息全要素动态监测和科学分析，推进数据资源跨地区跨部门互通共享，将各类数学模型和黄河流域水沙联合调控系统有机融入黄河流域水利"一张图"，通过原型黄河、模型黄河全要素的数字化映射，实现多维度、多时空尺度智慧化模拟，进一步完善黄河智能中枢，加快构建具有"四预"功能的"2+N"智能业务应用体系，为实现精准化决策奠定基础。

5. 加强产流产沙—水沙运移机理研究，提升防洪安全理论技术水平

加强气象、降雨、产流、汇流规律与机理研究，提升水文泥沙实时预报的理论与技术水平；开展水沙运移规律与机理研究，提升黄河流域水沙联合调控和极端天气应对的理论与技术水平；开展游荡性河道河势演变规律、工程出险过程与机理研究，提升河道工程险情预测预报和抢护水平，确保黄河防洪安全和人民生命财产安全。

6. 立足长远和根本，解决特殊区域的防洪安全问题

防汛工作要坚持以人民为中心的发展思想，立足从根本上解决滩区居民防洪安全问题，结合乡村振兴战略实施，大力推动滩区居民迁建，逐步将城镇空间从滩区的国土空间中调出，指导河南、山东两省加快滩区综合提升治理，支持引导滩区走现代生态农业发展之路，为滩区高质量发展创造有利条件。积极推动三门峡、故县、陆浑三个水库设计水位以下居民搬迁，在摆脱洪水威胁的同时，进一步打开水库防洪运用空间，为更广区域的群众创造安居乐业的环境。要加快研究东平湖、北金堤蓄滞洪区定位和布局，推进东平湖蓄滞洪区综合整治，确保蓄滞洪区"分得进、蓄得住、退得出"。

参考文献

胡春宏：《黄河水沙变化与治理方略研究》，《水力发电学报》2016 年第 10 期。

魏向阳等:《黄河"一高一低"水库调度实践与思考》,《中国水利》2021年第9期。

王煜等:《黄河水沙调控体系规划关键问题研究》,《人民黄河》2013年第10期。

水利部黄河水利委员会水旱灾害专著编辑室:《黄河流域水旱灾害资料汇编》,黄河水利出版社,1998。

水利部黄河水利委员会:1990~2020年《黄河年鉴》。

中国气象灾害大典编委会:《中国气象灾害大典　安徽卷》,气象出版社,2007。

中国气象灾害大典编委会:《中国气象灾害大典　河南卷》,气象出版社,2005。

中国气象灾害大典编委会:《中国气象灾害大典　江苏卷》,气象出版社,2008。

中国气象灾害大典编委会:《中国气象灾害大典　山东卷》,气象出版社,2006。

安新代:《加强调水调沙能力建设　全力保障黄河长治久安》,"黄河网"微信公众号,2021年9月5日。

《升级黄河智慧大脑　支撑"四预"模拟分析》,"中国水事"微信公众号,2021年7月29日。

B.5
黄河流域水资源节约集约利用发展报告

王军涛　景明　刘畅[*]

摘　要： 黄河流域是我国重要的生态屏障和经济地带。加快形成水资源节约集约利用的产业结构、生产方式、生活方式、空间格局，对于促进黄河流域生态保护和高质量发展具有重要意义。本报告基于国家、流域、省区等各层面出台的一系列法律法规、规划或制度政策，汇总了黄河流域节约集约用水的目标要求，分析了黄河流域各河段、各省区、各行业的取耗水和用水情况。从水资源取耗水现状来看，2021年黄河供水区总取水量为501.45亿 m^3，总耗水量为405.25亿 m^3。通过分析黄河流域农业、工业、生活等用水指标发现，2012年以来黄河流域灌溉面积整体呈增长趋势，亩均用水量稳步降低，黄河流域工业用水量呈明显的下降趋势，黄河人均城镇生活用水量有所减少，人均农村居民用水量有所增加。2015年以来，黄河流域水资源开发利用率呈明显下降趋势。总体来看，黄河流域水资源节约集约利用方面仍存在总量和定额管控指标体系尚需完善、农业节水尚有较大提升空间、节约集约用水机制尚不健全等问题，仍需有针对性地持续多措并举强化水资源节约集约利用，为黄河流域生态保护和高质量发展提供坚实的水安全保障。

---

* 王军涛，黄河水利委员会黄河水利科学研究院引黄灌溉工程技术研究中心（黄河水利委员会节约用水中心）副主任，正高级工程师，主要研究方向为节约用水、农村水利及水利信息化；景明，黄河水利委员会黄河水利科学研究院引黄灌溉工程技术研究中心总工程师，高级工程师，主要研究方向为节约用水、农村水利；刘畅，黄河水利委员会黄河水利科学研究院工程师，主要研究方向为农业水土资源高效利用。

关键词： 水资源 节约集约利用 黄河流域 节水型社会

一 黄河流域水资源节约集约利用制度

（一）国家层面

党中央、国务院高度重视节约用水工作。党的十八大以来，习近平总书记多次就节水工作发表重要讲话、做出重要指示，并提出"坚持和落实节水优先方针"，要求"从观念、意识、措施等各方面都要把节水放在优先位置"①。

1998 年 12 月，国家发展计划委员会、水利部颁布了《黄河水量调度管理办法》。2000 年，《中共中央关于制定国民经济和社会发展第十个五年计划的建议》首次提出"建设节水型社会"。2001 年 3 月，水利部确定甘肃省张掖市为全国首个节水型社会建设试点，节约用水重要性不断提升。2002 年修订的《中华人民共和国水法》把节约用水放在突出位置，把"建立节水型社会"写入第八条。2004 年，中央人口资源环境工作座谈会强调"要把节水作为一项必须长期坚持的战略方针"。2006 年 7 月，中华人民共和国国务院令第 472 号发布《黄河水量调度条例》。2011 年，中央一号文件把节水工作作为实行最严格的水资源管理制度的重要内容。

2012 年，党的十八大将"建设节水型社会"纳入生态文明建设战略部署，党的十八届三中全会强调"健全能源、水、土地节约集约使用制度"。2014 年 3 月，习近平总书记在中央财经领导小组第五次会议上提出"节水优先、空间均衡、系统治理、两手发力"的治水思路，② 将"节水优先"放在首要位置。这是节约用水在认识上的一次飞跃，达到了前所未有的高度，具有里程碑意义。2019 年 4 月，经中央全面深化改革委员会审议通过，国

① 《习近平主持召开中央财经领导小组第九次会议强调 真抓实干主动作为形成合力 确保中央重大经济决策落地见效》，《人民日报》2015 年 2 月 11 日。

② 水利部编写组：《深入学习贯彻习近平关于治水的重要论述》，人民出版社，2023，第 12 页。

家发展改革委、水利部印发实施《国家节水行动方案》。2021 年 12 月，水利部、中央文明办、国家发展改革委、教育部、工业和信息化部、住房和城乡建设部、农业农村部、国管局、共青团中央、全国妇联 10 部门联合发布《公民节约用水行为规范》。

（二）黄河水利委员会落实层面

2020 年 8 月，中共中央政治局召开会议，审议《黄河流域生态保护和高质量发展规划纲要》，强调全面实施深度节水控水行动。2020 年 11 月，党的十九届五中全会再次强调实施国家节水行动，推动绿色发展，建设人与自然和谐共生的现代化。2021 年 8 月，水利部印发《关于实施黄河流域深度节水控水行动的意见》。2021 年 10 月，国务院印发《黄河流域生态保护和高质量发展规划纲要》。2021 年 12 月，国家发展改革委联合水利部、住房和城乡建设部、工业和信息化部、农业农村部印发《黄河流域水资源节约集约利用实施方案》。2022 年 3 月，水利部、教育部、国管局制定了《黄河流域高校节水专项行动方案》。

为贯彻落实黄河流域生态保护和高质量发展重大国家战略、积极践行"节水优先、空间均衡、系统治理、两手发力"的治水思路，2022 年 4 月，黄河水利委员会出台了《黄河水利委员会关于进一步完善水资源管理执行体系的意见》。

（三）黄河流域九省区层面

为了落实节水优先方针，促进节约用水，提高水资源利用效率，保障生态文明建设和经济社会可持续发展，陕西、宁夏、内蒙古、山西、青海、甘肃、四川、山东和河南先后发布了节约用水条例或办法（见表1）。

表 1 黄河流域九省（区）节约用水条例或办法

发布时间	名称
2003 年 11 月 1 日	《陕西省节约用水办法》
2007 年 3 月 29 日	《宁夏回族自治区节约用水条例》
2012 年 9 月 22 日	《内蒙古自治区节约用水条例》
2012 年 11 月 29 日	《山西省节约用水条例》

发布时间	名称
2020 年 1 月 15 日	《青海省节约用水管理办法》
2020 年 7 月 31 日	《甘肃省节约用水条例》
2020 年 11 月 2 日	《四川省节约用水办法》
2021 年 12 月 3 日	《山东省节约用水条例》
2021 年 12 月 28 日	《河南省节约用水条例》

（四）行业用水定额领域

用水定额是开展节约用水和水资源管理工作的重中之重、基中之基，是评价用水效率、实施节水管理的基本依据。实施用水定额管理是《中华人民共和国水法》确定的水资源管理基本制度。加强用水定额使用管理是各级水行政主管部门的重要职责，也是提高用水效率、促进产业结构调整的主要手段。

2019 年以来水利部已陆续发布 105 项用水定额，其中农业 14 项、工业 70 项、建筑业 3 项和服务业 18 项，基本建立了全面系统的用水定额体系。国家用水定额是指导各行业开展节水工作的重要技术依据，对于强化水资源精细化管理、建立健全节水制度政策路径、提升水资源节约集约能力具有重要意义。

各省（区）从 2004 年开始发布省级行业用水定额，按照水利部关于严格用水定额管理的要求，省级行业用水定额最少每 5 年调整更新一次。当前黄河流域各省（区）现行的用水定额地方标准和文件见表 2。

表 2　黄河流域各省（区）现行的用水定额地方标准和文件

省（区）	名称	标准号或发布时间
青　海	《用水定额》	DB63/T 1429-2021
四　川	《用水定额》	DB51/T 2138-2016
甘　肃	《行业用水定额　第 1 部分　农业用水定额》	DB62/T 2987.1-2019
	《行业用水定额　第 2 部分　工业用水定额》	DB62/T 2987.2-2019
	《行业用水定额　第 3 部分　生活用水定额》	DB62/T 2987.3-2019
宁　夏	《宁夏生活用水定额》	
	《宁夏工业用水定额》	2020-10-24
	《宁夏农业用水定额》	

省（区）	名称	标准号或发布时间
内蒙古	《行业用水定额》	DB15/T 385—2020
陕　西	《行业用水定额》	DB61/T 943—2020
山　西	《山西省用水定额第1部分:农业用水定额》	DB14/T 1049.1—2020
	《山西省用水定额第2部分:工业用水定额》	DB14/T 1049.2—2021
	《山西省用水定额第3部分:城镇生活用水定额》	DB14/T 1049.3—2015
	《山西省用水定额第4部分:居民用水定额》	DB14/T 1049.4—2021
河　南	《工业与城镇生活用水定额》	DB41/T 385—2020
	《农业与农村生活用水定额》	DB41/T 958—2020
山　东	《山东省农业用水定额》	DB37/T 3772—2019
	《山东省农村居民生活用水定额》	DB37/T 3773—2019
	《山东省重点工业产品用水定额》	DB37/T 1639.24—2021
	《山东省教育、卫生等服务业用水定额》	DB37/T 4452—2021
	《山东省住宿、写字楼、娱乐等服务业用水定额》	DB37/T 4453—2021

二　水资源节约集约利用目标要求

（一）农业用水

农业用水控制性指标主要包括农田灌溉水有效利用系数、改善和新增灌溉面积、新增节水灌溉面积、新建灌区、节水型灌区创建等。国家和流域层面均制定发布了农业节水相关规划，部署了"十四五"以及未来一个时期国家和黄河流域农业节水发展目标（见表3）。

表3　黄河流域农业节水改造有关控制目标

指标	相关规划	控制目标
灌溉水有效利用系数	黄河流域综合规划（2012—2030年）	到2030年,黄河流域农田灌溉水有效利用系数提高到0.61
	关于实施黄河流域深度节水控水行动的意见	到2025年,黄河流域农田灌溉水有效利用系数提高到0.586

指标	相关规划	控制目标
灌溉水有效利用系数	国家节水行动方案	到2022年,全国农田灌溉水有效利用系数提高到0.56以上
	"十四五"节水型社会建设规划	到2025年,全国农田灌溉水有效利用系数达到0.58
改善和新增灌溉面积	黄河流域生态保护和高质量发展规划纲要	以大中型灌区为重点推进灌溉体系现代化改造
	黄河流域综合规划(2012—2030年)	到2030年,比现状年(2007年)增加农田有效灌溉面积932万亩
	"十四五"重大农业节水供水工程实施方案	全国新增恢复灌溉面积约700万亩左右,改善灌溉面积约8100万亩左右。其中,黄河流域实施节水改造面积2750.1万亩,新增恢复灌溉面积312万亩
新增节水灌溉面积	黄河流域综合规划(2012—2030年)	到2030年,完成黄河流域大型及部分小型灌区的节水改造,工程节水灌溉面积占有效灌溉面积的比例达到90%
	国家节水行动方案	2020年前,全国每年发展高效节水灌溉面积2000万亩、水肥一体化面积2000万亩
	全国高标准农田建设规划(2021—2030年)	到2030年新增高效节水灌溉面积1.1亿亩
新建灌区	"十四五"重大农业节水供水工程实施方案	新建30处现代化灌区,增加有效灌溉面积1500万亩左右,改善灌溉面积980万亩左右。其中,黄河流域新建灌区7处(未明确新建灌区面积)
节水型灌区创建	国家节水行动方案	到2022年,全国创建150个节水型灌区和100个节水农业示范区
	黄河流域生态保护和高质量发展规划纲要	打造高效节水灌溉示范区

（二）工业用水

工业水耗指标主要包括万元工业增加值用水量、工业用水重复利用率、节水标杆创建（见表4）。

表4　黄河流域工业用水有关控制目标

指标	相关规划	控制目标
万元工业增加值用水量	黄河流域综合规划(2012—2030年)	到2030年,黄河流域万元工业增加值用水量比2020年降低40%以上。到2030年,万元工业增加值用水量减少到30m³

指标	相关规划	控制目标
万元工业增加值用水量	关于实施黄河流域深度节水控水行动的意见	到 2025 年,黄河流域万元工业增加值用水量比 2020 年下降 16%
	"十四五"节水型社会建设规划	到 2025 年,全国万元工业增加值用水量比 2020 年下降 16%
	国家节水行动方案	到 2022 年,全国万元工业增加值用水量较 2015 年降低 28%
工业用水重复利用率	黄河流域综合规划（2012—2030 年）	到 2030 年,黄河流域工业用水重复利用率提高到 88%
	国家节水行动方案	到 2020 年,全国规模以上工业用水重复利用率达到 91% 以上
节水标杆创建	关于实施黄河流域深度节水控水行动的意见	到 2025 年,黄河流域火电、钢铁、化工行业规模以上企业全部建成节水型企业,建成一批节水型园区
	国家节水行动方案	到 2022 年,在火力发电、钢铁、纺织、造纸、石化和化工、食品和发酵等高耗水行业建成一批节水型企业,创建 100 家节水标杆企业、50 家节水标杆园区
	"十四五"节水型社会建设规划	到 2025 年,遴选火电、钢铁、石化工、有色、造纸、印染、食品等行业水效领跑者 50 家,创建一批工业废水近零排放示范园区

（三）城镇生活用水

城镇生活用水包括第三产业用水和居民生活用水,主要水耗指标包括城镇供水管网漏损率、节水载体建设。其中,"十四五"期间节水载体建设主要对象是高校和公共机构（见表 5）。

表 5　黄河流域城镇生活用水有关控制目标

指标	相关规划文件	控制目标
城镇供水管网漏损率	"十四五"节水型社会建设规划	到 2025 年,全国城市公共供水管网漏损率小于 9%
	国家节水行动方案	到 2020 年,全国公共供水管网漏损率控制在 10% 以内
节水载体建设	黄河流域生态保护和高质量发展规划纲要	开展政府机关、学校、医院等公共机构节水技术改造
	关于实施黄河流域深度节水控水行动的意见	到 2025 年,黄河流域地级以上城市政府机构率先建成节水机关,普通高等院校力争全面建成节水高校

指标	相关规划文件	控制目标
节水载体建设	国家节水行动方案	到2022年,中央国家机关及其所属在京公共机构、省直机关及50%以上的省属事业单位建成节水型单位,建成一批具有典型示范意义的节水型高校
	"十四五"节水型社会建设规划	创建100家以上节水型高校、500家节水型机关

（四）非常规水源利用

非常规水源利用的主要考核指标包括非常规水利用量、再生水利用率、试点建设等（见表6）。

表6　黄河流域非常规水利用有关控制目标

指标	相关规划文件	控制目标
非常规水利用量	关于实施黄河流域深度节水控水行动的意见	到2025年,黄河流域非常规水源利用量增加到20亿 m^3
	"十四五"节水型社会建设规划	到2025年,全国非常规水源利用量超过170亿 m^3
再生水利用率	国家节水行动方案	到2020年,缺水城市再生水利用率达到20%以上。到2022年,缺水城市非常规水利用占比平均提高2个百分点
	关于推进污水资源化利用的指导意见	到2025年,全国地级及以上缺水城市再生水利用率达25%以上,京津冀地区达35%以上
	"十四五"节水型社会建设规划	到2025年,全国地级及以上缺水城市再生水利用率超过25%
试点建设	黄河流域生态保护和高质量发展规划纲要	实施区域再生水循环利用试点
	关于推进污水资源化利用的指导意见	在黄河流域地级以上城市建设污水资源化利用示范城市;开展再生水利用配置试点工作;建成若干国家高新区工业废水近零排放科技创新试点工程

（五）节水型社会建设

国家有关文件明确了"十四五"及今后一个时期县域节水型社会建设目标（见表7）。

表 7　县域节水型社会建设目标

相关规划文件	建设目标
关于实施黄河流域深度节水控水行动的意见	到 2025 年，黄河流域县（区）级行政区基本达到节水型社会标准。到 2030 年全面建成节水型社会
国家节水行动方案	到 2022 年，北方 50% 以上、南方 30% 以上县（区）级行政区达到节水型社会标准
"十四五"节水型社会建设规划	2021 年底前，南水北调受水区 45% 左右县（区）级行政区达到节水型社会标准。到 2025 年，北方 60% 以上、南方 40% 以上县（区）级行政区达到节水型社会标准

三　水资源取耗水现状

《黄河水资源公报》地表水耗水量的概念与《水资源公报编制规程》（GB/T23598—2009）中的规定不完全一致。《黄河水资源公报》地表水耗水量是指地表水取水量扣除其回归到黄河干、支流河道后的水量；《水资源公报编制规程》（GB/T23598—2009）规定，耗水量为在输水、用水过程中，通过蒸腾蒸发、土壤吸收、产品吸附、居民和牲畜饮用等多种途径消耗掉，而不能回归至地表水体和地下饱和含水层的水量。本报告采用《黄河水资源公报》统计数据，分析黄河流域水资源取耗水现状。

（一）取耗水量

1. 取耗水总量

2021 年黄河供水区总取水量为 501.45 亿 m^3，其中地表水取水量（含跨流域调出的水量）395.78亿 m³，占总取水量的78.9%；地下水取水量105.67亿 m³，占21.1%。

黄河供水区总耗水量为405.25亿 m³，其中地表水耗水量327.03亿 m³，占总耗水量的80.7%；地下水耗水量78.22亿 m³，占19.3%。

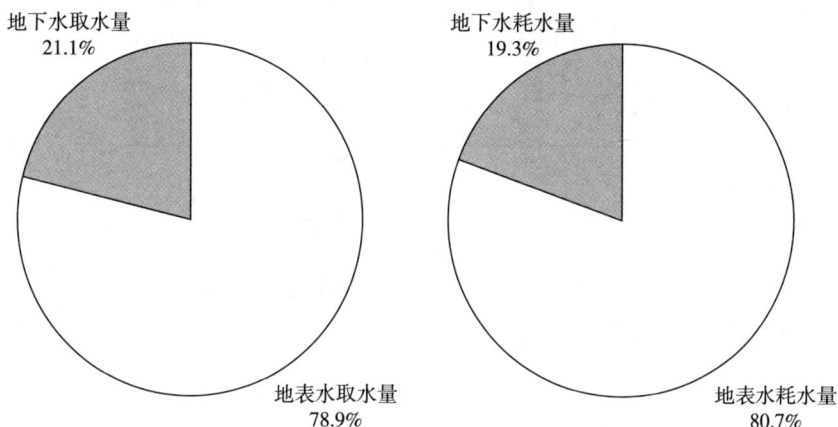

图1　2021年黄河供水区地表水与地下水取、耗水量占比

资料来源：2021年《黄河水资源公报》。

2.分河段取耗水量

黄河供水区各河段总取水量以兰州至头道拐的184.30亿 m³ 为最多，占总取水量36.7%；总耗水量以兰州至头道拐的132.67亿 m³ 为最多，占总耗水量的32.7%。

黄河供水区各河段地表水取水量以兰州至头道拐的161.07亿 m³ 为最多，占地表水取水量40.7%；地表水耗水量以兰州至头道拐的115.09亿 m³ 为最多，占总耗水量的35.2%。

黄河供水区各河段地下水取水量以龙门至三门峡的39.31亿 m³ 为最多，占地下水取水量37.2%；地下水耗水量以龙门至三门峡的29.02亿 m³ 为最多，占总耗水量的37.1%（见图2和表8）。

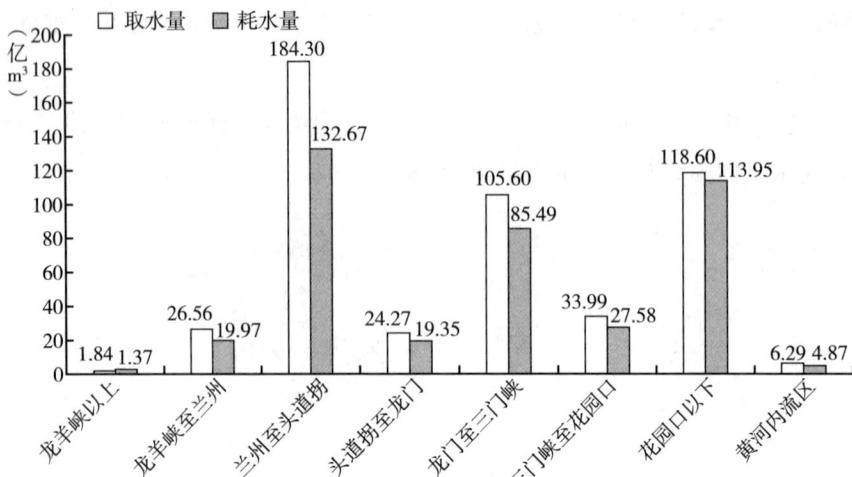

图 2   2021 年黄河供水区各河段总取、耗水量

资料来源：2021 年《黄河水资源公报》。

表 8   2021 年黄河供水区各河段取、耗水量

单位：亿 m³

流域分区	项目	合计		地表水		地下水	
		分区值	累计值	分区值	累计值	分区值	累计值
龙羊峡以上	取水量	1.84	1.84	1.67	1.67	0.17	0.17
	耗水量	1.37	1.37	1.24	1.24	0.13	0.13
龙羊峡至兰州	取水量	26.56	28.40	24.63	26.30	1.93	2.10
	耗水量	19.97	21.34	18.77	20.01	1.20	1.33
兰州至头道拐	取水量	184.30	212.70	161.07	187.37	23.23	25.33
	耗水量	132.67	154.01	115.09	135.10	17.58	18.91
头道拐至龙门	取水量	24.27	236.97	15.20	202.57	9.07	34.40
	耗水量	19.35	173.36	12.56	147.66	6.79	25.70
龙门至三门峡	取水量	105.60	342.57	66.29	268.86	39.31	73.71
	耗水量	85.49	258.85	56.47	204.13	29.02	54.72
三门峡至花园口	取水量	33.99	376.56	20.99	289.85	13.00	86.71
	耗水量	27.58	286.43	18.39	222.52	9.19	63.91
花园口以下	取水量	118.60	495.16	104.47	394.32	14.13	100.84
	耗水量	113.95	400.38	103.47	325.99	10.48	74.39
黄河内流区	取水量	6.29	501.45	1.46	395.78	4.83	105.67
	耗水量	4.87	405.25	1.04	327.03	3.83	78.22

资料来源：2021 年《黄河水资源公报》。

3. 流域内外地表水利用

2021 年黄河供水区地表水利用包括黄河流经 9 省（区）的流域内取用水和黄河供水区甘肃、内蒙古、山西、河南、山东与河北等省（区）的流域外取用水。经统计，流域内黄河地表水取水量和耗水量分别为 300.76 亿 m³ 和 232.01 亿 m³，相应占黄河供水区地表水取水量和耗水量的 76.0% 和 70.9%；流域外黄河供水区地表水取水量和耗水量同为 95.02 亿 m³，分别占黄河供水区地表水取水量和耗水量的 24.0% 和 29.1%。

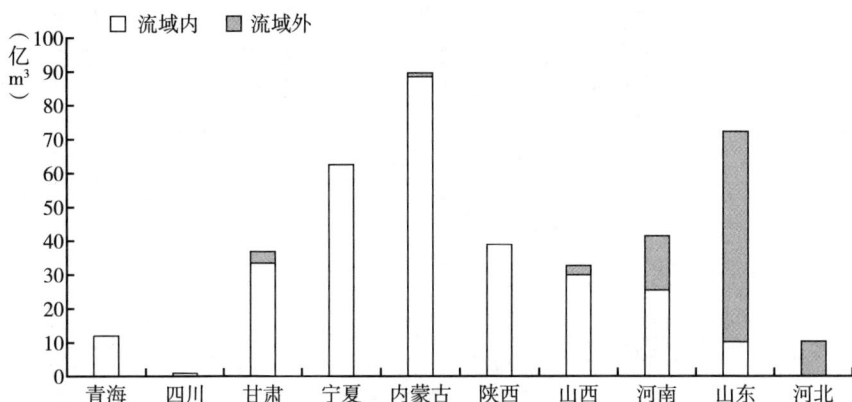

图 3 2021 年黄河供水区各省（区）流域内、外地表水利用量

资料来源：2021 年《黄河水资源公报》。

表 9 2021 年黄河供水区各省（区）流域内、外地表水利用量

单位：亿 m³

省（区）	项目	流域内	流域外	合计
青 海	取水量	12.02	0	12.02
	耗水量	8.90	0	8.90
四 川	取水量	0.32	0	0.32
	耗水量	0.23	0	0.23
甘 肃	取水量	33.40	3.40	36.80
	耗水量	26.63	3.40	30.03
宁 夏	取水量	62.45	0	62.45
	耗水量	38.26	0	38.26

续表

省（区）	项目	流域内	流域外	合计
内蒙古	取水量	88.42	0.53	88.95
	耗水量	67.72	0.53	68.25
陕　西	取水量	38.85	0	38.85
	耗水量	31.14	0	31.14
山　西	取水量	29.85	2.72	32.57
	耗水量	26.89	2.72	29.61
河　南	取水量	25.35	16.09	41.44
	耗水量	23.12	16.09	39.21
山　东	取水量	10.10	62.04	72.14
	耗水量	9.12	62.04	71.16
河　北	取水量	0	10.24	10.24
	耗水量	0	10.24	10.24
合计	取水量	300.76	95.02	395.78
	耗水量	232.01	95.02	327.03

资料来源：2021 年《黄河水资源公报》。

（二）分省区取耗水量

黄河供水区各省（区）总取水量和总耗水量均以内蒙古为最多，分别为 112.17 亿 m³ 和 86.25 亿 m³，相应占供水区总取水量和总耗水量 22.4%

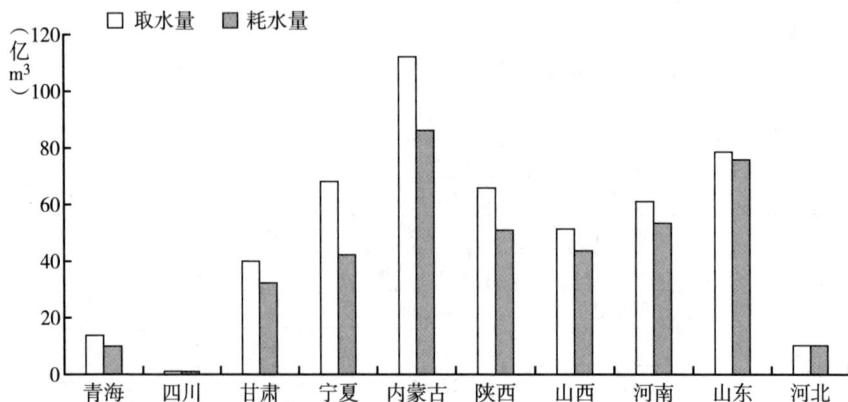

图 4　2021 年黄河供水区各省（区）取、耗水量

资料来源：2021 年《黄河水资源公报》。

和 21.3%。地表水取水量和耗水量均以山东为最多，分别为 72.14 亿 m³ 和 71.16 亿 m³，占地表水总取水量和总耗水量的 18.2% 和 21.8%。

表 10　2021 年黄河供水区各省（区）取、耗水量

单位：亿 m³

省（区）	项目	合计	地表水	地下水
青　海	取水量	13.75	12.02	1.73
	耗水量	9.94	8.90	1.04
四　川	取水量	0.33	0.32	0.01
	耗水量	0.24	0.23	0.01
甘　肃	取水量	40.02	36.80	3.22
	耗水量	32.37	30.03	2.34
宁　夏	取水量	68.10	62.45	5.65
	耗水量	42.28	38.26	4.02
内蒙古	取水量	112.17	88.95	23.22
	耗水量	86.25	68.25	18.00
陕　西	取水量	65.85	38.85	27.00
	耗水量	50.98	31.14	19.84
山　西	取水量	51.39	32.57	18.82
	耗水量	43.71	29.61	14.10
河　南	取水量	61.07	41.44	19.63
	耗水量	53.44	39.21	14.23
山　东	取水量	78.53	72.14	6.39
	耗水量	75.80	71.16	4.64
河　北	取水量	10.24	10.24	0
	耗水量	10.24	10.24	0
合　计	取水量	501.45	395.78	105.67
	耗水量	405.25	327.03	78.22

资料来源：2021 年《黄河水资源公报》。

（三）各行业取耗水量

2021 年，黄河供水区地表水取水量为 395.78 亿 m³。其中，农业取水量 246.67 亿 m³，占地表水取水量的 62.3%；工业 32.52 亿 m³，占 8.2%；生活 49.10 亿 m³，占 12.4%；生态环境 67.49 亿 m³，占 17.1%（见图 5）。

生态环境
17.1%

生活
12.4%

工业
8.2%

农业
62.3%

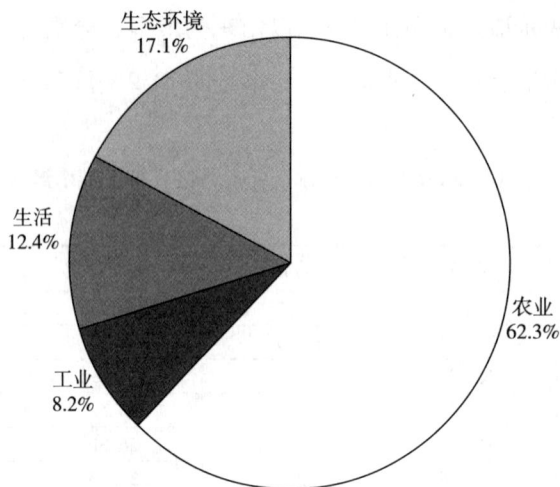

图 5　2021 年黄河供水区分行业地表水取水量占比

资料来源：2021 年《黄河水资源公报》。

　　黄河供水区地表水耗水量为 327.03 亿 m^3。其中，农业耗水量 194.91 亿 m^3，占地表水耗水量的 59.5%；工业 27.01 亿 m^3，占 8.3%；生活 42.39 亿 m^3，占 13.0%；生态环境 62.72 亿 m^3，占 19.2%（见图 6）。

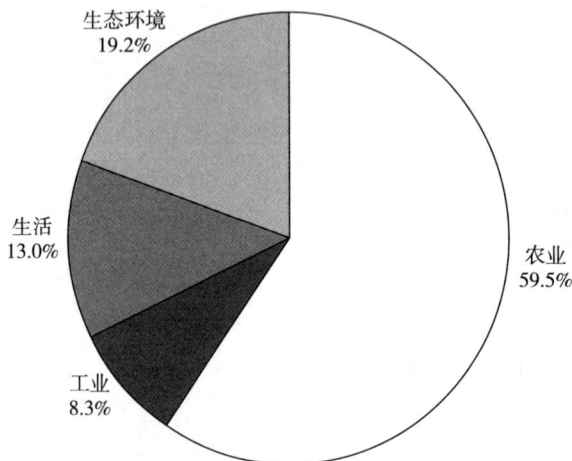

生态环境
19.2%

生活
13.0%

工业
8.3%

农业
59.5%

图 6　2021 年黄河供水区分行业地表水耗水量占比

资料来源：2021 年《黄河水资源公报》。

2021 年，黄河流域地下水取水量为 105.67 亿 m³。其中，农业取水量
61.32 亿 m³，占全流域地下水取水量的 58.0%；工业 13.82 亿 m³，占 13.1%；
生活 28.74 亿 m³，占 27.2%；生态环境 1.79 亿 m³，占 1.7%（见图 7）。

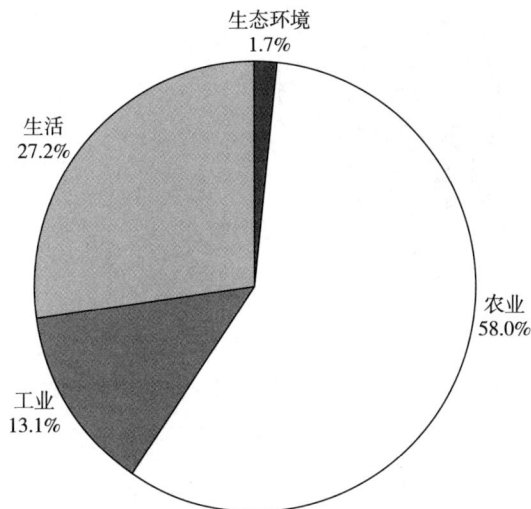

图 7　2021 年黄河供水区分行业地下水取水量占比

资料来源：2021 年《黄河水资源公报》。

黄河流域地下水耗水量为 78.22 亿 m³。其中，农业耗水量 49.07 亿 m³，
占全流域地下水耗水量的 62.8%；工业 9.25 亿 m³，占 11.8%；生活 18.34
亿 m³，占 23.4%；生态环境 1.56 亿 m³，占 2.0%（见图 8）。

（四）耗水系数

1. 各行业耗水系数

2021 年，黄河供水区各行业总耗水系数平均值为 0.82，以生态用水的
0.93 为最高，比平均值高 0.11，以工业用水、生活用水的 0.78 为最低，比
平均值低 0.04。各行业地表水耗水系数平均值为 0.85，以生态用水的 0.93
为最高，比平均值高 0.08，以农业用水的 0.79 为最低，比平均值低 0.06。
各行业地下水耗水系数平均值为 0.74，以生态用水的 0.87 为最高，比平均

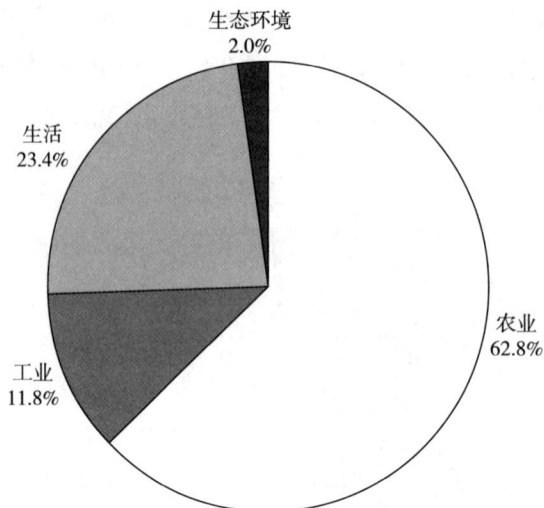

图8 2021年黄河供水区分行业地下水耗水量占比

资料来源：2021年《黄河水资源公报》。

值高0.13，以生活用水的0.64为最低，比平均值低0.10。

2021年，黄河供水区各行业地表水耗水系数平均值高于地下水耗水系数平均值。其中，生活用水的地表水与地下水耗水系数之间差距最大，达到0.22，农业用水的地表水与地下水耗水系数最为接近，仅相差0.01（见表11和图9）。

表11 2021年黄河供水区分行业耗水系数

行业	总耗水系数	地表水耗水系数	地下水耗水系数
农业	0.79	0.79	0.80
工业	0.78	0.83	0.67
生活	0.78	0.86	0.64
生态	0.93	0.93	0.87
平均值	0.82	0.85	0.74

资料来源：2021年《黄河水资源公报》。

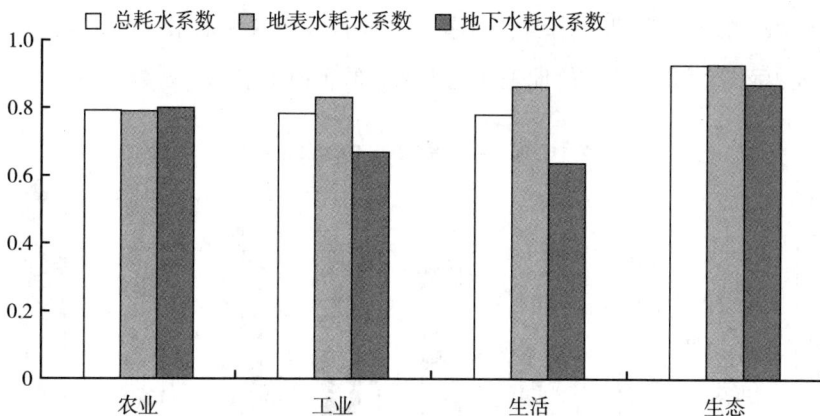

图9 2021年黄河供水区分行业耗水系数

资料来源：2021年《黄河水资源公报》。

2. 各省（区）耗水系数

2021年，黄河供水区各省（区）总耗水系数平均值为0.81，以山东的0.97为最高，比平均值高0.16，以宁夏的0.62为最低，比平均值低0.19。各省（区）地表水耗水系数平均值为0.83，以山东的0.99为最高，比平均值高0.16，以宁夏的0.61为最低，比平均值低0.22。各省（区）地下水耗水系数平均值为0.74，以内蒙古的0.78为最高，比平均值高0.04，以青海的0.60为最低，比平均值低0.14（见表12）。

表12 2021年黄河供水区分省（区）耗水系数

省（区）	总耗水系数	地表水耗水系数	地下水耗水系数
青　海	0.72	0.74	0.60
甘　肃	0.81	0.82	0.73
宁　夏	0.62	0.61	0.71
内蒙古	0.77	0.77	0.78
陕　西	0.77	0.80	0.73
山　西	0.85	0.91	0.75
河　南	0.88	0.95	0.72
山　东	0.97	0.99	0.73
平均值	0.81	0.83	0.74

资料来源：2021年《黄河水资源公报》。

青海、甘肃、陕西、山西、河南、山东的地表水耗水系数高于地下水耗水系数，而宁夏和内蒙古的地表水耗水系数低于地下水耗水系数（见图10）。

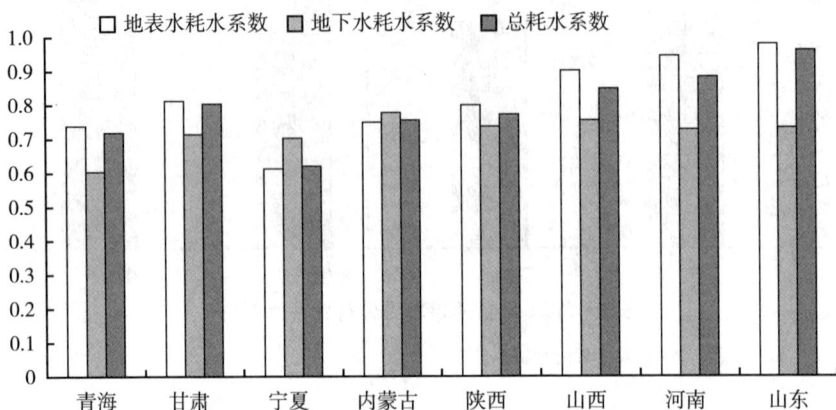

图10　2021年黄河供水区分省（区）耗水系数

资料来源：2021年《黄河水资源公报》。

四　水资源节约集约利用现状

（一）农业用水

1. 灌溉面积

（1）有效灌溉面积

黄河设计院调查统计了2016年黄河流域灌区数量和灌溉面积。2021年，水利部组织调查统计全国大型灌区的情况，安排黄河水利委员会负责沿黄省区（四川除外）有关情况复核。

根据统计，黄河流域及下游引黄灌区农田有效灌溉面积1.33亿亩，其中，大型灌区85处，有效灌溉面积8235万亩，约占总有效灌溉面积的62%；中型灌区695处，有效灌溉面积1791万亩，约占总有效灌溉总面积的14%；小型灌区有效灌溉面积3228万亩，约占24%（见表13）。

从行政区域看，山东省有效灌溉面积最大，青海省最小。从流域分区看，下游地区（豫、鲁，占42%）最大，其次为上游地区（青、甘、宁、蒙，占33%）、中游地区（陕、晋，占25%）（见图11）。

表13　黄河流域及下游引黄灌区不同规模灌区基本情况

单位：处，万亩

省(区)	大型灌区			中型灌区		小型灌区
	数量	面积	名录	数量	面积	面积
青　海	0	0	/	69	120	137
甘　肃	6	320	红崖山、洮河、景电、引大、靖会、兴电	162	285	283
宁　夏	5	953	盐环定扬水、青铜峡、沙坡头、红寺堡扬水、固海扬水	28	48	32
内蒙古	5	1113	达拉特旗南岸、杭锦旗南岸、镫口扬水、麻地壕扬水、河套	55	219	844
陕　西	11	981	泾惠渠、宝鸡峡引渭、羊毛湾水库、桃曲坡水库、石头河、冯家山、东雷抽黄、东雷二期抽黄、洛惠渠、石堡川、交口抽渭	140	238	560
山　西	9	639	大禹渡、尊村、夹马口、禹门口、汾河、潇河、汾西、文峪河、北赵	94	267	632
河　南	17	1487	窄口、陆浑、引沁、广利、杨桥、赵口、韩董庄、石头庄、大功、祥符朱、彭楼、渠村、南小堤、三义寨、柳园口、人民胜利渠、武嘉	93	323	457
山　东	32	2742	陈孟圈、胡家岸、田山、邢家渡、刘春家、马扎子、双河、曹店、麻湾、王庄、陈垓、国那里、堽城坝、雪野水库、陶城铺、郭口、位山、彭楼、白龙湾、打渔张、胡楼、韩墩、小开河、簸箕李、刘庄、苏阁、杨集、苏泗庄、谢寨、闫潭、潘庄、李家岸	54	291	283
合计	85	8235		695	1791	3228
有效灌溉面积合计	13254					

资料来源：大型灌区采用水利部2021年调查数据，中小型灌区采用黄河勘测规划研究院有限公司2016年统计成果。

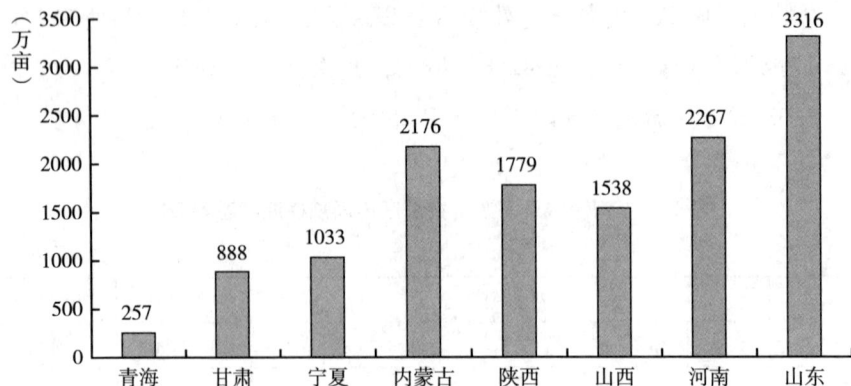

图 11　黄河流域及下游引黄灌区各省（区）有效灌溉面积

资料来源：大型灌区采用水利部 2021 年调查数据，中小型灌区采用黄河勘测规划研究院有限公司 2016 年统计成果。

根据《中国水利统计年鉴》，分析了 2014 年以来黄河流域（不包括下游引黄灌区）总有效灌溉面积和农田灌溉面积变化情况。2014 年以后，黄河区有效灌溉面积和农田有效灌溉面积均呈平稳增长趋势。近年来，黄河流域农田有效灌溉面积基本维持在总有效灌溉面积的 90% 左右（见图 12）。

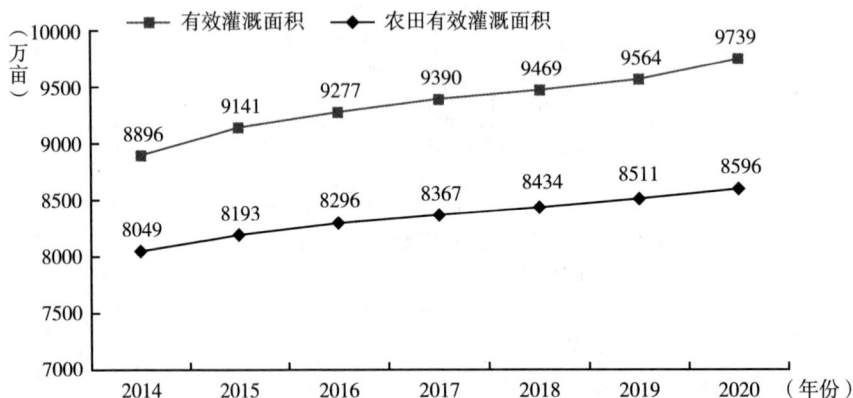

图 12　2014～2020 年黄河流域有效灌溉面积变化情况

资料来源：相关年份《中国水利统计年鉴》。

"十三五"期间，黄河流域有效灌溉面积增加了462万亩，年均增加115.5万亩；其中农田有效灌溉面积增加了300万亩，年均增加75万亩（见表14）。

表14 "十三五"期间黄河流域灌溉面积变化情况

单位：万亩

省（区）	2016年		2020年		增加面积	
	总有效灌溉面积	农田有效灌溉面积	总有效灌溉面积	农田有效灌溉面积	总有效灌溉面积	农田有效灌溉面积
青　海	274	216	298	235	24	19
甘　肃	751	678	791	698	40	20
宁　夏	902	773	1022	829	121	56
内蒙古	2259	1942	2251	1928	-8	-14
陕　西	1789	1606	1976	1727	188	121
山　西	1551	1421	1562	1430	11	9
河　南	1223	1172	1286	1237	62	65
山　东	528	489	553	512	25	23
合　计	9277	8296	9739	8596	462	300

（2）实际灌溉面积

根据《中国水利统计年鉴》，2016~2020年黄河流域实际灌溉面积逐年缓慢增加，各省（区）年际变化不大。2020年，黄河流域农田实际灌溉面积7735万亩（不含下游引黄灌区）（见表15）。

表15 2016~2020年黄河流域实际灌溉面积情况

单位：万亩

省（区）	2016年	2017年	2018年	2019年	2020年
青　海	190	190	200	195	200
甘　肃	594	604	579	580	591
宁　夏	737	696	710	730	789
内蒙古	1748	1747	1754	1761	1755
陕　西	1312	1320	1325	1346	1431
山　西	1402	1440	1407	1406	1393
河　南	1047	1051	1068	1073	1107
山　东	460	465	512	551	469
合　计	7490	7513	7555	7642	7735

资料来源：2016~2020年《中国水利统计年鉴》。

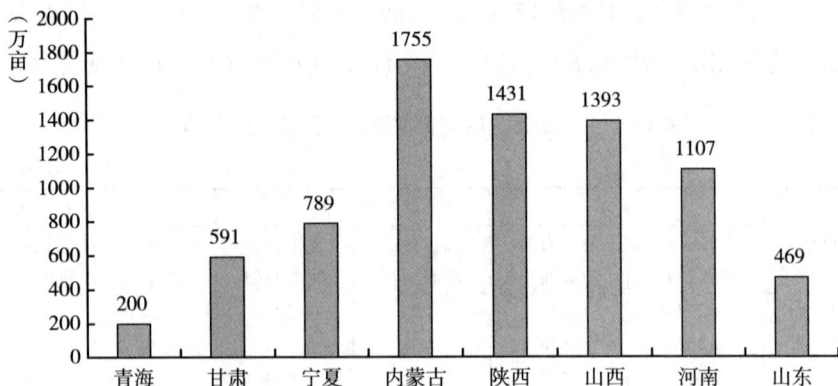

图13 2020年黄河流域各省（区）农田实际灌溉面积

2021年，水利部组织调查了全国大型灌区2018～2020年的实际灌溉面积，其中涉及黄河流域大型灌区85处。根据统计，黄河流域大型灌区2018～2020年的实际灌溉面积6650.5万亩，占有效灌溉面积的81%（见表16）。

表16 黄河流域大型灌区灌溉情况

单位：万亩，%

序号	地区	县域	灌区名称	设计灌溉面积	有效灌溉面积	2018～2020年实灌面积	实灌率
一	甘肃			327.7	319.5	288.5	90
1	武威		红崖山	64.7	64.7	64.7	100
2	定西		洮河	31.3	30.6	30.6	100
3	白银		景电	97.7	93.0	93.0	100
4	兰州	永登	引大	73.5	75.1	46.0	61
5	白银	会宁	靖会	30.4	26.8	25.3	94
6	白银		兴电	30.2	29.4	29.0	99
二	宁夏			901.1	953.1	932.3	98
7	省厅直属		盐环定	44.3	44.3	44.3	100
8	吴忠		青铜峡	485.6	526.7	526.7	100

续表

序号	地区	县域	灌区名称	设计灌溉面积	有效灌溉面积	2018~2020年实灌面积	实灌率
9	中卫		沙坡头	110.8	121.8	121.8	100
10	中卫	中宁	红寺堡	101.4	101.4	80.5	79
11	中卫	中宁	固海	158.9	158.9	158.9	100
三	内蒙古			1144.3	1113.3	1052.6	95
12	鄂尔多斯	达拉特旗	达拉特旗南岸	83.0	70.0	47.0	67
13	鄂尔多斯	杭锦旗	杭锦旗南岸	56.0	56.0	42.0	75
14	包头	土默特右旗	镫口	67.0	67.0	58.6	87
15	呼和浩特	托克托	麻地壕	78.3	60.3	45.0	75
16	巴彦淖尔	磴口	河套	860.0	860.0	860.0	100
四	陕西			1157.4	980.9	570.2	58
17	咸阳	三原	泾惠渠	145.0	132.0	84.0	64
18	咸阳	秦都区	宝鸡峡	291.6	282.8	161.1	57
19	咸阳	乾县	羊毛湾	32.5	24.0	8.9	37
20	铜川	耀州区	桃曲坡	43.0	29.4	12.4	42
21	宝鸡	眉县	石头河	37.0	26.6	17.6	66
22	宝鸡	陈仓区	冯家山	136.0	111.0	10.7	10
23	渭南	合阳	东雷	102.0	83.7	59.5	71
24	渭南	蒲城	东雷二期	126.5	69.2	65.0	94
25	渭南	大荔	洛惠渠	77.6	74.3	42.0	57
26	渭南	澄城	石堡川	40.0	35.0	21.1	60
27	渭南	临渭区	交口	126.2	113.0	88.0	78
五	山西			827.2	639.1	438.2	69
28	运城	芮城	大禹渡	54.6	54.6	52.4	96
29	运城	永济	尊村	166.0	84.2	70.0	83
30	运城	临猗	夹马口	101.1	93.2	89.7	96
31	运城	河津	禹门口	150.4	92.7	64.2	69
32	太原	清徐	汾河	149.6	130.5	41.3	32
33	晋中	榆次区	潇河	33.2	33.2	5.3	16
34	临汾	尧都区	汾西	70.0	50.0	50.0	100
35	吕梁	文水	文峪河	51.2	49.7	15.9	32

续表

序号	地区	县域	灌区名称	设计灌溉面积	有效灌溉面积	2018~2020年实灌面积	实灌率
36	运城		北赵	51.1	51.1	49.5	97
六	河南			2163.2	1487.0	860.0	58
37	三门峡	灵宝	窄口	36.0	30.0	20.0	67
38	洛阳	嵩县	陆浑	134.2	65.4	34.0	52
39	省直辖	济源	引沁	40.0	30.9	26.0	84
40	焦作	沁阳	广利	51.0	31.0	20.0	65
41	郑州	中牟	杨桥	41.0	22.0	14.0	64
42	郑州	中牟	赵口	587.0	366.5	107.0	29
43	新乡	原阳	韩董庄	58.0	36.0	25.0	69
44	新乡	长垣	石头庄	35.0	33.0	32.0	97
45	新乡	封丘	大功	253.0	141.0	105.0	74
46	新乡	原阳	祥符朱	37.0	26.9	21.0	78
47	濮阳	范县	彭楼	31.0	28.0	28.0	100
48	濮阳	濮阳	渠村	193.0	160.0	121.8	76
49	濮阳	濮阳	南小堤	110.0	91.0	87.0	96
50	开封	兰考	三义寨	326.0	246.0	110.2	45
51	开封	开封	柳园口	46.0	32.0	30.0	94
52	焦作	武陟	人民胜利渠	149.0	118.0	61.0	52
53	焦作	武陟	武嘉	36.0	29.3	18.0	61
七	山东			3125.1	2742.2	2508.7	91
54	济南	历城区	陈孟圈	31.0	14.6	8.4	58
55	济南	章丘	胡家岸	35.0	34.6	33.6	97
56	济南	平阴	田山	32.0	26.0	5.5	21
57	济南	济阳	邢家渡	118.0	93.0	93.0	100
58	淄博	高青	刘春家	31.0	31.0	31.0	100
59	淄博	高青	马扎子	33.0	33.0	33.0	100
60	东营	垦利	双河	30.0	23.0	12.0	52
61	东营	东营区	曹店	30.0	18.0	16.8	93
62	东营	广饶	麻湾	74.0	51.0	55.0	108
63	东营	利津	王庄	98.0	59.0	58.0	98

序号	地区	县域	灌区名称	设计灌溉面积	有效灌溉面积	2018~2020年实灌面积	实灌率
64	济宁	梁山	陈垓	42.2	42.2	40.4	96
65	济宁	梁山	国那里	31.0	31.0	31.0	100
66	泰安	宁阳	堽城坝	30.2	21.3	15.0	70
67	莱芜	莱城区	雪野	30.5	12.5	1.0	8
68	聊城	阳谷	陶城铺	74.0	74.0	74.0	100
69	聊城	东阿	郭口	37.2	30.0	25.0	83
70	聊城	东昌府区	位山	540.0	506.0	437.0	86
71	聊城	莘县	彭楼	200.0	129.0	121.0	94
72	滨州	惠民	白龙湾	35.0	35.0	32.0	91
73	滨州	博兴	打渔张	66.0	66.0	66.0	100
74	滨州	邹平	胡楼	65.0	65.0	40.0	62
75	滨州	滨城区	韩墩	96.0	90.0	59.0	66
76	滨州	滨城区	小开河	110.0	66.0	66.0	100
77	滨州	惠民	簸箕李	118.0	90.0	90.0	100
78	菏泽	牡丹区	刘庄	60.0	52.0	52.0	100
79	菏泽	郓城	苏阁	37.0	37.0	37.0	100
80	菏泽	郓城	杨集	42.0	42.0	42.0	100
81	菏泽	鄄城	苏泗庄	60.0	60.0	46.0	77
82	菏泽	东明	谢寨	72.0	72.0	72.0	100
83	菏泽	曹县	闫潭	280.0	224.0	216.0	96
84	德州	齐河	潘庄	357.0	357.0	350.0	98
85	德州	齐河	李家岸	230.0	257.0	250.0	97
合计				9646.1	8235.2	6650.5	81

资料来源：相关年份《中国水利统计年鉴》。

（3）节水灌溉面积

《中国水利统计年鉴》按水资源分区统计了 2014~2020 年一级水资源分区黄河区的节水灌溉面积（见表 17）。2014 年以来黄河区的节水灌溉面积整体呈迅速上升趋势，由 2014 年的 5461.7 万亩增加到 2020 年的

6677.0万亩（见图14），平均每年增加202.6万亩。从不同节水方式来看，微灌占节水灌溉总面积的比例越来越大，而渠系防渗占节水灌溉总面积的比例越来越小（见图15）。

表17　2014~2020年黄河区节水灌溉面积

单位：万亩

年份	节水灌溉面积	喷灌	微灌	低压管灌	渠系防渗
2014	5461.7	363.5	344.7	1875.4	2878.1
2015	5789.8	413.7	455.1	2015.3	2905.7
2016	6015.3	442.8	600.4	2109.4	2862.7
2017	6153.8	469.0	753.1	2198.5	2733.2
2018	6517.4	476.0	880.5	2297.8	2863.1
2019	6627.4	482.0	935.5	2327.8	2882.0
2020	6677.0	485.6	971.9	2316.8	2902.6

资料来源：2010~2020年《中国水利统计年鉴》。

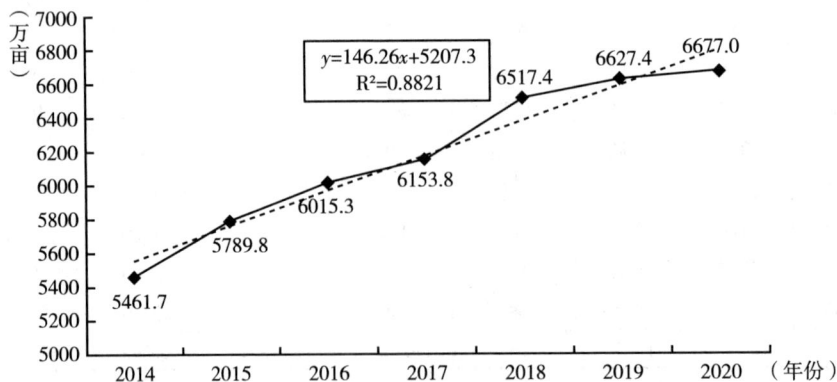

图14　2014~2020年黄河区节水灌溉面积变化趋势

根据《中国水利统计年鉴》中一级水资源分区内黄河流域各省区节水灌溉面积，内蒙古节水灌溉面积最大，达1244.2万亩，四川节水灌溉面积最小，仅1.8万亩（见图16）。

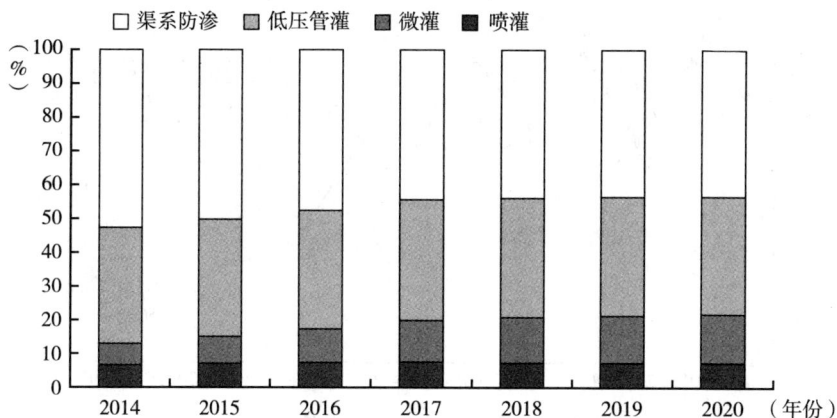

图15 2014~2020年不同节水方式灌溉面积占节水灌溉总面积比例

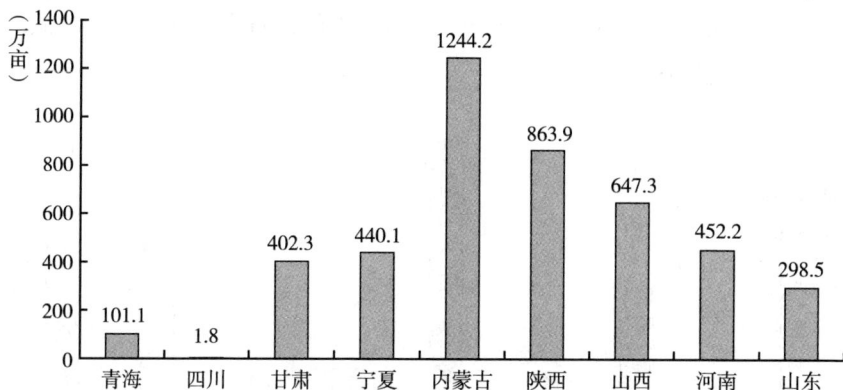

图16 2022年黄河流域各省区节水灌溉面积

资料来源：2022年《中国水利统计年鉴》。

2. 农业用水量

根据《中国水资源公报》按水资源分区的统计数据，2010~2022年黄河区农业用水量平均值为271.2亿m³，总体变化呈明显的下降趋势，平均每年下降1.56亿m³。其中，2013年黄河流域农业用水量最高，达282.2亿m³；2021年黄河流域农业用水量最低，仅256.8亿m³（见图17）。

2022年内蒙古在黄河流域各省区中农业用水量最高，达143.4亿m³，其

123

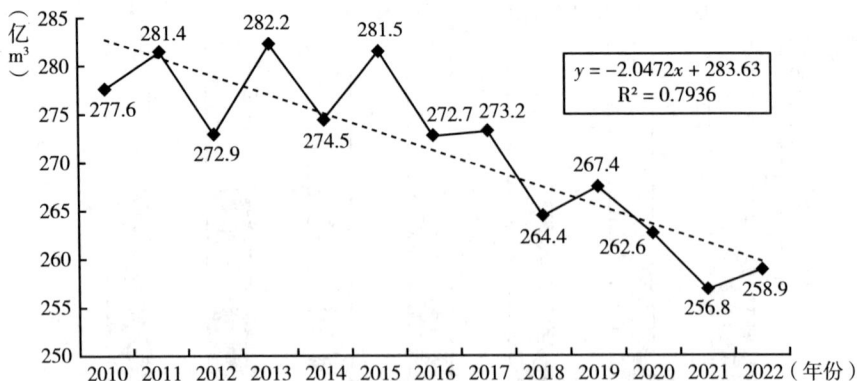

图 17　2010～2022 年黄河流域农业用水量变化情况

资料来源：《中国水资源公报》。

次是河南、山东，分别为 135.5 亿 m^3、122.7 亿 m^3。青海农业用水量最低，仅 17.1 亿 m^3（见图 18）。

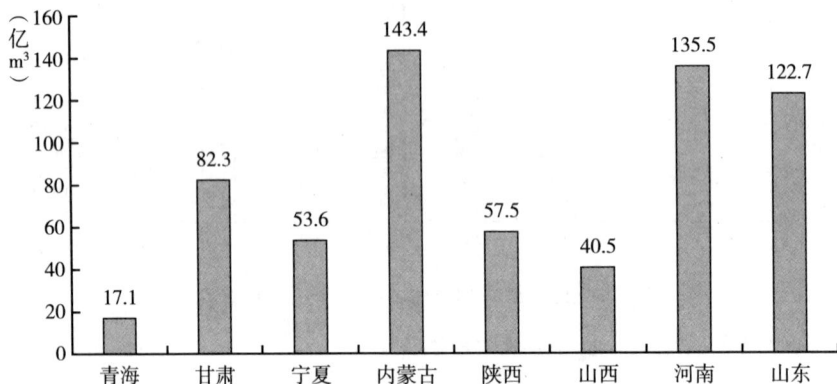

图 18　2022 年黄河流域各省（区）农业用水量

资料来源：2022 年《中国水资源公报》。

3. 农业用水指标

2022 年，黄河流域灌溉亩均用水量为 269m^3。宁夏灌溉亩均用水量最大，达 524m^3，山东亩均用水量最小，仅 150m^3；山东灌溉水有效利用系数最高,达0.648,青海灌溉水有效利用系数最低,仅为0.506。从2019~2022年的变化情况来看,宁夏亩均用水量变化最大,减少了182m³,内蒙古和宁夏灌溉水有效利用系数变化最大,增加了0.027(见表18)。

表18 2019年和2022年黄河流域各省区灌溉亩均用水量
和灌溉水有效利用系数

单位:m³

省(区)	2019年		2022年		变化量	
	亩均用水量	灌溉水有效利用系数	亩均用水量	灌溉水有效利用系数	亩均用水量	灌溉水有效利用系数
青　海	478	0.500	447	0.506	−31	0.006
甘　肃	446	0.565	397	0.578	−49	0.013
宁　夏	706	0.543	524	0.570	−182	0.027
内蒙古	271	0.547	211	0.574	−60	0.027
陕　西	287	0.577	267	0.583	−20	0.006
山　西	189	0.546	170	0.563	−19	0.017
河　南	157	0.615	172	0.625	15	0.010
山　东	169	0.643	150	0.648	−19	0.005
黄河流域	319	−	269	−	−50	—

资料来源:2019年和2022年《中国水资源公报》。

(二)工业用水

1. 工业用水量

根据《中国水资源公报》数据,2010~2022年,黄河流域工业用水量平均值为55.8亿m³,总体变化呈明显的下降趋势,平均每年下降1.54亿m³。其中,2011年黄河流域工业用水量最高,达65.5亿m³;2022年黄河流域工业用水量最低,仅43.0亿m³(见图19)。

2022年,山东在黄河流域各省区中工业用水量最高,达33.1亿m³,其次是河南21.3亿m³。青海工业用水量最低,仅2.7亿m³(见图20)。

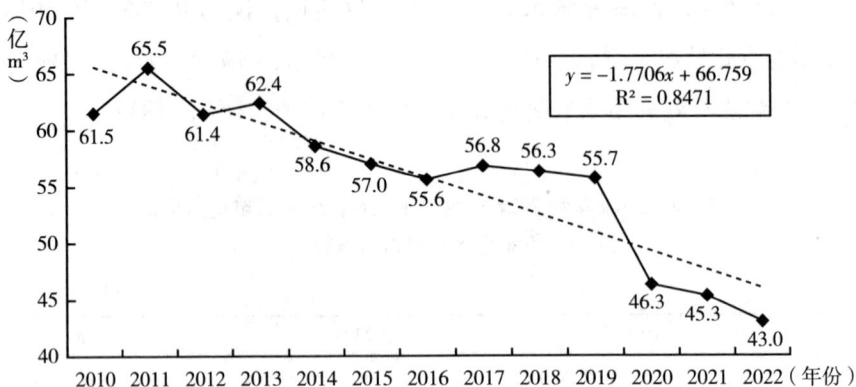

$$y = -1.7706x + 66.759$$
$$R^2 = 0.8471$$

图19 2010~2022年黄河流域工业用水量变化情况

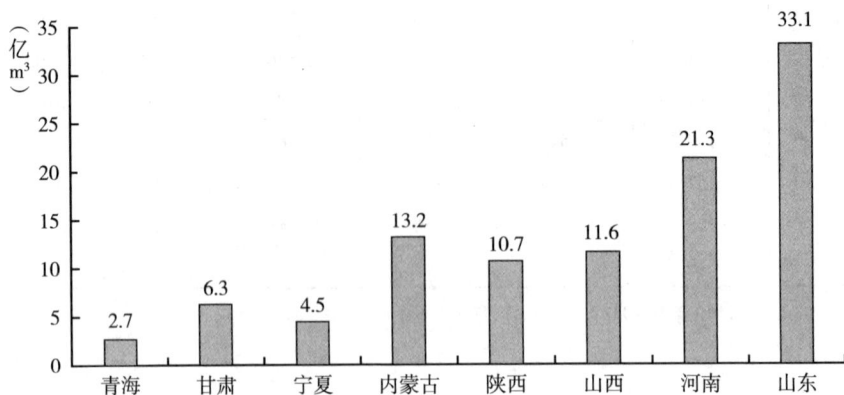

图20 2022年黄河流域各省区工业用水量

资料来源：2022年《中国水资源公报》。

2. 工业用水指标

2022年，黄河流域万元工业增加值用水量为10.9m³。青海万元工业增加值用水量最高，达21.9m³，陕西万元工业增加值用水量最低，达8.1m³，陕西的工业用水效率在全流域处于最高水平。

从2019~2022年的变化情况来看，甘肃万元工业增加值用水量变化最大，减少了18.3m³，表明甘肃工业用水效率提升最为显著（见表19）。

表 19   2019 年和 2022 年黄河流域各省（区）万元工业增加值用水量

单位：m³

省（区）	2019 年	2022 年	变化量
青　海	33.7	21.9	-11.8
甘　肃	37.5	19.2	-18.3
宁　夏	34.9	21.3	-13.6
内蒙古	26.4	13.6	-12.8
陕　西	15.4	8.1	-7.3
山　西	20.5	9.1	-11.4
河　南	24.5	10.9	-13.6
山　东	13.9	11.5	-2.4
黄河流域	21.6	10.9	-10.7

资料来源：2019 年和 2022 年《中国水资源公报》。

（三）生活用水

1. 生活用水量

2010~2022 年，黄河流域生活用水量平均值为 48.07 亿 m³，总体变化呈明显的上升趋势，平均每年增长 0.98 亿 m³。其中，2013 年黄河流域生活用水量最低，仅 42.1 亿 m³；2022 年黄河流域生活用水量最高，达 55.8 亿 m³（见图 21）。

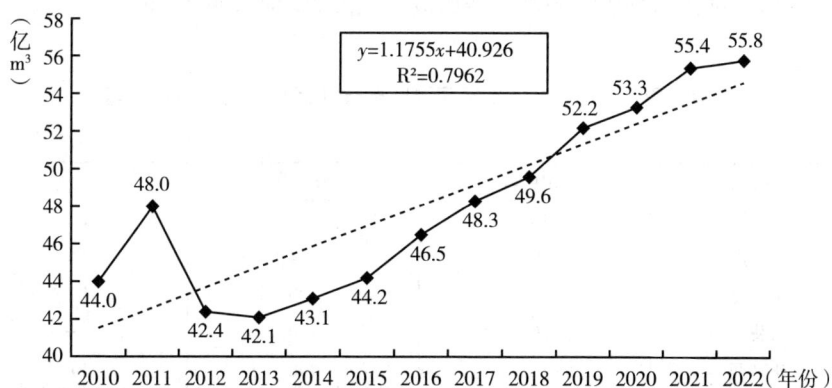

图 21   2010~2022 年黄河流域生活用水量变化情况

2022 年，河南在黄河流域各省区中生活用水量最高，达 43.6 亿 m³，其次是山东 41.3 亿 m³。青海生活用水量最低，仅 2.9 亿 m³（见图 22）。

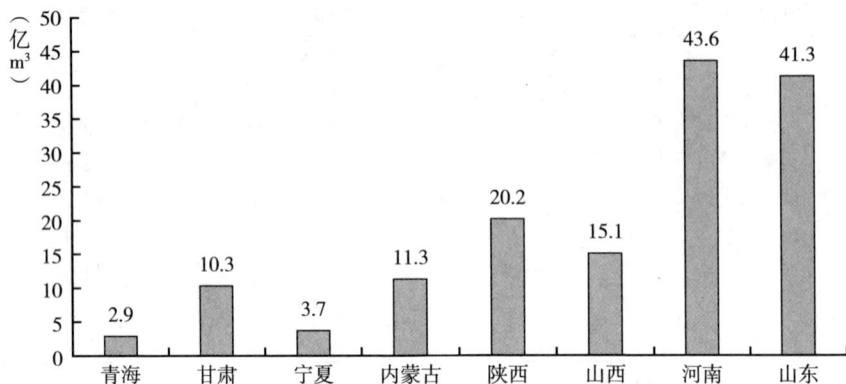

图 22 2022 年黄河流域各省（区）生活用水量

资料来源：2022 年《中国水资源公报》。

2. 生活用水指标

2022 年，黄河流域人均生活用水量为 124L/天。陕西人均生活用水量最高，达 140L/天；山东人均生活用水量最低，仅为 111L/天。山东生活用水的节水水平在全流域最高。

从 2019~2022 年的变化情况来看，黄河流域人均生活用水量增加了 18L/天，各省区的人均生活用水量均有增加，其中甘肃人均生活用水量增加最多，达 34L/天，河南人均生活用水量增加最少，仅 2L/天（见表 20）。

表 20 2019 年和 2022 年黄河流域各省（区）人均生活用水量

单位：L/天

省（区）	2019 年	2022 年	变化量
青　海	108	133	25
甘　肃	80	114	34
宁　夏	112	139	27
内蒙古	96	129	33
陕　西	113	140	27

省（区）	2019 年	2022 年	变化量
山　西	97	119	22
河　南	119	121	2
山　东	87	111	24
黄河流域	106	124	18

资料来源：2019 年和 2022 年《中国水资源公报》。

（四）生态环境用水

生态环境用水是指人为措施调配的水量，包括城镇环境用水（含河湖补水和绿化、清洁用水）和农村生态补水（指对湖泊、洼淀、沼泽的补水），但不包括降水、径流自然满足的水量。

2010~2020 年，黄河流域生态环境用水量平均值为 18.53 亿 m³，总体呈明显上升趋势，平均每年增长 2.07 亿 m³。其中，2010 年黄河流域生态环境用水量最低，仅 9.1 亿 m³；2022 年黄河流域生态环境用水量最高，达 33.9 亿 m³（见图 23）。

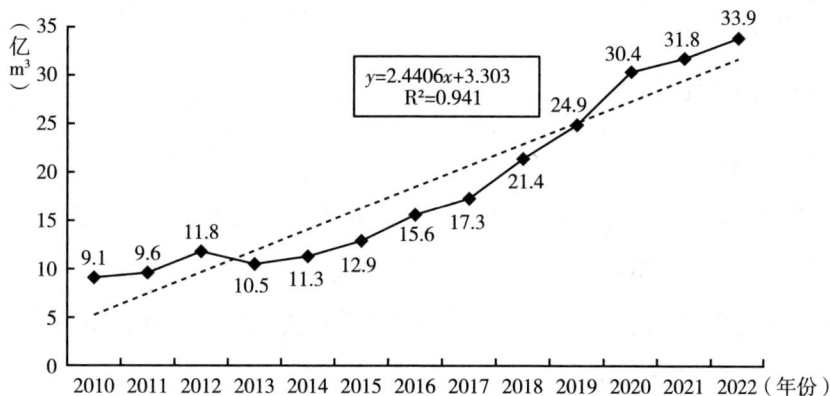

图 23　2010~2022 年黄河流域生态用水量变化趋势

2021 年，黄河供水区生态环境取水量为 69.28 亿 m³。其中，地表水 67.49 亿 m³，占 97.4%；地下水 1.79 亿 m³，占 2.6%。从省（区）分布来看，生态环境取水主要集中在内蒙古和山东，取水量分别为 19.43 亿 m³ 和 17.76 亿 m³（见图 24）。

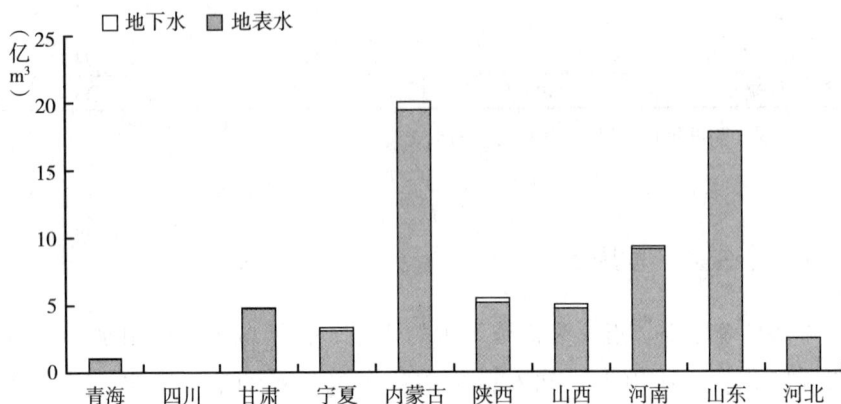

图 24 2021 年黄河供水区省（区）生态环境取水量

资料来源：2021 年《黄河水资源公报》。

2021 年，黄河供水区生态环境耗水量为 64.28 亿 m³。其中，地表水 32.72 亿 m³，占 97.6%；地下水 1.56 亿 m³，占 2.4%。从省（区）分布来看，山东和内蒙古生态环境耗水量最大，分别为 17.63 亿 m³ 和 15.57 亿 m³。

（五）综合用水

1. 用水总量

用水总量是指农业、工业、生活、生态环境用水量的总和。根据《中国水资源公报》数据，2010~2022 年黄河流域用水总量平均值为 393.52 亿 m³，总体呈略微下降趋势。其中，2014 年黄河流域用水总量最低，仅 387.5 亿 m³；2011 年黄河流域用水总量最高，达 404.5 亿 m³（见图 25）。

2022 年，河南在黄河流域各省（区）中用水总量最高，达 228.0 亿 m³，其次是山东 217.0 亿 m³。青海用水总量最低，仅为 24.5 亿 m³（见图 26）。

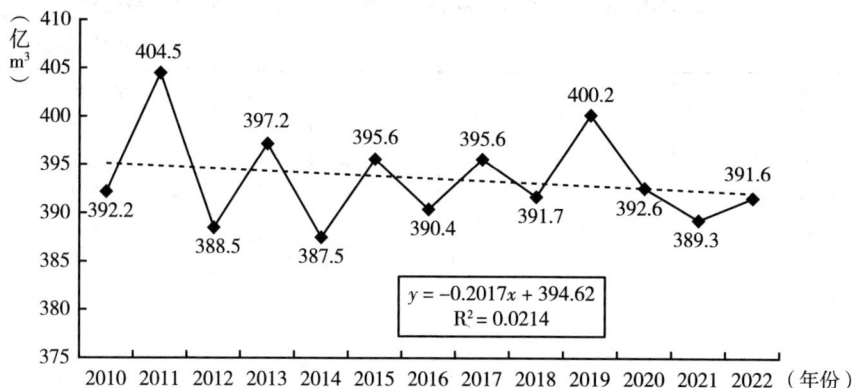

图 25　2010~2022 年黄河流域用水总量变化趋势

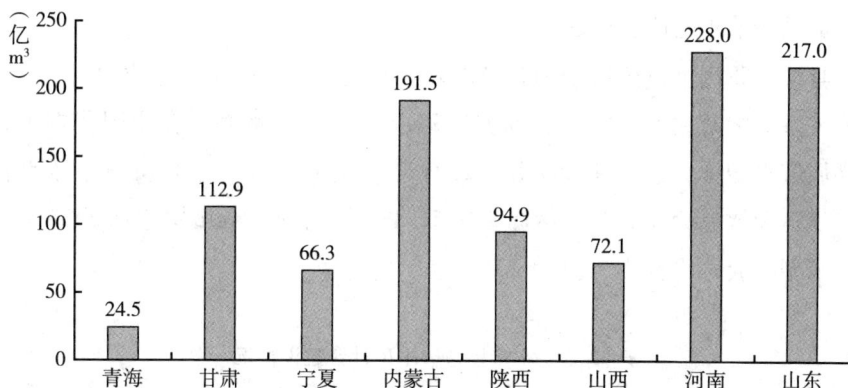

图 26　2022 年黄河流域各省（区）用水总量

资料来源：2022 年《中国水资源公报》。

2. 综合用水指标

2022 年，黄河流域万元国内生产总值用水量为 41.4m³。其中，宁夏万元国内生产总值用水量最大，达到 130.8m³；山东万元国内生产总值最小，仅为 24.8m³。从 2019~2022 年的变化情况来看，宁夏万元国内生产总值用水量变化量最大，减少了 55.7m³（见表 21）。

表 21　2019 年和 2022 年黄河流域各省区万元国内生产总值用水量变化

单位：m^3

省（区）	2019 年	2022 年	变化量
青　海	88.3	67.8	−20.5
甘　肃	126.1	100.8	−25.3
宁　夏	186.5	130.8	−55.7
内蒙古	110.9	82.7	−28.2
陕　西	35.9	29	−6.9
山　西	44.6	28.1	−16.5
河　南	43.8	37.2	−6.6
山　东	31.7	24.8	−6.9
黄河流域	55.4	41.4	−14

资料来源：2022 年《中国水资源公报》。

3. 县域节水型社会建设

县域是我国推进区域治理和经济社会发展的基本单元，县域的用水效率水平关系到国家用水效率总体水平。2017 年 5 月，水利部在全国范围内开展县域节水型社会达标建设工作。2021 年，黄河 8 省（区）县域节水型社会建设达标数量为 403 个，达标率达 52.13%，且所有县域均达到 2020 年县域节水型社会建设标准（见表 22）。

表 22　2021 年县域节水型社会建设情况

单位：个，%

省（区）	县域总数	达标县域数量	实际达标率	2020 年建设标准
青　海	43	15	34.88	20
甘　肃	86	39	45.35	40
宁　夏	22	11	50.00	40
内蒙古	103	46	44.66	40
陕　西	107	54	50.47	40
山　西	117	49	41.88	40
河　南	158	95	60.13	40
山　东	137	94	68.61	40
黄河流域	773	403	52.13	40

资料来源：2021 年节约用水管理年报。

（六）水资源开发利用程度

国家发改委等部门以流域取水量占水资源总量的比重测算水资源开发利用率。2005~2021 年，黄河流域年均取用水量为 516.11 亿 m³，利津断面以上年均水资源总量为 640.27 亿 m³。2005~2021 年黄河流域水资源开发利用率在 56.4%~107.7%，整体呈下降趋势。

其中，2015 年黄河流域水资源开发利用率最高，达到 107.7%。2021 年黄河流域水资源开发利用率最低，仅为 56.4%。2005~2021 年，黄河流域水资源开发利用率的平均值为 83.0%（见表 23），在全国乃至世界范围内都属于过度开发利用水平。

表 23　2005~2021 年黄河流域水资源开发利用情况

单位：亿 m³，%

年份	取用水量			水资源量（利津站以上地区）				开发利用率
	总量	地表水	地下水	地表水	地下水	地表地下重复量	水资源总量	
2005	465.01	332.01	133.00	580.20	404.09	307.38	676.91	68.7
2006	512.10	374.92	137.18	408.08	369.86	273.37	504.57	101.5
2007	484.88	354.13	130.75	509.15	368.61	262.78	614.98	78.8
2008	490.95	363.11	127.84	401.08	329.83	233.14	497.77	98.6
2009	502.84	375.73	127.11	483.66	380.25	281.81	582.10	86.4
2010	512.05	384.84	127.21	482.19	376.91	274.00	585.10	87.5
2011	536.36	407.21	129.15	563.98	402.72	292.26	674.44	79.5
2012	523.60	392.97	130.63	613.59	418.48	317.79	714.28	73.3
2013	532.98	404.76	128.22	514.70	372.01	276.41	610.30	87.3
2014	534.78	410.53	124.25	481.32	368.79	263.43	586.68	91.2
2015	534.63	411.36	123.27	399.22	327.97	230.98	496.21	107.7
2016	514.76	392.89	121.87	411.04	341.88	233.88	519.04	99.2
2017	519.16	400.22	118.94	476.06	367.01	270.16	572.91	90.6

续表

年份	取用水量			水资源量（利津站以上地区）				开发利用率
	总量	地表水	地下水	地表水	地下水	地表地下重复量	水资源总量	
2018	516.22	399.05	117.17	683.88	436.89	335.69	785.08	65.8
2019	555.97	441.62	114.35	654.39	405.66	308.82	751.23	74.0
2020	536.15	426.17	109.98	717.56	445.72	338.99	824.29	65.0
2021	501.45	395.78	105.67	758.85	451.09	321.18	888.76	56.4
平均值	516.11	392.19	123.92	537.59	386.34	283.65	640.27	83.0

注：（1）2005年之前，《黄河水资源公报》未公布利津断面以上水资源总量；（2）《水法释义》第22条第2款指出，国际上通行的标准是调水量不得超过调出河流总量的20%，河流本身开发利用率不得超过40%，否则将造成生态环境的破坏。

资料来源：2005~2021年《黄河水资源公报》。

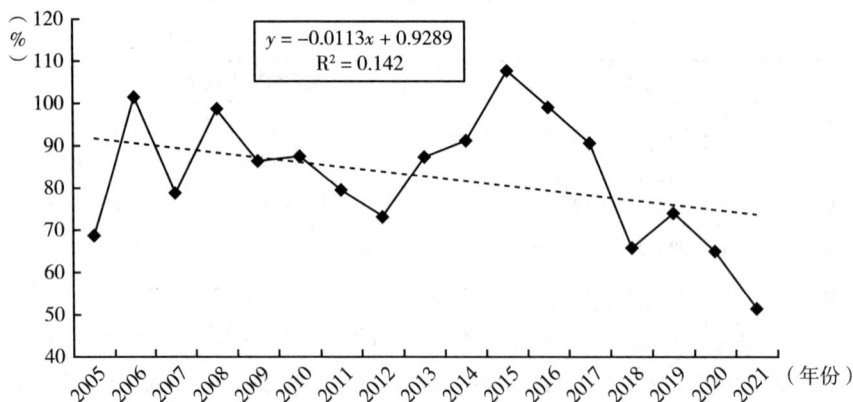

$$y = -0.0113x + 0.9289$$
$$R^2 = 0.142$$

图27　2005~2021年黄河流域水资源开发利用率变化趋势

五　水资源节约集约利用存在的问题及建议

（一）主要问题

本报告通过分析黄河流域水资源开发利用的要求与现状，认为黄河流域在水资源节约集约利用方面仍存在以下主要问题。

1. 总量和定额管控指标体系尚需完善

目前黄河流域各省（区）已将用水指标细化到地市级行政区，但还没有提出城市生活用水、工业用水、农业用水的控制性指标，影响了对行业用水总量的有效控制。部分省级用水定额编制修订不够规范，存在省区交界处差别大、定额宽松或未分级制定通用值和先进值等情况，用水定额的动态评估和更新机制未建立。

2. 农业节水尚有较大提升空间

黄河流域灌区渠系衬砌率不高，大型灌区骨干渠道衬砌率仅为64%。黄河流域灌区高效节水灌溉面积占比不高，管理方式较为粗放。受土地分散经营、农民收益和黄河泥沙等多方面的影响，高效节水一般仅局限于经济作物及井灌区，流域高效节水面积仅占30%左右，还有待进一步提高。同时，高效节水灌溉工程存在重建设、轻管理的现象，缺少专门化技术服务机构给用户提供技术指导，造成节水的稳定性和可持续性差，节水效果大打折扣。

3. 节约集约的用水机制尚不健全

各地尚未形成完善的财税引导和激励政策，现行节水投资来源主要依靠国家，部分地区水价不能全面客观反映水资源的稀缺性和供水成本，难以激发用水户的自主节水投入。部分灌区管理单位靠收水费维持运行，灌区用水越多，水费收入越高，节水内生动力不足。

（二）建议

1. 全面落实水资源最大刚性约束要求

把水资源作为最大的刚性约束，明确可供水量，制定分行业用水控制指标，优化完善用水定额，坚持以水而定、量水而行，通过控总量、抓分水、管定额来促进节水。坚持生态优先，加快确定黄河干流及重要支流主要控制断面的生态水（流）量目标、各地地下水水量和水位管控指标。健全黄河流域水资源承载能力预警机制，研究推进地表水与地下水相统一的水资源承载能力监测评估，实施分类管理。细化分水方案，加快开展大通河、泾河等支流水量分配方案工作。强化用水定额执行，在高耗水行业和主要用水产品中推行强制性节水标准。适时研究制定用水定额管理条例，明确用水定额在相关规划编制、节水评价、取水许可管理、计划用水管理、节水考核等方面的应用。

2. 加大农业节水增效实施力度

针对黄河流域农业用水比重较大、局部地区用水方式粗放低效的问题，加快推进大中型灌区续建配套节水改造设施，推动创建一批节水型灌区、节水农业示范区、水效领跑者灌区等，发挥节水增效的示范引领作用。开展宁蒙等重点地区农业节水控水专项行动，科学合理控制灌溉规模。推动农业适水发展与绿色高效节水，加快引黄滴灌等关键技术应用与转化。

3. 强化用水节水管控，激发节水内生动力

建立覆盖取、用、退各涉水环节的计量监测设施，实现对规模以上用水户计量监测全覆盖，加强用水节水统计，不断提高用水管理精细化能力和水平。加强节水型社会建设，发挥制度的约束和激励作用，优化水资源与土地资源等其他生产要素协同配置、集约发展，健全有利于节约集约利用的水价体系，进一步激发用水户的节水主动性，提升节水内生动力。

绿色发展篇

Green Development

B.6
黄河流域水资源安全与绿色发展研究

李恩宽　张文鸽　张 杰　师 芮*

摘　要： 黄河流域生态保护与高质量发展重大国家战略对黄河流域水资源保障提出了更高要求。本文构建了黄河流域绿色发展水资源利用指标体系，系统分析了黄河流域相关省（区）水资源与国民经济绿色发展互动关系，结果表明：水资源与国民经济绿色发展协调度较好的是四川、山西、陕西、河南和山东，青海、甘肃处于中等协调状态，宁夏、内蒙古处于不协调状态。同时，梳理了绿色发展背景下水资源安全保障取得的显著成效，分析了绿色发展背景下水资源安全面临的形势与问题，提出了优化调整"八七"分水方案、健全黄河水资源管控指标体系等六个方面加强黄河流域相关省（区）水资源安全保障的建议。

---

* 李恩宽，黄河水利委员会黄河水利科学研究院正高级工程师，主要研究方向为水资源节约集约利用；张文鸽，黄河水利委员会黄河水利科学研究院正高级工程师，主要研究方向为水资源节约集约利用；张杰，河南理工大学硕士研究生，主要研究方向为水资源开发利用与生态水文地质工程；师芮，华北水利水电大学硕士研究生，主要研究方向为水文学及水资源。

关键词： 国民经济 绿色发展 用水效率 水资源安全

2019 年 9 月 18 日，习近平总书记在河南郑州主持召开了关于黄河流域生态保护和高质量发展的座谈会，并发表重要讲话。2021 年 10 月 8 日，中共中央、国务院印发了《黄河流域生态保护和高质量发展规划纲要》，这是指导当前和今后一个时期黄河流域生态保护和高质量发展的纲领性文件，是制定实施相关规划方案、政策措施和建设相关工程项目的重要依据。《黄河流域生态保护和高质量发展规划纲要》以习近平新时代中国特色社会主义思想为指导，坚持生态优先、绿色发展，坚持量水而行、节水优先，坚持因地制宜、分类施策，坚持统筹谋划、协同推进，就加强上游水源涵养能力建设、加强中游水土保持、推进下游湿地保护和生态治理、加强全流域水资源节约集约利用、全力保障黄河长治久安、强化环境污染系统治理等做出细化部署，将黄河流域打造成为大江大河治理的重要标杆、国家生态安全的重要屏障、高质量发展的重要实验区、中华文化保护传承弘扬的重要承载区。

水资源安全是指一个国家或地区可以保质保量、及时持续、稳定可靠、经济合理地获取所需水资源的状态或能力，具有水量、水质、时间、空间和经济等多重含义，水资源安全直接影响区域的经济社会安全和民生保障，从而影响绿色发展。从黄河流域水资源安全和绿色发展关系出发，系统总结绿色发展背景下水资源安全保障成效，认清黄河流域水资源安全面临的形势和问题，提出黄河流域水资源安全保障策略建议，对保障黄河流域战略定位和绿色发展目标实现具有重要意义。

一 水资源安全与绿色发展关系分析

水资源与国民经济系统存在紧密互动关系，水资源系统支撑国民经济系统的发展，同时国民经济系统反作用于水资源系统。水资源与国民经济绿色发展的互动关系，可通过一些指标来反映。

参考 2016 年国家发改委、国家统计局、生态环境部、中央组织部等印发的《绿色发展指标体系》，与黄河流域绿色发展水资源利用指标体系相关的指标主要有万元 GDP 用水量、万元 GDP 用水量下降率、万元工业增加值用水量、万元工业增加值用水量下降率、农田灌溉水有效利用系数，涵盖了综合、农业、工业等水资源利用方面（见表 1）。

表 1　黄河流域绿色发展水资源利用指标体系

一级指标	序号	二级指标	计量单位	权重（%）	数据来源
绿色发展水资源利用指标	1	万元 GDP 用水量	m^3	25.0	水利部、国家统计局
	2	万元 GDP 用水量下降率	%	24.9	水利部、国家统计局
	3	万元工业增加值用水量	m^3	16.7	水利部、国家统计局
	4	万元工业增加值用水量下降率	%	16.7	水利部、国家统计局
	5	农田灌溉水有效利用系数	—	16.7	水利部

资料来源：参考《绿色发展指标体系》整理。

（一）工业领域

工业水资源利用方面，筛选出两个指标，分别是万元工业增加值用水量和万元工业增加值用水量下降率。万元工业增加值用水量是一项重要的约束性指标，也是一项对执行最严格水资源管理制度的重要考核指标。在黄河流域绿色发展水资源利用指标体系中，万元工业增加值用水量下降率是与工业水资源利用相关的指标。两项指标的计算公式分别为：

万元工业增加值用水量（m^3）＝工业用水量（m^3）/工业增加值（万元）。其中，工业增加值指标按当年价计算。

万元工业增加值用水量下降率是指与基准年相比，某一年度万元工业增加值用水量（按基准年可比价计算）下降的百分比。

其中，工业用水量是指工矿企业生产过程中制造、加工、冷却、净化和洗涤等环节需要的水量，以新水取用量计算，并不包含企业内部的重复利用水量。

2022 年黄河流域相关省（区）万元工业增加值用水量和万元工业增加值用水量下降率见图 1 和图 2。

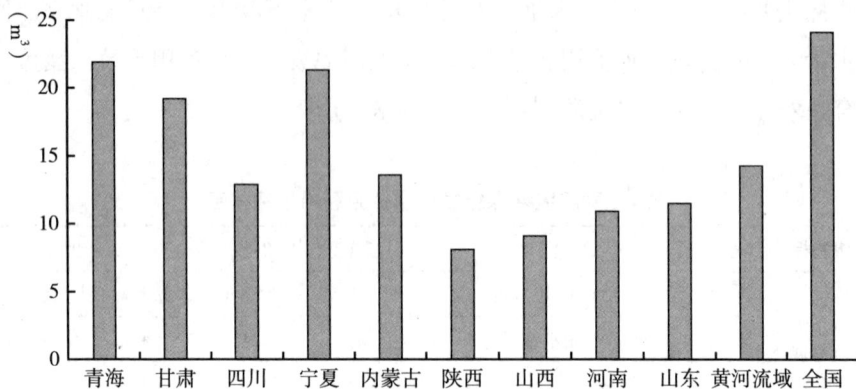

图 1　2022 年黄河流域相关省（区）万元工业增加值用水量

资料来源：《2022 年中国水资源公报》。

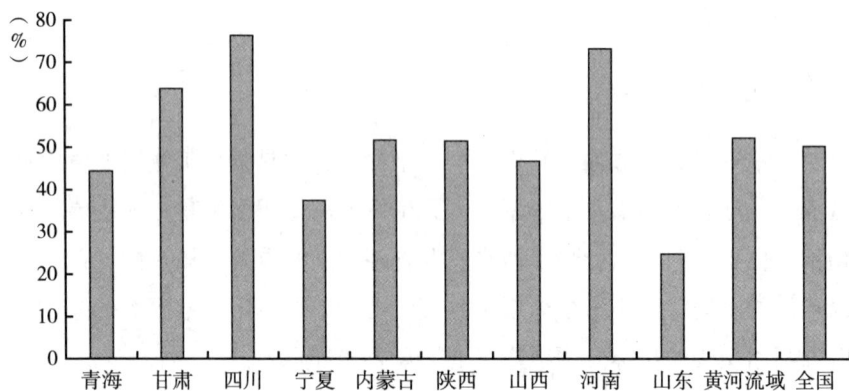

图 2　2022 年黄河流域相关省（区）万元工业增加值用水量下降率

资料来源：《2022 年中国水资源公报》。

其中，陕西、山西、河南、山东四省的工业水资源利用效率较高，万元工业增加值用水量分别为 8.1m³、9.1m³、10.9m³、11.5m³。内蒙古、四川两省（区）万元工业增加值用水量分别为 13.6m³、12.9m³，与黄河流域平均水平（14.3m³）相近，工业水资源利用效率处于中等水平。青海、甘肃、宁夏三省（区）万元工业增加值用水量分别为 21.9m³、19.2m³、21.3m³，显著高于黄河流域平均水平和流域其他省（区），说明这 3 个省（区）的工业水资源利用效率仍有提高的空间。黄河流域万元工业增加值用水量下降率为 52.2%，其中四川最高，达到 76.4%；山东最低，为 24.8%。

（二）农业领域

农业水资源安全利用以农田灌溉水有效利用系数衡量，该指标不仅是对实行最严格水资源管理制度的重要考核指标，也是黄河流域绿色发展水资源利用指标体系中与农业水资源利用相关的指标。

农田灌溉水有效利用系数是指农田灌溉中实际使用的净用水量与从渠首引入的灌溉总用水量的比值，公式如下：

$$\eta = \frac{Q_{净}}{Q_{总}} \tag{1}$$

其中，η 为农田灌溉水有效利用系数；$Q_{净}$ 为农业灌溉净用水量；$Q_{总}$ 为灌溉总用水量。

由图 3 可以看出，黄河流域相关省（区）农田灌溉水有效利用系数介于 0.497~0.648，平均值为 0.572。山东、河南、陕西三省农田灌溉水有效利用系数分别为 0.648、0.625、0.583，高于流域平均值；甘肃、内蒙古两省（区）农田灌溉水有效利用系数分别为 0.578、0.574，与流域平均值相近；宁夏、山西、青海、四川农田灌溉水有效利用系数分别为 0.570、0.563、0.506、0.497，低于流域平均值，农业水资源利用效率较低。

（三）综合分析

在综合水资源利用效率方面，筛选出 5 个二级指标，分别为万元 GDP 用水量、万元 GDP 用水量下降率、万元工业增加值用水量、万元工业增加

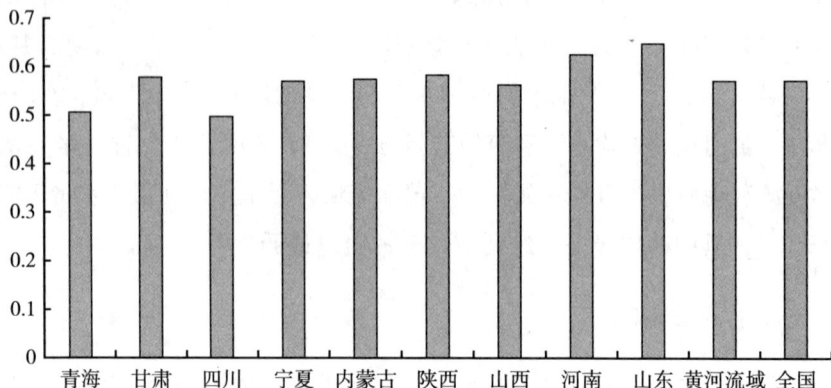

图3 2022年黄河流域相关省（区）农田灌溉水有效利用系数

资料来源：《2022年中国水资源公报》。

值用水量下降率和农田灌溉水有效利用系数，这5个二级指标涵盖了黄河流域绿色发展水资源利用指标体系中与水资源利用有关的指标和对实行最严格水资源管理制度的考核指标。

万元GDP用水量（m^3）＝用水总量（m^3）/地区生产总值（GDP，万元）。其中，GDP按当年价计算。

万元GDP用水量下降率指当年万元GDP用水量（按基准年可比价计算）比基准年下降的百分比。

用水总量指的是各类用水户取用的，包括输水损失在内的毛水量，具体包括农业用水、工业用水、生活用水、人工生态环境补水四类。

2022年黄河流域相关省（区）万元GDP用水量和万元GDP用水量下降率见图4和图5。

下面通过公式将以上指标对事物不同方面的评价值综合在一起，得到一个整体性评价结果。选用线性加权求和法完成以上5个指标评价值的综合，公式如下：

$$CDI = \sum_{i=1}^{n} w_i x_i \qquad (2)$$

其中，*CDI* 为被评价对象的综合评价值（协调度指数）；w_i 为各评价指标的权重；x_i 为单个指标标准化值；n 为评价指标的个数。

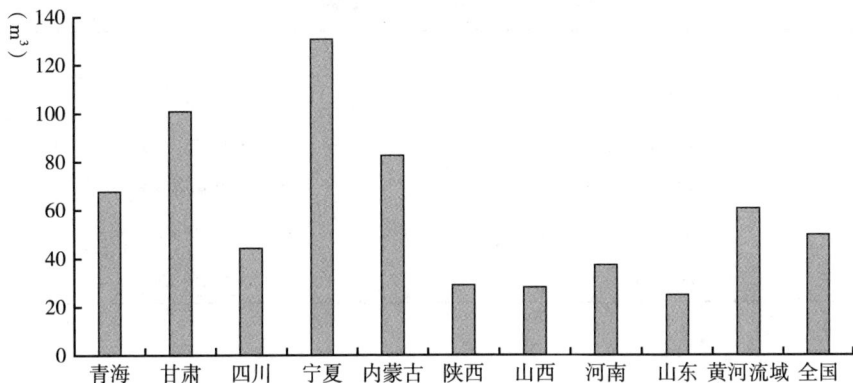

图 4 2022 年黄河流域相关省（区）万元 GDP 用水量

资料来源：《2022 年中国水资源公报》。

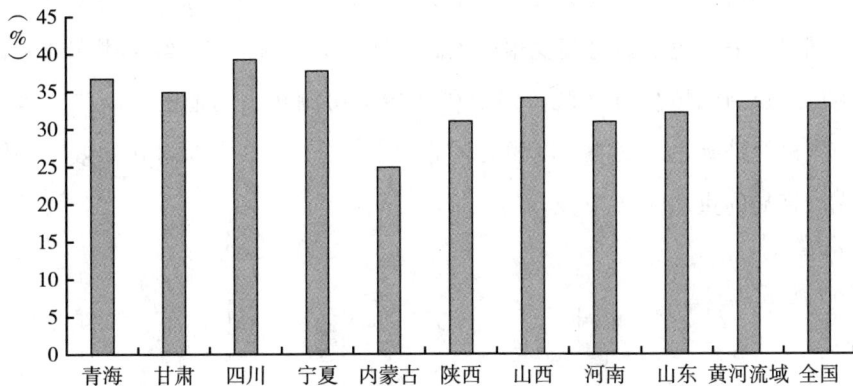

图 5 2022 年黄河流域相关省（区）万元 GDP 用水量下降率

资料来源：《2022 年中国水资源公报》。

根据以上公式计算出分析对象的综合评价值，与综合评价标准进行比较，评价分析对象的水资源与国民经济绿色发展协调状况。对协调水平评价标准进行划分，以 ［0，1］ 区间的形式进行量化表达，量化协调度。将协调度由高到低划分为协调、较协调、中等协调、不协调、极不协调 5 个等级，具体的分级标准见表 2。

表 2　协调度分级标准

协调度水平	综合评价标准
协调	$0.80 \leqslant CDI \leqslant 1$
较协调	$0.60 \leqslant CDI < 0.80$
中等协调	$0.40 \leqslant CDI < 0.60$
不协调	$0.20 \leqslant CDI < 0.40$
极不协调	$0 \leqslant CDI < 0.20$

由图 6 可以看出，水资源与国民经济绿色发展协调度较好的是四川、山西、陕西、河南和山东，处于较协调状态，这与五省水资源利用效率较高及用水结构较为合理有密切关系；青海、甘肃水资源与国民经济绿色发展协调度处于中等协调水平，说明两省产业发展相对较为合理；宁夏、内蒙古水资源与国民经济绿色发展协调度相对较低，处于不协调状态，经济用水效率相对落后；黄河流域 9 省（区）没有处于极不协调状态的地区。因此，水资源与国民经济绿色发展协调度相对较低的宁夏、内蒙古是提高用水效率和优化用水格局的重点区域。

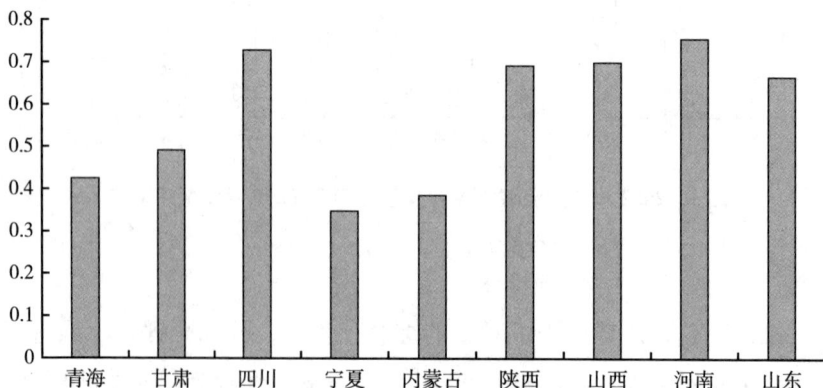

图 6　2022 年黄河流域九省（区）水资源与国民经济绿色发展协调度指数

二 绿色发展背景下水资源安全保障取得成效

（一）水资源安全制度保障

1. "八七"分水方案

"八七"分水方案是在黄河流域用水矛盾尖锐、生态环境问题突出的背景下出台的，是南水北调工程生效前黄河水资源管理与调度的重要依据，对水资源合理利用和节约保护发挥了重要作用。

新中国成立以来，黄河流域工农业快速发展，同时带来了生产、生活用水的大幅增长。黄河流域地表水耗水量从新中国成立初期的 147 亿 m^3 快速增长到 20 世纪 80 年代初的 184 亿 m^3，与此同时，还有 80 亿 m^3 左右的地下水开采量，加之缺乏有效的规划和管理，各省（区）之间不合理调水，导致黄河下游从 1972 年起发生了多起断流事件。频繁的断流，一方面导致下游各省（区）工农业生活用水短缺，影响当地的经济和社会稳定发展；另一方面导致河道淤积抬升，威胁防洪安全，引发水体污染与生态破坏等问题。

为解决黄河断流所造成的严峻挑战，20 世纪 80 年代初，黄河水利委员会（以下简称"黄委"）在国家计委、水利电力部的统一部署下，联合沿黄各省（区），对黄河水资源开发利用与可供用水进行了系统的研究。1982 年 11 月，国家计委安排沿黄各省（区）编制利用黄河水资源的规划，以 1980 年为现状，以 2000 年为规划水平年进行预测，各省（区）对黄河供水的需求总量为 696 亿 m^3，较 1919~1975 年黄河年均天然径流量 580 亿 m^3 多出 116 亿 m^3。1984 年，黄委在调查研究的基础上，充分考虑沿黄各省（区）未来灌溉面积发展规模、工业和城市用水增长需求以及黄河最大可能的供水量等因素，制订了《黄河可供水量分配方案》，将多年平均来水年份黄河可供水量分配给各有关省（区）。方案制订主要考虑以下原则。

（1）优先保障居民生活用水以及国家重点建设的工业用水。

（2）在黄河水资源平衡中，确保黄河下游冲沙入海水量应作为首要任务。

（3）区分不同地区情况，适度发展引黄灌溉。

（4）黄河航运与渔业用水水量采取相机发展的原则，不再单独分配。

（5）黄河水资源开发利用上、下游兼顾，统筹考虑。

（6）今后工农业取用地下水的规模基本上保持现状，工农业用水的增长部分，均考虑由河川径流补充。

1987，国务院批准了《关于黄河可供水量分配方案的报告》，国务院办公厅转发了国家计委和水电部《关于黄河可供水量分配方案报告的通知》（国办发〔1987〕61号），要求沿黄各省（区）贯彻执行，这是我国首个大江大河分水方案。"八七"分水方案的制订及颁布，从1982年到1987年历经5年时间。"八七"分水方案采用1919~1975年黄河多年平均天然径流量580亿 m^3，考虑保留河道输沙等生态用水210亿 m^3（占天然径流量的36%），将南水北调工程实施前的总可供水量370亿 m^3（占天然径流量的64%）向流域内九省（区）及流域外的河北省和天津市（水资源短缺地区）分配。

2. 不同来水情况下年度分水方案

在黄河年度水量调度中，根据"同比例丰增枯减、多年调节水库蓄丰补枯"的原则，制订了年度各省（区）可供耗水量分配方案（以下简称"年度分水方案"）。制订年度分水方案分3个步骤：首先，通过对当年汛期来水、各省（区）用水以及非汛期长期径流预报分析，计算出本年度花园口站天然径流量；然后，以"八七"分水方案及有关规划为基础，结合长期径流量预测、骨干水库蓄水情况、沿黄省（区）用水计划建议等，确定本年度黄河可供耗水总量；最终，按照"八七"分水方案中各省（区）、月份的分配比例，并与该年度黄河可供耗水总量相结合，制订各省（区）、月份的黄河可供耗水量分配方案。

3. 黄河取水许可总量控制

由于国务院批准的"八七"分水方案仅划分到省级行政区，而各省

（区）内部的分水指标并未明确，因此各地（市）、县级行政区总量控制意识淡薄，从而制约了总量控制管理的有效实施和黄河水资源的依法精细管理与调度。根据"总量控制、可持续利用"等原则，2008年黄委下发《关于加强黄河取水许可总量控制指标细化工作的通知》（黄水调〔2008〕8号），将省（区）分水指标进一步细化，细分到地级行政区和干支流，形成"流域—省（区）—地（市）"三级分水指标，各省（区）可根据自己的实际情况，适时进行调整，从而有效遏制了引黄用水量过大现象，为流域水资源的统一管理与调控奠定了坚实的基础。

4. 新径流条件下黄河流域水资源配置方案

2013年3月2日，国务院批复了《黄河流域综合规划（2012—2030年）》，提出黄河流域水资源配置方案，根据黄河水资源量的变化及跨流域调水工程进展，按照"八七"分水方案，划分了3个时期，即南水北调东线、中线生效之前，南水北调东线、中线生效之后至西线一期工程生效之前，以及南水北调西线一期工程生效之后。根据1956~2000年45年流域径流序列分析，黄河多年平均地表径流量为534.79亿 m^3。鉴于黄河水资源量的不断下降，对河道内外用水需求进行统筹兼顾，在"八七"分水方案的基础上配置河道内外水量，2000年水平年配置河道外的耗水量为341.16亿 m^3、入海水量为193.63亿 m^3，2020年、2030年配置河道外耗水量分别为332.79亿 m^3、401.05亿 m^3（包括西线等外调水）。从2017年7月起，年度分水方案编制以《黄河流域综合规划（2012—2030年）》南水北调东线、中线生效之后至西线一期工程生效之前配置河道外耗水量332.79亿 m^3 为基础。

（二）水资源安全保障取得成效

1. 水资源支撑了经济社会的快速发展，促进了经济结构的优化调整

由于黄河流域经济指标尚未公布，本文涉及的经济指标统一采用各相关省（区）数据。2000年以来，黄河流域相关省（区）经济社会进入快速发展时期，2000年黄河流域九省（区）GDP为23782亿元，2022年达到306986亿元，增加了近12倍（见图7）；工业增加值从2000年的8767亿元增加到 2022 年的 106985 亿元，增加了 11 倍（见图 8）；用水总量从 2000 年的 1202.3 亿 m³ 增加到 2022 年的 1258.6 亿 m³。

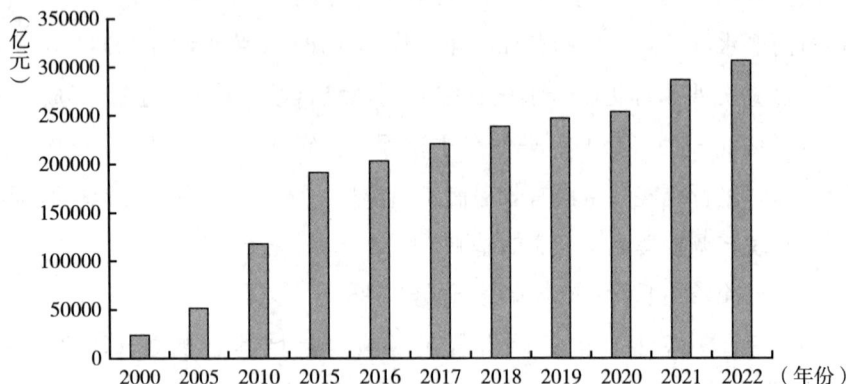

图 7　2000~2022 年黄河流域九省（区）GDP

资料来源：根据九省（区）统计公报数据整编。

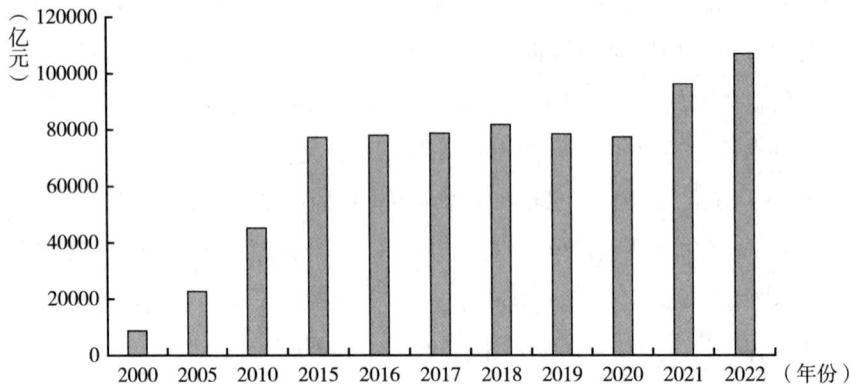

图 8　2000~2022 年黄河流域九省（区）工业增加值

资料来源：根据九省（区）统计公报数据整编。

随着经济社会用水量的增加，水资源保障压力越来越突出。为了缓解水资源供需矛盾，九省（区）适时优化产业结构和调整经济结构，第一产业比重大幅降低，第三产业比重明显上升，三次产业结构由 2000 年的 18.7∶46.1∶35.2 调整为 2022 年的 8.8∶42.5∶48.7，产业结构更加合理。九省（区）农业用水占比由 2000 年的 73.8% 下降到 2022 年的 64.9%。

2. 有效抑制了用水过快增长，国民经济用水效率显著提升

供给侧通过加强取水许可管理、用水总量红线控制严格约束，并开展水权转让试点，推动流域节水城市建设和产业结构优化升级，有效抑制了各省（区）经济社会用水快速增长，近年来黄河流域九省（区）年均用水总量基本维持在 1250 亿 m³ 左右。需求侧在总量控制原则下，倒逼九省（区）节约用水，显著提升用水效率，万元 GDP 用水量由 2000 年的 983m³ 下降到 2022 年的 60.6m³，万元工业增加值用水量由 2000 年的 311m³ 下降到 2022 年的 14.3m³，农田灌溉亩均用水量由 2000 年的 476m³ 下降到 2022 年的 301m³。[①]

3. 黄河下游生态环境得到改善

统一调度以来，利津年均入海水量达 173 亿 m³，比统一调度前均值增加 16.3%；其中，河口近海生态用水关键期 4～6 月入海水量平均为 38.5 亿 m³，较统一调度前增幅达 125%，河口三角洲芦苇湿地面积恢复到 20 世纪 80 年代水平。

三 绿色发展背景下水资源安全面临的形势与问题

（一）部分省（区）长期超指标引水，未来黄河天然径流量可能将进一步减少

黄河流域属于资源性缺水地区，随着流域经济社会发展，水资源供需矛盾日益突出，部分省（区）耗水量已接近或达到分水指标，但仍无法满足经济社会发展用水需求，超指标引水现象频发。1999～2021 年，青海有 7 年超年度用水计划，年均超计划耗水 1.23 亿 m³；甘肃有 19 年超年度用水计划，年均超计划耗水 3.62 亿 m³；宁夏有 11 年超年度用水计划，年均超计划耗水 4.64 亿 m³；内蒙古有 20 年超年度用水计划，年均超计划耗水 9.63 亿 m³；河南有 4 年超年度用水计划，年均超计划耗水 1.25 亿 m³；山东有

---

① 根据《中国水资源公报》相关数据整理。

20 年超年度用水计划，年均超计划耗水 17.63 亿 m^3。

从黄河干流来看，1999~2021 年，青海有 4 年超干流年度用水计划，年均超计划耗水 0.37 亿 m^3；甘肃有 19 年超干流年度用水计划，年均超计划耗水 1.86 亿 m^3；宁夏有 16 年超干流年度用水计划，年均超计划耗水 5.87 亿 m^3；内蒙古有 16 年超干流年度用水计划，年均超计划耗水 8.75 亿 m^3；河南有 6 年超干流年度用水计划，年均超计划耗水 1.77 亿 m^3；山东有 15 年超干流年度用水计划，年均超计划耗水 10.95 亿 m^3。

《黄河流域水文设计成果修订》结果显示，1956~2010 年，黄河流域天然径流量已降至 482 亿 m^3，考虑到水土资源环境可预期的变化及水土保持措施的实施，未来黄河流域天然径流量仍会有一定幅度的降低，但已有的初步模拟结果显示，天然径流量很可能维持在 460 亿 m^3。根据王浩、钮新强、杨志峰等的《黄河流域水系统治理战略研究》，黄河花园口断面天然径流量将于 2050 年再减少 28 亿 m^3，将于 2070 年再减少 19 亿 m^3，主要发生在产水区。

（二）河道内生态环境用水遭到挤占

水资源过度开发导致河流生态流量偏低。自统一调度后，头道拐和利津两个断面在某些年份的下泄水量还未达到《黄河流域综合规划（2012—2030 年）》所规定的河道内生态环境用水控制指标，与功能性不断流以及维持河道适宜性生态环境的要求还存在一定距离。现状黄河地表水开发利用率接近 80%，已超过其水资源承载能力。目前黄河流域有 13 个地级市地表水超载，其中黄河干流超载 9 个、支流超载 4 个。2001 年、2021 年，黄河干流头道拐断面和利津断面平均实测径流量分别为 189.2 亿 m^3 和 184.1 亿 m^3，分别与当年断面生态需水量 197 亿 m^3 和 220 亿 m^3 相比，生态亏缺水量分别为 7.8 亿 m^3 和 35.9 亿 m^3。

从关键期生态需水满足程度来看，利津断面 4~6 月满足水生生物适宜流量（290m/s，69 天）及水生生物所需脉冲流量（1000m/s，12 天）的保证率分别为 35%、40%。在习近平生态文明思想指引下，黄委积极践行新时期的治水思路，进一步加强黄河下游生态调度，利津断面4~6月满足水生生物适宜流量及水生生物所需脉冲流量保证率分别提升至78%、56%。2001~2021年头道拐断面4~6月日均生态流量均超过250m³/s的年份仅有2018年、2019年、2020年，其余年份4~6月日均生态流量达标率在11%~92%之间大幅波动，不能有效满足河道内生态用水需求。

从非汛期水量满足程度来看，利津断面非汛期水量（50亿m³）达标率提升至89%，头道拐断面非汛期水量（77亿m³）达标率提升至89%。

从汛期输沙水量满足程度来看，由于入黄水沙量减少和小浪底水库拦沙作用，2001~2021年年均进入下游沙量为1.02亿吨，且集中在汛期，汛期沙量为0.99亿吨。2001~2021年，利津年均汛期水量为97.94亿m³，只有两年利津汛期水量大于170亿m³，但由于水库拦沙和调水调沙，进入黄河下游的沙量很少，水沙关系相对较协调，黄河下游累计冲刷沙量28.39亿吨，年均冲刷沙量1.42亿吨。当小浪底水库进入正常运用期，进入下游沙量增加后，下游输沙水量需求必然增加。2001~2021年，年均进入宁蒙河段沙量为0.69亿吨，汛期沙量为0.61亿吨。头道拐多年平均汛期水量只有65.98亿m³。2001~2021年，只有两年头道拐汛期水量大于120亿m³，汛期输沙水量严重不足，造成宁蒙河段严重淤积，宁蒙河段累计淤积河沙4.465亿吨。

从防凌用水满足程度来看，2001~2021年，头道拐断面凌汛期（11月至次年3月）年均水量为65.21亿m³，其中仅有2002~2003年度、2015~2016年度、2016~2017年度头道拐断面凌汛期水量不足57亿m³防凌用水需求，其余17个凌汛期水量均满足防凌用水需求。

（三）部分省（区）地下水超采

根据《水利部关于黄河流域水资源超载地区暂停新增取水许可的通知》（水资管〔2020〕280号），黄河流域划定内蒙古、陕西、山西、河南四省（区）17个市62个县级行政区为地下水超采地区。按不同类型划分，浅层地下水超采的有42个县级行政区，深层承压水超采的有5个县级行政区，山丘区地下水过度开采的有 22 个县级行政区，同时存在两种类型地下水超采的有 7 个县级行政区。

（四）用水效率和用水结构仍不适应水资源紧缺形势

近年来，黄河流域九省（区）各行业用水效率大幅提升，人均用水量、万元 GDP 用水量、万元工业增加值用水量、亩均灌溉用水量等持续下降。但是，黄河流域适应水资源短缺的产业结构体系还未形成，一些灌区仍然存在用水粗放的现象，大中型灌区的续建配套还不够完善，农业节水的规模化和集约化程度还不够高，高效节水灌溉率也不够高，一般工业的生产工艺和关键环节还存在用水浪费现象。

按照 2035 年黄河流域九省（区）各行业用水效率均达到国内领先水平设定节水目标，预计黄河流域的毛节水潜力（用水节水）是 25.36 亿 m^3，其中农业灌溉的毛节水潜力为 21.25 亿 m^3，占 83.8%；工业和城镇生活毛节水潜力为 4.11 亿 m^3，占 16.2%。预计黄河流域净节水潜力（耗水节水）约为 18.86 亿 m^3，其中农业净节水潜力为 16.04 亿 m^3，工业和城镇生活净节水潜力为 2.82 亿 m^3。黄河上中游六省（区）毛节水潜力约为 21.41 亿 m^3，占流域毛节水潜力的 84.4%；净节水潜力约为 15.52 亿 m^3，占流域净节水潜力的 82.3%。

未来流域需水仍将继续增长。随着国家区域协调发展战略实施，沿黄省（区）进一步融入黄河流域生态保护和高质量发展、西部大开发、"三新一高"等国家战略，国家经济安全、能源安全、粮食安全、生态安全对沿黄省（区）提出更高发展要求，具有能源资源、人文优势以及重要生态地位的黄河流域，未来经济社会发展和生态环境需水将继续增长，预计到 2035年，以 2019~2035 年 GDP 年均增长率 4.6%、人口年均增长率 5.4%、工业增加值年均增长率 4.9% 计算，在充分发挥流域节水潜力的基础上，结合黄河流域水资源紧缺情况，在紧平衡条件下，黄河流域的多年平均需水量为499.6 亿 m^3，其中上中游六省（区）需水量为 412.3 亿 m^3。

（五）工业化和城市化进一步推进势必带来用水需求增加

根据《中华人民共和国国民经济和社会发展第十四个五年规划和2035年远景目标纲要》和《国家人口发展规划（2016—2030年）》，预计2025年全国常住人口城镇化率达到65%，到2030年全国常住人口城镇化率达到70%。结合国家人口发展规划以及乡村振兴、新型城镇化等战略要求，未来黄河流域城镇化建设发展加速，随着以兰州—西宁城市群、黄河"几"字弯都市圈及西安、郑州国家中心城市和山东半岛城市群为代表的沿黄地区中心城市及城市群高质量发展，人口将进一步向城镇集聚，城镇化率稳步提高，预测2035年将达到74.6%，其中黄河上中游地区城镇化率将达到75.3%。随着经济社会的快速发展，黄河流域用水总量呈递增趋势，特别是生活和工业用水量增长越来越快、所占比重越来越大，黄河上中游六省（区）用水总量和地表水利用量均已达到全河的65%以上。

（六）节水意识不强，内生动力不足

部分沿黄省（区）经济发展规划及布局没有充分贯彻"以水而定、量水而行"的要求，没有充分考虑水资源承载能力的约束，没有全面贯彻落实"节水优先"的方针，在发展理念、观念意识、用水节水管理等方面，没有很好地将节水放在更加突出的位置。近年来，部分城市建设水面景观脱离了水资源紧缺的实际，造成水资源的大量浪费。"节水成本高，不节水成本低"，供水水价与成本倒置，难以激发节水内生动力，也难以吸引社会资本投入，这也助长了浪费水的行为。据统计，引黄各省（区）黄河水执行水价均低于其供水成本，甘肃执行水价约为其供水核定成本的44%，宁夏为25%~50%，内蒙古为66%，陕西为33%，山西为50%，河南为21%，山东为38%，这也是农业水价综合改革、水权交易、合同节水等推进缓慢的重要原因之一。

四 绿色发展背景下提高黄河流域九省（区） 水资源安全保障建议

当前，黄河水资源总量紧缺的基本属性并未消除，合理平衡各类用水之间的突出矛盾，实现流域水资源合理配置和高效节约利用，依然任重道远。根据黄河流域生态保护和高质量发展重大国家战略的新形势，坚持以水而定，把水资源作为最大的刚性约束，推进水资源节约集约利用，是新时代黄河流域绿色发展和保障水资源安全的新要求。

（一）优化调整"八七"分水方案

"八七"分水方案是对河道内生态环境用水和河道外经济社会用水进行平衡与协调的结果，在维持"八七"分水方案不变的情况下，黄河河道内生态用水量存在一定的亏缺。目前，黄河流域天然径流量持续减少，经济社会用水需求刚性增长，下游南水北调东中线一期工程生效等产生一系列变化，需要调整"八七"分水方案以更好适应水沙条件变化、经济社会发展、生态保护等需求。

调整"八七"分水方案，总的原则是坚持生态优先，大稳定小调整，下游地区要加强南水北调供水利用，节约出的水资源，既可以用来增加生态流量，又可以用来保证中上游省（区）的生活等基本用水需求。

（二）健全黄河水资源管控指标体系

推动建立不同空间层级的黄河水资源管控指标体系。一是继续推动省（区）内部黄河分水指标细化工作，对于尚未完成黄河分水指标细化到干、支流和县级行政区的省（区），督促加快工作进度，尽快制订和完善黄河分水指标细化方案。二是推进跨行政区域江河水量分配，按照"合理分水、管住用水"和"能分尽分"的要求，继续开展重点支流水量分配工作，持续推进跨省（区）、跨市县支流水量分配方案，明确重要河流耗用水总量和重要控制断面流量控制指标，进一步建立完善水资源刚性约束指标体系。三是开展地下水开发利用管控指标确定，建立用水总量和地下水水位双控指标体系，明确超采区退减用水总量和退减计划。

（三）提高用水效率和优化用水结构

1. 推进工业节水减排

严格控制新建高耗水项目，对于现有未达到行业用水定额先进值标准的工业项目，要限期分步推进节水工艺改造，推动工业企业应用节水工艺和技术，淘汰落后的技术装备。完善供用水计量体系和在线监测系统，强化生产用水管理。新建企业和园区在规划布局时，统筹供排水、水处理及循环利用设施建设，推动企业间的用水系统集成优化。加快工业产业结构调整，并对用水工艺进行升级改造，大力推广使用先进的节水技术，从而提高工业用水的重复利用率。推广高效冷却、洗涤等工业节水工艺与技术，促进高耗水企业强化废水的深度处理与达标再利用。强化水循环的梯级利用，推进企业和工业园区加快建设节水及水循环利用设施，促进企业间串联用水、分质用水，实现一水多用、循环利用。重点企业要定期开展水平衡测试、用水审计及水效对标。

2. 强化农业节水增效

根据《国家粮食安全中长期规划纲要（2008—2020年）》，为了满足我国粮食安全需求，耕地面积需保持在18亿亩以上。在此背景下，黄河流域相关省（区）耕地面积也同样受到红线控制。同时，黄河上游相关省（区）维持一定灌溉绿洲面积也是干旱地区生态环境保护的重要基础和保障。从国家粮食安全定位、农牧业发展保障和区域生态系统维护的要求出发，必须把农业节水作为主攻方向，大力挖掘节水潜力，提高用水效率和效益。加快宁蒙引黄灌区、汾渭平原、下游引黄灌区及青海湟水河谷、甘肃中部扬黄灌区等大中型灌区续建配套和现代化改造。对灌区现有渠道加快续建配套和维修改造，针对渠道破损、跑冒滴漏现象进行维修改造，提高渠系水利用系数。根据当地的实际情况，推广先进适宜节水灌溉技术，对喷灌、微灌、滴灌、低压管道输水、集雨补灌、水肥一体化、覆盖保墒等节水灌溉技术进行规模化推广，建设节水型、生态型灌区。严格实行农业用水总量管理，对灌区灌溉用水实施总量控制、定额管理，完善用水管理制度，科学灌溉。完善农业用水计量，新建、改建、扩建的各类农田灌溉工程要同步安装计量设施，尚未配套计量设施的已建灌区要逐步配套到位，同时结合"以电折水"、流量监测等手段加强用水监管。严格控制耕地灌溉面积，坚守"四水四定"底线。根据水资源条件，调整农牧业结构和规模，推进适水种植、量水生产。加快发展旱作农业，全面压减高耗水作物，提高低耗水和耐旱作物种植比例，选育推广耐旱农作物新品种。发展节水牧业、渔业和林业，实施规模养殖场节水改造和建设，加强牧区草原节水，发展节水渔业养殖，积极推广循环水养殖等节水减排新技术。建立健全节水奖励机制，调动农牧民节水积极性。

3. 推进城镇节水降损

推进海绵城市建设，提升城市蓄水、渗水和涵养水的能力。完善城市再生水利用设施建设与改造，城市景观用水和杂用水优先使用再生水。加快推进城镇供水管网改造，对供水管线进行定期巡检和维护，降低管网漏损率。园林绿化采用喷灌、微灌等节水灌溉方式，严控高耗水植物栽植。推广普及节水型生活器具，限期淘汰不符合水效标准要求的用水器具。

（四）加强地下水保护

严格落实《地下水管理条例》、《水利部关于黄河流域水资源超载地区暂停新增取水许可的通知》和《地下水保护利用管理办法》，建立取用水问题台账。将强化地下水资源管理纳入本级国民经济和社会发展规划，相关规划的编制、重大建设项目的布局，应与地下水资源条件及其保护要求相适应，并科学论证。统筹推进超采区治理，严格落实水量、水位控制要求，严格落实超采区治理方案措施，逐项推动问题整改。

（五）加强非常规水源利用

落实《水利部关于非常规水源纳入水资源统一配置的指导意见》和《关于加强非常规水源配置利用的指导意见》，着力扩大非常规水利用领域和规模，将非常规水纳入区域水资源统一配置，优先配置利用非常规水，并纳入实行最严格水资源管理制度考核。工业用水、市政杂用水和景观用水应优先使用非常规水，火电、钢铁、造纸、化工等高耗水行业项目具备使用非常规水条件但未有效利用的，不予批准其新增取水许可或核减其年计划用水总量，全面提升非常规水综合利用水平。

（六）提高节水意识

加大节水宣传力度，引导公众树立节水理念，养成节水习惯，提高公众对节约用水的认知度和认可度。鼓励公众自觉参与节水行动，推动节水进企业、进校园、进机关、进社区、进家庭，形成珍惜水、节约水和爱护水的良好风尚。组织开展节水培训和讲座，提升用水管理水平，拓宽节水科技成果及先进节水技术工艺推广渠道。

参考文献

钱正英：《中国水资源战略研究中几个问题的认识》，《河海大学学报》（自然科学版）2001年第3期。

幸让新：《基于"节水优先"的城镇化与水资源协调发展趋势分析》，2018中国水资源高效利用与节水技术论坛，中国广东，2018年12月21日。

佟长福等：《鄂尔多斯市工业用水变化趋势和需水量预测研究》，载《第七届中国水论坛论文集》，中国水利水电出版社，2009。

白芳芳等：《黄河流域九省区农业水资源利用效率评价和障碍因子分析》，《水土保持学报》2022年第3期。

王煜等：《西北典型缺水地区水资源可持续利用和综合调控研究》，黄河勘测规划设计有限公司，2012。

韩宇平、穆文彬、张戴烁：《基于江河水量分配方法的黄河"八七"分水方案调整问题探讨》，《人民黄河》2022 年第 9 期。

李琦芸等：《基于协调发展度的南通市水资源承载状态预警》，《水利经济》2022 年第 3 期。

张凡等：《基于综合协调度的最严格水资源管理制度实施效果评价》，《中国水利》2016 年第 9 期。

黄河流域生态保护与绿色发展报告

王志慧*

摘　要： 推动黄河流域生态保护和高质量发展，必须坚持以生态优先为前提，以绿色发展为动力，实现高水平生态保护与高质量发展的内在统一。为了进一步体现生态保护与绿色发展的重要联系，本报告首先基于生态恢复速率和GDP增长速率构建了二维评价指标体系，分析生态保护与绿色发展之间的平衡关系，并通过森林覆盖率、草地覆盖率、水土流失面积和水土保持率等指标反映水土保持和生态治理成效，总结了目前黄河流域水土保持和生态治理仍存在的问题，并提出了促进高质量生态治理与绿色经济发展的对策与建议。结果表明，2000～2020年黄河流域水土保持和生态治理效果显著，但沿黄各省份在生态保护治理与GDP协同发展方面存在一定不足，同时新时期生态治理存在水土保持治理程度空间分布不均衡、水沙关系仍不协调、水土保持生态环境的可持续性不足、生态治理措施功能缺位及定量评估缺失等问题。因此，建议做好顶层设计、坚持系统思维和底线意识、注重发展绿色低碳新兴产业、加快构建气候治理体系等。

关键词： 生态治理　绿色发展　黄河流域

党的十八届五中全会提出了新发展理念，其中绿色发展被确定为我国新

---

* 王志慧，博士，黄河水利委员会黄河水利科学研究院高级工程师，硕士研究生导师，主要研究方向为植被变化遥感监测及其碳水效应等。

时代的发展方向。绿色发展以效率、和谐、持续为目标，旨在实现经济增长和社会发展的可持续，同时保护生态环境，实现生产发展、生活富裕和生态良好的文明发展之路。① 作为社会治理不可或缺的组成部分，生态治理核心理念是以市场机制和公共利益为基础，通过对话、协商和合作等手段，协同解决生态问题。生态保护治理成效评级指标为森林覆盖率、草地覆盖率、水土流失面积和水土保持率等，经济增长评价指标为 GDP。

一　生态保护治理与绿色发展的关系

（一）黄河中游天然植被历史变迁与黄河安澜的关系

基于大量历史记载资料和文献数据，分析黄土高原历史时期植被变化、人口数量变化和黄河水害发生历史过程。在仰韶文化时期，尽管生产工具原始，但原始农业也会对植被造成破坏。春秋战国后期，黄土高原的农耕范围逐步扩大，森林开始遭受破坏。随着时间的推移，黄河的含沙量不断增加，到战国时期人们已经用"浊河"来形容黄河。

公元 2 年（西汉元始二年），黄土高原地区人口数量已达 880 万人左右，随着农田开垦范围迅速扩大，森林破坏面积接近 1/3，典籍开始使用"黄河"一词。然而，相比于清代，汉代人口相对较少，对自然植被的破坏仅占总面积的 30%~50%。② 因此，唐代之前，许多地区仍维持相对完好的生态系统。这一时期封建政府和割据势力都选择把首都设在黄土高原南部的长安和洛阳。但由于战争频繁，这些都城遭受了多次破坏和重建。古代中国的建筑多采用木质结构，并且依赖木材和炭作为主要燃料，导致大量森林被砍伐。根据历史记载，唐朝后期，河谷平原地区已经没有自然森林，丘陵和山地的植被也遭到了破坏。这些地区的自然环境遭受破坏的同时，北部地区的沙漠也向四周扩张。

---

① 王凤才：《生态文明：生态治理与绿色发展》，《学习与探索》2018 年第 6 期。
② 根据《汉书·地理志·黄河志》内容整理。

宋明时期，黄土高原的西部和中北部长期面临战争威胁。为了解决粮食问题，中央政权推行屯垦措施，导致农田向草原、森林和陡坡地扩展。黄土高原人口增长，植被破坏加剧。到了明朝和清朝，由于人为开垦土地、采伐森林和过度放牧，黄土丘陵沟壑区自然植被遭到毁灭性破坏。如明代人庞尚鹏一路所见："臣自永宁州渡河西入延绥，所至皆高山峭壁，横亘数百里，土人耕牧，锄山为田，虽悬崖偏陂，天地不废。"① 据推算，春秋战国时期黄河中游地区的森林覆盖率为53%。到了秦汉时期，森林覆盖率下降至42%。唐宋时期，森林覆盖率进一步下降至32%。明清时期，森林覆盖率则急剧下降至4%。

历史上，人类对植被的毁灭性开发是如今黄土高原地区恶劣生态环境的根源之一。从历史数据可基本推论出，黄河中游的土地合理利用是消除黄河下游水害的决定性因素，当人类活动对黄河中游天然植被破坏度大于50%时，黄河水害就会频繁发生，威胁下游地区人民生产生活，影响社会长期稳定与繁荣发展。

（二）黄河中游林草植被恢复与 GDP 增长的关系

新中国成立以后，尤其是 2000 年后，国家对黄土高原地区开展了退耕还林还草、封山禁牧、水土保持治理等一系列生态修复治理工程。2000 年以来，黄土高原林草植被得以恢复，同时黄土高原 GDP 也稳步增长。统计2000~2020 年黄河流域不同省份 GDP 和林草植被覆盖度数据，并绘制在二维坐标系中，构建林草植被覆盖度和 GDP 的线性定量关系。从图 1 和表 1可知，黄河流域不同省份的生态治理恢复和经济发展过程相关关系显著不同，这与不同区域的地理特征、产业结构、科技水平和人口数量等多种社会经济因素相关。其中，内蒙古的林草恢复单位比例对应的 GDP 增量最大，达到 7.1449 百亿元/百分点；宁夏的林草恢复单位比例对应的 GDP 增量最小，为 0.8792 百亿元/百分点。

---

① 《明经世文编》卷 359 庞尚鹏《清理延绥屯田疏》。

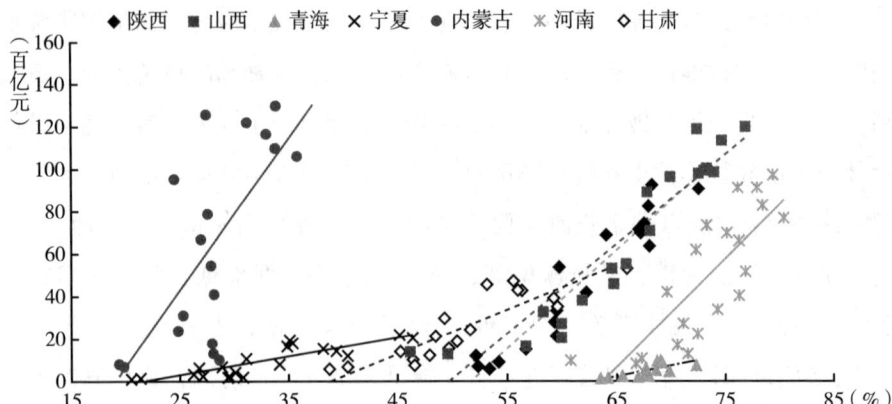

图1 2000~2020年黄河流域不同省份林草植被覆盖度与GDP线性定量关系

资料来源：NDVI遥感解译数据与各省份GDP统计数据。

表1 黄河流域不同省份林草恢复单位比例对应的GDP增量

单位：百亿元/百分点

省份	林草恢复单位比例对应的GDP增量	R²	显著性水平
青 海	1.0226	0.48	P<0.01
甘 肃	2.0898	0.82	P<0.01
宁 夏	0.8792	0.73	P<0.01
内蒙古	7.1449	0.47	P<0.01
陕 西	4.6426	0.91	P<0.01
山 西	4.2233	0.87	P<0.01
河 南	5.0934	0.65	P<0.01

资料来源：NDVI遥感解译数据与各省份GDP统计数据。

为评价生态恢复与GDP增长之间的平衡状态，基于生态恢复速率和GDP增长速率构建了二维评价指标体系。将不同省份的GDP增长速率和生态恢复速率进行归一化处理，再点绘到二维坐标系中（见图2）。图中的1:1线表征GDP增长和生态恢复达到的平衡状态，若点位数据位于1:1线上部，则表明该区域在保持经济增长的同时要注重生态恢复；若点位数据位于1:1线下部，则表明该区域需充分利用生态治理成效发展绿色经济，提升GDP增长速率。其中，山西的生态恢复与GDP增长最接近平衡状态，陕西、甘肃、宁夏均在依靠生态环境改善创造经济增长点方面存在较大潜力。内蒙古和河南在保持GDP

增长的同时需加强生态环境保护治理，提高人居自然生态环境水平。青海虽然处于 GDP 增长和生态恢复的平衡状态，但两方面指标都处于黄河流域各省份中的最低水平，需同时加强生态保护和经济增长，实现二者相互促进、共同发展。

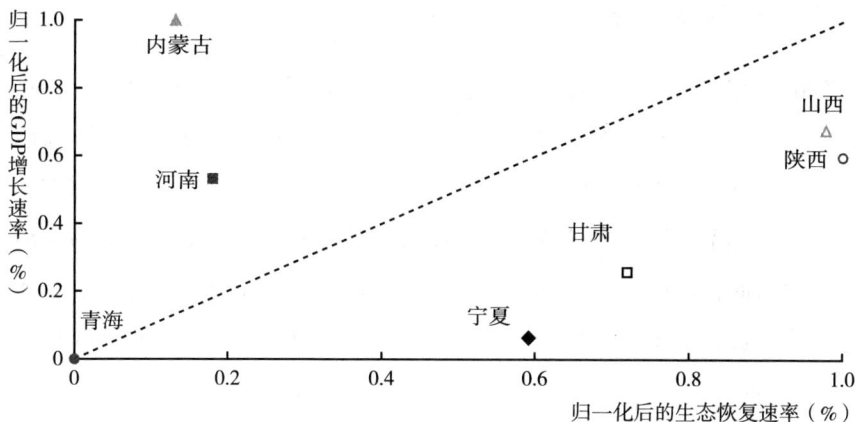

图 2　黄河流域不同省份生态恢复与 GDP 增长之间的平衡关系

资料来源：NDVI 遥感解译数据与各省份 GDP 统计数据。

上述分析表明，绿色发展立足于发展经济并保护生态环境，是主动的生态环境保护战略。生态治理与绿色发展二者相互促进，绿色发展可以从源头上实现环境治理目标，生态治理可以培育相关绿色产业，实现黄河流域经济的绿色发展。此外，生态治理与绿色发展同时具有生态环境保护动力、经济高质量发展动力和环保政策驱动动力等协同推进的内在动力。[1] 因此，生态恢复和社会经济发展应统筹协同，不可过度注重一个方面。

二　水土保持与生态治理成效

2000~2021 年，经过黄土高原水土保持与生态治理，黄河流域森林覆盖面积由 6.42 万 km² 增至 8.48 万 km²，增幅为 32.09%；草地覆盖面积由

---

① 何寿奎：《长江经济带环境治理与绿色发展协同机制及政策体系研究》，《当代经济管理》2019 年第 8 期。

15.85 万 km² 增至 21.15 万 km²，增幅为 33.44%。1999~2021 年，黄河流域水土流失面积由 42.65 万 km² 减至 25.93 万 km²，降幅为 39.2%；水土保持率由 46.33% 增至 67.37%，增幅为 21.04 个百分点，年均增速 1%。

（一）森林覆盖率

2000~2021 年，黄河流域森林覆盖面积由 6.42 万 km² 增至 8.48 万 km²，增幅为 32.09%。2000~2021 年黄河流域各省份的森林覆盖度和森林覆盖面积变化情况分别见图 3、图 4 和表 2。其中，甘肃、陕西和山西的森林覆盖面积增加较多，分别增加 0.81 万 km²、0.47 万 km² 和 0.49 万 km²，分别占黄河流域森林覆盖面积增加总量的 39.3%、22.8% 和 23.8%。甘肃、内蒙古、青海和宁夏的森林覆盖面积增幅较大，分别为 82.65%、77.78%、46.15% 和 40.00%。

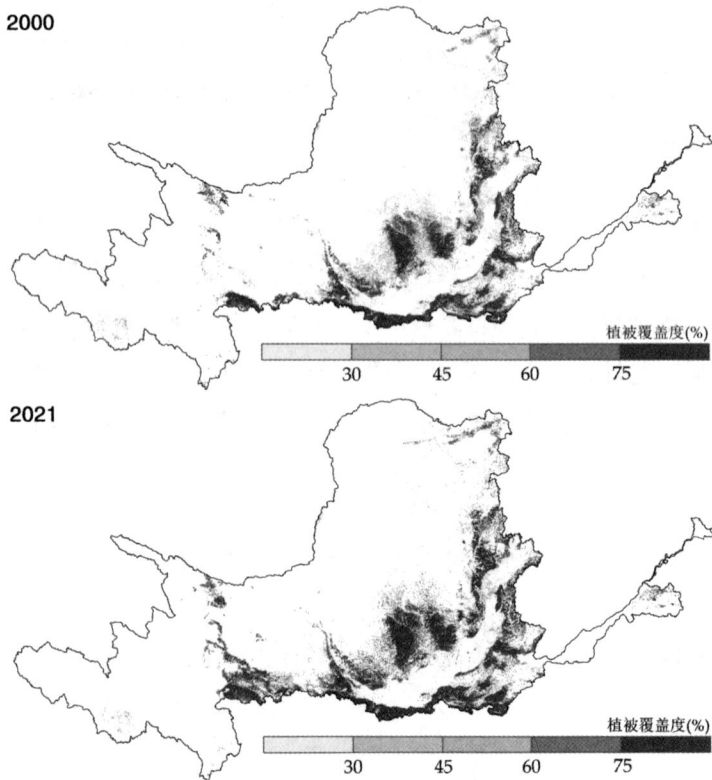

图 3　2000~2021 年黄河流域森林覆盖度变化情况

资料来源：NDVI 遥感解译数据。

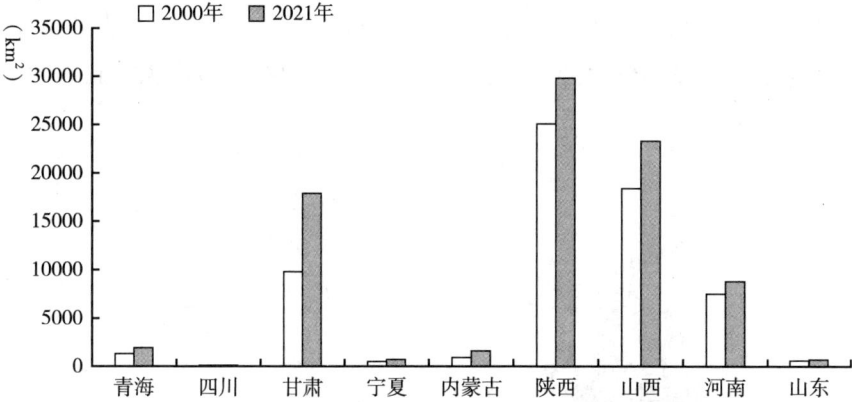

图 4　2000 年、2021 年黄河流域各省份森林覆盖面积

资料来源：NDVI 遥感解译数据。

表 2　2000 年、2021 年黄河流域各省份森林覆盖面积与森林覆盖率

单位：万 km²，%

省份	流域内面积	2000 年森林覆盖面积	2000 年森林覆盖率	2021 年森林覆盖面积	2021 年森林覆盖率	森林增加面积	增幅
青　海	14.43	0.13	0.89	0.19	1.31	0.06	46.15
四　川	1.71	0.01	0.60	0.01	0.60	0.00	0
甘　肃	14.56	0.98	6.70	1.79	12.29	0.81	82.65
宁　夏	6.28	0.05	0.79	0.07	1.08	0.02	40.00
内蒙古	14.91	0.09	0.64	0.16	1.09	0.07	77.78
陕　西	13.23	2.51	19.00	2.98	22.56	0.47	18.73
山　西	9.59	1.84	19.20	2.33	24.33	0.49	26.63
河　南	3.48	0.75	21.49	0.88	25.22	0.13	17.33
山　东	1.28	0.06	4.31	0.07	5.21	0.01	16.67
合计	79.47	6.42	8.07	8.48	10.67	2.06	32.24

资料来源：NDVI 遥感解译数据。

（二）草地覆盖率

2000~2021 年，黄河流域草地覆盖面积由 15.85 万 km² 增至 21.15 万 km²，增幅为 33.44%。2000~2021 年黄河流域各省份的草地覆盖度和覆盖面积变化情况见图 5、图 6 和表 3。其中，内蒙古、陕西和青海的草地覆盖面积增加较多，分别为 1.38 万 km²、1.31 万 km² 和 0.79 万 km²，分别占黄河流域草地覆盖面积增加总量的 26.04%、24.72% 和 14.91%。宁夏、陕西、内蒙古和山西的草地覆盖面积增幅较大，分别为 204.17%、140.86%、105.34% 和 68.09%。

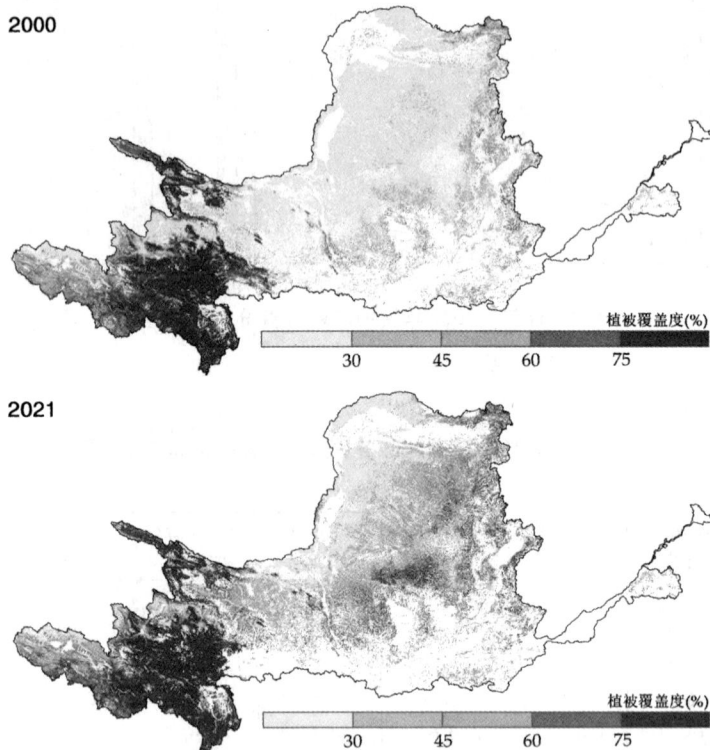

图 5　2000~2021 年黄河流域草地覆盖度变化情况

资料来源：NDVI 遥感解译数据。

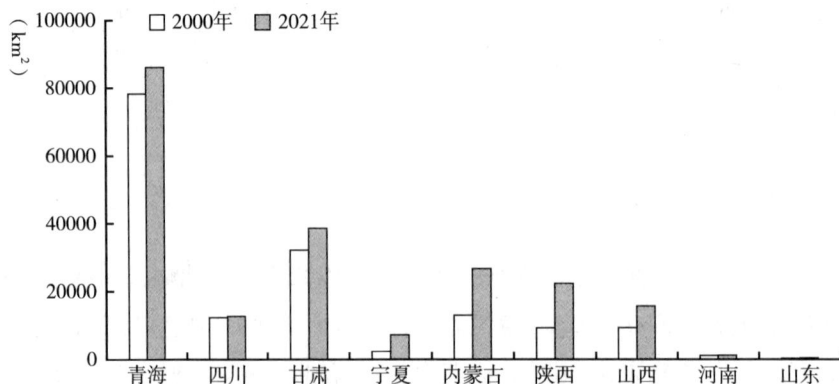

图 6　2000 年、2021 年黄河流域分省份草地覆盖面积

资料来源：NDVI 遥感解译数据。

表 3　2000 年、2021 年黄河流域各省份草地覆盖面积与草地覆盖率

单位：万 km²，%

省份	流域内面积	2000 年草地覆盖面积	2000 年草地覆盖率	2021 年草地覆盖面积	2021 年草地覆盖率	草地增加面积	增幅
青　海	14.43	7.83	54.26	8.62	59.70	0.79	10.09
四　川	1.71	1.24	72.58	1.28	74.60	0.03	2.42
甘　肃	14.56	3.22	22.09	3.87	26.58	0.65	20.19
宁　夏	6.28	0.24	3.87	0.73	11.55	0.49	204.17
内蒙古	14.91	1.31	8.77	2.68	18.00	1.38	105.34
陕　西	13.23	0.93	7.02	2.24	16.90	1.31	140.86
山　西	9.59	0.94	9.76	1.58	16.43	0.64	68.09
河　南	3.48	0.11	3.14	0.12	3.49	0.01	9.09
山　东	1.28	0.03	2.57	0.04	3.45	0.01	33.33
合　计	79.47	15.85	19.94	21.15	26.61	5.30	33.44

资料来源：NDVI 遥感解译数据。

（三）水土流失面积

1999~2021 年，黄河流域水土流失面积由 42.65 万 km² 减至 25.93 万 km²，降幅为 39.2%。1999~2021 年，黄河流域各省份的水土流失面积减少情况见表 4；其中，甘肃、内蒙古和陕西的水土流失面积减少量较多，均大于 3 万 km²，三地水土流失面积减少量分别占流域水土流失面积减少总量的 25.42%、24.10%、18.42%（见图 7）。

表 4　1999~2021 年黄河流域各省份水土流失面积

单位：万 km²

省份	轻度	中度	强烈	极强烈	剧烈	总计
青　海	0.47	-0.84	-0.46	-0.43	0.03	-1.23
四　川	0.01	-0.37	-0.02	0	0	-0.38
甘　肃	0.91	-1.55	-2.77	-0.9	0.06	-4.25
宁　夏	-0.52	-0.74	-0.47	-0.09	-0.03	-1.85
内蒙古	1.55	-2.08	-1.34	-0.9	-1.26	-4.03
陕　西	0.51	-0.4	-1.33	-0.83	-1.03	-3.08
山　西	0.63	-0.37	-0.73	-0.54	-0.45	-1.46

续表

省份	轻度	中度	强烈	极强烈	剧烈	总计
河　南	−0.11	−0.11	0.01	0.01	0	−0.2
山　东	0.08	−0.2	−0.09	−0.01	0	−0.22
黄河流域	3.52	−6.66	−7.21	−3.7	−2.67	−16.72

资料来源：NDVI 遥感解译数据。

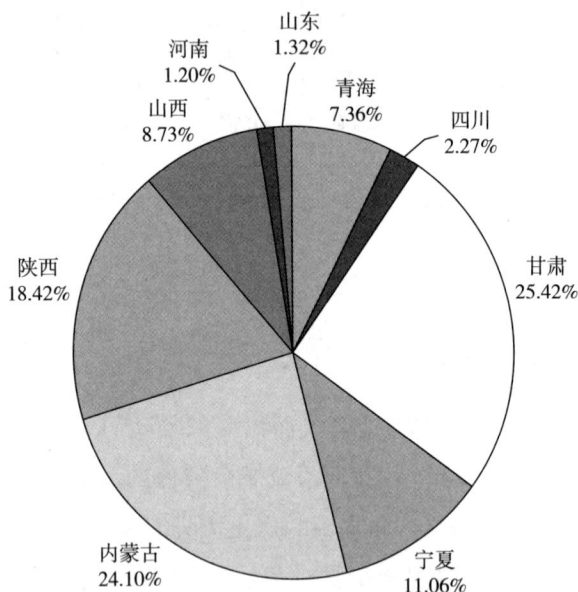

图 7　1999~2021 年黄河流域各省份水土流失面积减少量占比

资料来源：NDVI 遥感解译数据。

（四）水土保持率

1999~2021 年，黄河流域水土保持率由 46.33% 增至 67.37%，增幅为 21.04 个百分点，年均增速 1%。1999~2021 年，黄河流域各省份的水土保持率变化情况和年均增长率分别见表 5、图 8，其中四川、甘肃、宁夏、内蒙古、陕西的水土保持率增量大于黄河流域总体，宁夏和甘肃的水土保持率增量更是接近 30 个百分点，治理成效尤为显著。

表5 1999~2021 年黄河流域分省份水土保持率变化情况

单位：个百分点

省份	水土保持率增量	省份	水土保持率增量
青　海	8.47	陕　西	22.86
四　川	21.93	山　西	14.50
甘　肃	28.98	河　南	6.34
宁　夏	29.26	山　东	16.88
内蒙古	26.38	黄河流域	21.04

资料来源：NDVI 遥感解译数据。

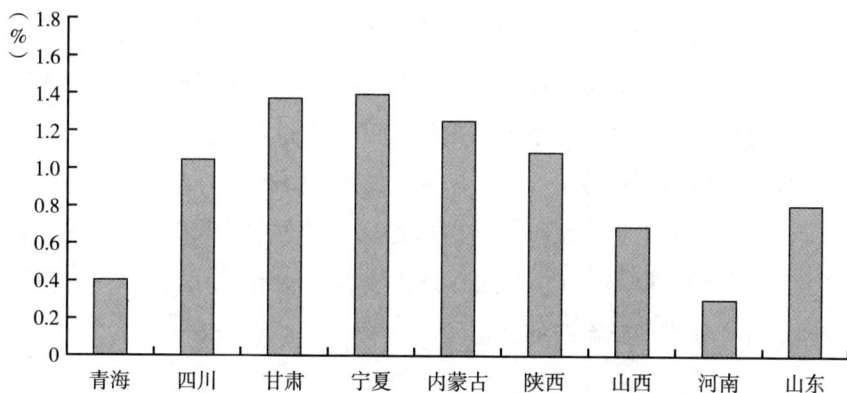

图8 1999~2021 年黄河流域分省份水土保持率增量年均增速

资料来源：NDVI 遥感解译数据。

三 黄河流域生态治理存在的问题与原因

（一）生态治理存在的问题

当前，黄河流域的水土保持和生态治理还难以满足黄河流域生态保护和高质量发展国家战略的需求，主要体现在以下几个方面。[①]

[①] 姚文艺、刘国彬：《新时期黄河流域水土保持战略目标的转变与发展对策》，《水土保持通报》2020 年第 5 期。

1. 水土保持治理程度空间分布不均衡，水沙关系仍不协调

水沙关系问题是黄河流域生态保护的"牛鼻子"，长期持续的大面积水土保持治理，使黄土高原地区整体植被覆盖度明显提高，入黄泥沙大大减少。然而，在遇有局地暴雨时，一些支流的水土流失现象仍比较严重，这表明尽管黄土高原生态退化得到初步缓解，但在部分地区或特定区域，治理不力的情况仍然存在，仍面临水沙灾害风险。

2. 水土保持生态环境的可持续性不足

如今在水土保持治理工程中，需要关注工程、生物和耕作措施的结构配置以及治理水土流失的效果。此外，还应考虑具有生态学意义的水土保持措施类型、植被结构、群落多样性和空间配置等景观格局层面的问题。人工生态系统的建设应以提高生态系统质量和稳定性为目标，需要进行分区量化，并以不同气候区的水资源承载能力为刚性约束，对现有的人工生态系统进行改造，科学配置人工生态系统的结构和类型。同时，需要解决植树种类和适宜立地条件、淤地坝适宜位置以及生态恢复方式等问题，以提高生态治理的质量和效益，促进生态系统的稳定发展。

（二）新时期生态治理发展对策

1. 开展高风险低治理区生态环境专项调查

为了治理高风险和亟待治理的区域和地带，需要进行专项详查，以了解生态退化情况，并评估治理措施配置和区域布局的合理性。通过综合分析，找出治理的薄弱环节，明确生态治理的攻坚点和难点，提出有效的对策，以制定切实可行的治理规划，实现精准治理。这些区域包括低治理区、极度脆弱的生态区、坡耕地、沟坡等植被覆盖率低的地区，以及砒砂岩、黄土沟坡、风蚀水蚀交错区、塬边等。

2. 做好新时期生态治理的顶层设计

制定高质量生态治理顶层设计，以全流域高质量发展为指导思想，深入探索新时期生态治理的科学知识和工程实践内涵。将民生保障和改善放在生态治理工作的核心地位，并以此为出发点和落脚点，制定新时期黄河流域生

态保护的顶层设计。

3. 建立"黄河国家战略"先行示范区

强化生态治理在"黄河国家战略"中的重要地位,针对不同区域的生态治理需求,在黄土高原打造典型示范区,促进中国自主的黄土高原现代化水土保持科学技术体系和生态衍生产业体系的发展,对黄河流域的高质量发展给予全方位的技术支持,并为世界水土保持和生态治理的高质量发展提供一份标准的答卷。

4. 加强生态环境监测监管

改善黄河流域的生态环境质量,需要优化生态环境监测站点的空间布局,并补充基于高质量发展需求的监测指标和参数;要特别关注上游水源涵养区和中游粗泥沙集中来源区等生态脆弱区的监测站建设;推动监测设备和设施的更新和升级,同时加强现代化监测评价技术的研发,提高监管水平。

5. 加强水土保持科技支撑

需要在国家科技计划顶层设计中加强对典型生态脆弱区土壤侵蚀与生态退化互馈机制、水土流失、水源涵养、水环境演变等过程的精确预测和作业预报研究。还需要研究黄河水沙调控机制与应对策略、生态治理新技术新模式等,以及水土保持和水源涵养景观格局建设、精准施策重点治理等相关问题。利用新技术带动生态治理项目实施与投资,突破黄河流域水土保持高质量发展的制约性瓶颈。

四 促进黄河流域高质量生态治理与绿色
经济发展的对策与建议

(一)做好顶层设计,协同推进低碳发展、经济发展与环境保护

要加强低碳发展的顶层设计,建立科学的高质量发展评价体系,不再以GDP 为唯一标准,而是提高绿色低碳发展指标在高质量发展评价考核体系中的权重。同时,要将绿色低碳发展的相关要求融入多项规划,包括气候变

化专项规划、经济社会发展总体规划、城市总体规划、土地利用规划、产业发展规划和环境保护规划等，以加强部门协作和资源整合。此外，还要完善协同治理结构和效果评估考核以及信息披露机制，将低碳发展的相关要求贯穿经济社会发展的全过程。

（二）坚持系统思维和底线意识，强化低碳发展目标引领作用

要坚持系统思维，根据不同地区的发展阶段和资源禀赋，制定差异化的低碳发展评价考核体系。中国各地的经济发展和自然资源禀赋存在很大的差异，因此在推动生态环境协同治理的过程中，需要充分考虑当地实际情况和相关需求，同时统筹考虑区域经济发展问题，制定适合各地的低碳发展指标、政策体系和标准体系。同时，要牢固树立资源消耗上限、环境质量底线和生态保护红线的底线意识，科学制定碳排放总量和碳强度下降的"双控"目标。推动高质量发展，要以生态优先和绿色发展为导向，充分发挥碳排放峰值目标的倒逼作用，积极推进产业结构和能源结构调整，发挥碳市场在降低减排成本中的积极作用。此外，还需要进一步深化低碳试点建设，推动碳中和示范工程建设，探索建设国家碳中和发展先行示范区，并开展不同类型的碳中和示范建设，探索支持示范建设的政策措施。

（三）促进发展绿色低碳新兴产业，着力推进经济高质量发展

为了推进经济的绿色低碳转型升级，我们需要加大政策引导和支持力度，推动绿色低碳技术的创新应用，全面促进绿色低碳产业的发展。通过加强基础共性技术的研发和布局，引导不同地区和行业大力发展绿色低碳新兴产业，充分发挥绿色金融的支持作用，加速构建绿色低碳的产业体系，为经济高质量发展提供强有力的支撑。我们还要继续推进能源革命，积极建设清洁低碳、安全高效的现代能源体系，建立节能低碳的流通体系，促进绿色低碳消费发展，鼓励倡导绿色低碳的生活方式。同时，我们还要积极发展碳汇产业、低碳旅游、低碳扶贫、光伏扶贫等低碳经济新业态，支持贫困地区和生态脆弱地区实现经济高质量发展。

（四）加快构建气候治理体系，协同推进生态环境高水平保护

加速建立气候治理机制，实现多层级的合作治理模式。联合应对气候变化和生态系统保护，推进山水林田湖草沙生态系统的整体规划和系统性保护，建立高水平生态空间保护格局，全面提升生态系统适应气候变化的能力，加强对重点区域和领域生态系统的保护和修复，同时提高生态和气候安全水平。促进气候变化和生态环境治理的统筹协调，将绿色"一带一路"建设与应对气候变化的国际合作深度融合，实现协同增效。完善应对气候变化的社会治理体系，营造良好的社会氛围，建立开放性交流合作平台，提高社会公众和生态环保社会组织的参与水平，为绿色低碳发展奠定坚实的社会基础。

B.8

黄河流域水生态环境治理与绿色发展报告

韩冰 王嘉仪*

摘　要： 贯彻落实黄河流域生态保护和高质量发展战略，必然要处理好水生态环境治理与绿色发展的关系。本报告从概念和内涵的角度分析了水生态环境治理和绿色发展的关系，以及水生态环境在绿色发展指标体系中的体现和地位，总结了近年来黄河流域水生态环境治理成效，分析了存在的问题和原因，并提出相应对策。结果表明，黄河流域水环境质量稳步提升，Ⅰ~Ⅲ类断面比例由 2001 年的 12% 提升至 2022 年的 87.5%，劣 V 类断面比例由 2001 年的 56% 降至 2022 年的 2.3%；湿地保护体系初步建成，受保护湿地面积达 232.57 万公顷，湿地保护率为 59.19%，自然湿地保护率为 59.49%；"十三五"期间，沿黄各省区化学需氧量和氨氮排放总量降幅分别为 4.6%~27.1% 和 3.6%~68.4%，黄河流域农药、化肥使用量得到有效控制。但黄河流域仍存在支流水污染形势严峻、天然湿地减少、鱼类生物多样性退化等问题，主要原因有水资源供需矛盾突出、流域污染物排放负荷维持高位、人类活动导致水生态系统退化等。建议加强流域生态调度、深化水污染防治、推进水生态系统治理，改善流域水生态环境。

---

* 韩冰，博士，黄河水利委员会黄河水利科学研究院江河治理试验中心生态环境治理研究室副主任、高级工程师，主要研究方向为水生态修复与污染防治；王嘉仪，博士，黄河水利委员会黄河水利科学研究院纪审处副科长，高级工程师，主要研究方向为水利学及河流泥沙动力学。

关键词： 水生态环境治理　绿色发展　生态调度　污染防治　湿地保护

当今世界，绿色发展已经成为一个重要趋势，许多国家把发展绿色产业作为推动经济结构调整的重要举措，突出绿色的理念和内涵。① 从内涵看，绿色发展是在传统发展基础上的一种模式创新，是建立在生态环境容量和资源承载力的约束条件下，将环境保护作为实现可持续发展重要支柱的一种新型发展模式。水生态环境作为生态环境的重要组成部分，在很大程度上受人类活动的影响。因此，水生态环境状况往往可以作为一个流域（区域）人与自然关系是否和谐的重要表征。黄河流域水资源极其短缺，随着流域经济社会不断发展，河流生态流量不足、水体污染、湿地退化、生物多样性减少等一系列水生态环境问题越来越突出。党的十八大以来，黄河流域加快推进水生态文明建设，流域水生态环境明显改善，但仍存在一些问题，未来需继续处理好水生态环境治理与绿色发展的关系，为流域生态保护高质量发展提供有效支撑。

一　水生态环境治理与绿色发展的关系

（一）实现良好的水生态环境是绿色发展的重要内容

绿色发展是对传统发展观的根本性变革，也是彻底解决生态环境问题的治本之策。只有绿色发展才能为解决资源与环境危机找到出路，通过主动寻求经济社会与生态环境的和谐共荣，让生态环境从赤字转向盈余。绿色发展是建立在生态环境容量和资源承载力的约束条件下的一种发展模式，必然要求以实现良好的生态环境为前提，这里的生态环境既包括陆地生态环境也包括水生态环境。因此，实现良好的水生态环境是绿色发展的重要内容。

---

① 李景：《让绿色成为中国发展的标准色》，《中国林业产业》2017 年第 3 期。

（二）水生态环境治理是实现绿色发展的重要途径

绿色发展的内涵要求将生态环境治理作为实现绿色发展的重要手段。同时，实践证明，水生态环境治理对推动绿色发展起到了重要作用。[①] 一是环保投资对经济增长发挥短期和长期的促进作用。据测算，"十三五"期间，"水十条"实施总投资约 4.6 万亿元，拉动 GDP 增长约 5.7 万亿元，累计增加非农就业 398 万人。二是环境保护标准倒逼工业结构升级。行业污染物排放标准一方面对新发展工业项目起到引导和限制作用，另一方面能引导和倒逼现有工业企业优胜劣汰，推动工业结构优化升级。三是总量减排为经济增长腾出环境承载空间。例如，"十三五"期间，我国经济发展进入新常态，产业结构优化明显加快，减排工作进一步推向纵深，与 2015 年相比，2020 年全国氨氮排放量降低 57.1%。2022年，全国 COD、氨氮排放量同比分别下降 3.7%、5.5%。四是环保产业为经济绿色增长注入新活力。随着生态环境监管力度加大、环境标准提高，环境污染治理投资逐年增加，在直接拉动经济增长的同时带动环保产业发展，为经济发展增添新动力。《中国环保产业分析报告（2019）》显示，2018 年全国环保产业营业收入约 16000 亿元，较 2017 年增长约18.2%，其中环境服务营业收入约 9090 亿元，同比增长约 20.4%。以第三方治理、环境管家服务等为核心的现代环境服务产业体系加速形成。

（三）水生态环境治理在绿色发展目标中的具体体现

水生态环境治理主要涵盖地表水环境质量、湿地生态系统保护、污水集中处理与污染排放、农业面源污染防治等方面，常用指标有地表水达到或好于Ⅲ类水体比例、地表水劣 V 类水体比例、湿地保护率、化学需氧量排放总量减少、氨氮排放总量减少、污水集中处理率、单位耕地

[①] 李海生等：《关于加强生态环境保护打造绿色发展新动能的几点思考》，《环境保护》2020年第 15 期。

面积化肥使用量、单位耕地面积农药使用量等。其中，地表水环境质量指标2个、湿地生态系统保护指标1个、污水集中处理与污染排放指标3个、农业面源污染防治指标2个。2016年，国家发改委、国家统计局、生态环境部、中央组织部等印发了《绿色发展指标体系》。该指标体系包括资源利用、环境治理、环境质量、生态保护、增长质量、绿色生活、公众满意程度等7个一级指标、56个二级指标。水生态环境治理相关的8个指标全部列入该指标体系，凸显了水生态环境治理在绿色发展目标中的重要地位。

二 黄河流域水生态环境治理成效

（一）水环境质量稳步提升

根据2001~2022年《中国生态环境状况公报》，黄河流域水环境质量稳步提升，Ⅰ~Ⅲ类断面比例由2001年的12%提升至2022年的87.5%，劣Ⅴ类断面比例由2001年的56%降至2022年的2.3%（见图1）。"十三五"期

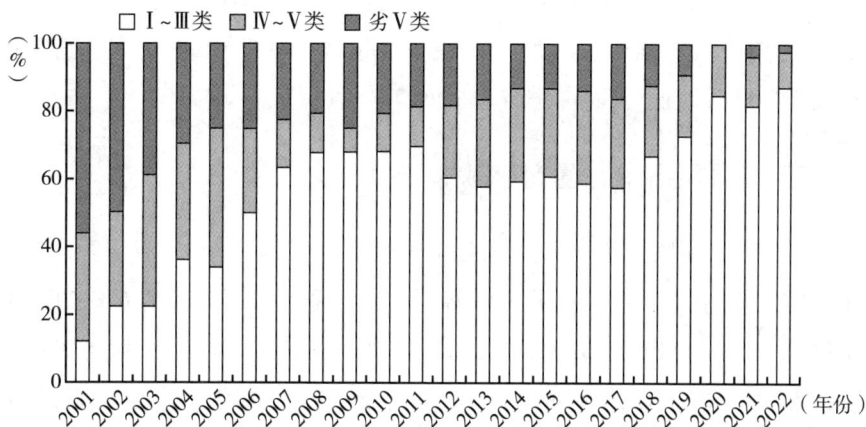

图1 2001~2022年黄河流域各类水质断面比例变化情况

资料来源：2001~2022年《中国生态环境状况公报》。

间，黄河流域水质总体呈好转趋势，水质状况从轻度污染改善为良好。2020年，黄河流域Ⅰ~Ⅲ类断面比例为84.7%，比2016年提高25.6个百分点；无劣Ⅴ类断面，比2016年下降13.9个百分点。其中，黄河干流水质为优，2018年以来Ⅰ~Ⅲ类断面比例均为100%；黄河主要支流水质由轻度污染改善为良好，Ⅰ~Ⅲ类断面比例达80.2%，比2016年提高31.2个百分点，已全面消除劣Ⅴ类断面。[①]

（二）湿地自然保护体系初步建成

黄河流域涵盖了河流湿地、湖泊湿地、沼泽湿地、近海与海岸湿地、人工湿地等我国主要的湿地类型，合计392.92万公顷，湿地率为5.22%。其中，自然湿地面积366.28万公顷，占比93.22%；人工湿地面积26.64万公顷，占比6.78%。按照地理分布可以划分为黄河上游河源区及峡谷区湿地、黄河上游河套平原湿地、黄河中下游湿地、河口三角洲湿地。目前，黄河流域已经初步建成湿地自然保护体系，受保护湿地面积达232.57万公顷，湿地保护率为59.19%。截至2018年，我国共建有自然保护区141个，包括国家级自然保护区56个、省级自然保护区85个；其中湿地类型自然保护区（含市县级）48个，国家级湿地自然保护区14个。黄河流域已经设立国家湿地公园97个（29.48万公顷），国家城市湿地公园5个（0.35公顷），国家级水产种质资源保护区47个（116.79万公顷）。[②]

（三）主要污染物总量有序减排

"十三五"期间，沿黄各省区化学需氧量降幅为4.6%~27.1%，均值为12.9%。其中，宁夏、内蒙古降幅最小，分别为4.6%和7.6%；山西、河南降幅最大，分别为27.1%和18.1%。"十三五"期间，沿黄各省区氨氮排放总量降幅为3.6%~68.4%，均值为20.5%。其中，宁夏降幅最小，

---

① 参见《2020年中国生态环境状况公报》。
② 崔丽娟：《黄河流域高质量发展背景下的湿地保护管理对策建议》，《民主与科学》2021年第3期。

仅 3.6%；河南降幅最大，达 68.4%，其余省区介于 10.3%~26.9%。从已收集到的城市污水集中处理率数据可以看出，河南省城市污水集中处理率最高，2021 年达到 80%；四川省城市污水集中处理率最低，2020 年为 51.8%；其余省区处于 65%~70%（见表 1）。

表 1   "十三五"期间沿黄各省区主要污染物总量减排情况

单位：%

省区	化学需氧量	氨氮排放总量	城市污水集中处理率
	2020 年较 2015 年下降	2020 年较 2015 年下降	2020 年
青 海	11.9	23.5	—
甘 肃	9.4	10.3	70
四 川	14.9(2019 年)	15.3(2019 年)	51.8
宁 夏	4.6	3.6	65
内蒙古	7.6	12.1	—
陕 西	11.3	11.9	—
山 西	27.1	26.9	67.9(2021 年)
河 南	18.1	68.4	80(2021 年)
山 东	11.4	12.6	68.33(济南市)
流域平均	12.9	20.5	—

资料来源：沿黄各省区统计公报。

（四）农业面源污染防治成效显著

从已收集到的沿黄各省区农药、化肥使用量数据看，"十三五"期间，黄河流域农药、化肥使用量得到有效控制，已有数据未显示存在上升趋势。青海、宁夏、陕西、河南、山东五省区农药使用量均明显下降，降幅在 10%~30%。其中，青海和山东降幅最大，分别为 30% 和 23.1%。内蒙古、山西保持负增长。青海、甘肃、陕西、山东化肥使用量明显下降，降幅在 10%~40%。其中，青海降幅高达 40%，陕西降幅为 10%，内蒙古、山西保持负增长（见表 2）。

表2 "十三五"期间沿黄各省区农药、化肥使用量下降情况

省区	农药使用量	化肥使用量
青 海	2020年较2018年减少30%	2020年较2018年减少40%
甘 肃	—	2019年较2015年减少16%
四 川	—	—
宁 夏	2020年较2015年减少13.8%	—
内蒙古	自2018年起实现持续负增长	自2018年起实现持续负增长
陕 西	2020年较2015年减少10%	2020年较2015年减少10%
山 西	自2015年起实现持续负增长	自2015年起实现持续负增长
河 南	2020年较2015年减少15.2%	—
山 东	2020年较2015年减少23.1%	2020年较2015年减少15.5%

资料来源：沿黄各省区"十三五"时期经济社会发展成效公开数据。

三 绿色发展背景下水生态环境存在的问题及原因

黄河流域水污染治理取得积极进展，但水生态环境形势依然严峻。由于流域内环境保护基础设施欠账较多、化肥农药过量施用等，农业农村面源污染防治依然面临挑战；黄河流域水资源短缺、开发利用程度高，生态用水严重不足；上游地区天然草地退化、中下游河流湿地面积减少、三角洲自然湿地萎缩等问题导致河流生态服务功能下降。

（一）水生态环境存在的问题

1.黄河干流水质持续变好，中游部分支流水污染形势依然严峻

根据《2022中国生态环境状况公报》，2022年黄河干流及主要支流控制断面中劣V类水质断面比例为2.3%。然而，各省区生态环境状况公报显示，宁夏、内蒙古、陕西、山西等省区黄河流域一些支流的省控断面中仍存在较高比例的V类、劣V类水质断面。尤其是黄河中游部分支流水污染问题依旧严重，汾河干流、涑水河、石川河和清涧河等主要支流近年水质持续为劣V类。

2. 黄河流域湿地面积总体增加，但天然湿地减少、人工湿地增加

根据 2014 年第二次全国湿地资源调查，黄河宁蒙河段、小北干流、下游河段的河流湿地面积与 20 世纪 80 年代相比减少 30%~40%，河口三角洲天然湿地萎缩 50%。与 2006 年国家林业局调查结果相比，黄河流域湿地面积总体呈增加趋势，但湿地结构发生明显变化，主要表现为天然湿地减少、人工湿地增加。其中，源头区天然湿地退化萎缩最为严重，若尔盖高寒湿地中近 2/3 沼泽湿地退化、沙化，湿地生态功能衰退严重。

3. 黄河流域鱼类生物多样性退化明显

20 世纪 80 年代以前，黄河流域鱼类组成丰富，共有 191 种（亚种），存在较多的独有土著物种。1980~2008 年，黄河流域鱼类物种数下降至 82 种，土著和濒危保护鱼类资源减少了 57%，北方铜鱼、黄河雅罗鱼、黄河鲤等珍稀土著鱼种已难觅踪迹。黄河重要支流鱼类物种多样性也不同程度降低，河口主要经济鱼类及重要的标志性洄游鱼类刀鲚濒临灭绝，白鲟、达氏鲟和香鱼等珍稀种类也已近于绝迹。

（二）水生态环境问题原因分析

1. 水资源供需矛盾突出，生态用水被挤占

首先，黄河流域水资源短缺，且总量呈减少趋势。据调查，近年来黄河流域天然径流量已经减少至 461 亿 m³。1956~2016 年径流系列比 1919~1975 年径流系列（580 亿 m³）减少 90 亿 m³，降幅约为 15.5%。其次，黄河流域用水效能偏低，与河争水问题严重。再次，黄河流域尚未构建生态流量差异化管理体系，年均径流量的显著下降导致维持关键生态功能所必要的中常流量急剧衰减，黄河多处河段已处于"不健康"或"亚健康"状态。从源头土著鱼类"三场"（产卵场、索饵场、越冬场）用水，到中游河道、沿河湿地生态系统健康维持，再到河口天然湿地和生物多样性等生态功能维持都受到严重影响。

2. 流域污染物排放负荷维持高位，水污染治理压力大

黄河流域污染源以农业源、工业源和生活源为主。《第二次全国污染源普查公报》显示，黄河中游的农业源水污染物排放量和畜禽养殖量均占黄河流域总量的40%左右。宁蒙灌区、汾渭平原农业面源污染影响严重，是导致黄河主要支流水质不达标的重要原因。另外，黄河中上游分布有我国11个重要能源、重化工基地，煤化工企业占全国总量的80%。这些企业大多沿河分布在黄河重要支流，导致宁夏、内蒙古、山西、陕西等省区黄河支流断面水质长期处于劣V类。由于产业转型升级滞后、内生动力不足，黄河37%的水域实际承担着流域超91%的入河污染负荷，流域水污染治理和环境风险防范工作压力大。

3. 人类活动导致水生态系统功能退化，生物多样性减少

在人类活动干预下，黄河多年平均输沙量已从20世纪的16亿吨骤减到目前的3亿吨，降幅高达80%；水沙的剧烈变化加速了河口三角洲蚀退，导致湿地结构发生显著变化。受水污染、河道连通性降低、物理生境丧失等综合影响，黄河流域鱼类种类减少、个体小型化，已不能形成渔业产业。另外，水产养殖和渔业增殖放流导致鱼类物种入侵，进一步加剧了本土物种的衰退，改变了原有的鱼类群落结构。2007年相关调查发现，[1] 黄河流域引入鱼类31种，其中，镜鲤、杂交鲟和革胡子鲇等均已在黄河下游河道定居，而麦穗鱼、黄鲴也在黄河上游河段形成自然种群。根据2005~2007年和2012~2015年刘家峡水库渔业资源数据，以上两个时间段的鱼类群落结构同20世纪80年代的鱼类群落结构相似性很低，分别为21.4%和14.3%，表明鱼类原始群落结构已经大幅改变。

四　水生态环境治理对策建议

（一）强化水资源刚性约束，加强流域生态调度

坚持把水资源作为最大的刚性约束，切实落实"以水定城、以水定地、以水定人、以水定产"，为黄河流域生态保护和高质量发展提供水安全支

---

① 韩明轩：《黄河流域渔业资源调查及可持续利用研究》，硕士学位论文，中国农业科学院，2009。

撑。通过细化总量控制指标、严格用水效率指标、建立生态保护指标，严控用水总量、提高用水效率，倒逼各地各行业节约水资源；严格生态流量监管和地下水水位管控，严格水资源论证和取水许可管理，加快推进水资源超载问题治理，约束和抑制不合理用水需求，全面遏制用水浪费现象；优化细化现有流域生态调度方案，科学评估生态调度受水区生态效果，从流域层面统筹生态调度分水指标，提高生态用水的整体生态效益。

（二）深化水污染综合防治，降低流域污染负荷

以汾河、湟水河、涑水河、无定河、延河、乌梁素海、东平湖等河湖为重点，统筹推进农业面源污染、工业污染、城乡生活污染防治，加强黄河支流及流域腹地生态环境治理，降低流域污染负荷。强化农业面源污染综合治理，因地制宜推进多种形式的适度规模经营，推广科学施肥、安全用药、农田节水等清洁生产技术与先进适用装备，提高化肥、农药、饲料等投入品利用效率，建立健全禽畜粪污、农作物秸秆等农业废弃物综合利用和无害化处理体系；加大工业污染协同治理力度，通过推动沿黄一定范围内高耗水、高污染企业迁入合规园区，加快钢铁、煤电超低排放改造，开展煤炭、火电、钢铁、焦化、化工、有色等行业强制性清洁生产，实行生态敏感脆弱区工业行业污染物特别排放限值要求；统筹推进城乡生活污染治理，通过加强污水垃圾、医疗废物、危险废物处理等城镇环境基础设施建设，完善城镇污水收集配套管网，推进干支流沿线城镇污水收集处理效率持续提升和达标排放。

（三）推进水生态系统治理，改善流域生态环境

统筹全流域的生态环境保护与治理，针对不同区域突出的水生态环境问题和矛盾，提出有针对性的解决方案，实现黄河流域生态环境协同治理与系统改善。加强上游水源涵养能力建设，筑牢"中华水塔"，保护重要水源补给地，加强重点区域荒漠化治理，减少过度人为活动对生态系统的影响和破坏；抓好黄土高原水土保持工作，全面保护天然林，持续巩固退耕还林还草、退牧还草成果，加大水土流失综合治理力度，稳步提升城镇化水平，改

善中游地区生态面貌；推进下游湿地保护和生态治理，建设黄河下游绿色生态走廊，加大黄河三角洲湿地生态系统保护修复力度，促进黄河下游河道生态功能提升和入海口生态环境改善，开展滩区生态环境综合整治，促进生态保护与人口经济协调发展。

五　以水生态环境治理促绿色发展对策与建议

（一）以流域水污染综合防治促陆域生态建设

加强以农业农村面源污染、城市复合面源污染生态拦截为目的的农田防护林网、农田生态沟渠、人工湿地污水处理系统、河湖岸线生态隔离带、海绵城市等陆域生态拦截体系构建，促进流域陆域生态建设。通过构建网状绿色生态廊道，提高农村林木覆盖率，改善农村人居环境，提升农村生态系统的完整性和生物多样性；通过推进城市绿地与生态公园数量提升与景观改造，提升城市生态景观效果，为城市居民打造生态宜居环境。

（二）以流域水生态系统治理促水域生境恢复

加强流域生态调度，保障重要断面生态流量，维持天然湿地规模，促进鱼类、鸟类等野生动物适宜生境的维持与恢复。加强黄河流域水生生物资源及其栖息地、渔业水域生态环境保护。以自然恢复为主，充分发挥渔业水域生态系统自我修复能力，科学开展水生生物资源增殖和水域生境恢复，促进黄河水域生态系统休养生息，保障流域水生生物资源显著增长、水生生物完整性持续恢复。

（三）以城市废污水减排回用促工业产业转型

加强城市废污水减排和处理回用，实现水资源利用率的显著提升，促进工业产业转型。加大工业污染协同治理力度，通过严格落实"三线一单"

管控要求，加强环境影响评价、排污许可及生态、水、大气、土壤等环境要素保护与管理，淘汰高污染、高耗水、高耗能落后产能，推进产业结构调整，加快传统产业改造升级，培育壮大新兴产业，坚持传统产业与新兴产业协同发力，促进流域高质量发展。

（四）以农田水肥药全面削减促生态农业发展

大力推进农业面源污染综合治理，推广测土施肥、水肥一体化等措施，减少农药化肥农膜使用量，从源头削减农业面源污染负荷。加强农业节水建设，因地制宜发展旱作农业。推进高效生态农业建设，探索发展设施农业、循环农业、生态农业，实现农业绿色可持续发展。加强农业绿色发展技术支撑，加强技术创新，从资源优化利用、循环经济、可持续发展角度构建粮食种植、畜禽养殖、有机肥生产、鲜果采摘、观光农业有机结合的高效生态农业发展模式，为农业产业结构优化提供技术支撑。

B.9
黄河流域保护治理与"双碳"目标

王志慧 贾 佳 孙彭成*

摘　要： 根据中国碳核算数据库（CEADs）发布的各省（区、市）化石燃料消耗所排放的 CO_2 数据，1997~2019 年黄河流域平均碳排放量为 30.94 亿吨，占全国平均碳排放总量的 38.29%，1997~2019 年碳排放量增加 46.73 亿吨。黄河流域九省区中，山西、陕西、内蒙古和宁夏碳排放量增长率最大，山东和青海次之，河南、四川和甘肃最小。根据黄河流域碳通量模拟结果，经过 20 年的水土保持生态治理，2000~2020 年，黄河流域生态系统碳汇由 -1.15TgC 增加至 9.88TgC，增加量为 11.03TgC。2000~2018 年，黄河流域植被碳吸收量由 401.57TgC 增加至 662.54TgC，增幅为 65%。文献分析结果表明，梯田固碳效益为 20.71%~55.92%，且梯田的固碳效应会随着土壤深度增加而减小。淤地坝是增加黄河流域土壤碳汇的一个重要路径。基于目前水土保持与固碳关系问题，本文提出配置实现碳增汇功能的水土保持生态治理措施、加强生态治理措施碳汇机制与效益评价等多条建议。

关键词： 碳排放　碳增汇　固碳能力

---

* 王志慧，博士，黄河水利委员会黄河水利科学研究院高级工程师、硕士研究生导师，主要研究方向为植被变化遥感监测及其碳水效应等；贾佳，博士，黄河水利委员会黄河水利科学研究院工程师，主要研究方向为流域生态水文与碳迁移转化过程等；孙彭成，博士，黄河水利委员会黄河水利科学研究院工程师，主要研究方向为水土流失碳迁移模拟与评价等。

一 "双碳"目标概念解析

2020年9月22日,国家主席习近平在第七十五届联合国大会上宣布,中国将努力争取2030年前二氧化碳排放达到峰值,并争取在2060年前实现碳中和目标。2021年10月24日,中共中央、国务院发布了《关于全面准确贯彻新发展理念做好碳达峰碳中和工作的意见》。中国作为当今世界上最大的发展中国家和最大的碳排放国,积极推进绿色转型,带动各国减排目标提前实现。

碳达峰意味着在2030年之前,某个地区或行业的年二氧化碳排放量达到历史最高值,随后进入平台期并逐渐下降,这代表经济发展与碳排放实现脱钩。达峰目标包括达到峰值和达峰年份。碳中和指的是到2060年,在一定时间内直接或间接产生的二氧化碳或温室气体排放总量,通过植树造林、节能减排等方式抵消,实现净零排放。实现碳达峰和碳中和不仅是国家战略的实施,也事关每个市场主体和公民的利益。随着政策的逐步推进,每个人的工作、生产和生活都将受到影响,国家也将受到深远的影响。同时,我国还积极与其他国家分享经验、探讨技术,通过自身行动影响其他国家,共同开创可持续发展的未来。

二 黄河流域碳排放及人-地均碳排放空间格局

(一)黄河流域碳排放

根据中国碳核算数据库发布的各省(区、市)化石燃料消耗所排放的CO_2数据,1997~2019年黄河流域碳排放量变化情况和占全国碳排放总量比重见图1和图2。从碳排放量来看,1997~2019年黄河流域平均碳排放量为30.94亿吨,占全国平均碳排放总量的38.29%;1997~2019年黄河流域碳排放量总体呈现增长趋势,增加46.73亿吨。从增长率来看,

1997~2019 年黄河流域碳排放量经历了"负增长—波动增长—缓慢增长"三个主要阶段。

1997~2000 年，黄河流域碳排放量总体呈现下降趋势，年均增长率为 -7.39%，1997 年黄河流域碳排放量为 10.79 亿吨，2000 年碳排放量仅为 8.57 亿吨，此阶段黄河流域平均碳排放量为 9.74 亿吨，占全国平均碳排放总量的 30.99%。

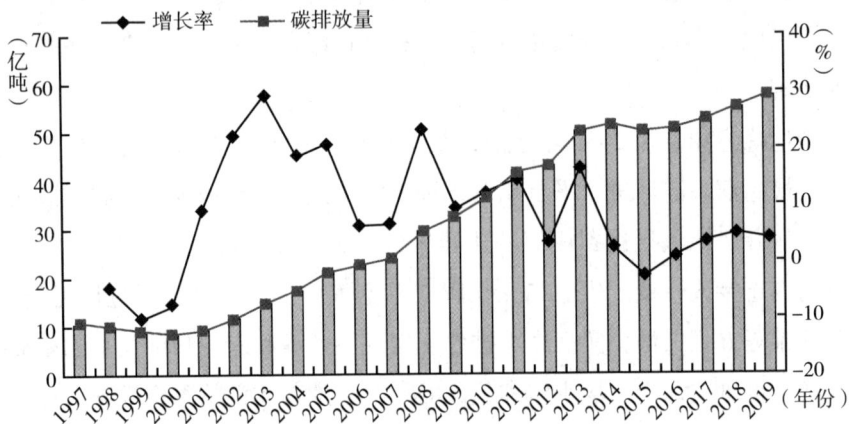

图 1 1997~2019 年黄河流域碳排放量变化情况

资料来源：CEADs 中国碳核算数据库。

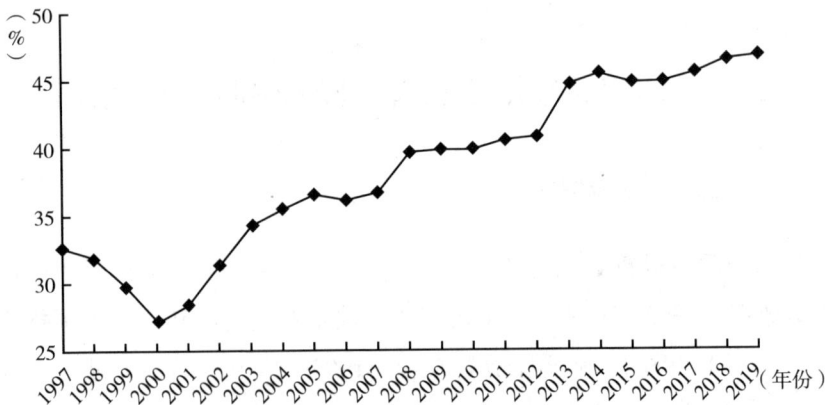

图 2 1997~2019 年黄河流域碳排放量占全国碳排放总量的比重

资料来源：CEADs 中国碳核算数据库。

2001～2011 年，黄河流域碳排放量总体呈现波动增长趋势，年均增长率为 16.12%。2001 年黄河流域碳排放量为 9.36 亿吨，2011 年黄河流域碳排放量为 41.73 亿吨，较 2001 年增长 3.46 倍，此阶段黄河流域平均碳排放量为 23.78 亿吨，占全国平均碳排放总量的 36.31%；

2012～2019 年，黄河流域碳排放量总体呈现缓慢增长的趋势，年均增长率为 2.20%，2012 年黄河流域碳排放量为 43.13 亿吨，2019 年碳排放量为 57.52 亿吨，较 2012 年增长 33.36%，此阶段黄河流域平均碳排放量为 51.39 亿吨，占全国平均碳排放总量的 44.95%。1997～2019 年，黄河流域碳排放量总体呈现增长态势，但是尚未实现碳达峰。

（二）碳排放空间格局与演化特征

黄河流域的人口和产业主要分布在下游地区和中上游的汾渭谷地、河套平原、河西走廊和湟水谷地。这些地区形成了一些城市群，包括山东半岛城市群（以济南、青岛为中心）、中原城市群（以郑州、洛阳、开封为中心）、关中—天水经济区（以西安、宝鸡、天水为关键节点）、太原城市群（以太原为中心）、呼包鄂榆经济区（以呼和浩特、包头、鄂尔多斯、榆林为节点）以及兰州—西宁经济区、河西走廊经济区等。

2019 年，黄河流域九省区化石燃料消耗碳排放达 57.52 亿吨，山西、山东和内蒙古的碳排放较高，分别为 17 亿吨、12.44 亿吨和 9.73 亿吨，分别占九省区总排放量的 29.55%、21.63% 和 16.92%，青海碳排放最低（0.45 亿吨），仅占九省区总排放量的 0.78%。九省区碳排放从大到小排序为山西>山东>内蒙古>陕西>河南>四川>宁夏>甘肃>青海（见图 3）。

2019 年，山西、宁夏和内蒙古的单位 GDP 碳排放较高，分别为 9.98 万吨/亿元、6.72 万吨/亿元和 5.65 万吨/亿元。四川的单位 GDP 碳排放最低（0.59 万吨/亿元），黄河流域九省区单位 GDP 碳排放从大到小排序为山西>宁夏>内蒙古>陕西>甘肃>山东>青海>河南>四川（见图 4）。

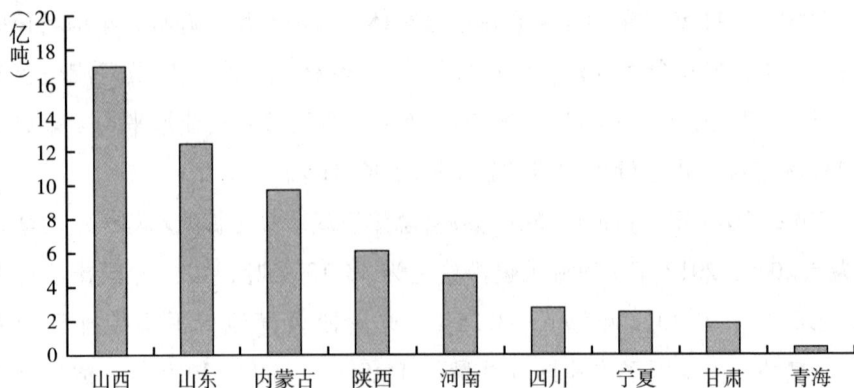

图 3　2019 年黄河流域九省区化石燃料消耗碳排放

资料来源：CEADs 中国碳核算数据库。

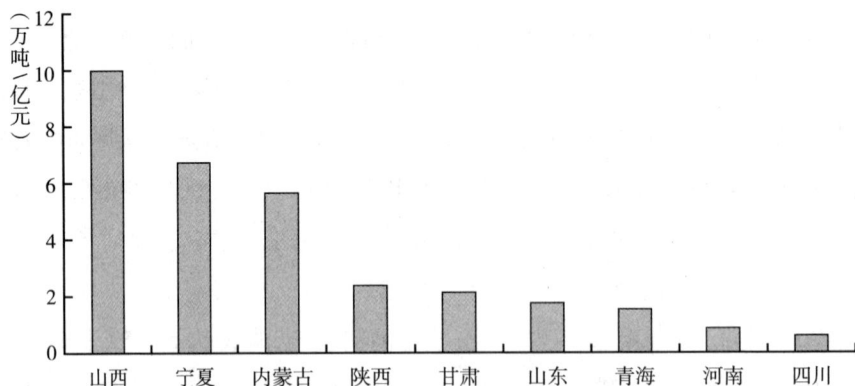

图 4　2019 年黄河流域九省区单位 GDP 碳排放

资料来源：CEADs 中国碳核算数据库。

从黄河流域碳排放的空间分布规律来看，以 2012 年为时间节点，1997~2012 年，碳排放总体呈现下游最大、上中游次之的特征，下游碳排放量占黄河流域碳排放总量的 43.19%；2013~2019 年，中游地区的碳排放量已超过下游地区（见图 5）。中游地区，以陕西和山西为主，是黄河流域重工业基地的主要集中分布区。中游地区碳排放量由 2012 年的 29.12 亿吨增至 2019 年的 40.19 亿吨，增长 38.02%，约占黄河流域碳排放总量的 40.10%，体现了中游地区高耗能、高能源依赖度的发展特征。以河南和山东为主的下游地区碳排放量由 2012 年的 36.02 亿吨降至 2019 年的 29.70 亿吨，降低 17.55%，约占黄河流域碳排放总量的 31.01%。以青海、四川、甘肃、宁夏和内蒙古为主的上游地区碳排放量总体呈现缓慢上升的趋势，但总体占比在下降，占黄河流域碳排放总量的比重由 1997 年的 30.45%降至 2019 年的 30.11%，上游大部分地区处于经济快速发展的阶段，对能源的需求比较高，而我国东部地区向西部地区的产业转移也加剧了这种情况。

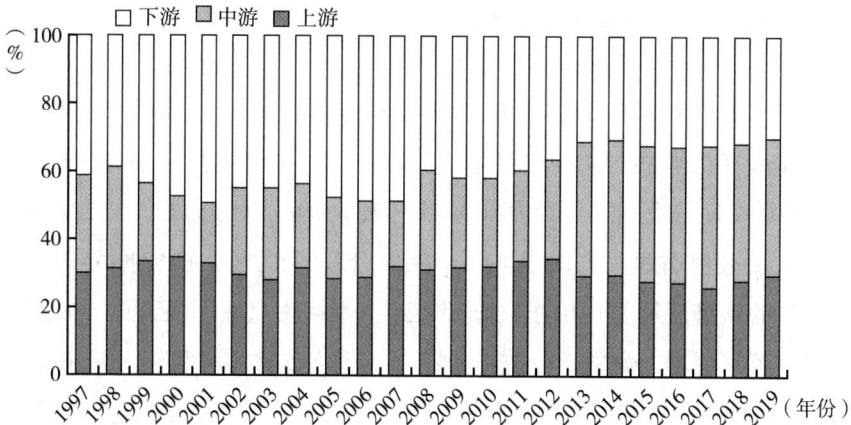

图 5 1997~2019 年黄河流域上中下游碳排放量占全流域比重

资料来源：CEADs 中国碳核算数据库。

从黄河流域九省区碳排放的空间分布来看，黄河流域九省区碳排放在三个发展阶段有不同的空间分布格局：1997~2000 年，呈现山东>山西>河南>四川>内蒙古>陕西>甘肃>宁夏>青海的空间分布格局；2001~2011 年，呈现山东>山西>河南>内蒙古>陕西>四川>甘肃>宁夏>青海的空间分布格局；2012~2019 年，呈现山西>山东>内蒙古>陕西>河南>四川>宁夏>甘肃>青海的空间分布格局。在黄河流域九省区中，1997~2019 年宁夏、内蒙古、陕西、山西碳排放量增速靠前，山东和青海次之，甘肃、河南和四川靠后（见图 6）。

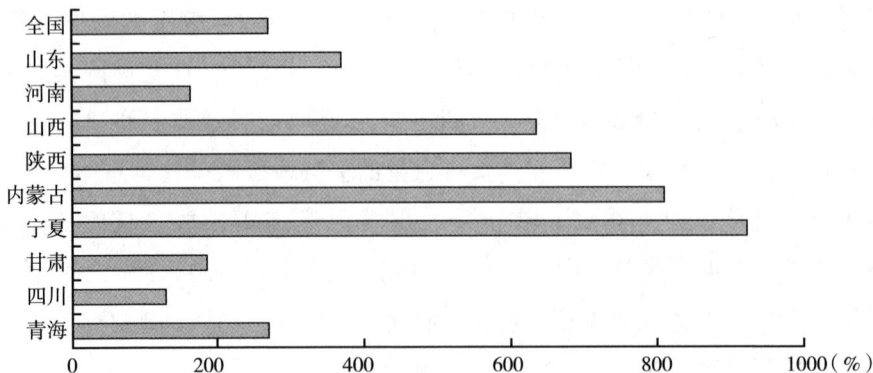

图6 1997~2019年黄河流域九省区碳排放量增速

资料来源：CEADs中国碳核算数据库。

分黄河上中下游来看（1997~2019年碳排放均值），上游五省区的碳排放量总体呈现内蒙古（4.59亿吨）>四川（2.05亿吨）>甘肃（1.28亿吨）>宁夏（1.17亿吨）>青海（0.34亿吨）的空间分布格局；中游两省的碳排放量呈现山西（7.29亿吨）>陕西（2.97亿吨）的空间分布格局；下游两省的碳排放量呈现山东（7.43亿吨）>河南（3.82亿吨）的空间分布格局。黄河流域上游的碳排放以内蒙古（平均占比48.70%）和四川（平均占比44.36%）为主，中游以山西（平均占比68.55%）为主，下游以山东为主（平均占比65.89%）（见图7）。

（三）人-地均碳排放空间格局

从人均碳排放来看，1997年黄河流域人均碳排放为2.72吨，是1997年我国人均碳排放的1.02倍；2019年黄河流域人均碳排放增至13.68吨，是2019年我国人均碳排放的1.56倍。黄河流域人均碳排放（1997~2019年均值）高的区域主要集中在上游和中游，从黄河流域九省区分布来看，可分为三个梯队，其中第一、第二梯队的人均碳排放均高于全国水平，第三梯队的人均碳排放低于全国水平。第一梯队为山西（20.30吨/人）、内蒙古（18.49吨/人）和宁夏（18.13吨/人）；第二梯队为陕西（7.87吨/人）、山东（7.74吨/人）和青海（5.95吨/人）；第三梯队为甘肃（4.96吨/

（年份）　□ 内蒙古　▨ 宁夏　▨ 甘肃　▨ 四川　■ 青海

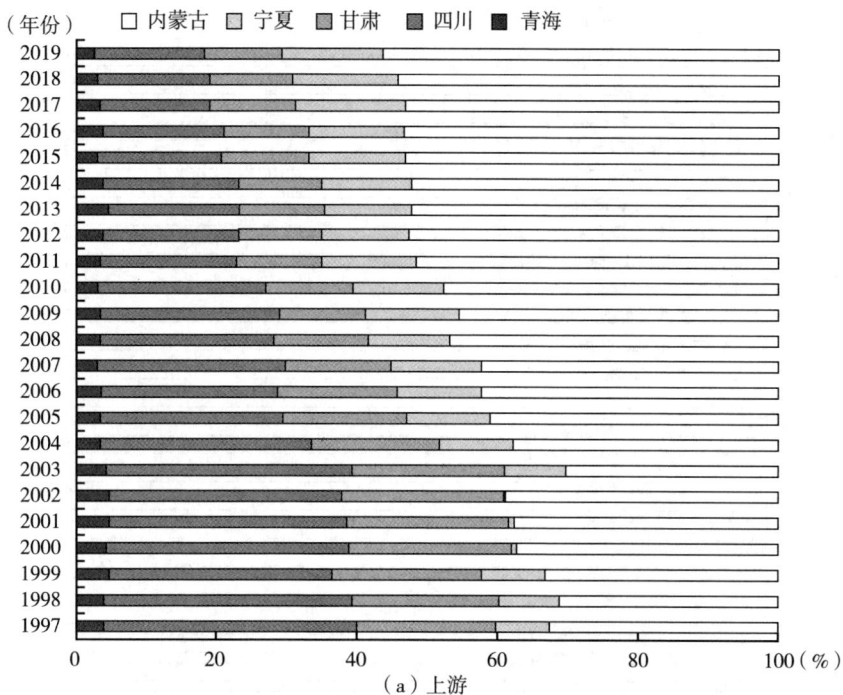

（a）上游

（年份）　□ 山西　▨ 陕西

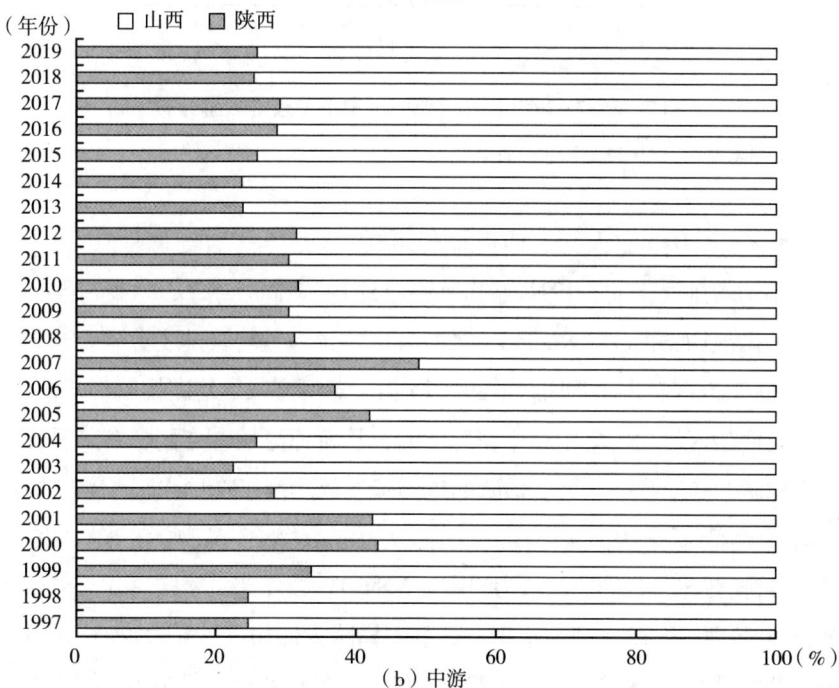

（b）中游

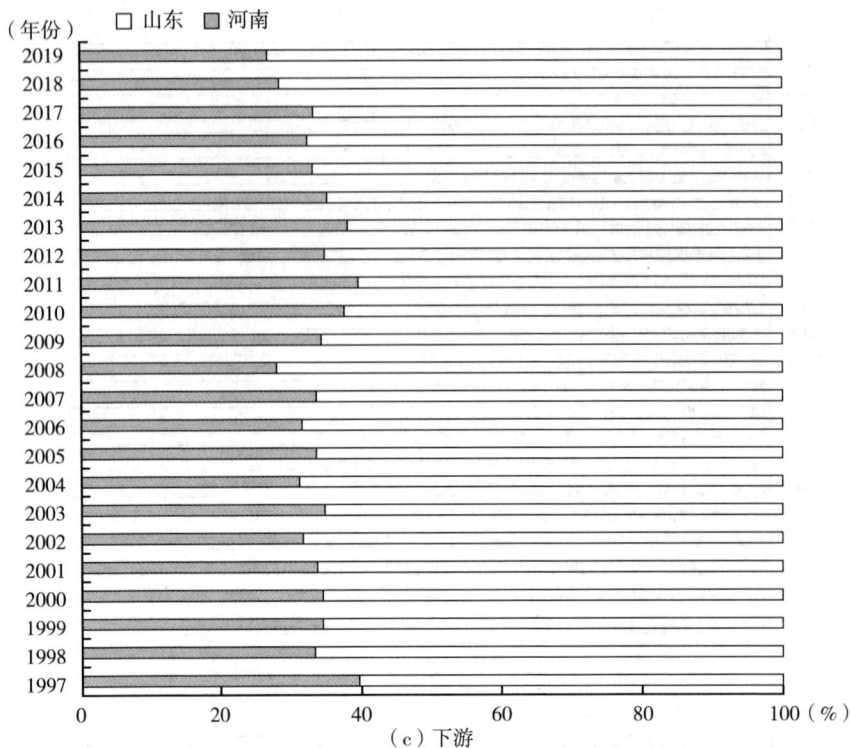

图 7　1997~2019 年黄河流域上中下游碳排放量分布

资料来源：CEADs 中国碳核算数据库。

人）、河南（4.04 吨/人）和四川（2.50 吨/人）。

从地均碳排放来看，1997 年黄河流域地均碳排放为 300.58 吨/千米²，占 1997 年我国地均碳排放的 87.23%；2019 年黄河流域地均碳排放增至 1602.22 吨/千米²，是 2019 年我国地均碳排放的 1.25 倍。黄河流域地均碳排放（1997~2019 年均值）高的区域主要集中在中游和下游，从黄河流域九省区分布来看，可分为三个梯队，其中第一、第二梯队的地均碳排放均高于全国水平，第三梯队的地均碳排放低于全国水平。第一梯队为山东（4832.62 吨/千米²）和山西（4663.14 吨/千米²）；第二梯队为河南（2289.03 吨/千米²）、宁夏（1768.11 吨/千米²）和陕西（1443.85 吨/千米²）；第三梯队为四川（425.82 吨/千米²）、内蒙古（388.17 吨/千米²）、甘肃（280.69 吨/千米²）和青海（46.86 吨/千米²）。

从人-地均碳排放来看，1997 年黄河流域人-地均碳排放为 7.58×10^{-7} 吨/（人·千米^2），是 1997 年我国人-地均碳排放的 2.72 倍；2019 年黄河流域人-地均碳排放增至 3.80×10^{-6} 吨/（人·千米^2），是 2019 年我国人-地均碳排放的 4.17 倍。从黄河流域九省区分布来看，各省区的人-地均碳排放（1997~2019 年均值）均高于我国平均水平：宁夏［2.73×10^{-4} 吨/（人·千米^2）］>山西［1.3×10^{-4} 吨/（人·千米^2）］>山东［5.03×10^{-5} 吨/（人·千米^2）］>陕西［3.83×10^{-5} 吨/（人·千米^2）］>河南［2.42×10^{-5} 吨/（人·千米^2）］>内蒙古［1.56×10^{-5} 吨/（人·千米^2）］>甘肃［1.09×10^{-5} 吨/（人·千米^2）］>青海［8.24×10^{-6} 吨/（人·千米^2）］>四川［5.19×10^{-6} 吨/（人·千米^2）］（见图 8）。

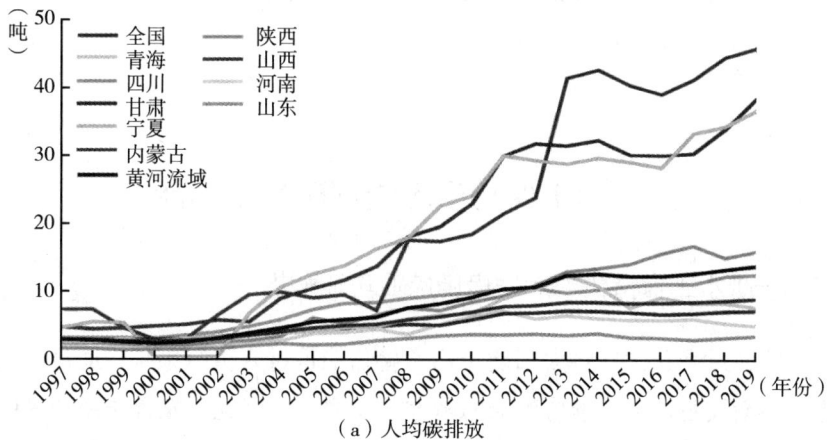

（a）人均碳排放

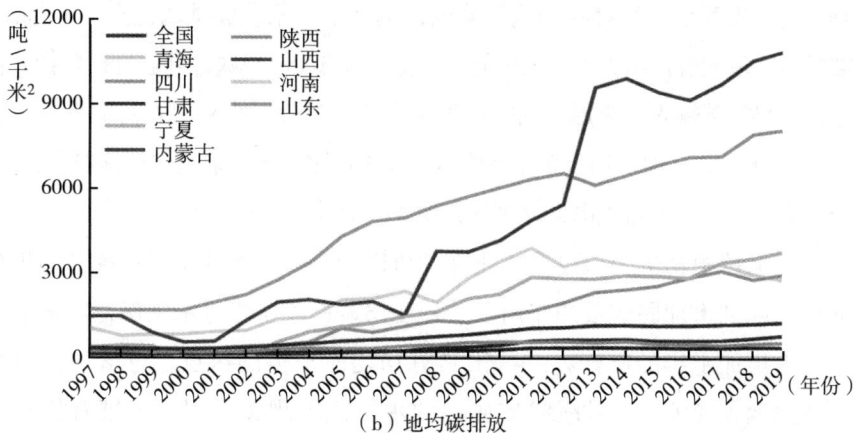

（b）地均碳排放

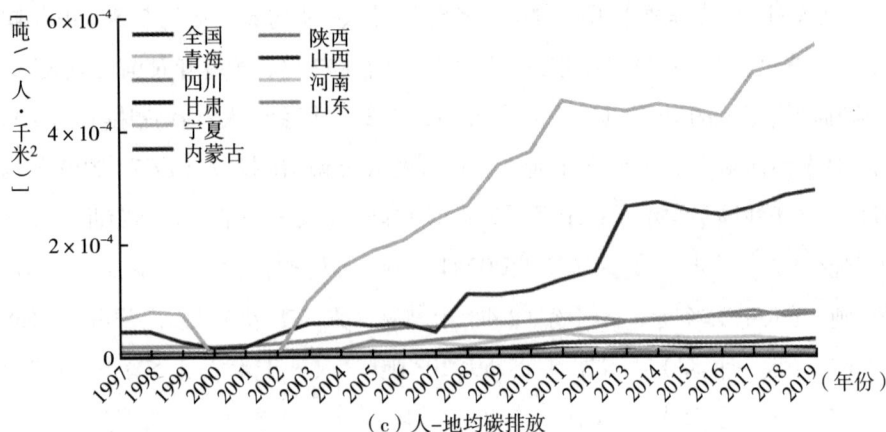

图8 1997~2019年黄河流域九省区人均、地均、人–地均碳排放

资料来源：CEADs中国碳核算数据库。

三 水土保持生态治理碳增汇功能

（一）水土保持生态治理措施碳汇功能解析

植物通过光合作用将太阳能转化为生物能量进入生态系统，通过呼吸作用进行能量代谢是生物维持生命的基本活动之一。因此，光合作用和呼吸作用是维持生态系统生命存在的重要基础，也是生态系统固碳功能形成的基础。植被通过叶片光合作用吸收大气中的CO_2转换为自身有机物，并通过枯落物和植物根系分泌将碳输入土壤层，同时植被和土壤通过呼吸作用将自身储存的碳排放到大气中（见图9）。由于黄土高原水土流失严重，土壤碳横向迁移强度较大，在土壤流失过程中土壤碳也会再次排放到大气中。

水土保持植物措施通过退耕还林、植树造林种草增加生态系统中的植被叶面积，起到增加固碳量的作用。秸秆还田、留茬耕作等水土保持农业措施可以有效增加土壤的碳输入。梯田具有均匀而平整的特点，可增加土壤湿度、减少地表径流，有效缓解坡耕地的水土流失现象，固持土壤有机碳含量。另外，梯田通过增加土壤湿度，提升植被生产力，增加土壤碳输入，同

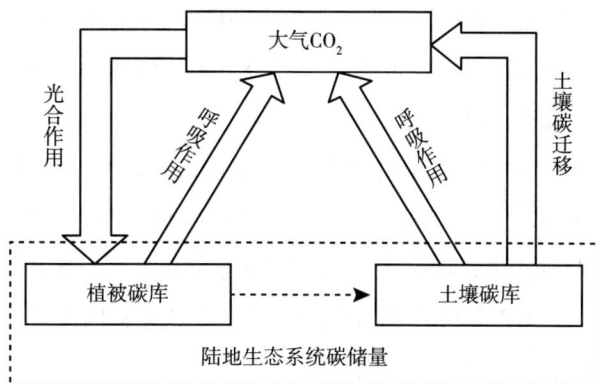

图9 碳循环过程

时减少土壤呼吸作用。梯田土壤有机碳含量表现为表层土壤显著高于下层土壤，这是由于表层土壤有丰富的植物残体和活跃的微生物，碳在表层土壤集聚；而下层土壤的植物残体和根系分布较少，同时植物根系将下层土壤的碳转移到表层，因此下层土壤的碳和氮含量较低，梯田的表层土壤最具固碳潜力。建设淤地坝是黄河流域控制水土流失最具成效的一种水土保持生态治理措施。新中国成立以来，淤地坝作为农业生产和生态治理措施，在不同时期都得到了充分的重视和发展。在实现"双碳"目标的背景下，黄土高原地区现有淤地坝淤积存贮大量有机碳，是区域碳汇核算中的重要组成部分。在降雨侵蚀作用下，富含碳的表层土壤颗粒被大量搬运进入水体，这些随径流搬运的有机碳将在河流流动过程中不断氧化分解进入大气，形成庞大的碳排放。修建大量的淤地坝后，富碳泥沙将在流域上游就地沉积在淤地坝库容内。淤地坝为这部分沉积的有机碳提供了绝佳的贮藏环境，从而形成淤地坝碳汇。[①]

（二）流域水土保持生态治理的碳汇效益

经过长期的水土保持生态治理，2000~2020 年，黄河流域生态系统碳汇

---

① Y. Yao, J. Song, X. Wei, "The Fate of Carbon in Check Dam Sediments," *Earth-Science Reviews* 224（2022）：103889.

由-1.15TgC 增加至 9.88TgC,增加量为 11.03TgC。2000~2020 年,黄河流域植被碳吸收量由 401.57TgC 增加至 662.54TgC,增幅为 65%。

1. 生态系统碳汇效益

2000~2020 年,黄河流域生态系统碳汇由-1.15TgC 增加至 9.88TgC,增加量为 11.03TgC。由此可见,经过生态修复治理,黄河流域已由原来的碳源转变为碳汇。其中,内蒙古、陕西和甘肃的生态系统碳汇增量较多,分别为 3.72TgC、2.30TgC 和 1.53TgC,分别占黄河流域生态系统碳汇增量的 33.73%、20.85% 和 13.87%(见图 10、表 1)。

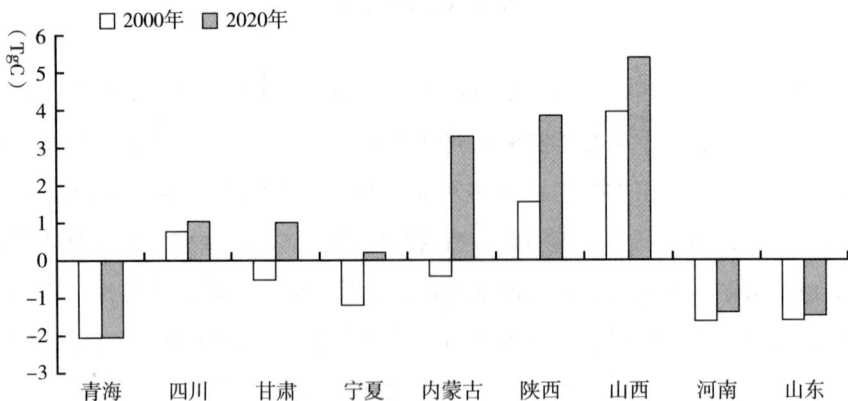

图 10 2000 年、2020 年黄河流域九省区生态系统碳汇量

资料来源:CEADs 中国碳核算数据库。

表 1 2000 年、2020 年黄河流域九省区生态系统碳汇增量

单位:TgC

省区	2000 年生态系统碳汇量	2020 年生态系统碳汇量	碳汇增量
青　海	-2.05	-2.04	0.01
四　川	0.77	1.04	0.27
甘　肃	-0.52	1.01	1.53
宁　夏	-1.20	0.21	1.41
内蒙古	-0.43	3.29	3.72

省区	2000年生态系统碳汇量	2020年生态系统碳汇量	碳汇增量
陕　西	1.54	3.84	2.30
山　西	3.95	5.39	1.44
河　南	−1.63	−1.39	0.24
山　东	−1.60	−1.48	0.12
合计	−1.15	9.88	11.03

资料来源：CEADs中国碳核算数据库。

2. 植被固碳效益

截至2020年，黄河流域初步治理水土流失面积累计25.24万km²，其中修建梯田608.02万hm²，营造水土保持林1263.54万hm²、经济林207.14万hm²，人工种草367.02万hm²，封禁治理418.35万hm²。同时，建成淤地坝5.81万余座，其中大型坝5858座、中型坝1.2万座、小型坝4.03万座，累计面积8.59万hm²。水土保持率稳定在66.9%。

经过水土保持与生态治理，2000~2020年，黄河流域森林覆盖面积由6.42万km²增至8.48万km²，增幅为32.09%。2000~2020年，黄河流域草地覆盖面积由15.85万km²增至21.15万km²，增幅为33.44%。1999~2020年，黄河流域水土流失面积由42.65万km²减至26.27万km²，降幅为38.41%。1999~2020年，黄河流域水土保持率由46.33%提高至66.94%，增幅为20.61个百分点。

2000~2020年，黄河流域植被碳吸收量由1.6亿吨增至2.6亿吨，增幅为62.5%。2000~2022年，黄河流域九省区的植被碳吸收量见图11和表2。其中，甘肃、陕西和山西的植被碳吸收增量较多，分别为2490万吨、2259万吨和1748万吨，分别占黄河流域植被碳吸收总增量的23.85%、21.64%和16.74%。宁夏、内蒙古、甘肃、山西和陕西的植被碳吸收量增幅均大于70%，分别为149.55%、104.73%、81.75%、78.92%和73.04%。

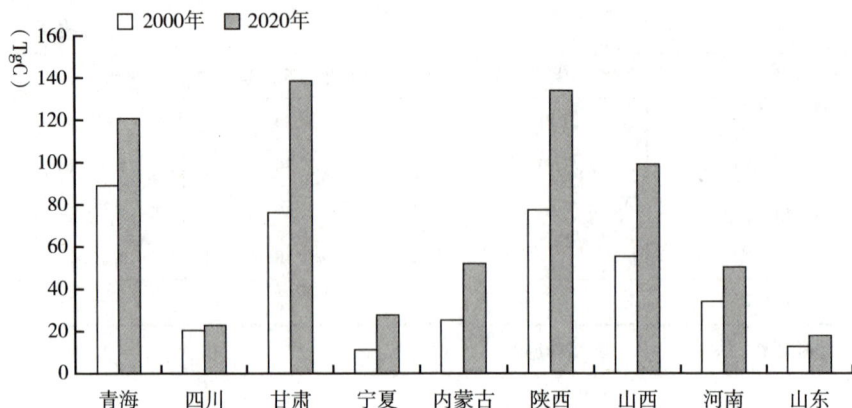

图11 2000年、2020年黄河流域九省区植被碳汇量

表2 2000年、2020年黄河流域九省区植被碳吸收量变化情况

单位：万吨，%

省区	2000年植被碳吸收量	2020年植被碳吸收量	碳吸收增量	增幅
青　海	3565	4829	1264	35.46
四　川	822	914	92	11.19
甘　肃	3046	5536	2490	81.75
宁　夏	444	1108	664	149.55
内蒙古	1014	2076	1062	104.73
陕　西	3093	5352	2259	73.04
山　西	2215	3963	1748	78.92
河　南	1360	2011	651	47.87
山　东	504	712	208	41.27
合计	16063	26502	10439	65

3. 梯田固碳效益

根据大量文献综合分析，得出不同类型梯田的土壤固碳效益（见图12）。其中，鱼鳞坑的土壤固碳效益为47.93%±32%，水平沟的土壤固碳效

益为 55.92%±33.43%，斜坡梯田的土壤固碳效益为 30.77%±8.28%，隔坡梯田的土壤固碳效益为 21.60%±11.54%，反坡梯田的土壤固碳效益为 20.71%±21%，水平梯田的土壤固碳效益为 32.84%±11.6%。

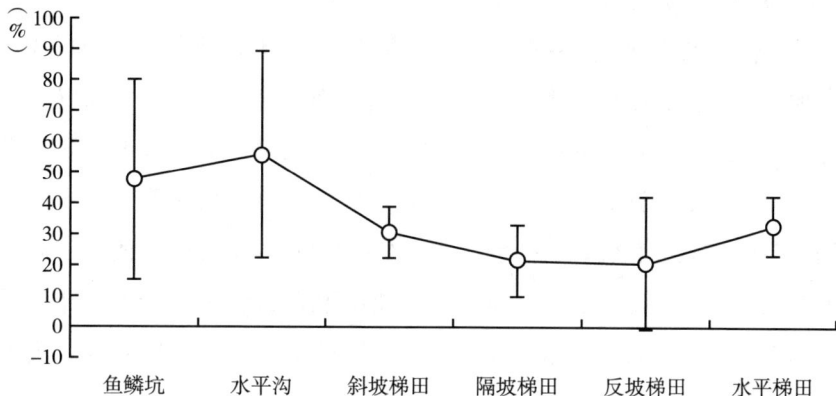

图 12 不同类型梯田的土壤固碳效益

资料来源：CEADs 中国碳核算数据库。

根据大量文献综合分析，得出不同土壤深度梯田措施的固碳效益（见图 13）。其中，0~10（含）cm 的土壤固碳效益为 20.43%±13.48%，10~20（含）cm 的土壤固碳效益为 18.15%±11%，20~40（含）cm 的土壤固碳效益

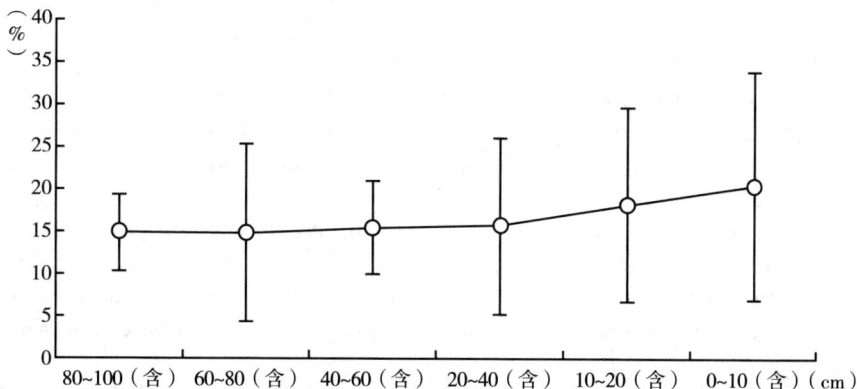

图 13 梯田措施在不同土壤深度的固碳效益

资料来源：CEADs 中国碳核算数据库。

为 15.76%±10%，40～60（含）cm 的土壤固碳效益为 15.43%±5%，60～80（含）cm 的土壤固碳效益为14.78%±10%，80～100（含）cm 的土壤固碳效益为14.89%±4%。整体上看，梯田措施的固碳效益会随着土壤深度增加而减小。

4. 淤地坝固碳效益

黄河流域淤地坝数量众多，淤地坝内的碳贮藏环境条件优越，形成了巨量淤地坝碳贮存。根据估算，以 50 年计算，黄土高原地区淤地坝仅有机碳贮存量就达到 9 亿吨以上；[①] 针对陕西省延安市的估算结果表明，该市淤地坝有机碳贮存量达到 0.42 亿吨；[②] 榆林地区的估算结果表明，187km^2 的岔巴沟小流域淤地坝有机碳贮存量达到了 6.4 万吨。[③] 部分研究使用官方淤地坝普查数据以及实地测量或整理文献中的土壤有机碳数据，推算黄土高原淤地坝的有机碳贮存量。根据李勇和白玲玉的研究，截至 2002 年底，黄土高原淤地坝的有机碳贮存量增加了 0.12Pg，相当于全国生态工程增加碳汇量的 17%。[④] Wang 等人利用淤地坝普查数据和实地采样数据，估算黄土高原淤地坝贮藏的土壤有机碳约为 0.95Pg，占全国森林植被碳储量的 18%～24%。[⑤] Lu 等人依托黄土高原延安地区淤地坝清查资料和效益转移法简便估算，发现黄土高原大中型淤地坝保留的土壤有机碳约为 0.42Pg，相当于 2000 年中国化石燃料消耗碳排放的 4%，占整个黄土高原 0～40cm

① Y. Wang, et al., "Carbon Sequestration Function of Check-Dams: A Case Study of the Loess Plateau in China," *Ambio* 43 (2014): 926-931; Y. Wang, et al., "Check Dam in the Loess Plateau of China: Engineering for Environmental Services and Food Security," *Environ Sci Technol* 45 (2011): 10298-10299.

② Y. Lü, et al., "Carbon Retention by Check Dams: Regional Scale Estimation," *Ecological Engineering* 44 (2012): 139-146.

③ Y. Zeng, N. Fang, Z. Shi, "Effects of Human Activities on Soil Organic Carbon Redistribution at an Agricultural Watershed Scale on the Chinese Loess Plateau," *Agriculture, Ecosystems & Environment* 303 (2020).

④ 李勇、白玲玉：《黄土高原淤地坝对陆地碳贮存的贡献》，《水土保持学报》2003 年第 2 期。

⑤ Y. Wang, et al., "Effects of Vegetation Restoration on Soil Organic Carbon Sequestration at Multiple Scales in Semi-Arid Loess Plateau, China," *Catena*85 (2011): 58-66.

土层中有机碳贮存量的1.48%。[1] 总而言之，建设淤地坝是增加黄河流域生态碳汇的一个重要路径，然而，当前关于黄河流域淤地坝碳汇形成机制与量化评估的研究不够系统深入，仍难以明确淤地坝碳汇的具体量值及其对区域碳平衡的贡献。

四 水土保持生态治理的固碳能力提升对策建议

（一）实行水土保持生态修复与治理碳增汇指标考核

水土保持工作需要制定科学的碳汇平衡标准，以便准确评估水土保持措施对碳中和的贡献。[2] 可以参考国内外相关研究成果，加强科技支撑，提升水土保持生态修复碳监测评估能力，建立以碳中和为核心的生态修复理论框架，加强退化土地修复等关键技术研究，形成完整的水土保持和生态修复技术规范和标准。同时，建立天空地一体化数据监测系统，加强数据和信息共享，建立长期动态监测体系，将碳减排作为评估水土保持和生态修复效果的重要指标，科学评估水土保持和生态修复对碳达峰碳中和的贡献。评估结果可划分为不同等级，为财政资金支持各地水土保持和生态修复提供科学依据，实现生态补偿平衡。

（二）实现增汇功能的水土保持生态治理措施建议

1. 推动重大生态修复治理工程建设

中国启动了6个国家重点生态恢复项目，以保护环境和恢复生态系统。这些项目覆盖了44.8%的森林和23.2%的草地，成功促进了碳汇的增加，[3]

---

[1] Y. Lu, et al., "Carbon Retention by Check Dams: Regional Scale Estimation," *Ecological Emgineering* 44 (2012): 139-146.

[2] 余新晓、贾国栋、郑鹏飞：《碳中和的水土保持实现途径和对策》，《中国水土保持科学》（中英文）2021年第6期。

[3] J. Fang, et al., "Forest Biomass Carbon Sinks in East Asia, With Special Reference to the Relative Contributions of Forest Expansion and Forest Growth," *Global Change Biology* 20 (2014): 2019-2030.

根据评估①所有项目区域的生态系统碳密度在 21 世纪的第一个 10 年都大幅增加，累计碳汇增加了 770.4TgC。

值得一提的是，除了天然林项目中大部分天然成熟森林外，项目区域的大多数森林都很年轻，并具有巨大的碳固存潜力。未来，预计与这些项目相关的森林将形成更多的碳积累。以前的研究表明，生物量碳保持和土壤碳保护是植树造林和减少木材生产政策促进碳汇增加的主要原因;② 然而，成熟森林中大量碳的储存也将对全球碳平衡产生积极影响。中国的老龄林在土壤碳积累方面起着重要作用。这些项目的成功实施为国家的碳减排和生态建设做出了重要贡献。③

2.加强生态系统管理，提升生态碳汇能力

加强森林管理，提高森林质量，增强生态系统吸收 CO_2 的能力，对于降低大气中温室气体浓度、提高森林碳汇并减缓气候变暖具有十分重要的作用。④ 我国森林面积已达 2.2 亿 hm^2，我国是全球每年造林面积最大的国家之一。通过人工造林和再造林来促进森林再生，已经成为一种有效控制土壤碳增加的方法。但是，我国森林的抚育质量仍有提升空间。因此，有必要采取一系列经营管理措施，如通过树种选择、轮伐期选择、灌溉施肥方案、森林杂草管理、控制性火烧等，提高生态系统植被和土壤固碳量。⑤ 当前，我国林业已全面转向以生态建设为主的新阶段，培育健康稳定、优质高效的森林生态系统不仅是满足新时代生态文明建设总体要求的目标，也是实现

① F. Lu, et al., "Effects of National Ecological Restoration Projects on Carbon Sequestration in China from 2001 to 2010," *Proceedings of the National Academy of Sciences* 115 (2018): 4039-4044.

② H. Hu, et al., "The Stage-Classified Matrix Models Project a Significant Increase in Biomass Carbon Stocks in China's Forests Between 2005 and 2050," *Scientific Reports* 5 (2015): 11203.

③ G. Zhou, et al., "Old-Growth Forests Can Accumulate Carbon in Soils," *Science* 314 (2006): 1417-1417.

④ Y. Pan, et al., "A Large and Persistent Carbon Sink in the World's Forests," *Science* 333 (2011): 988-993.

⑤ X. Tong, et al., "Forest Management in Southern China Generates Short Term Extensive Carbon Sequestration," *Nature Communications* 11 (2020): 129.

"双碳"目标的重要举措。

3. 继续推进生态清洁小流域治理

小流域综合治理已被证明是一种非常成功、有效的技术路线，应该持续不断地加强推进。在生态清洁小流域建设工作中，农村清洁能源的碳固定和减排作用十分重要，如利用秸秆新能源、建设和使用沼气池以及采用低碳排放的污水处理技术，可以有效实现碳中和目标。在农村地区广泛使用沼气可以显著地减少温室气体 CO_2 和污染气体 SO_2 的排放。[1] 根据全国统计数据，每年户用沼气池可产生 1.32 亿吨碳减排当量，相当于农村生活用能碳排放的 15% 左右，减排效果非常显著。[2] 此外，采用厌氧污水处理技术不仅可以净化水源，还可以将有机质含量高的污水注入沼气池，形成可控的沼气，以提高能源的利用效率，并相应地减少 CO_2 的排放。因此，回收和利用污水中潜在的有机能源具有重要的现实意义，对于实现碳中和目标具有关键性作用。

4. 水土保持农业措施是增加碳汇的重要潜力

农业活动在陆地生态系统碳库中贡献了 12% 的固碳量。[3] IPCC 全球气候变化研究认为，在整个陆地系统中，耕地是一个很重要的部分，能很好地缓解碳的排放。部分研究表明，全球农业土壤在 25 年内平均固碳速率可达 (0.9 ± 0.3) Pg/a，[4] 要想在 2060 年之前实现碳中和，农业与土地利用部门的减排任务十分艰巨，预期减排幅度要略微超过 100%，达到负排放。我国土壤平均有机碳质量浓度为 $10.53kg/m^2$，不及欧洲同类土壤的一半，但这也体现出了我国农业土壤固碳的潜力。秸秆还田、留茬耕作等水土保持农业

---

① 沈允钢、程建峰：《沼气发酵与可持续发展》，《中国沼气》2014 年第 5 期。

② 麦文隽、李丽丽、栾胜基：《农村户用沼气池碳减排效果评估》，《干旱区资源与环境》2018 年第 2 期。

③ X. Tang, et al., "Carbon Pools in China's Terrestrial Ecosystems: New Estimates Based on an Intensive Field Survey," *Proceedings of the National Academy of Sciences of the United States of America*115 (2018): 4021-4026.

④ R. Lal, "Soil Carbon Sequestration Impacts on Global Climate Change and Food Security," *Science*304 (2004): 1623-1627.

措施可以改善土壤健康条件，提升耕地质量，保障水土资源可持续利用，大幅提高农业生态系统的碳吸存能力。

（三）加强生态治理措施碳汇机制与效益评价相关科学研究

黄河流域水土保持生态治理措施体系复杂，不同措施的碳汇形成机制不同，效益评价方法多样，目前水土保持生态碳汇的有效监测和计量方法仍不成熟，给区域生态治理碳汇效益的合理科学评估带来较大困难，也对水土保持生态碳汇交易带来严重阻碍。水利部印发的《水土保持"十四五"实施方案》明确指出，需要强化碳汇能力等基础研究和科技攻关；《推动黄河流域水土保持高质量发展的指导意见》也提出开展水土保持措施碳汇能力影响机制研究的任务。因此，黄河流域九省区需要结合自身发展特点，有针对性地开展水土保持生态治理措施碳汇形成机制和效益评价研究，为增加水土保持碳汇总量、提高水土保持碳汇增量和巩固水土保持碳汇能力提供坚实的科学支持，为区域碳汇评估和碳中和目标达成提供更加有力的数据支撑。例如，福建省联合多所科研机构，开展水土保持碳汇监测评价指标与方法、核算技术等研究。[①] 此外，相关科研机构还考虑如何在建立水土保持生态系统碳汇监测体系和全面科学合理计算碳汇的基础上，加快促进碳汇交易有序便捷进行，并与碳金融等手段相结合，拉动相关产业绿色发展，从而有效助力区域和全国"双碳"目标的实现。

---

① 《省水土保持试验站开展水土保持碳汇调研助力第一季度"开门红"》，福建省水利厅网站，2022 年 3 月 10 日，https：//slt.fujian.gov.cn/xxgk/stbc_ 191022/stbcsy/202203/t202203 10_ 5855592.htm。

B.10

黄河水文化保护传承弘扬状况

马广州 余甫坤 栗 方*

摘 要： 黄河文化是中华文明的重要组成部分，是中华民族的根和魂。作为
中华文明的重要发祥地，黄河流域历史文化资源丰富，塑造了中华
民族自强不息的民族品格，奠定了中华民族文化自信的重要根基。
黄河水利事业进入快速发展的新阶段，加强黄河水文化建设是推动
黄河水利事业又好又快发展的有力支撑。本报告概述了黄河文化与
黄河水文化的内涵，以及两者之间的逻辑关系，分析了2020~2021
年黄河流域9省（区）黄河文化资源的保护发展状况，初步识别了
9省（区）在黄河文化资源保护利用程度方面存在的差异。通过对
区域文化与经济发展关系的分析，本报告提出依托黄河丰富的文化
资源，依据系统性保护利用思路，统筹短期与中长期保护发展规划，
发展特色鲜明的全链条文旅产业，不断壮大文旅市场主体，讲好黄
河故事的建议。

关键词： 黄河文化 黄河水文化 文化遗产 黄河文化旅游带

一 黄河水文化与黄河文化的内涵及两者间的逻辑关系

（一）黄河文化

滚滚黄河万年长，绵绵华夏文明始。千百年来，奔腾不息的黄河水，不

---

* 马广州，黄委新闻宣传出版中心副主任、编审，主要研究方向为黄河水文化；余甫坤，《黄
河黄土黄种人》杂志社总编辑，编审；栗方，《黄河黄土黄种人》杂志社副社长，副编审。

但孕育了中华文明，更形成了独特的黄河文化，在中国乃至世界文明的浩瀚星空中留下浓墨重彩的一笔。

黄河文化是黄河流域的人们在长期的社会实践中创造出来的物质财富和精神财富的总和，它包含一定的社会规范、生活方式、风俗习惯、精神面貌和价值取向，以及由此达到的社会生产力水平等。从某种意义上讲，中华民族治理黄河的历史也是一部治国史。

加强对黄河文化的保护、传承与弘扬，是实现中华优秀传统文化创造性转化和创新性发展的重要举措，其蕴含的巨大价值更是中华民族增强文化自信心和民族自豪感，彰显中华文化、增进民族团结的时代需要。

（二）黄河水文化

在长期的治水实践中，人们不仅创造了巨大的物质财富，也创造了宝贵的精神财富，形成了独特而丰富的水文化。黄河水文化，是黄河文化的一个重要分支，主要指黄河文化中与水相关的文化发明与创造、物质载体、精神依托，以及与水相关的制度层设计。黄河水文化是黄河文化的基础文化，亦可称为黄河的本底文化。

黄河水文化，表现为与黄河水相关的发明创造、水工技术、水灾遗存、河水故道、规章典制、传说仪式、标识口号，以及人们在长期的治黄实践中形成的精神文化价值等。黄河水文化涉及的载体，有文献、碑刻、庙宇、堤坝、城址、村落、渡口、仪式、口号等。其实质是人与黄河的关系，以及人水关系影响下人与人之间、人与社会之间的关系，因而黄河水文化具有深刻的内涵和广阔的外延。

总体而言，黄河水文化是一个提出不久的新概念，对其涉及的内容、内涵的解读仍在探讨之中，尚未形成权威性的表述。

（三）黄河文化与黄河水文化间的逻辑关系

黄河水文化作为优秀传统文化的重要组成部分，代表了黄河流域广大劳动人民的精神理念和价值观念，是炎黄子孙集体智慧和精神风貌的展现。人民治黄 70 多年来，在中国共产党的领导下，黄河治理取得了堤防不决口、河道不断流、河床不抬高、污染不超标的伟大成就，黄河水文化建议也取得了丰硕成果。新阶段，"建筑是可阅读"的观念深入人心，在治黄工程与文化融合的背景下，沿黄两岸建设了一批具有丰富水文化内涵的水利精品工程，实现了治黄工程的可看、可读、可游、可品；治黄精神在治黄实践中得到进一步彰显和弘扬；流域各省（区）及相关高等院校、科研院所纷纷成立了黄河文化专门研究机构，取得了可喜成果；黄河水文化受到社会各界的广泛关注，水危机意识、水忧患意识、水资源节约意识不断增强，人水和谐的科学理念日益深入人心。

作为黄河文化的重要组成部分，加强黄河水文化的保护、传承与弘扬具有重要意义。首先，黄河水文化凝聚着历代治黄人的辉煌成就，是建设文化强国的重要内容，对丰富中国特色社会主义文化体系具有重要意义。其次，守护好宝贵的黄河水文化遗产，在全社会树立人水和谐、人水共生理念，是新阶段黄河流域水利事业高质量发展的重要使命。最后，黄河水文化是黄河保护治理的底蕴，是建设幸福河、文脉河最亮眼的名片。实现黄河流域水利事业高质量发展，其核心要义是"水"，写好水文章、讲好水故事是实现绿水青山的必然要求。

黄河水利事业进入快速发展的新阶段，加强黄河水文化建设是推动黄河水利事业又好又快发展的有力支撑。为此，本报告重点分析了 2020～2021 年黄河流域 9 省（区）文化资源的保护发展状况，初步识别了 9 省（区）在黄河文化资源保护利用程度方面存在的差异。

二　黄河流域9省（区）水文化

（一）物质水文化的保护传承弘扬状况

物质水文化，是人类创造的与水相关的物质成果，是一种可视、可触的客观存在，是人们水观念外在、具体的表现形式，主要包括经过人工打造的水形态、水环境、水工程、水工具、水遗产等。流域各省（区）在物质水文化建设方面各具特色，均取得了较好的成绩。①

1. 青海省②

（1）水利风景区建设

目前，青海省共有国家级水利风景区 13 处，分别是西宁市长岭沟国家水利风景区、黑泉水库国家水利风景区、互助南门峡国家水利风景区、互助北山国家水利风景区、循化孟达天池国家水利风景区、民和三川黄河国家水利风景区、海西巴音河国家水利风景区、乌兰金子海国家水利风景区、黄南黄河走廊国家水利风景区、囊谦澜沧江国家水利风景区、玉树通天河水利风景区、久治年保玉则水利风景区、玛多黄河源水利风景区。省级水利风景区有 5 处，分别是乌兰县都兰河水利风景区、班玛县玛柯河水利风景区、湟中县莲花湖水利风景区、杂多县澜沧江源水利风景区、祁连县八宝河水利风景区。

（2）水情教育基地建设

2021 年 1 月，青海玉树三江源水情教育基地申报成功，为进一步推动三江源民间优秀水文化的传承与弘扬，玉树州持续举办"三江源冰沙嘛呢文化艺术节""雅砻江源和阿尼湖传统祭湖"等一系列独具特色的活动。通过这些活动，引导广大群众参与水生态文明建设、水资源节约和保护，不断提升三江源国家公园和中华水塔的知名度，呼吁更多人加入三江源生态保护队伍。同时，依托三江源水情教育基地水展馆把水文化建设融入历史文化传承，通过主题教育活动、水文化节等形式，大力宣传节约水资源、保护水环境、关爱"中华水塔"的理念。

（3）水文化遗产的保护利用

以河湟文化、禹王传说、喇家遗址、引黄灌溉等为重点，开展水文化资源普查，摸清文物古迹、非物质文化遗产、古代典籍等重要水文化遗产底

---

① 靳怀堾：《漫谈水文化内涵》，《中国水利》2016 年第 11 期，第 60~64 页。
② 相关资料来自青海省水利厅。

数。实施水文化遗产系统保护工程，以湟水古渡、百眼名泉、小高陵梯田等为重点，加强水文化遗产的保护与恢复，深入挖掘水文化遗产的时代价值。

2. 甘肃省[①]

（1）水利风景区建设

依托现有水利工程主体或水域（水体），融合森林、草原、湿地等自然资源及历史、民俗、科普等文化资源，结合区域实际创建和打造了一批各具特色的水利风景区。建成水利风景区 36 处（黄河流域 18 处、内陆河流域 18 处），其中国家级水利风景区 24 处、省级水利风景区 12 处。

（2）水情教育基地建设

目前，甘肃省境内共有国家级水情教育基地 3 处。一是甘肃省景泰川电力提灌工程国家水情教育基地。2021 年该基地入选第四批国家水情教育基地名单，该基地为灌区型水情教育基地，主要依托景电展厅、景电工程纪念园、景电博物馆等场所，面向水利同行和社会公众，联动教育部门，运用实物、模型、展板、手册、多媒体，集中宣传景电人治水兴水的历史功绩和伟大成就，增进全社会对水情的认知，普及水利知识，接待各类参观者达 3000 人次/年。二是甘肃舟曲特大山洪泥石流抢险救援纪念馆。2021 年该纪念馆入选第四批国家水情教育基地名单，是为纪念 2010 年 8 月 7 日甘肃舟曲特大泥石流灾害遇难者建设的具有爱国主义教育和水情教育功能的纪念场馆。场馆占地 6535 平方米，纪念馆有 20 个展览区域和 12 个外景点。以抢险救援、灾后重建、水情教育为主线，以图片、文字、数据、实物、影像、雕塑等为展示内容，全面反映舟曲从抢险救援到灾后重建的艰难历程，对水旱灾害防御、甘肃水情、水文化教育发挥着重要作用。三是庄浪梯田纪念馆。该纪念馆于 2007 年建成，场馆占地 660 平方米，展厅分为序幕、开拓、鼎盛、丰碑、辉煌 5 部分，以图、文、物结合的方式，详细介绍了庄浪历届领导班子团结带领全县人民矢志不渝兴修梯田、改造河山的奋斗历程，记录了庄浪儿女 34 年如一日，"党员带头、战天斗地"的壮举，展示了庄浪梯

---

① 相关资料来自甘肃省水利厅。

田产业发展、社会经济建设取得的丰硕成果。通过馆内宣誓、讲台宣讲、校园宣教、进户宣传、全省宣扬等形式宣传庄浪精神、讲述庄浪故事，年均接待参观人数超过 8 万人次、宣传培训 50 场次。

（3）水利遗产保护利用

2021 年开展讨赖河流域屯田水利遗产申报国家水利遗产的前期调查、论证和申报工作，已通过初审。

3. 宁夏回族自治区①

（1）水利文化遗产保护利用

为"推进黄河文化遗产的系统保护，守好老祖宗留给我们的宝贵遗产。深入挖掘黄河文化蕴含的时代价值，讲好'黄河故事'"，宁夏回族自治区先后开展了系列对水文化遗产的保护利用工作。2021 年，开展宁夏引黄古灌区水利文化遗产调查，对宁夏境内的古代水利工程遗产进行全面地调查梳理，旨在摸清家底，做好黄河水文化遗产保护与利用工作，目的是传承好、保护好、利用好宁夏古代治水文化遗产。充分发挥宁夏引黄古灌区世界灌溉工程遗产的"金名片"效应，彰显塞上文化魅力，2021 年启动了宁夏引黄古灌区世界灌溉工程遗产展示中心建设项目。该项目是助力宁夏黄河流域生态保护和高质量发展先行区建设的需要，更是站在保护、传承、弘扬黄河文化的历史高度，深入贯彻落实习近平总书记重要讲话精神的具体实践。出台《宁夏回族自治区引黄古灌区世界灌溉工程遗产保护条例》。为深入贯彻落实习近平总书记在黄河流域生态保护和高质量发展座谈会上提出的"保护、传承、弘扬黄河文化"的重要讲话精神，增强公民的遗产保护意识，杜绝人为毁坏宁夏引黄古灌区灌溉工程遗产的行为，规范在用古渠道工程更新改造和遗产保护范围内其他建设活动，系统构建遗产保护体系，更好地保存两千多年古老灌区特有的历史水文化印记、符号和元素，切实维护宁夏引黄古灌区世界灌溉工程遗产的真实性和完整性，实现灌溉工程遗产的整体保护与可持续利用。宁夏回族自治区水利厅负责起草《宁夏回族自治区引黄古灌区世界灌溉工程

---

① 相关资料来自宁夏回族自治区水利厅。

遗产保护条例》，经宁夏回族自治区第十二届人民代表大会常务委员会第二十一次会议审议于2020年7月28日通过，自2020年9月1日起施行。该保护条例是中国第一部省级层面专门针对世界灌溉工程遗产保护的专项条例，在条例起草过程中，充分吸收和借鉴了国家相关法律、法规、政策，国务院有关部门规章及规范性文件，部分省、市地方性法规，力争灌溉工程遗产保护工作在法律制度层面具有较强的可操作性。设置纪念保护标识。为进一步增强人们保护水利工程遗产的意识，提高水利工程遗产的宣传展示效应，2020年宁夏回族自治区水利厅遗产管理部门在宁夏引黄灌区关键闸口、建筑物、渠道旁布设宁夏引黄灌溉工程遗产纪念碑5块，设置世界灌溉工程遗产保护碑46处。启动世界灌溉工程遗产保护渠道——唐徕渠满达桥节制闸除险加固工程项目，即对水下闸室部分（闸墩和闸底板）进行保护性修复，修旧如旧保持原貌；闸房按照仿唐建筑风格拆除重建，两侧塔楼为四层，全部采用轻型耐用材料，减轻了桥基压力，增设自动化控制系统、视频监控系统等，实现水文化与水利工程的有机融合。2021年7月，宁夏水利厅所属宁夏渠首管理处申报的"潜坝、唐徕闸水利风景区"入选水利部第三届水工程与水文化有机融合案例。

（2）水情教育基地建设

自宁夏水利博物馆2016年入选国家水情教育基地以来，为进一步发挥水情教育的职能，2020年4月对二楼临展厅进行布设，搭建"水利乐园"展厅，积极引进互动问答屏、节水展示平台等设备，着力增强互动性和趣味性，2021年应用互动大屏、3D眼镜、led灯带等展陈技术，精心设计制作了《虚拟引水灌溉墙》、水旋涡、水抛物线等趣味互动展项，进一步丰富完善互动展阵内容，有效增强了水科普教育效果。

4. 内蒙古自治区[①]

（1）水利风景区建设

2014年二黄河水利风景区被评为国家4A级旅游景区。2020年，二黄河水利风景区被水利部评定为全国水利科普建设试点，并被列为部长督办项

---

① 相关资料来自内蒙古自治区水利厅。

目。2022 年，二黄河水利风景区被水利部评为首届高质量发展十大典型案例之一。

（2）水情教育基地建设和沿黄青少年研学基地

2017 年位于二黄河水利风景区内的黄河水利文化博物馆被水利部命名为"国家水情教育基地"，2014 年，黄河水利文化博物馆被水利部、教育部、全国节约用水办公室命名为"全国中小学节水教育社会实践基地"，2018 年被教育部命名为"全国中小学生研学教育基地"。

（3）内蒙古河套灌区为世界灌溉工程遗产

2021 年，河套灌区入选国家文化和旅游部发布的 10 条黄河主题国家级旅游线路。2022 年，河套灌区内的二黄河成功入围全国第二届"最美家乡河"。

5. 陕西省①

（1）黄河流域水文化遗产调查

2020 年 7 月，陕西省水利厅组织多名专家前往陕北延安、榆林开展陕甘宁边区红色水利调查，并撰写调研报告。2020 年 10 月，开展"黄河流域陕西灌溉工程遗产保护与利用工作的调查"，并撰写调研报告。2020 年 12 月，会同中国水科院水利史研究所、河南大学开展陕西关中灌溉工程文化调研。2021 年 4 月 27 日至 30 日，会同水利部宣传教育中心赴延安市水务局和陕西省宝鸡峡引渭灌溉中心就《"十四五"水文化建设规划》、红色水利遗产保护管理工作开展调查。

（2）黄河流域水利工程遗产保护利用

2020 年 12 月，编制完成《陕西水文化遗产保护与发展规划》。2020 年 12 月 8 日，"龙首渠引洛古灌区"入选世界灌溉工程遗产。2021 年 12 月，郑国渠申请首批国家水利工程遗产，并进入初选。2020~2021 年推动实施郑国渠、龙首渠引洛古灌区世界灌溉工程遗产保护，申请保护资金 1000 万元。

（3）水利风景区建设

全省共有 85 处省级以上水利风景区，其中国家级 41 处、省级 44 处。

---

① 相关资料来自陕西省水利厅。

2021 年，西安汉城湖获"全国水利风景区高质量发展典型案例"。

（4）水情教育基地建设和沿黄青少年研学基地

2020 年，陕西省引汉济渭工程展览展示馆入选"国家水情教育基地"。2021 年，全省有水情教育基地 6 个。2020 年，陕西水利博物馆被陕西省教育厅、文化和旅游厅、文物局评定为"陕西省中小学生研学试点教育基地"。

6. 山西省①

（1）水利遗产申报

山西省水利厅在初评申报材料的基础上，推荐了洪洞霍泉灌区、夹马口引黄工程、柳林县贾家垣淤地坝作为首批国家水利遗产申报项目。

（2）水利工程遗产保护利用

智伯渠—晋祠灌区是山西省境内最为古老的灌区之一。目前，智伯渠遗迹以景观形式存在。灌区使用循环用水系统、地下水井、地表蓄水塘坝等多种水源。永丰渠—姚暹渠—盐池防洪工程，姚暹渠是运城盆地内主要泄水河道。1958 年后上游相继建成苦池水库、中留水库两座中型水库，以及 10 座小型水库，用于保护运城市区、盐池及沿河居民安全。绛州十二渠—鼓水灌区，鼓堆泉位于九原山西麓山脚下，共有大小泉眼 29 处，2013 年实际灌溉面积达 3.34 万亩。南北霍渠—霍泉灌区与小霍渠—五一渠，霍泉位于洪洞县城东北 15 公里的霍山脚下，灌区有效灌溉面积达 10.11 万亩，主要用于农业灌溉和工业用水。汾河灌区是山西最大的灌区，设计灌溉面积为149.55 万亩，2013 年实际灌溉面积达 78.16 万亩，文峪河灌区位于晋中盆地西南部。灌区采用灌排结合模式，设计灌溉面积为 51.24 万亩，2013 年实际灌溉面积达 46.10 万亩，干渠总长达 109 千米。洪山泉三河—洪山灌区位于晋中盆地南段介休市境内，灌区设计灌溉面积为 11.82 万亩，渠道总长达 168 千米。通利渠（阎张渠）—汾西灌区位于临汾盆地，汾河下游西侧。灌区设计灌溉面积达 70.26 万亩，2013 年实际灌溉面积为 32.09 万亩，干

① 相关资料来自山西省水利厅。

渠长251千米。潇河灌区位于山西晋中盆地东北边缘，潇河干流出山口后的平原地区。潇河灌区有渠首大坝枢纽1处；有干渠2条，南岸为民生干渠，北岸为民丰干渠，总长达46.28千米；支渠及以下渠道总长1263.87千米；设计灌溉面积31.64万亩，实际灌溉面积27.93万亩。

（3）水利风景区建设

截止到2020年底，全省共有水利风景区51处（其中，国家级水利景区19处、省级水利景区32处），涉及黄河流域的水利风景区有24处。在黄河流域的24处水利风景区中，黄河干流的水利风景区有3处，均为省级水利风景区；涉及黄河流域（支流）的水利风景区有21处，其中国家级8处、省级13处。

（4）水情教育基地建设

2021年1月，第四批国家水情教育基地名单公布，山西大禹渡扬水工程位列其中，成为山西省唯一入选的水情教育基地。

大禹渡扬水工程始建于1970年，1974年10月首期工程竣工上水，属国家大型灌区、大型泵站。大禹渡扬水工程依托大型水利工程建设和底蕴深厚的大禹文化特色优势，紧紧围绕水文化教育主线，高点定位、积极谋划、统筹推进，完善基地组织机构和制度，落实经费保障，合理利用展厅、宣传栏、展示区等教育场所，构筑了融水文化教育、水知识教育、水生态教育为一体的多功能园区，向大众展示大禹治水文化和现代水利灌溉发展史、水利景观与文化、水保知识宣传及普及等种类丰富的水情教育知识，积极引导公众参与亲水、爱水、知水、护水活动，逐步建设形成了内容丰富、特色鲜明的大型引黄灌溉现代工程设施类水情教育基地。

7. 河南省①

（1）河南省政府印发《河南省"四水同治"规划（2021—2035年）》

《河南省"四水同治"规划（2021—2035年）》结合黄河流域生态保护和高质量发展重大国家战略，把深入挖掘黄河水文化内涵、加强黄河水利遗产保

---

① 相关资料来自河南省水利厅、河南黄河河务局、三门峡黄河明珠(集团)有限公司。

护、推进黄河文化主轴建设作为主要内容，提出进一步挖掘黄河水利遗存，弘扬黄河水利文化精神，加强黄河水利遗址遗迹遗产、黄河水利工程功能型水利遗产保护的措施。黄河文化保护传承与弘扬工作初见成效，中流砥柱、黄河古栈道、神禹导洛处等反映古代先民在治水用水节水方面的智慧与勇气；新中国成立后建设的三门峡水库大坝、小浪底水利枢纽承载了不同时代的特殊文化内涵。

（2）印发《河南省大运河河道水系治理管护规划》

将黄河文化和大运河文化进行有效衔接，加快通济渠郑州开封段水系连通工程建设，为永济渠（卫河）、贾鲁河、索须河等补水，实现黄河与大运河的文化融合。深入挖掘京杭大运河台前段与黄河交汇遗址遗迹，做好保护工作并研究论证新的交汇方式。

（3）人民胜利渠被水利部精神文明建设指导委员会评为"第二届水工程与水文化有机融合案例"

（4）水利风景区建设

截至2022年底河南省有国家级水利风景区44处，省级水利风景区32处。

（5）水情教育基地

2021年，水利部公布第四批国家水情教育基地评选结果，郑州市贾鲁河作为本次河南省唯一一家水情教育基地位列其中。2021年10月，经河南省水利厅厅长办公会批准，滑县道口古镇、黄河水利职业技术学院鲲鹏智慧水利教育中心入选第四批河南省水情教育基地。

（6）黄河工程与文化融合示范点建设

为充分发挥防洪工程在黄河文化建设中的载体功能和示范引领作用，2021年6月，河南河务局命名8家黄河工程与文化融合示范点（台前影唐险工、花园口险工、开封黑岗口险工、兰考东坝头险工、孟津铁谢险工、封丘曹岗险工、武陟杨庄改道工程、孟州开仪控导工）。这些工程不仅具有党建示范带和法治文化示范带的功能，还实现了工程与文化的融合，把文化元素融入防洪工程，彰显了品牌示范效应，成为河南省闪亮的"名片"。2021年7月6日，三门峡水利枢纽从全国51个参评案例中脱颖而出，荣登第三届水工程与水文化有机融合案例榜首。

8. 山东省①

一是修缮保护刘邓大军渡黄河指挥部旧址、羊山战役战地医院旧址、王文抗战旧址等黄河沿线革命文物。岗上遗址考古列入2020年新石器时代重要考古新发现，推进鲁国故城、大汶口等考古遗址公园建设。

二是出台《黄河国家文化公园（山东段）建设保护规划》《山东省黄河文化保护传承弘扬规划》《山东省黄河文化旅游带规划》等。

三是水利风景区建设。沿黄水利风景区共46处。黄河国家文化公园建设项目9个。

四是水文化遗产调查。2020~2021年，山东黄河河务局组织开展了流域及故道地区黄河文化遗产专项调查，分级建立台账。2021年，结合黄河下游防洪工程建设，新立项各类工程与文化融合展示区22处。

五是黄河工程文化融合示范点建设。截至2021年，山东黄河河务局已建成山东黄河文化建设示范点18处（高村黄河历史文化苑、苏泗庄治河历史文化园、陶城铺地理标志文化园、黄河东银铁路文化展馆、南坦"红心一号"文化广场、泺口黄河爱国主义教育基地、梯子坝黄河文化主题园、刘春家黄河文化教育基地、利津黄河凌汛文化主题园、河口河务局机关文化阵地、刘庄稚璜文化广场、梁山黄河明珠广场、艾山卡口地理标志文化园、济阳黄河文化体育公园、博兴打渔张涵闸工程文化基地、惠民白龙湾幸福广场、滨开张肖堂廉政文化教育基地、黄河河口法治文化主题园）。

六是青少年研学基地。目前，山东省已建成山东治黄文化展厅、德州黄河文化展厅、淄博齐韵黄河文化展馆、济南黄河文化展馆、黄河东银铁路文化展馆等，打造青少年普及黄河文化知识、提升文化修养的精品线路。

（二）非物质水文化的保护传承弘扬状况

辽阔的黄河流域承载着灿烂而丰富的文明，每一个省（区）都有其独特的非物质文化遗产，它们以各种各样的方式呈现在人们的视野中，是前人

---

① 相关资料来自山东省水利厅、山东黄河河务局。

留下的宝贵财富。流域各省（区）纷纷采取各种有力措施，加大对非物质文化遗产的保护传承力度。

1. 青海省①

（1）制定明确规划，保证相关活动的顺利实施

2021年青海省人民政府办公厅先后印发《青海省"十四五"水安全保障规划》等一系列规划或办法，用以保证水文化建设等相关活动的顺利实施。

（2）举办黄河水文化宣传系列活动

2020年9月18日，由水利部文明办、青海省水利厅主办的"关爱山川河流　保护母亲河"志愿服务暨公益宣传活动在贵德县同步开展。将水文化建设纳入年初宣传要点。2021年青海省水利厅宣传工作始终围绕重大水利工程建设、保障改善民生、保护水生态等方面展开，积极参与"母亲河畔的中国"等大型宣传活动，协调联系中国新闻网等媒体刊发《探访东方庞贝——喇家遗址》等文章，有效展现三江源生态文明新高地水文化的底蕴和魅力，助力源头地区的生态建设。

2. 四川省②

（1）建设非物质文化遗产名录体系

为进一步加强非物质文化遗产保护工作，若尔盖县不断完善非物质文化遗产名录体系。2021年组织了若尔盖县非物质文化遗产第七批省级传承人申报工作，成功入选4人，包括传统舞蹈类和传统医药类。2021年10月成功推荐69人为若尔盖县第七批县级代表性传承人，推荐藏兽医药传习基地、求吉寺德普藏香传习基地等8家基地为非物质文化遗产"两基地"，推荐藏族风水文化等3个项目为县级非物质文化遗产项目。2021年8月，若尔盖县诺尔央文化传播有限责任公司、阿坝州唐人坊民族文旅有限公司等3家公司成功申报省级非遗扶贫就业工坊。2021年9月，白河社区申报首批州级非遗小镇。

---

① 相关资料来自青海省水利厅。
② 相关资料来自四川省水利厅。

2021 年 12 月，完成第一批乡史村史和社区博物馆建设示范项目。

（2）加强非遗产品推广和人才支持

组织若尔盖县金属手工艺企业代表参加 2021 年重庆非遗购物节·重庆第六届非遗暨老字号博览会。组织若尔盖县牦牛绒制品、藏医药吉祥娃娃到九寨沟参加第八届中国成都国际非物质文化遗产节。2022 年，对若尔盖县59 名县级非遗传承人兑现非遗传承人补助资金 59.1 万元。2021 年 7 月，协助拍摄"我为非遗安个家"等非遗宣传视频。

（3）持续推动非遗融入生活，并逐步形成"非遗+"的立体活态传承模式

2021 年，四川省建立了"非遗+教育""非遗+旅游""非遗+文创""非遗+会展演艺""非遗+互联网"等全方位的产业生态链。成功承办四川国际文化旅游节、《黄河万古流交响音乐会》等黄河文化主题节目，全年开展"非遗进校园"活动 5 场次，首次开展"非遗进寺院"，将非遗与教育、传统文化相结合。

（4）成立"大草原"文旅发展联盟

2021 年 7 月，四川省举办首届黄河上游生态保护和高质量发展研讨会、黄河源非物质文化遗产保护与筑牢中华民族共同体意识论坛等。2021 年 10月，出版《格萨尔的童年——觉日的故事》。

3. 甘肃省①

（1）水文化资料整理和出版工作

2021 年，甘肃省水利厅以举办甘肃水利 70 载回顾与展望系列活动为契机，整理出版了《回顾与展望——甘肃水利 70 载》《水润陇原——甘肃水利 70 载回顾与展望》《陇水墨韵——甘肃水利 70 载回顾与展望书画作品集》等图书或画册；报送的文章《黄河之水上高山》《面向群众李培福》被《中国水利风景区故事（黄河流域篇）》"水利工程"卷和"治黄春秋"卷录用。

---

① 相关资料来自甘肃省水利厅。

（2）黄河水文化宣传系列活动

2020 年 9 月 18 日，由中央文明办和水利部联合主办黄河流域九地联动"关爱山川河流，保护母亲河"志愿服务暨公益宣传全河联动甘肃站活动。2021 年 3 月 22 日，"节水中国　你我同行"主题宣传活动在北京启动，甘肃省水利厅围绕联合行动宣传主题，结合"世界水日""中国水周"，及时对接教育等部门精心组织宣传活动，利用报刊、水利部门官网、户外广告、"三微一端"、今日头条等媒介，开展了形式多样的主题宣传活动。6 月，甘肃省被水利部评为"全国十佳地区"。2021 年组织开展"甘肃水利 70 载回顾与展望系列活动"，系列活动以"弘扬水利精神、传承黄河文化"为主题，活动内容包括文集和画册制作、"甘肃最美水利人"评选活动及巡回报告会、制作《水润盛世　惠泽陇原》专题纪录片、职工文体活动、"奋进新时代、保护母亲河"健步走活动。2021 年拍摄了纪录片《我们的河》，该片展示了近年来甘肃省在全面建立河湖长制、推动河湖长制从"有名"到"有实"，以及甘肃省在推进黄河流域生态保护和高质量发展等方面做出的艰苦努力与取得的重大进展。武威"水娃"节水标志已申请专利。景电灌区被中国灌区协会授予"最具时代精神魅力灌区"荣誉称号。邀请兰州大学张景平教授举办了《水利行业视角下的甘肃黄河文化保护、传承与弘扬刍议》讲座。

4. 宁夏回族自治区①

（1）水文化资料整理出版工作

2020 年宁夏水利厅组织专业研究人员赴中国第一历史档案馆等机构，完成 11 万字左右的《清代宁夏水利奏折》和 16 万字左右的《清代宁夏水利题本》收集、整理、点校、注释工作。2020～2021 年，公开出版《大清渠录·点注本》《宁夏水利博物馆图典》等涉及黄河水文化的书籍。

（2）黄河水文化宣传系列活动

2020 年，宁夏回族自治区水利厅与自治区党委宣传部、宁夏广电总局联合拍摄纪录片《塞上江南》，该纪录片于 10 月 21～25 日在中央电视

---

① 相关资料来自宁夏回族自治区水利厅。

台科教频道播出，从更加宏大的视角反映宁夏经济社会发展的一系列成就。2020年9月21日，配合中央电视台《跟着黄河人大海》栏目对宁夏水利博物馆进行全方位直播报道。2020年8月13日，配合《黄河万里行活动》，在腾讯等主流媒体刊发题为《在宁夏水利博物馆遇见黄河岸边的"时间印迹"》的文章。2021年4月"世界读书日"期间，宁夏图书馆联合宁夏水利博物馆在宁夏图书馆二楼布置了800平方米的艺术展厅，精心布设黄河文化展示专区，全方位展示宁夏源远流长的黄河文化。2021年，宁夏水利博物馆协助《黄河安澜》《大黄河》等栏目完成纪录片的拍摄工作，2021年10月20日，配合央视《文化十分》栏目对宁夏水利博物馆进行了宣传报道。

5. 内蒙古自治区①

（1）水文化资料整理出版

2021年出版图书《黄河湾治水人物》。

（2）文物展览陈列提质增效

制定印发了《宁夏回族自治区国有博物馆藏品征集规程实施细则》，进一步规范了全区国有博物馆藏品征集工作。内蒙古革命历史博物馆基本建设完工，赤峰契丹辽博物馆、呼伦贝尔历史博物馆建设项目稳步推进。《黄河从草原上流过——内蒙古黄河流域古代文明展》被国家文物局列入2021年"弘扬优秀传统文化、培育社会主义核心价值观"推介100个主题展览。

（3）完善水利行业立法

地下水保护和管理是内蒙古自治区人大2021年重点立法项目，内蒙古自治区水利厅在草案起草过程中充分开展区内调研，并广泛征集社会意见，在结合国家层面管理条例和自治区区情的基础上，制定了《内蒙古自治区地下水保护和管理条例》。2021年11月16日，《内蒙古自治区地下水保护和管理条例》（以下简称《条例》）顺利通过内蒙古自治区第十三届人民代表大会常务委员会第三十一次会议审议，并于2022年1月1日起施行。《条

---

① 相关资料来自内蒙古自治区水利厅、内蒙古自治区文化和旅游厅。

例》坚持"四水四定",突出阶段水资源的刚性约束、明确地下水保护和监管责任、建立和完善地下水计量监测和"双控"制度、地下水超采治理和污染防治、细化法律责任和罚则,对地下水保护和管理做出规定,为下一步依法治理地下水奠定了坚实的法律基础。《内蒙古自治区河湖管理条例》作为内蒙古自治区立法5年规划项目,在前期立法调研的基础上,已完成草案编制工作,立法前期工作有序开展。

(4)非遗保护传承活力增强

一是强化政策保障。编制了《内蒙古自治区"十四五"非物质文化遗产保护和传承规划》,印发了《自治区级非物质文化遗产代表性传承人认定与管理办法》《自治区级非物质文化遗产代表性传承人传承活动评估实施细则》。二是推进保护传承。公布了第七批自治区级非物质文化遗产代表性传承人(共120人)、第一批自治区传统工艺振兴目录项目(共65项100处),有17个项目入选第五批国家级非物质文化代表性项目。开展国家级非物质文化遗产代表性传承人传承活动评估工作、黄河非物质文化遗产专项调查,实施2021年度国家级代表性传承人记录工程,举办非物质文化遗产传承人群研修研习培训20期。三是强化宣传展示。组织举办了"非遗过大年 文化进万家"全区非遗年货展暨非遗扶贫产品展示展销会、"绣美新时代"内蒙古刺绣礼物大赛、文化和自然遗产日自治区主会场活动,开展了"传统文化月月传"、"传统手工艺大课堂"、非遗公开课等活动,大力宣传推介"非遗进校园"和"非遗与旅游融合发展"优秀案例。

6.陕西省①

(1)成立黄河文化研究机构

2020年8月21日,由西北工业大学、西北大学、陕西师范大学、西安美术学院、西安工程大学5所高校和陕西省考古研究院、陕西省文化遗产研究院、陕西省文物保护研究院3家文博系统科研院所,共同发起成立了陕西省黄河文化遗产研究中心。

---

① 相关资料来自陕西省水利厅。

（2）黄河水文化成果

2020 年 8 月，绘制了"陕西水文化遗产图谱"；2020 年，《延安时期陕甘宁边区农业灌溉问题研究》获中国水利思想文化研究成果二等奖；2021 年，《陕西水文化的形成和发展》获中国水利思想文化研究成果三等奖；2020~2021 年，在各类刊物发表水文化研究文章 18 篇。先后出版了《秦岭孕育水文化》《秦水古诗词赏析》《延安时期陕甘宁边区水利纪实》《关中八惠》《渭河》《黄河》《洛河》等系列水文化丛书。《陕西水文化遗产名录》被评为"陕西省优秀科普作品"。

（3）黄河水文化宣传系列活动

2021 年 11 月 9 日，举办《郑国与郑国渠》剧本审查会，协调推动 40 集电视连续剧《郑国与郑国渠》拍摄工作。2021 年，围绕推动陕西水文化遗产传承保护，在《人民日报》整版刊登了《渭南龙首渠引洛古灌区历史文化》。围绕弘扬黄河文化，在《中国水利报》整版刊登陕西沿黄各市水文化建设具体做法。自 2020 年以来，在陕西省水利厅门户网站编发水事消息 11216 条，在电视台播发水利新闻消息 302 条。编发"水润三秦"官方微信 214 期、抖音短视频 286 条、微博 1240 条、"陕西河长"微信 81 期；在报纸网站刊发水利新闻宣传稿件 3200 余篇；先后策划 27 次专题宣传活动，16 场新闻发布会；在有关刊物刊发陕西黄河流域水文化方面的新闻和研究文章 200 多篇。2020~2021 年，陕西水利博物馆累计接待社会各界游客 5 万人次。2020 年，拍摄制作了电视专题片《渭河春秋》《秦人治水——陕西水利历史文献片》；2021 年，拍摄制作了电视专题片《当代大禹——李仪祉人物纪录片》。黄河文化标识打造方面，2021 年陕西宝鸡清姜河被评选为全国"最美家乡河"。组织新建陕西节水科普馆，实施陕西水利博物馆提升改造工程。

7. 山西省①

（1）水文化资料的收集整理

2020~2021 年，山西黄河河务局围绕历代名人、历史事件、治河典故、

---

① 相关资料来自山西省水利厅、山西黄河河务局。

名胜古迹、风俗物产与非遗、涉河历史事件、文学佳作等开展山西段黄河文化调查，通过对相关文献资料进行初步收集整理形成水文化名录。

（2）黄河水文化宣传系列活动

2020 年 9 月 18 日，"关爱山川河流　保护母亲河"全河联动志愿服务暨公益宣传活动山西分会场在黄河岸边的临县高家塔举行启动仪式。2021 年 7 月 9 日，举行大学生"关爱河湖，保护母亲河"实践活动启动仪式。

8. 河南省①

（1）水文化资料收集整理与出版

河南省水利厅编纂的《河南省水利志》《河南水利 300 问》等，系统记录了全省黄河流域自然环境、水资源、防汛抗旱、水库、河道治理、水土流失治理、农业灌区建设等各方面发展历程，是全面了解河南省黄河流域治理情况的综合性文献资料。河南省水利厅成立编纂委员会，编纂出版《河南省河湖大典》，将黄河流域重要河湖及灌排文化纳入其中，以利于黄河水文化的保护和传承。河南黄河河务局成立河南黄河文化研究中心，出版《河南黄河之最》《战洪图》《黄河水利委员会河南黄河河务局重要治河文献选编（1951—2021）》等图书。开展了《黄河三门峡水利枢纽文化丛书》（10 本）编撰工作，其中《诗话黄河三门峡》《媒体眼中的黄河三门峡》已于建党百年前夕出版；编辑出版了《科技与管理——黄河文化专刊》。河南省水利宣传中心杨惠淑同志撰写的《嘉应观里的河文化》在 2021 年 1 月水利部宣传教育中心、中国水利文学艺术协会联合举办的"黄河文化"主题作品征集活动中荣获二等奖。进行河南省流域内黄河文化资料的收集整理工作，共搜集整理河南段文化、艺术、古迹、事迹等资料 10 万字。

（2）水文化遗产调查

河南黄河河务局出台《河南黄河河务局保护传承弘扬黄河文化方案》，对河南黄河河务局管辖范围内的水文化遗产进行调查。黄河号子入选国家级非物质文化遗产，黄河埽工入选开封市非物质文化遗产。

---

① 相关资料来自河南省水利厅、河南黄河河务局、三门峡黄河明珠(集团)有限公司。

（3）组织开展水文化系列宣传活动

三门峡黄河明珠（集团）有限公司组织开展保护传承弘扬黄河水文化系列宣传活动。牵头组织召开三门峡库区生态保护和高质量发展座谈会，运城、渭南、三门峡市发改委及流域河务、水文部门 10 家单位与会，以建设幸福库区为主题，共商流域生态保护和高质量发展大计，并签署《三门峡库区生态保护和高质量发展倡议书》。积极配合央视、新华社、北京电视台、河南电视台等国内媒体拍摄《大河安澜》《黄河安澜》《沿着高速看中国》《沿着高速看黄河》《大黄河》等专题片。制作完成《黄河明珠三门峡》5 分钟专题片、15 分钟专题片和 45 分钟专题片。参与"关爱山川河流、保护母亲河"志愿服务暨公益宣传活动，承办水利青年干部"深研总基调、建功新时代"知识竞赛及成果展示活动。

9. 山东省①

（1）实施文明探源考古工程

开展"黄河入海流——山东省黄河文化主题美术作品展"、黄河文化旅游带建设集中推广活动、"大河奔腾——中国沿黄九省省会城市画院联盟优秀作品联展"等活动。

（2）黄河水文化资料收集整理与出版

先后编辑出版了《大河钩沉——山东黄河水文化遗产辑录》《大河星火——山东黄河岸边的红色印记》《在海之滨——滨州黄河故事》《在河之州（滨州黄河印象）（精）》《回望黄河——滨州黄河水文化遗产辑录》《水越千年韵齐鲁》《山东古井名井档案》等图书。

（3）成立研究机构并出台相关规划

为传承延续黄河历史文脉，山东黄河河务局成立山东黄河文化发展研究中心，并成立黄河文化保护传承弘扬工作领导小组。出台了《山东黄河文化保护传承体系指导意见》（鲁黄党〔2020〕19 号），《关于加强山东黄河文化建设工作统筹的意见》（鲁黄办〔2021〕18 号）。通过"齐鲁黄河讲

---

① 相关资料来自山东省水利厅、山东黄河河务局。

坛"开展黄河水文化专题讲座 2 场。《黄河水文化建设的基层实践与思考》获山东黄河政研会课题成果一等奖。

三 黄河流域文化与经济发展状况

黄河呈"几"字形流经青海、四川、甘肃、宁夏、内蒙古、山西、陕西、河南、山东 9 省（区），全长 5464 公里，沿黄 9 省（区）拥有 20 处世界遗产、84 处国家 5A 级旅游景区等，形成一道又一道亮丽的风景线。

《黄河流域生态保护和高质量发展规划纲要》"保护传承弘扬黄河文化"模块，从"系统保护黄河文化遗产"、"深入传承黄河文化基因"、"讲好新时代黄河故事"与"打造具有国际影响力的黄河文化旅游带" 4 方面阐述了未来黄河文化发展的阶段性工作，其中"文化及相关产业增加值占 GDP 比重"、"实施黄河文化遗产保护利用设施建设项目"、"黄河流域文物保护单位数量"、"黄河流域省级以上文物保护单位开放率"以及"接待国内游客人次"等 5 项指标更加具体地反映上述工作的开展情况。但由于资料匮乏，上述 5 项指标具体数据并不完整，计算出的结果难免存在以偏概全的问题。

（一）系统保护黄河文化遗产

黄河文化遗产涵盖内容丰富，很多学者都是从一类遗产或一个区域入手对黄河文化遗产进行研究。郭永平和行晓荣研究了晋陕豫黄河流域的非物质文化遗产，推动非遗学与黄河学的融合互补。冯海英调查研究了宁夏境内黄河文化遗产。高明灿等以黄河流经 9 省（区）全国重点文物保护单位为研究对象，运用 GIS 空间分析方法，从时间维度、空间维度对该类文化遗产地域分异特征进行分析，并探讨其分布与自然地理、地域文化、线性文化之间的联系。张一研究了黄河区域文化遗产的时空分布特征。从不同专家学者的研究成果来看，全面加强黄河流域文化遗产保护传承弘扬刻不容缓。

从沿黄各省（区）国民经济和社会发展统计公报及相关数据来看，在沿黄 9 省（区）系统保护黄河文化遗产方面，青海省各级非遗名录项目达 2904 项，其中国家级非遗代表性项目有 88 项、省级非遗代表性项目有 335 项、市州级非遗代表性项目有 840 项、县区级非遗代表性项目有 1641 项；联合国教科文组织人类非遗代表作名录项目有 6 项。

截至 2022 年末，四川全省有艺术表演团体 50 个、艺术表演场所 35 个、公共图书馆 209 个、文化馆 206 个、美术馆 62 个以及综合文化站 4083 个。四川省有国家级文化产业示范（试验）园区 1 个、国家级文化和科技融合示范基地 2 个、国家文化消费试点城市 5 个、国家级动漫游戏基地 1 个、国家级文化产业示范基地 15 个、省级文化产业示范园区 11 个、省级文化产业试验园区 5 个、省级文化产业示范基地 59 个。全省共有博物馆 316 家、文物保护管理机构 173 家、全国重点文物保护单位 262 处、省级文物保护单位 1215 处。四川省拥有世界文化遗产 1 处、世界文化和自然遗产 1 处，列入《中国传统村落名录》的传统村落有 333 个，公布的省级传统村落有 1046 个。国家级非物质文化遗产名录有 153 项、省级非物质文化遗产名录有 611 项。

甘肃省入围第五批 325 个国家级非遗名录项目 15 项，与青海省并列西北 5 省（区）第 1 位。至此，甘肃省已有花儿、环县道情皮影戏、格萨（斯）尔 3 个项目入选联合国教科文组织人类非物质文化遗产代表作名录，有 83 项非物质文化遗产项目被国务院公布为国家级非物质文化遗产代表性项目；甘肃省人民政府共公布 4 批累计 493 项省级非物质文化遗产代表性项目；甘肃省已认定 68 名国家级非物质文化遗产代表性传承人、617 名省级非物质文化遗产代表性传承人，两批共 3 家企业入选国家级非物质文化遗产生产性保护示范基地；临夏砖雕、保安族腰刀锻制技艺等 15 个项目列入第一批国家传统工艺振兴目录。另外，甘肃省各市（州）共公布 2186 项非物质文化遗产代表性项目，认定 3452 名市（州）级非物质文化遗产代表性传承人；各县（区）共公布 5396 项非物质文化遗产代表性项目，认定 8299 名县（区）级非物质文化遗产代表性传承人。甘肃省已建成完整的国家、省、市、县四级非遗名录体系。

宁夏黄河流域非物质文化遗产资源遍布全区，存续状况相对完整的有2968 项，其中国家级非物质文化遗产代表性项目有 28 个，自治区级非物质文化遗产代表性项目有 224 个，市级非物质文化遗产代表性项目有 337 个。国家级非物质文化遗产代表性传承人有 22 人，自治区级非物质文化遗产代表性传承人有 249 人，市级非物质文化遗产代表性传承人有 553 人。自治区级文化生态保护区有 1 个。国家级非物质文化遗产生产性保护示范基地有 1个，自治区级非物质文化遗产保护传承基地有 98 个。

内蒙古已落实中央预算内资金 1.16 亿元，共支持 8 个"黄河国家文化公园"项目列入国家"十四五"时期文化保护传承利用工程项目储备库，其中，新建项目有 6 个、改扩建项目有 2 个。

山西省第 8 批全国重点文物保护单位新增 79 处，全国重点文物保护单位达 531 处，数量稳居全国第一。2022 年 5 月，山西省政府公布了 26 处全国重点文物保护单位，进一步加强全国重点文物保护单位保护管理。

陕西省留存超 5 万处文物遗址、700 多万件馆藏文物，拥有世界文化遗产 3 项、联合国教科文组织人类非物质文化遗产代表作名录 3 项、国家级非物质文化遗产名录 68 项。

河南现有全国重点文物保护单位 420 处，省级文物保护单位 1521 处。入选国家级非物质文化遗产名录 125 个，完成黄河沿线 7051 处不可移动文物普查工作，推进黄河流域 947 项省级非物质文化遗产项目调查工作。

山东省拥有世界遗产 4 处，列入中国世界文化遗产预备名单 1 处，国家历史文化名城 6 座，全国重点文物保护单位 226 处，省级重点文物保护单位1711 处，不可移动文物近 1.7 万处，人类非物质文化遗产代表作名录 3 项，国家级、省级非物质文化遗产代表性项目分别有 186 项和 1073 项。

（二）深入传承黄河文化基因

如何在保护的基础上传承黄河文化血脉，是沿黄 9 省（区）乃至全国各地、社会各界共同面临的时代课题。

青海省出台《青海省非物质文化遗产条例》《青海省省级文化生态保护

区管理办法》《青海省省级非遗工坊认定和管理办法》等，逐步完善保护传承体系，探索推进多种保护方式，加强传承能力，形成独具特色的青海非物质文化遗产保护传承发展模式。文化方面，全省有艺术表演团体12个、文化馆46家、文化站389个、公共图书馆50个、博物馆24家、档案馆54家。广播综合人口覆盖率达99.15%，电视综合人口覆盖率达99.20%。全年出版杂志215.63万册、报纸6769.20万份、图书1407.08万册（张），其中少数民族文字图书237.81万册（张）。

四川省研究挖掘黄河流域文化和旅游资源的历史价值，普查梳理四川黄河流域文化资源2181处、旅游资源5756处，出台《四川省黄河文化保护传承弘扬工作方案》，明确规划编制、考古发掘和文物保护利用、建设黄河国家文化公园等9方面22项工作，编制《四川省黄河文化保护传承弘扬专项规划》《四川省黄河国家文化公园建设规划》。2022年末四川省拥有广播电视台171座，中短波转播发射台42座，广播综合人口覆盖率为99.4%，电视综合人口覆盖率为99.7%，有线广播电视实际用户达929.4万户。全年出版地方报纸70种，出版量达97529.1万份；出版期刊354种，出版量达5070.3万册；出版图书12941种，出版量达41025.5万册；录像制品41种，电子出版物291种。

2020年宁夏全区文化及相关产业增加值达103.26亿元，占全区地区生产总值的比重为2.61%。文化方面，2021年末全区文化系统共有艺术表演团体44个、博物馆75家。全区共有公共图书馆27家、文化馆27家。预计有线电视在册用户数达137.86万户，其中，有线数字电视在册用户数为131.31万户。年末全区广播节目综合人口覆盖率为99.92%，电视节目综合人口覆盖率为99.98%。全区出版各类报纸14种，出版期刊37种，出版图书2383种。

截至2022年末，内蒙古全区共有艺术表演团体93个，其中乌兰牧骑75个。共有文化馆118家、公共图书馆117家、博物馆173家。年末全区广播节目人口综合覆盖率为99.8%，电视节目人口综合覆盖率为99.8%。自治区和盟市两级出版各类报纸22441万份，各类期刊1021万册，图书5961

万册。2022 年末全区共有档案馆 120 家，已开放各类档案 565.0 万卷（件）。

甘肃省开展了《黄河国家文化公园（甘肃段）建设路径与策略研究》等 10 余项黄河文化研究课题，组织建设了 50 余项黄河流域重点文物保护修缮工程。文化方面，2022 年末全省广播节目综合人口覆盖率达 99.46%，比上年末提高 0.03 个百分点；电视节目综合人口覆盖率达 99.52%，比上年末提高 0.03 个百分点。

山西省首创并大力实施"乡村文化记忆工程"，支持沿黄地区传统工艺工作站建设，搭建非遗展示平台，成功组织 192 个项目单位的 235 支团队、2537 名非遗传承人在首届山西非物质文化遗产博览会亮相。文化方面，2022 年末全省共有文化馆 129 家、文化站 1302 家、公共图书馆 127 家。全省出版报纸 54 种（不含高校校报），出版量达 21.1 亿份；出版各类期刊 198 种，出版量达 1768.0 万册，出版各类图书 3203 种，出版量达 12561.0 万册。全省拥有广播电视台 112 座，中短波转播发射台 15 座，调频、电视转播发射台 167 座，100 瓦以上调频、电视转播发射台 142 座。2022 年全省重点监测景区接待游客 3010.1 万人次，比上年下降 34.7%；门票收入为 8.2 亿元，下降 43.3%；经营收入为 32.9 亿元，下降 42.7%。

2022 年末陕西省文旅系统共有艺术表演团体 60 个、文化馆 122 家。全省拥有公共图书馆 117 家，全年总流通人次达 1363 万人次。2021 年，全省有 4 项黄河文化研究课题获文化和旅游部课题立项。陕西省政府联合省发改委举办了黄河文化保护传承弘扬专项论坛。

2022 年末河南省共有公有制艺术表演团体 158 个、文化馆 208 家、公共图书馆 175 家、博物馆 392 家。全国重点文物保护单位 420 处，省级文物保护单位 1521 处。全省有 125 项非物质文化遗产项目入选国家级非物质文化遗产名录。有线电视实际用户达 633.18 万户。广播综合人口覆盖率为 99.70%，电视综合人口覆盖率为 99.68%。全年全省图书出版总印数达 4.59 亿册，期刊出版总印数达 0.62 亿册，报纸出版总印数达 12.39 亿份。截至 2022 年末，全省共有综合档案馆 177 家，已开放各类档案 621.16 万卷

（件）。塑造"行走河南·读懂中国"品牌，同时注重上下衔接，成功推动夏文化研究等 20 余个重大工程项目纳入国家规划。

山东省文化事业持续繁荣。民族歌剧《沂蒙山》荣获"文华大奖"，成为山东历史上首部获得国家级奖项大满贯的剧目。京剧《燕翼堂》荣获"五个一工程"奖，杂技节目《弈》获中国杂技"金菊奖"，杂技剧《铁道英雄》入选朝鲜第 32 届"四月之春"友谊艺术节并获多项金奖。菏泽两夹弦小戏《公鸡过寿》等 3 部群众文艺作品荣获第十九届"群星奖"。截至 2022 年末广播人口、电视人口综合覆盖率分别为 99.66% 和 99.71%。城市、县城和乡镇影院共计 705 家，票房合计 16.8 亿元。全省拥有艺术表演团体 101 个、艺术表演场馆 77 家、博物馆 665 家、公共图书馆 153 家、群众艺术馆和文化馆 158 家、美术馆 57 家、文化站 1823 个。出版各类图书 15591 种、报纸 80 种、期刊 267 种。国家级、省级文化产业示范园区（基地）分别有 16 个和 171 个。国家级非物质文化遗产代表性项目有 186 项，省级非物质文化遗产代表性项目有 1073 项。国家重点文物保护单位有 226 家，省级重点文物保护单位有 1968 家。在旅游产品打造方面，黄河口生态旅游区成功创建国家 5A 级景区，微山湖旅游区进入创建 5A 级景区预备名单，沿黄 9 市建成省级工业、康养、体育旅游示范基地 55 个，打造文明探源之旅、传统文化体验之旅、大河风光之旅等黄河精品旅游线路 7 条，黄河流域文旅产业发展质量不断提升。

（三）打造具有国际影响力的黄河文化旅游带

近年来，随着文化旅游事业的蓬勃发展，旅游业与文化产业融合的研究越来越多。黄细嘉、周青研究了基于产业融合理论的旅游业与文化产业协调发展对策。张海燕、王忠云研究了旅游业与文化产业融合运作模式。黄河文化旅游发展路径方面的研究主要涉及黄河旅游产品开发、旅游品牌打造、黄河文化传播、旅游路线规划、旅游发展策略等方面。张稳柱指出，黄河文化旅游带发展路径需要借助现代科技、情景再现、故事演绎和宣传营销来实现。打造具有国际影响力的黄河文化旅游带，推动黄河文化与旅游融合发展成为沿黄流域9省（区）的共识。中国旅游研究院发布的《中国国内旅游发展年度报告（2022—2023）》显示，城镇居民和高学历人群是我国最主要的旅游客源，占比分别达72.15%和42.27%。国内旅游呈现本地化、近程化特征，省内旅游客流占国内旅游客流的81.24%，且81%的省际旅游客流为相邻省份间的旅游流动。

2022年末青海省有5A级景区4个，星级宾馆275个。全年接待国内外游客2157.84万人次，比上年下降45.7%。其中，国内客2157.65万人次，下降45.7%；入境游客1735人次。实现旅游总收入145.33亿元，下降58.5%。其中，国内旅游收入为145.29亿元，下降58.5%；旅游外汇收入为59.41万美元。

2021年四川省实现国内旅游收入7352.76亿元。全省接待国内游客48395.58万人次，其中，过夜游游客人数为16037.50万人次，占游客总数的33.14%；一日游游客人数为32358.08万人次，占游客总数的66.86%。一日游游客占比较2020年提高14.78个百分点。

2022年，甘肃省全年共接待国内游客1.35亿人次，比上年下降51.2%；实现国内旅游综合收入665亿元，比上年下降63.9%。旅游人均花费为493元，比上年减少174元。

2022年宁夏国内游客达3882.48万人次，增长7.2%。国内旅游收入为304.28亿元，增长6.3%。

2022年内蒙古全年接待国内游客9249.1万人次，实现国内旅游收入1053.9亿元。

2022年，山西省重点监测景区接待游客3010.1万人次，比上年下降34.7%；门票收入为8.2亿元，下降43.3%；经营收入为32.9亿元，下降42.7%。

黄河流域旅游产业是陕西省旅游产业主阵地，在旅游景区、产品、品牌方面具有领先优势，年游客接待人次、旅游业总收入、地区生产总值贡献始终保持在全国前列。2021年全省接待国内旅游人数为39057.97万人次，比上年同期增加9.4%；国内旅游收入达3433.95亿元，比上年同期增加24.3%。

2022 年，河南省共接待国内游客 43600 万人次，旅游总收入达 3160 亿元。年末共有 A 级旅游景区 681 家，其中 4A 级以上旅游景区 215 家。全省共有星级酒店 361 家、旅行社 1229 家。

山东省注重发挥大项目、大景区的引领作用。在项目遴选储备上，抓好重点项目库建设，目前已储备项目 200 余个，计划总投资 5700 多亿元，有 127 个项目列入省级重点项目。在重点项目建设上，近两年，山东省先后贴息 2900 多万元支持沿黄地区重点文旅项目 15 个，带动重点项目完成投资近 110 亿元。

对全国 6.9 万家规模以上文化及相关产业企业（以下简称"文化企业"）调查发现，2022 年，文化企业实现营业收入 121805 亿元，按可比口径计算，比上年增长 0.9%（见表 1）。

分业态看，文化新业态特征较为明显的 16 个行业小类实现营业收入 43860 亿元，比上年增长 5.3%，快于全部规模以上文化企业 4.4 个百分点。

分行业类别看，新闻信息服务营业收入为 14464 亿元，比上年增长 3.3%；内容创作生产营业收入为 26168 亿元，增长 3.4%；创意设计服务营业收入为 19486 亿元，下降 0.2%；文化传播渠道营业收入为 13128 亿元，下降 1.0%；文化投资运营营业收入为 504 亿元，增长 3.2%；文化娱乐休闲服务营业收入为 1141 亿元，下降 14.7%；文化辅助生产和中介服务营业收入为 16516 亿元，下降 0.6%；文化装备生产营业收入为 6904 亿元，增长 2.1%；文化消费终端生产营业收入为 23494 亿元，增长 0.3%。

分产业类型看，文化制造业营业收入为 44781 亿元，比上年增长 1.2%；文化批发和零售业营业收入为 19376 亿元，下降 1.2%；文化服务业营业收入为 57648 亿元，增长 1.4%。

分领域看，文化核心领域营业收入为 74891 亿元，比上年增长 1.3%；文化相关领域营业收入为 46914 亿元，增长 0.2%。

分区域看，东部地区文化企业实现营业收入 91714 亿元，比上年增长 0.1%；中部地区文化企业实现营业收入 18269 亿元，增长 5.8%；西部地区文化企业实现营业收入 10793 亿元，增长 0.5%；东北地区文化企业实现营业收入 1029 亿元，下降 1.0%。

表 1　2022 年全国规模以上文化及相关产业企业营业收入情况

单位：亿元，%

规模以上文化企业	绝对额	增速	占比
总计	121805	0.9	100.0
按行业类别分			
新闻信息服务	14464	3.3	11.9
内容创作生产	26168	3.4	21.5
创意设计服务	19486	-0.2	16.0
文化传播渠道	13128	-1.0	10.8
文化投资运营	504	3.2	0.4
文化娱乐休闲服务	1141	-14.7	0.9
文化辅助生产和中介服务	16516	-0.6	13.6
文化装备生产	6904	2.1	5.7
文化消费终端生产	23494	0.3	19.3
按产业类型分			
文化制造业	44781	1.2	36.8
文化批发和零售业	19376	-1.2	15.9
文化服务业	57648	1.4	47.3
按领域分			
文化核心领域	74891	1.3	61.5
文化相关领域	46914	0.2	38.5
按区域分			
东部地区	91714	0.1	75.3
中部地区	18269	5.8	15.0
西部地区	10793	0.5	8.9
东北地区	1029	-1.0	0.8

注：1. 表中增速均为未扣除价格因素的名义增速。

2. 表中部分数据因四舍五入，存在总计与分项合计不等的情况。

四　存在问题与对策建议

黄河流域文化根基深厚。黄河孕育了河湟文化、关中文化、河洛文化、齐鲁文化等特色鲜明的地域文化，历史文化遗产星罗棋布。作为中华文明的重要组成部分，黄河文化是中华民族的根与魂，事关中华文脉的绵延赓续，是坚定中国特色社会主义道路自信、理论自信、制度自信、文化自信的坚实基础。加强对黄河文化的保护、传承与弘扬，不但是实现中华优秀传统文化创造性转化和创新性发展的重要举措，其所蕴含的巨大价值更是中华民族增强文化自信心和民族自豪感，彰显中华文明的独特魅力、增进民族团结的时代需要。

（一）黄河流域文化资源优势

黄河流域开发历史悠久，黄河水文化遗产非常丰富。5000年的流域开发史为黄河流域留下大量水文化遗产。这些遗产类型众多、数量巨大，既包括物质形态和非物质形态黄河文化遗产，也包括工程性遗产和非工程性遗产。这些黄河水文化遗产成为黄河文化的重要组成和核心载体，在长期管护利用过程中，对区域社会经济发展起到重要的推动作用，实现了良好的社会效果。

黄河流域进一步延伸了我国区域经济发展的黄河文明视角。流域内黄河文化遗产承载的历史文化信息成为脱贫攻坚、西部大开发、中原振兴、共建"一带一路"、传统文化复兴、乡村振兴的重要抓手。众多遗产仍旧活态保存，成为各方游客旅游观光的胜地，推动了区域社会经济发展。非物质形态黄河文化遗产丰富，水神祭祀（大禹祭祀）、传统庙会、建造工艺等有助于培育传承传统文化，提升区域文化认同与凝聚力。现存遗产外延功能较多，文创产业发展前景好，一批文创企业相继孵化运营，水文化逐步成为文创产业关注的热点。一批优质的黄河文化旅游产品正加速涌现，丰富了人们的出游选择，让更多人在旅途中欣赏黄河风光、感受黄河文化，为黄河流域生态保护和高质量发展注入了动力、提供了支撑。发展黄河流域文化产业是保护传承弘扬黄河文化、振兴黄河流域沿岸省份经济的主要路径之一。

（二）黄河流域文化资源开发利用过程中存在的问题

如前文所述，黄河流域开发历史悠久，文化资源丰富。流域各省（区）均采取了积极的开发利用措施，出台了相关保护制度和利用规划，取得了明显的成效。但是，由于各地人文认知理念、经济发展水平、文化资源分布等均有差异，所以流域文化资源开发利用水平不尽相同。就其共性而言，还存在以下几方面问题。

1.黄河文化遗产保护、传承、利用方面存在的问题

黄河文化遗产管理责任主体多，"九龙治水"、多头管理现象明显，遗产管理效率有待提升；黄河文化遗产管护规章制度不健全，保护工作缺少制度保障；遗产本体条件复杂，分类、分级保护难度大；传承利用项目少，项目落地难；投入保障有待加强，水利、农业、工业、交通等行业遗产保护机制待加强；黄河文化内涵不明确，缺乏系统挖掘、研究和保护。

黄河文化活态展示不足，展示形式、方式单一；黄河文化社会关注度较低，濒危遗产项目增加；长期以来对遗产地周边社会生态系统关注不足，与黄河有关的传统工艺、传统文化面临消失的危险。

黄河文化社会服务功能闲置现象突出，黄河文化遗产资源结构性浪费现象严重；黄河文化宣传力度不足，社会认可度较低；文化价值阐释单一或缺失，内涵有待进一步发掘。

2.黄河流域文化产业发展方面存在的问题

从资源开发看，黄河沿线拥有丰富的自然旅游资源和人文旅游资源，各省（区）的旅游经济发展迅速，但缺乏明确的战略规划和统一协调，区域分化明显，呈现零散化、无序化、开发利用层次较浅、旅游产品单一重复的现象，不能充分发挥黄河沿线丰富多彩的自然风景资源优势，使得黄河沿线旅游资源未能充分发挥经济价值和招商引资效益，造成了旅游资源的浪费和破坏。

从产业结构看，当前沿黄9省（区）主要就各行政区域内的旅游资源发展旅游产业，存在顶层设计滞后、政策体制不健全、区域资源整合度不高以及文化企业品牌形象辨识度低等问题，没有从宏观战略上对文化旅游产业进行规划布局，区域之间协同程度较低，未形成集约化、联动性高、资源信息共享、管理机制协调统一的沿黄旅游产业群，因此很难发挥黄河沿线地区旅游资源和政策、管理的集群效应，直接制约了沿黄旅游经济带的规模化发展。

（三）建议措施

针对流域各省（区）黄河文化资源发展利用现状，基于发展与保护的导向，结合资源开发利用过程中存在的问题，本报告提出重视区域联动，形成整体性、系统性的发展思路。

1.保护利用黄河流域水文化遗产

推进黄河流域水利风景区水利遗产保护、传承和利用，把黄河文化遗产保护放在黄河大保护建设的首要位置。加大黄河文化的发掘研究力度，实现黄河流域文物和文化遗产有效保护传承，推进实施重点工程项目，出台文物、非遗、旅游等专项规划，为黄河文化保护传承弘扬工作的持续推进提供指引和保障，助力黄河流域生态保护和高质量发展战略实施。

打造黄河文化遗产廊道，依托黄河文化遗产在黄河沿线建设黄河文化主题公园，开发黄河文化研学线路。在文化遗产资源条件较好的河段，以河流湖泊为线、城镇为片，建设独具特色的黄河国家文化公园和风景名胜区。推进历史名城、名镇、名村黄河文化整体性保护、文化挖掘和功能提升，以黄河文化遗产为典型要素的文化展示平台，以历史文化街区、典型遗产、遗产活化展示项目为核心支撑，打造黄河文化、黄河流域记忆、黄河艺术集中展示体验地，构建虚实结合的文化遗产知识型旅游产品，使黄河流域历史名城、名镇、名村更富文化韵味。

打造主题突出、特色鲜明的黄河文化博物馆集群。黄河流域的历史文化资源非常丰富，也是我国博物馆发展起步较早的区域。丰富的文物藏品承载着沿黄地区人民的共同记忆，能够全面系统地反映和展示黄河流域的物质文明、精神文明、制度文明与生态文明。黄河流域博物馆在保护传承弘扬黄河文化方面有着不可替代的作用，要统筹建设与黄河文化相关的各类行业、专题性博物馆，打造主题突出、特色鲜明的黄河文化博物馆集群。以中国黄河博物馆为纽带，团结凝聚黄河流域9省（区）博物馆力量，搭建黄河流域博物馆交流合作平台，组织开展黄河文化研究、宣传、保护、展示、利用等活动，全方位、多视角诠释黄河文化的物质内涵、精神实质和时代价值，提升黄河文化的知名度和影响力。

积极开展黄河非物质文化遗产活态保护、展示、传承和利用，推动非物质文化遗产活起来、传下去、出精品、出名家。打造一批具有黄河文化韵味的国家级、省级非物质文化遗产特色小镇，综合性非物质文化遗产展示馆、传统工艺工作站等平台载体，培育一批品牌展演展示活动，努力打造河源文化、关中文化、河洛文化等一批国家级文化生态保护试验区。建设黄河流域非物质文化遗产馆，鼓励利用博物馆、图书馆、文化馆站、传习所、非物质文化遗产（展示）馆等公共文化服务设施因地制宜开展宣传展示活动。充分利用数字技术、多媒体技术等手段，推动非物质文化遗产的数字化展示、传播和交流。

2. 建设黄河旅游经济带

从地理位置上看，黄河流域与丝绸之路有较大重叠，尤其是黄河中段地区，河套平原、宁夏平原、河西走廊是丝绸之路上的重要地理坐标，敦煌、武威、张掖等城市更是丝绸之路上曾经繁盛一时的重要关口。[①]

当前，"一带一路"倡议加速推进，为弘扬黄河文化带来更为广阔的空间和机遇。黄河经济带在投资、消费、政策、资源方面已完全具备重构旅游产业的条件。在当前区域联动建设阶段，黄河沿线各省（区）应积极沟通，打造旅游发展联动格局，集中各地优势资源，在政策支持下，建立产品多样、模式新颖、统一管理、沟通便利、信息共享的黄河旅游经济带，建立品牌化的黄河旅游带，使沿黄经济带的旅游产业实现整体升级。

以保护传承弘扬黄河文化为主题，将黄河文化的传承与丝绸之路、大运河文化带保护等具体项目结合起来，坚持文化引领、产业融合、生态优先、开放合作、创新驱动，建设区域协同程度高、旅游发展模式成熟、产业结构大大优化的旅游经济带，将每个景点、每个文化产品放到黄河历史文化谱系和黄河地理大环境中去观照，让游客感受到黄河历史文化和自然风光的魅

---

① 王娜：《"一带一路"背景下黄河旅游发展的战略思考》，《水资源保护》2021年第5期，第178~179页。

力，加强黄河流域各省（区）之间的旅游产业合作，努力把黄河打造成各地游客体验华夏历史文明的重要廊道，以及具有国际影响力的世界级文化旅游目的地。

坚持"以文塑旅、以旅彰文"发展理念，加快建设体现中华悠久文明的黄河文化旅游带。打造黄河历史文化地标城市，发挥黄河沿岸地域文脉相连的优势，通过黄河地域文化的品牌塑造，推动"一带一路"重要节点城市，如陕西西安、河南郑州、山东济南、甘肃兰州等打造黄河文化新地标。其他沿黄城市要深入发掘历史悠久、底蕴深厚、内涵丰富、禀赋独特的黄河文化资源及其时代价值，树立"大黄河"理念，连点成线、串珠成链、轴带贯通，通过谋划建设黄河国家文化公园、黄河国家博物馆、黄河文化遗址展示体验区、沿黄生态廊道、沿黄旅游风景道等，讲好"黄河故事"，让黄河文化"动"起来，使黄河流域成为华夏之光文化带。

3. 加快生态与文化资源融合

作为我国重要的生态屏障，黄河流域拥有三江源、祁连山等多个国家公园和国家重点生态功能区，形成了"中华水塔""塞上江南""壶口瀑布""地上悬河""黄河入海"（见图1）等特色景观。我国五岳名山中的华山、恒山、嵩山和泰山均位于黄河流域。另外，黄河是中华文明的发祥地，拥有甘青文明、关陇文化、中原文明、齐鲁文化等，历史文化资源丰富。可见，黄河流域拥有发展文化旅游产业的先天优势。因此，各省（区）要统筹规划，实施好生态保护与修复工程，以提升、展示黄河文明为核心，加快生态资源、自然景观与文化资源、文化创意的深度融合，将资源优势转化为实实在在的产业优势，大力发展文化旅游产业，打造沿黄文化旅游带。

以建设黄河国家文化公园为目标，整合黄河沿线峡谷奇观、黄河湿地等旅游资源，以及沿线的考古遗址公园、文保单位等文化资源，加强道路交通等基础设施的连通和运营管理上的融通，依托黄河沿岸自然风光与民俗风情适度开发公众休闲、旅游观光、生态康养服务，规划建设一批文化旅游名城、名镇、名村，塑造黄河风情旅游品牌，打造一条以黄河为轴线、具有国际影响力的黄金旅游带。

　　加快黄河标志和吉祥物的普及应用，建设黄河文化标识高地。黄河标志和黄河吉祥物是黄委宣传中心联合相关单位共同推出能彰显黄河精神的文化符号，是贯彻落实习近平总书记关于讲好黄河故事重要讲话精神的实际行动。对探索中华民族的根和魂，持续唱响主旋律，准确、全面、深刻把握新发展阶段，贯彻新发展理念，凝心聚力建设幸福河具有重大现实意义和时代价值。流域各省（区）应以推广应用黄河文化为纽带，创新表达方式，拓宽应用场景，进一步充实黄河文化基因宝库，将各地文旅资源、文旅场馆等串珠成链，增强流域各省（区）黄河文化共同体意识，进一步深入挖掘黄河文化蕴含的时代价值，助推黄河文化创造性转化和创新性发展，为实现中华民族伟大复兴的中国梦凝聚精神力量。推进黄河工程与黄河文化有机融合示范点建设。黄河水利委员会根据各自实际，科学定位，统筹布局，因地制宜，量力而行，切实利用好已有设施和文化阵地，适当建设特色鲜明、特点突出的黄河文化传承载体，着重发挥治黄工程和黄河文化成功融合案例和文化建设示范点的引领带动作用，逐步扩大黄河文化园区建设范围，持续打造具有浓厚区段特征与特有标识的拳头产品和文化品牌，充分展现黄河文化魅力和核心影响力。

图1　黄河入海

4. 用"黄河故事"推动旅游产业高质量发展

黄河流域大部分河段的自然景观大体相似，如果仅依托自然景观进行旅游开发，必然导致旅游产品同质化，黄河文化的注入则有助于实现旅游产业的差异化、特色化发展。因此，要将文化传承和旅游产品打造结合起来，分类推进历史文化、红色文化等，将优秀传统文化元素融入旅游产业，让游客在实践中理解传统文化魅力，为游客提供文化浓度高、产品层次丰富、游玩体验好、富有教育意义的文化旅游服务。

出台黄河文化产业发展规划纲要、黄河旅游发展布局等具体政策措施，既要做好历史传承，又要紧跟时代步伐。加强黄河文化的科技、文化、艺术、社会价值研究，鼓励相关文艺作品创作，讲好黄河故事。促进黄河文化与数字产业融合，借助信息技术打造特色鲜明的传统文化旅游产品，为传统文化的传承贡献力量，利用人工智能、大数据、VR 等新技术打造数字化、智能化科普平台，开发视听娱乐、科普讲座、文创游戏等文化产品和文化服务，打造具有黄河文化科普特色的文创产品。创新黄河文化传播方式，加快水文化与智慧水利融合创新中心、黄河文化智慧展示体验中心建设，创新黄河文化体验方式，让黄河文化"活"起来。

区域治理篇

Regional Governance

B.11
黄河源区水源涵养状况及面临形势

梁 帅 韩 冰 田世民*

摘 要: 黄河源区是黄河流域重要产水区和水源涵养区，在气候变化和人类活动双重压力下，黄河源区各类型生态系统发生了显著变化，影响了源区水源涵养功能。在总结前人研究的基础上，本报告阐述了水源涵养的概念和内涵，系统梳理了黄河源区水源涵养主体的变化过程，论述了水源涵养功能对水源涵养主体变化的响应特征，分析了黄河源区未来水源涵养能力演变面临的形势。通过分析黄河源区水源涵养的变化特征发现，早期黄河源区草地和湿地等持续退化、冰川和冻土持续消融，严重削弱了源区储水保水能力和冰川融水对径流的调节作用，对黄河源区水源涵养和黄河流域水资源配置及生态系统产生了不利影响。总体来看，目前黄河

* 梁帅，黄河水利委员会黄河水利科学研究院工程师，主要研究方向为水生态环境修复与治理；韩冰，博士，黄河水利委员会黄河水利科学研究院工程师，主要研究方向为水污染治理与生态修复；田世民，博士，黄河水利委员会黄河水利科学研究院江河治理试验中心副主任、教授级高级工程师，主要研究方向为河流水生态综合管理等。

源区水源涵养功能在逐步恢复，但其水源涵养量依然偏低。因此，未来仍需通过针对性地实施精准化生态环境修复与治理、建立黄河流域生态补偿机制和加强水源涵养相关的基础研究等措施，为黄河源区水源涵养能力提升提供参考和保障。

关键词： 黄河源区　水源涵养　草地退化　湿地萎缩　气候变化

一　引言

青藏高原是我国重要的生态安全屏障和水资源安全战略基地，在世界水塔指数排名中，青藏高原位于世界第七和亚洲第一[①]，水源涵养是青藏高原的重要生态功能之一。黄河源区位于青藏高原东北部，1950~2022年平均径流量为204.03亿 m^3（唐乃亥站），是黄河流域重要的水源涵养区。黄河流域是一个动态的复杂开放巨系统，系统内部上中下游紧密联系并存在互馈关系，源区水源涵养对全流域水资源安全和经济社会发展具有举足轻重的作用。[②] 2019年，习近平总书记提出了黄河流域生态保护和高质量发展重大国家战略，特别强调了黄河源区水源涵养能力提升的问题。2020年，国家"十四五"规划及2021年中共中央、国务院印发的《黄河流域生态保护和高质量发展规划纲要》，均提出要加强上游水源涵养能力建设，强化水源涵养功能。基于此，本报告聚焦黄河源区水源涵养单元变化，从水源涵养概念、黄河源区水源涵养状况、水源涵养单元的长期演变规律及下一步工作重点等方面入手，对黄河源区水源涵养有关问题进行了探讨。

---

① Immerzeel W. W. , Lutz A. F. , Andrade M. , "Importance and Vulnerability of the World's Water Towers," *Nature* 577（2020）：364-369.

② 田世民等：《黄河源区水源涵养有关问题探讨》，《水利水运工程学报》2022年第1期，第1~9页。

二　水源涵养的概念

20 世纪 60 年代，"水源涵养"以"森林水源涵养"的概念由苏联传入我国。在国外研究中，水源涵养一般泛指水资源保护，我国水源涵养研究主要强调生态系统的水文调节作用，属生态系统服务范畴。[1] 早期研究将水源涵养定义为森林对河流径流量的影响[2]，后来拓展为森林生态系统拦蓄降水，从而有效涵蓄土壤水分和调节河川流量的功能[3]，森林对降水、蒸散发、径流及水质的影响也被纳入其中[4]。如今，水源涵养的内涵进一步扩展，指生态系统通过对降水的截留、吸收和贮存，改变流域产流特征、水文循环路径和水分存储形式，调节流域地表水、土壤水和地下水之间的存储和交换关系，从而既能保障和维持流域生态系统健康，又能最大限度为流域外部提供生态产品和服务。[5]

水源涵养包含大气、水分、植被和土壤等自然过程[6]，其变化直接影响区域气候水文、植被和土壤状况，是区域生态系统状况的重要指示器。当前对水源涵养能力和水源涵养量的理解存在一定的分歧，有研究者用单位时间单位面积的水源涵养量来表征水源涵养能力。[7] 通常来讲，水源涵养量和水源涵养能力都是水源涵养功能的具体表现。水源涵养量与时空尺度相关，具

---

① 周佳雯等：《森林生态系统水源涵养服务功能解析》，《生态学报》2018 年第 5 期，第 1679~1686 页。

② Landon A. C., Kyle G. T., Kaiser R. A., "Predicting Compliance with an Information-based Residential Outdoor Water Conservation Program," *Journal of Hydrology* 536 (2016): 26-36.

③ 王云飞、叶爱中、乔飞：《水源涵养内涵及估算方法综述》，《南水北调与水利科技》2021 年第 6 期，第 1041~1071 页。

④ 魏晓华等：《森林与径流关系———一致性和复杂性》，《自然资源学报》2005 年第 5 期，第 761~770 页。

⑤ 乔飞等：《三江源区水源涵养功能评估》，《环境科学研究》2018 年第 6 期，第 1010~1018 页。

⑥ 张彪等：《森林生态系统的水源涵养功能及其计量方法》，《生态学杂志》2009 年第 3 期，第 529~534 页。

⑦ 龚诗涵等：《中国生态系统水源涵养空间特征及其影响因素》，《生态学报》2017 年第 7 期，第 2455~2462 页。

体指在某一时间尺度内某一区域的水源涵养总量。水源涵养能力则是指某一生态系统类型或某一区域在水源涵养方面表现出来的能力，具体与辐射、温度、蒸散发、风速及下垫面（土地利用类型、地形）等区域基底特征密切相关。水源涵养能力高的区域水源涵养量未必高，但在相同的降水条件下，相同时间尺度内水源涵养能力越高的区域，其水源涵养量越高。

人类活动和气候变化是影响黄河源区水源涵养能力的最主要因素，人类活动改变了区域下垫面条件。故对黄河源区来讲，提升水源涵养能力，需要从气候条件和基底特征两个方面进行改善。但气候条件及土壤、地形等基底特征是无法通过人工进行调节的，只能通过改善下垫面对水源涵养能力进行调节。①

三　黄河源区水源涵养概况

在全球气候变化影响下，黄河源区气温呈现持续升高的趋势（见图1），上升幅度为 0.53℃/10a。② 同样地，源区降雨和蒸发强度也发生了变化。近年来，黄河源区降水量整体也呈上升趋势，并表现为秋季略有减少，冬季显著增多的特征，而蒸散发强度除西南部外其他区域均呈上升趋势。③ 20 世纪80~90 年代，受人类活动和气候变化的共同影响，黄河源区生态环境遭到显著破坏。自 2000 年以来，随着三江源国家公园的建立，三江源地区生态退化趋势有所放缓，生态环境质量逐步提升。根据《三江源国家公园公报（2019）》，2019 年三江源地区草地覆盖率、产草量分别比 10 年前提高了11%、30%以上，水源涵养量年均增幅在 6%以上。④

---

① 田世民、韩冰、梁帅：《黄河源区水源涵养有关问题探讨》，《水利水运工程学报》2022 年第 1 期，第 1~9 页。

② 曹巍、刘璐璐、吴丹：《三江源国家公园生态功能时空分异特征及其重要性辨识》，《生态学报》2019 年第 4 期，第 240~253 页。

③ 王道席、田世民、蒋思奇：《黄河源区径流演变研究进展》，《人民黄河》2020 年第 9 期，第 90~95 页。

④ 管晓祥、刘翠善、鲍振鑫：《黄河源区植被 NDVI 演变及其与降水、气温的关系》，《水土保持研究》2021 年第 5 期，第 268~277 页。

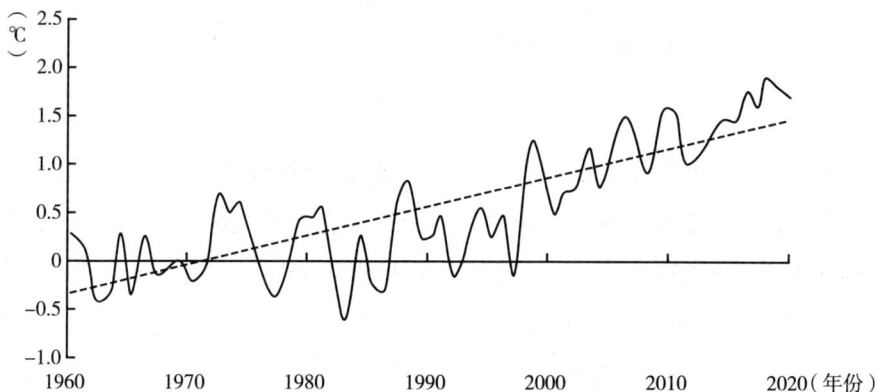

图 1 1960~2020 年黄河源区年平均气温

（一）黄河源区水源涵养主体

冻土、湿地、草地、冰川等是黄河源区重要的水源涵养单元和主体。黄河源区分布着大面积连续、不连续和岛状多年冻土、季节冻土，其是高寒地区重要的固态水源。[①] 草地面积约占黄河源区面积的 71.02%[②]，通过植被与土壤间的相互作用蓄存水分并发挥水源涵养功能。[③] 湿地面积占黄河源区面积的 8.4%[④]，黄河源区若尔盖湿地被誉为黄河上游的蓄水池。[⑤] 黄河源区冰川面积较小且集中分布于阿尼玛卿山区域，该区域发育现代冰川 50 余条，面积超过 $10km^2$ 的大冰川有 3 条。[⑥]

[①] Jin H., He R., Cheng G., "Changes in Frozen Ground in the Source Area of the Yellow River on the Qinghai-Tibet Plateau, China, and Their Eco-environmental Impacts," *Environmental Research Letters* 4 (2009): 45206.

[②] 陈琼、张镱锂、刘峰贵：《黄河流域河源区土地利用变化及其影响研究综述》，《资源科学》2020 年第 3 期，第 446~459 页。

[③] 王根绪、沈永平、钱鞠：《高寒草地植被覆盖变化对土壤水分循环影响研究》，《冰川冻土》2003 年第 6 期，第 653~659 页。

[④] 水利部黄河水利委员会：《黄河流域综合规划》，黄河水利出版社，2013。

[⑤] Zeng M., Zhu C., Song Y., "Paleoenvironment Change and Its Impact on Carbon and Nitrogen Accumulation in the Zoige Wetland, Northeastern Qinghai-Tibetan Plateau over the Past 14000 Years," *Geochemistry, Geophysics, Geosystems* 4 (2017): 1775-1792.

[⑥] 施雅风、王宗太、刘潮海：《简明中国冰川目录》，上海科学普及出版社，2005。

（二）水源涵养主体演变特征

1. 冻土消融

黄河源区多年冻土、高寒生态、水文过程等相互作用十分强烈[1]，黄河源区多年冻土主要发育在海拔4000m以上（黄河沿水文站以上）的源头区，多年冻土面积占85%以上[2]。季节性冻土则主要发育在鄂陵湖以下区域，占黄河源区总面积的9.7%。黄河源区冻土变化可分为两个阶段，1972~1992年部分季节性冻土转变为多年冻土，多年冻土面积增加323km²；[3] 自20世纪80年代以来，黄河源区冻土发生区域性退化，主要表现为冻土深度减小、永久冻土层向季节性冻土层转变、冻土层分布逐渐破碎化等，多年冻土面积从2.4万km²减少到2.2万km²。[4] 气候是黄河源区多年冻土空间分布的主控因子，冻土温度升高、活动层加深、冻深变浅，造成融区扩展乃至贯通，改变了局部地区水文循环。[5]

2. 草地退化

自20世纪60年代以来，过度放牧导致草地承载力下降，再加上鼠患加速了草地的退化，黄河源区草地整体呈退化状态[6]，具体表现为草地面积缩小、草场质量下降和荒漠化土地面积增加。覆盖度下降是黄河源区草地生态系统的主要演变方向。与20世纪80年代相比，近年来黄河源区高覆盖草地

① 王有恒等：《黄河流域气候变化研究综述》，《中国沙漠》2021年第4期，第235~246页。
② Luo D., Jin H., Lv L., "Spatiotemporal Changes in Extreme Ground Surface Temperatures and the Relationship with Air Temperatures in the Three-River Source Regions during 1980–2013," *Theoretical and Applied Climatology* 123（2016）：885–897.
③ 马帅、盛煜、曹伟：《黄河源区多年冻土空间分布变化特征数值模拟》，《地理学报》2017年第9期，第1621~1633页。
④ 肖风劲等：《气候变化对黄河流域生态安全影响及适应对策》，《人民黄河》2021年第1期，第10~14页。
⑤ Cheng G., Zhao L., Li R., "Characteristic, Changes and Impacts of Permafrost on Qinghai-Tibet Plateau," *Chinese ence Bulletin* 27（2019）：2783–2795.
⑥ 陈英玉、王永贵、周向阳：《黄河源区荒漠化现状及其驱动力研究》，《青海大学学报》（自然科学版）2008年第4期，第71~76页。

分别演变为中覆盖草地（8%）和低覆盖草地（15%），29%的中覆盖草地演变为低覆盖草地，部分天然草地演变为人工草地。[①] 通过 1980~2018 年遥感数据可知（见图 2），2018 年之前，黄河源区中、高覆盖草地面积持续减少，随着三江源生态保护与修复工程等的实施，2018 年后黄河源区草地总面积有所恢复，但高覆盖高寒草地向中、低覆盖草地演变的趋势仍未得到明显改善。[②]

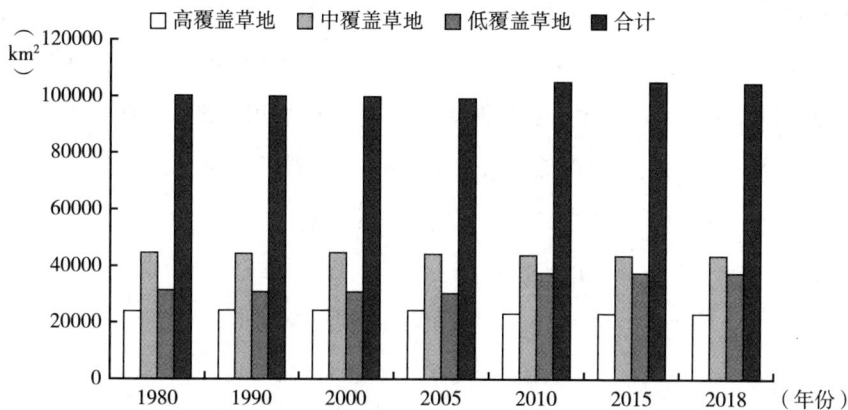

图 2　1980~2018 年黄河源区高、中、低覆盖草地面积变化情况

3. 湿地萎缩

黄河源区湿地主要包括湖泊湿地、河流湿地和沼泽地，其中沼泽地和湖泊湿地分别占湿地总面积的 65.8% 和 33.6%。[③] 自 20 世纪 70 年代以来，黄河源区湿地呈萎缩状态，其中以沼泽湿地面积减少最为显著[④]。2018 年，黄

[①] 张镱锂、刘林山、王兆锋：《青藏高原土地利用与覆被变化的时空特征》，《科学通报》2019 年第 27 期，第 2865~2875 页；孙华方、李希来、金立群：《生物土壤结皮对黄河源区人工草地植被与土壤理化性质的影响》，《草地学报》2020 年第 2 期，第 509~520 页。

[②] 田世民、韩冰、梁帅：《黄河源区水源涵养有关问题探讨》，《水利水运工程学报》2022 年第 1 期，第 1~9 页。

[③] 牛岳：《基于决策树模型的黄河源湿地信息提取》，硕士学位论文，中国地质大学（北京），2020。

[④] 李林、李凤霞、朱西德：《黄河源区湿地萎缩驱动力的定量辨识》，《自然资源学报》2009 年第 7 期，第 1246~1255 页。

河源区沼泽草甸、泥炭湿地和湖泊面积分别减少了 619.3km² 、213.5km² 和 5.49km²（见图 3）。① 若尔盖泥炭湿地面积约占整个若尔盖流域的 13%，储水量约为 45 亿 m³，1981～2011 年平均向黄河补水（67.1±14.9）亿 m³/a。② 随着放牧需求增加，人们在若尔盖流域进行了大规模的挖沟排水活动，导致湿地地下水位下降，大片湿地消失③，水源涵养指数持续减小。④ 三江源国家公园的建设使得黄河源区湿地逐步得到有效保护，尤其是在 2005 年之后，黄河源区天然湿地和人工湿地面积大幅增加（见图 4）。根据《2018 年青海省生态气象监测公报》，2018 年黄河源头扎陵湖、鄂陵湖湖泊面积较 2004 年分别增加 74.6km² 、117.4km²，黄河源区湿地面积增加 104km²，"千湖之县"玛多县湖泊数量由原来的 4077 个增加到 5849 个，重现千湖美景。⑤

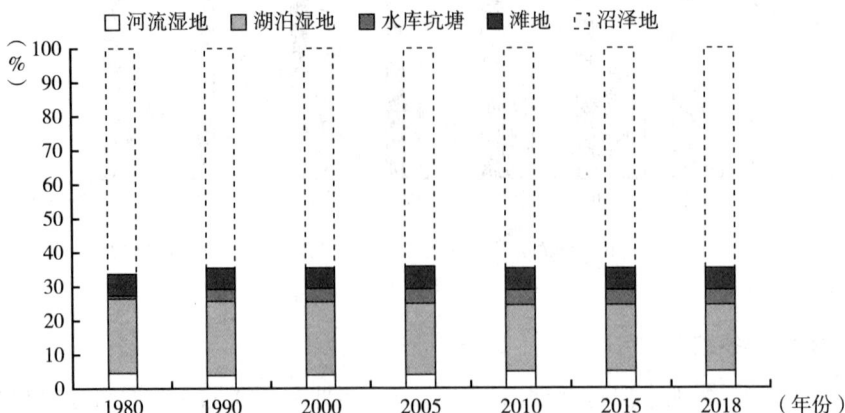

图 3 1980～2018 年黄河源区湿地类型变化情况

---

① 杜际增、王根绪、杨燕：《长江黄河源区湿地分布的时空变化及成因》，《生态学报》2015 年第 18 期，第 6173～6182 页。

② 刘红玉、白云芳：《若尔盖高原湿地资源变化过程与机制分析》，《自然资源学报》2006 年第 5 期，第 810～818 页。

③ 李丽、高俊琴、雷光春：《若尔盖不同地下水位泥炭湿地土壤有机碳和全氮分布规律》，《生态学杂志》2011 年第 11 期，第 2449～2455 页。

④ 王根绪、李娜、胡宏昌：《气候变化对长江黄河源区生态系统的影响及其水文效应》，《气候变化研究进展》2009 年第 4 期，第 202～208 页。

⑤ 《2018 年青海省生态气象监测公报》，中国气象局网站，2019 年 2 月 22 日，https://www.cma.gov.cn/2011xwzx/2011xgzdt/201902/t20190222_ 515188.html。

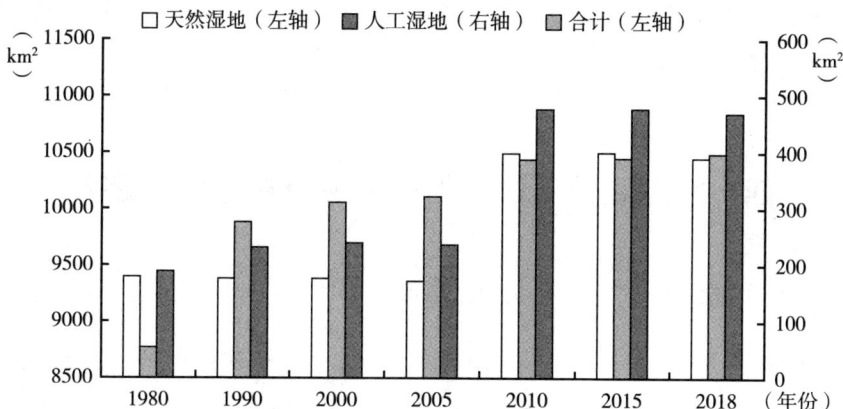

图 4　1980～2018 年黄河源区湿地面积变化情况

4. 冰川消融

黄河源区冰川集中分布于阿尼玛卿山区域，其盖面积约为 126km²。哈龙冰川、唯格勒当雄冰川、耶和龙冰川是 3 条面积较大的冰川，约占冰川面积的 41%。[①] 自 1960 年以来，阿尼玛卿山冰川整体处于亏损状态，主体冰川面积退缩幅度为 8%～13%，其中最大的冰川长度退缩了 900m。[②] 与 20 世纪 80 年代相比，黄河源区永久性冰川雪地面积减少 52%[③]，冰储量从 113 亿 m³ 减少至 85 亿 m³，减少 24.8%。与第二次冰川编目时间（2009 年）相比，2022 年阿尼玛卿雪山冰川面积缩小 8.4%，冰储量减少 9.1%，其间有个别冰川存在前进现象，但无法扭转整体的退缩趋势。[④] 冰川持续消融退

[①] 郑子彦、吕美霞、马柱国：《黄河源区气候水文和植被覆盖变化及面临问题的对策建议》，《中国科学院院刊》2020 年第 1 期，第 61～72 页。

[②] Long D.，Pan Y.，Zhou J.，"Global Analysis of Spatiotemporal Variability in Merged Total Water Storage Changes Using Multiple GRACE Products and Global Hydrological Models," *Remote Sensing of Environment* 192（2017）：198－216.

[③] 蒋宗立等：《黄河源区阿尼玛卿山典型冰川表面高程近期变化》，《冰川冻土》2018 年第 2 期，第 231～237 页。

[④] 金姗、付姣：《基于多时相 Landsat TM/ETM 的阿尼玛卿山冰川变化监测》，《北京测绘》2013 年第 1 期，第 20～23 页；《2022 年全国生态气象公报》，中国网，2023 年 7 月 5 日，http：//zw. china. com. cn/2023－07/05/content_ 91256231. shtml。

缩，严重降低了冰川融水对径流的调节作用，对黄河流域水资源配置及生态系统产生不利影响。[1]

四 水源涵养主体变化对水源涵养功能的影响

（一）冻土对水源涵养功能的影响

黄河源区多年冻土对地下水的补径排关系起主要控制作用，当前黄河源区季节冻土与多年冻土界限正在发生变化[2]，对黄河源区径流年内分配有较大影响。研究表明，在多年冻土覆盖率大于40%的区域，冻土退化导致流域退水过程减缓，冬季径流增大，[3] 春季气温回升时冻土活动层消融引起土壤孔隙增大，导致径流系数显著降低。[4] 黄河源区冻土活动层和融化夹层厚度的变化与径流关系密切，活动层和融化层厚度每增加1m，冬季径流分别增加约150m³/s 和400m³/s。[5] 冻土土壤颗粒间通常充填了胶结冰和分凝冰等地下冰体，渗透性不强，具有较强的贮水和隔水作用。随着多年冻土退化，渗透系数提升，冻土隔水效应弱化，一方面，层上水和层下水之间形成更多水力通道并改变基流；另一方面，地表径流减少，从而影响水源涵养功能。[6]

---

① 田世民、韩冰、梁帅：《黄河源区水源涵养有关问题探讨》，《水利水运工程学报》2022 年第 1 期，第 1~9 页。

② Jin H.，He R.，Cheng G.，"Changes in Frozen Ground in the Source Area of the Yellow River on the Qinghai-Tibet Plateau，China，and Their Eco-environmental Impacts," *Environmental Research Letters* 4（2009）：045206.

③ Ma Q.，Jin H.，Vicor F. B.，"Impacts of Degrading Permafrost on Streamflow in the Source Area of Yellow River on the Qinghai-Tibet Plateau，China-ScienceDirect," *Advances in Climate Change Research* 4（2019）：225-239.

④ Wu X.，Zhang X.，Xiang X.，"Changing Runoff Generation in the Source Area of the Yellow River：Mechanisms，Seasonal Patterns and Trends," *Cold Regions Science and Technology* 155（2018）：58-68.

⑤ 冯雨晴：《青藏高原冰川冻土变化及其生态与水文效应研究》，硕士学位论文，中国地质大学（北京），2020。

⑥ 田世民、韩冰、梁帅：《黄河源区水源涵养有关问题探讨》，《水利水运工程学报》2022 年第 1 期，第 1~9 页。

（二）草地对水源涵养功能的影响

草地通过植被、水、土壤间的相互作用起到截留降水、调节坡面径流、净化水质等作用，从而体现水源涵养功能。水分在土壤、植被、大气连续体系统间发生运移，影响草地生态系统中储水量和水量平衡，草地在恢复重建过程中，土壤的理化性质得到了改善，水源涵养能力有所提高。[①] 近年来，在源区生态保护工程和西北暖湿化效应叠加作用下，黄河源区植被状况有所改善。自1982年以来，黄河源区年平均NDVI与气温存在显著的正相关性，黄河源区气温上升可增强其光合作用并延长植被生长期，从而促进植被生长，提升水源涵养能力。

（三）湿地对水源涵养功能的影响

湿地水源涵养功能涉及土壤内多个水文过程及其水文效应[②]，湿地在涵养水源、调节径流及生物多样性维持等方面具有十分重要的作用。[③] 储存水量是湿地水源涵养能力的本质内涵和关键表征指标。湿地储存水量不仅受泥炭层物理特性的影响，还受泥炭层厚度以及地下水位的直接影响。水力侵蚀对泥炭湿地的土壤结构、孔隙流以及地下水位等均有一定影响，并直接影响湿地储水量和水源涵养能力。[④] 作为黄河源区最大的湿地，若尔盖泥炭湿地内分布着纵横交织的近1400条人工沟渠，沟道侵蚀和溯源侵蚀对湿地内水系演化和湿地演变具有直接影响，是若尔盖湿地退化和萎缩的

---

① 张镭、黄建平、梁捷宁：《气候变化对黄河流域的影响及应对措施》，《科技导报》2020年第17期，第42~51页。

② 谢亚军、谢永宏、陈心胜：《湿地土壤水源涵养功能研究进展》，《湿地科学》2012年第1期，第109~115页。

③ Zhang M., Xu T., Jiang H., "The Impacts of Runoff Decrease and Shoreline Change on the Salinity Distribution in the Wetlands of Liao River Estuary, China," *Ocean Science* 1 (2021): 187-201.

④ Luscombe D. J., Anderson K., Grand-clement E., "How Does Drainage Alter the Hydrology of Shallow Degraded Peatlands Across Multiple Spatial Scales?" *Journal of Hydrology* 541 (2016): 1329-1339.

主要驱动力。[①] 受水力侵蚀影响,若尔盖湿地土壤有机质含量及泥炭层厚度不断下降,部分区域土壤沙化,导致若尔盖湿地水源涵养能力下降,[②] 每年补给黄河的水量减少0.48亿 m^3。[③]

(四)冰川对水源涵养功能的影响

黄河源区冰川融水对径流的年补给量为3.9亿 m^3(占总径流量的1.9%)。黄河源区冰储量为8.34km^3,对应水资源量为 $7.09\times10^{12}kg$。[④] 冰川为黄河源区提供了巨大的生态缓冲容量,干旱年份冰川融水在一定程度上补给河川径流,湿润年份这种补给作用又使得河川径流量的变化趋于平缓,这对黄河源区水源涵养具有重要影响。[⑤] 研究表明,阿尼玛卿山所在区域气温上升幅度较大,气温升高影响大于降水,未来一段时期温度上升引起的冰川消融将持续存在。待冰川消融后,对径流的补给量也会随之减少,严重影响黄河源区水文过程,导致水源涵养能力下降。

(五)水源涵养主体对水源涵养功能的综合影响

总体而言,自20世纪60年代以来,黄河源区水源涵养主体的变化导致其水源涵养能力下降。[⑥] 研究表明,近30年,黄河源区水源涵养量以11.5mm/10a的速率减少(见图5),尤其是2002年之前,减少速率达

① Li Z., Gao P., "Impact of Natural Gullies on Groundwater Hydrology in the Zoige Peatland, China," *Journal of Hydrology*: *Regional Studies* 1 (2019) 25-39.
② 熊远清、吴鹏飞、张洪芝:《若尔盖湿地退化过程中土壤水源涵养功能》,《生态学报》2011年第19期,第5780~5788页。
③ Li B., Yu Z., Liang Z., "Effects of Climate Variations and Human Activities on Runoff in the Zoige Alpine Wetland in the Eastern Edge of the Tibetan Plateau," *Journal of Hydrologic Engineering* 5 (2014): 1026-1035.
④ 刘时银、姚晓军、郭万钦:《基于第二次冰川编目的中国冰川现状》,《地理学报》2015年第1期,第3~16页。
⑤ 田世民、韩冰、梁帅:《黄河源区水源涵养有关问题探讨》,《水利水运工程学报》2022年第1期,第1~9页。
⑥ 陈怡平、傅伯杰:《黄河流域不同区段生态保护与治理的关键问题》,《中国科学报》2021年第7期,第1~5页。

41.2mm/10a。[1] 自 2000 年以来，国家实施了一系列重大生态保护和建设工程，有效遏制了黄河源区生态退化的趋势，生态状况有所改善，黄河源区进入整体好转与局部退化并存的新阶段。受人类活动和气候条件的影响，黄河源区局部地区生态退化状况仍未得到根本改观，冰川、冻土、草地等水源涵养主体分布格局尚不稳定，水源涵养能力仍然偏低。[2]

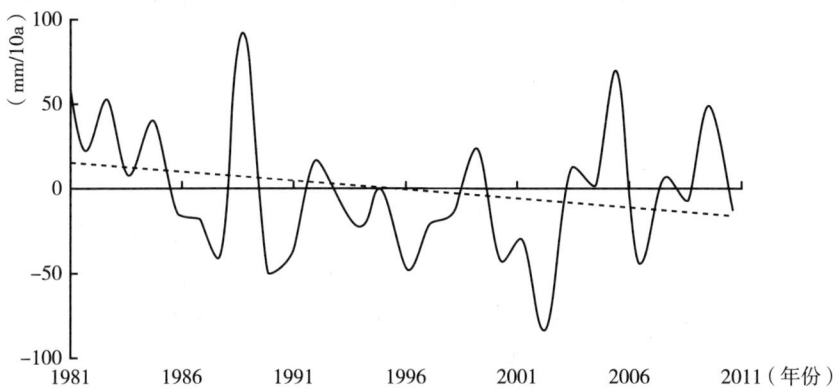

图 5　1981~2011 年黄河源区水源涵养量

五　水源涵养能力演变面临的形势

（一）气候变化影响长期存在

气候变化是一个长期而缓慢的过程，近年来黄河源区乃至整个青藏高原地区的温度均呈上升态势，预计未来一段时间黄河源区温度仍将呈现持续升高的趋势。根据国家气候中心对未来温室气体中等排放情景下（CO_2 浓度为

---

[1] 尹云鹤、吴绍洪、赵东升：《过去 30 年气候变化对黄河源区水源涵养量的影响》，《地理研究》2016 年第 1 期，第 49~57 页。

[2] 田世民、韩冰、梁帅：《黄河源区水源涵养有关问题探讨》，《水利水运工程学报》2022 年第 1 期，第 1~9 页。

650ppm）21 个全球气候预估订正结果，2018~2050 年黄河源区年平均气温呈显著上升趋势（见图 6）。预计到 2050 年，与气候基准年（1981~2010年）相比，黄河源区年平均气温将上升 1.6℃。[①] 同样地，预计到 2050 年，在 RCP4.5 和 RCP8.0 情景下黄河源区降水量与基准年（1971~2010 年）相比呈现减少趋势，减少幅度分别为 5.3mm/10a 和 8.9mm/10a。[②] 因此，气候变化的影响将长期存在，并将持续对黄河源区水源涵养功能产生不利影响。

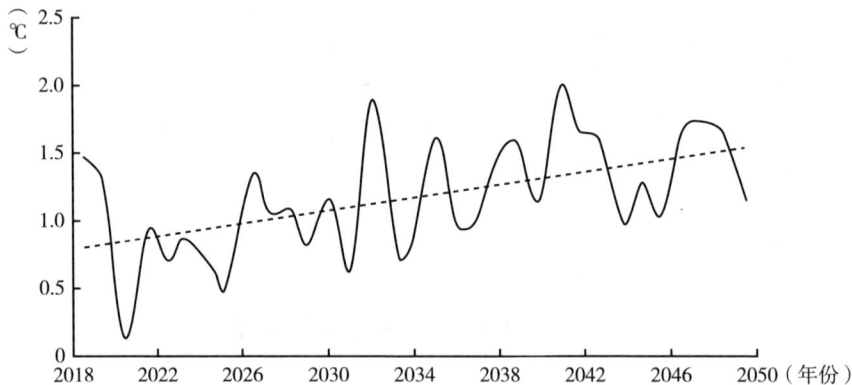

图 6　2018~2050 年黄河源区年平均气温

（二）人类活动强度趋于平稳

随着生态文明理念的深入人心，政府正在采取一系列措施调整、纠正人的错误行为，减少人类活动对生态环境造成的不利影响。同时，三江源国家公园建设过程中采取的生态移民、退牧还草等重大（非）工程措施，将进一步削弱人类活动对黄河源区造成的不利影响。在持续推进黄河流域生态保护和高质量发展的背景下，黄河源区经济社会发展模式将得到进一步优化。

---

① 杨昭明、白文蓉、时兴合：《黄河源区气温变化特征及预估分析》，《冰川冻土》2019 年第 4 期，第 818~827 页。
② 王梦园：《未来气候变化下的黄河源区降水径流趋势》，硕士学位论文，青海大学，2019。

长期来看，人类活动强度将趋于平稳，不会再以牺牲生态环境为代价发展经济，人类活动对黄河源区的干扰将持续减弱。

（三）冰川冻土仍将持续退化

全球气候变暖过程不可逆，故黄河源区冰川、冻土仍将持续消融或退化。最新研究结果表明，青藏高原及周边冰川变化的前景不容乐观，预计冰川面积减少至当前一半所需的时间将提前约10年。[①]《中国气候变化蓝皮书（2021）》表明，这种异常升温趋势将加速青藏高原及周边地区冰川冻土的消融，预计在RCP4.5、RCP6.0和RCP8.5情景下，未来50年青藏高原及周边地区冻土将减少27.7%、21.1%和35.5%，冰川将减少49%、51%和64%。[②]未来一段时间，冰川消退和冻土消融将对黄河源区水源涵养能力产生较大影响。

（四）草地湿地面积逐步恢复

气候变化和人类活动影响是导致黄河源区草地和湿地生态系统退化的主要原因，其中人类活动影响为主要因素。但随着三江源国家公园的建设，管理措施不断完善，人类活动造成的不利影响将被削弱，人工修复等正面影响会不断增强，黄河源区退化草地将得到进一步治理和恢复，湿地萎缩趋势将得到有效遏制，草地湿地面积将有所恢复。据统计，截止到2018年，黄河源区草地面积与2000年相比增加了11.4%，森林面积增加了2.6%。[③]未来黄河源区草地和湿地面积将逐步恢复，重点区域水源涵养能力将得到提高。

---

① Kraaijenbrink P., Bierkens M., Lutz A.F., "Impact of a Global Temperature Rise of 1.5 Degrees Celsius on Asia's Glaciers," *Nature*7671 (2017): 257-260.

② 中国气象局气候变化中心：《中国气候变化蓝皮书（2021）》，科学出版社，2021。

③ 田世民、韩冰、梁帅：《黄河源区水源涵养有关问题探讨》，《水利水运工程学报》2022年第1期，第1~9页。

六 黄河源区水源涵养能力提升对策建议

（一）完善黄河源区水文监测体系

受地形条件和气候等多种因素影响，黄河源区水文气象监测难度较大。目前黄河源区水文站密度为 1.1 万 km^2/站，远低于黄河流域（2330km^2/站）和全国（3000km^2/站）水文站网的平均密度。与发达国家相比差距更大，欧洲国家水文站网平均密度为 1750km^2/站，美国常年观测水文站网的密度为 1300km^2/站。黄河源区应依托现有水文站点，选择来水量较大或对黄河水文情势影响较大的入干支流建立水文站，提升水文站点密度，完善水文监测体系，以更准确掌握和识别黄河源区径流变化特征及径流来源空间分布规律。结合黄河源区气象、水文、生态等监测数据，为黄河源区水源涵养和水生态环境演变模拟与诊断研究提供基础数据。

（二）实施精准化生态环境治理

黄河上游水源涵养能力在稳步提升，同时上游局部地区生态系统退化、水源涵养能力下降。因此，需要及时摸清黄河源区生态系统格局和演变规律，精准识别生态系统退化区域。基于空间差异，确立自然修复与人工修复相结合的黄河源区空间生态修复管控策略，采取具有针对性、精准化的修复措施，因地制宜，促进生态平衡，提升水源涵养能力。

（三）建立黄河流域生态补偿机制

建立黄河源区乃至流域不同生态系统类型、不同区域及不同省份间的生态补偿机制，协调好生态环境保护和社会经济高质量发展之间的关系，确保河源保育区、生态涵养区、高质量发展区协调发展。通过建设黄河流域生态补偿机制，建立黄河源区生态涵养与社会经济可持续发展相协调的机制，为黄河源区水源涵养能力稳定提升提供长效保障。

（四）加强水源涵养相关研究

黄河源区水源涵养能力的变化受气象、水文和人类活动等多要素共同影响，涉及不同类型生态之间及生态系统内部多个过程，同时体现在不同的时空尺度上。因此，亟须开展黄河源区水源涵养变化机理研究，增进在气候变化背景下对黄河源区冰川、冻土、湿地、河流、湖泊等水资源要素间相互转化、地表水资源和空中水资源相互转化等物理过程的理解，揭示多尺度、多要素和多过程下黄河源区水源涵养变化驱动机制，为水源涵养能力提升提供理论支撑。

B.12
黄河三角洲地区生态修复状况

窦身堂 张少华[*]

摘 要： 黄河入海径流和泥沙的减少，打破了湿地水盐平衡、水量平衡和
生态平衡，对生物生境构成严重威胁，生物多样性减少。黄河三
角洲生态系统脆弱，亟须强化三角洲生态保护与修复，黄河流域
生态保护与高质量发展重大国家战略和黄河口国家公园建设的提
出对黄河三角洲生态保护与修复提出了更高标准。本报告系统介
绍了黄河三角洲区域概况、战略定位、生态特征和概况等总体情
况，梳理了黄河三角洲地区生态治理面临的海岸侵蚀威胁河口生
境、生态修复与退化并存等迫切需要统筹解决的问题，结合黄河
三角洲地区生态补水实践与成效，提出了推进黄河三角洲地区生
态保护修复工程、建立生态监测平台和评估体系、加强生态补水
科学调度与管理等建议。

关键词： 黄河三角洲 生态保护与修复 生态补水

一 黄河三角洲地区生态总体情况

（一）区域概况

黄河三角洲地区通常指 1855 年黄河在铜瓦厢决口流入渤海后经过 9 次

---

* 窦身堂，黄河水利委员会黄河水利科学研究院正高级工程师，主要研究方向为河口演变和生
态；张少华，黄河水利委员会黄河水利科学研究院助理工程师，主要研究方向为河口治理与
生态保护。

大的流路变迁形成的新生陆地。地理意义上的黄河三角洲包括古代三角洲、近代三角洲和现代三角洲。目前，"黄河三角洲"多指近代黄河三角洲，以山东省东营市垦利区宁海为顶点，北起徒骇河口，南至支脉沟口[①]，面积约5500km²。百年来，黄河携带的大量泥沙在入海口处淤积，形成了巨大的冲积平原，孕育了独特的河口三角洲生态系统。[②] 黄河三角洲是我国最年轻的土地，域内湿地物种繁多，生态系统类型多样，是河口湿地中最具代表性的地区之一，有丰富的物种资源和珍贵的遗传资源，具有重要的生态学价值，是全球鸟类重要的迁徙中转站、繁殖地和越冬地。

（二）黄河三角洲生态战略定位

黄河三角洲是环西太平洋和东亚—澳大拉西亚鸟类迁徙重要的停歇地、越冬地和繁殖地，是东亚—澳大拉西亚涉禽迁徙网络、东北亚鹤保护网络和东北亚雁鸭保护网络的重要保护地点，是国家一级保护野生动物和湿地生态系统旗舰种——东方白鹳全球最大的繁殖地，是全球生态系统服务功能的重要支点，是中国唯一的原生态大河三角洲，是黄渤海区域水生生物重要产卵场、索饵场、越冬场和洄游通道，是黄河流域特色生态格局的重要组成部分。[③]

党中央、国务院高度重视黄河流域的生态保护工作，黄河三角洲生态保护是黄河流域生态保护和高质量发展战略的重要一环，习近平总书记多次就黄河三角洲生态保护做出重要指示。2019年9月18日，黄河流域生态保护和高质量发展上升为重大国家战略之一，习近平总书记在黄河流域生态保护和高质量发展座谈会上明确指出："下游的黄河三角洲是我国暖温带最完整的湿地生态系统，要做好保护工作，促进河流生态系统健康，提高生物多样

---

① 徐丛亮、陈沈良、陈俊卿：《新情势下黄河口出汊流路三角洲体系的演化模式》，《海岸工程》2018年第4期，第39页。

② Fu Y. T., Chen S. L., Ji H. Y., "The Modern Yellow River Delta in Transition: Causes and Implications," *Marine Geology* 436（2021）：106476.

③ 《东营市黄河三角洲生态保护与修复条例》，《东营日报》2021年12月10日，第3版。

性。"① 2020 年 1 月，习近平总书记主持召开中央财经委员会第六次会议，明确提出"加快黄河三角洲自然保护地优化整合，推进建设黄河口国家公园"。习近平总书记于 2021 年 10 月 20 日下午考察黄河入海口，察看河道水情，听取黄河流路变迁、水沙变化情况汇报，实地了解黄河三角洲湿地生态与生物多样性保护，并于 22 日下午在济南市主持召开深入推动黄河流域生态保护和高质量发展座谈会，再次强调黄河三角洲的重要性，要求抓紧谋划创建黄河口国家公园。② 同时，《黄河流域生态保护和高质量发展规划纲要》及其水利专项发展规划，都明确指出要加大黄河三角洲湿地生态系统保护修复力度，谋划建设黄河口国家公园。

建立国家公园体制是以习近平同志为核心的党中央站在实现中华民族永续发展的战略高度做出的重大决策，是建设美丽中国、促进人与自然和谐共生的一项重大举措。黄河口国家公园的建设是认真落实党中央、国务院关于构建以国家公园为主体的自然保护地体系的重大部署。随着黄河口国家公园的建设，黄河三角洲将成为世界陆海统筹型自然保护地典范、世界河口湿地保护与修复示范区、国际候鸟迁徙关键保护地、中国滨海湿地科学研究引领区、中国生态文明成果展示区、黄河流域生态保护和高质量发展先行区。③

（三）黄河三角洲生态特征

河流、海洋、陆地和人类活动等多种动力系统共同作用，造就了复杂的黄河三角洲生态系统，黄河三角洲生态系统类型多样，自海向陆分别为近海生态系统、咸水湿地生态系统、淡水湿地生态系统、河流生态系统，是社会—经济—自然复合生态系统的组成部分之一。黄河三角洲的生态系统与其他河流及其河口三角洲的生态系统相比，具有原生性、多样性、脆弱性、典

---

① 习近平：《在黄河流域生态保护和高质量发展座谈会上的讲话》，《求是》2019 年第 20 期。

② 张晓松、朱基钗、杜尚泽：《大河奔涌，奏响新时代澎湃乐章》，《人民日报》2021 年 10 月 24 日，第 1 版。

③ 郑培明、张春雨、王安东：《黄河三角洲河海交汇的年轻土地》，《森林与人类》2022 年第 1 期，第 85 页。

型性和稀有性等鲜明特征。

1. 原生性

黄河口属于弱潮多沙摆动频繁的堆积性河口，黄河特有的水沙情况和较弱的海洋动力致使黄河河口长期处于淤积、延伸、摆动、改道的频繁变化状态，这造就了新的土地和依附于新生湿地的独特生态系统，具有原生性。

2. 多样性

黄河三角洲地处海陆交错地带，生境条件复杂多样，自海向陆依次分布着滩涂湿地、盐碱荒地、新淤地脆弱农业生态系统和农耕地四个主要的生态系统。黄河三角洲是中国沿海最大的新生湿地自然植被区，植物资源丰富，包括浮游植物、蕨类植物、裸子植物、被子植物等685种植物。动物分为陆生动物生态群和海洋动物生态群，共有野生动物1632种。

3. 脆弱性

独特的自然条件使黄河三角洲生态系统较脆弱。一是黄河三角洲多数地区是近百年的新生淤地，淤土层薄，成土年幼，毛管作用强烈导致土壤盐碱化；二是小清河以北的黄河三角洲大部分地区地下水是咸水，地下水矿化度较高，既不能灌溉，也不能作为人畜饮水；三是黄河水量和本地区降雨量时间分布不合理，春季易受干旱影响，夏秋季易发生洪涝灾害，严重影响当地工农业生产；四是黄河三角洲海拔高度低，易受风暴潮侵袭和海水倒灌影响，黄河三角洲地区土壤盐碱度增加，盐碱化加速，湿地植物向盐生植物退化，湿地生态系统良性循环受到干扰；五是黄河三角洲地区自然湿地逐年萎缩，人工湿地逐年扩张，黄河三角洲原始耐盐碱植被被破坏，土壤表层蒸发量大大增加，盐分随水大量上升至地表，使土壤重新盐碱化，甚至变为连草也不长的"光板地"。

4. 典型性

黄河三角洲是典型的河口生态系统，是一座研究和展示三角洲各种沉积相和沉积构造的天然"实验室"和"博物馆"；全球共有九大候鸟迁徙路线，黄河三角洲横跨环西太平洋和东亚—澳大拉西亚两条鸟类迁徙路线；黄河三角洲物种丰富，是生态系统天然的"本底"和"物种基因库"；拥有世界罕见的河海交汇奇观，是发展生态旅游的理想场所。

5. 稀有性

独特的生态环境、得天独厚的自然条件，造就了中国暖温带保存最完整、最广阔、最年轻的湿地生态系统，区内有野生动物 1632 种、植物 685种。鸟类由 1992 年的 187 种增加到现在的 373 种，包括丹顶鹤、白头鹤、白鹤、大鸨、东方白鹳、黑鹳、金雕、白尾海雕、中华秋沙鸭、遗鸥等 25种国家一级保护鸟类，灰鹤、大天鹅、鸳鸯等 65 种国家二级保护鸟类，黄河三角洲由此被授予"中国东方白鹳之乡""中国黑嘴鸥之乡"称号，每年超 600 万只候鸟在此栖息、觅食、繁衍、生息，黄河三角洲也因此被国内外专家誉为"鸟类的国际机场"。

（四）黄河三角洲生态概况

黄河三角洲生态系统类型复杂多样，按照区域位置和水体特征可分为河流生态、陆域生态和近海生态。河流生态主要位于现行清水沟流路管理范围内，主要水生物种为河道淡水鱼类和河道洄游鱼类。陆域生态指清水沟流路管理范围以外的陆地，包括山东黄河三角洲国家级自然保护区及非保护区陆地，主要物种为湿地植被和珍稀濒危鸟类。近海生态位于三角洲沿岸容沙区，由于目前河海界线和容沙区范围尚未正式划定，近海生态泛指三角洲沿岸浅水区域内的生态，主要物种是近海洄游鱼类、贝类、浮游植物和浮游动物等。①

1. 黄河三角洲河流生态

河流生态主要位于现行清水沟流路管理范围内，水生生物及岸滩植被物种丰富。黄河两岸植物种类丰富，主要分布着荻和白茅。河流生态的主要水生生物是鱼类，一类是以黄河鲤、赤眼鳟、鲫鱼、黄颡鱼、青鱼等鲤科为主的河道淡水鱼类，但由于黄河含沙量大、河床冲淤变化剧烈，浮游生物和底

---

① 于守兵、凡姚申、余欣：《黄河河口生态需水研究进展与展望》，《水利学报》2020 年第 9期，第 1103 页。

栖生物的生存空间受到限制，河道淡水鱼类数量较少；另一类是鲅、梭鱼、鲈鱼、鳗鲡、银鱼等河道洄游鱼类，如从海洋向江河进行溯河生殖洄游的刀鱼等，从江河到海洋进行降海生殖洄游的鳗鲡等。

2. 黄河三角洲陆域生态

1992 年 10 月成立的山东黄河三角洲国家级自然保护区是陆域生态系统的主要区域，是保护以黄河口新生湿地生态系统和珍稀濒危鸟类为主体的湿地类型自然保护区。保护区总面积为 15.30 万公顷（其中各类湿地面积为 11.31 万公顷），包括现行黄河入海口两侧区域（10.45 万公顷）和 1976 年以前刁口河流路黄河入海口区域（4.85 万公顷）等南北两部分。保护区内陆域湿地类型主要包括芦苇湿地、潮滩和潮下带湿地、稻田或养殖池湿地、盐田湿地。分布在入海流路两侧的芦苇湿地（包括芦苇草甸、芦苇沼泽和水面等）是以黄河水为主要水源的湿地，芦苇湿地是丹顶鹤、东方白鹳、黑嘴鸥、黑鹳、灰鹤和大天鹅等重要鸟类的主要栖息地。

自然保护区内资源丰富，动物、植物种类繁多。区域内野生动物有1632 种，其中鸟类有 373 种，包括国家一级保护鸟类 25 种、国家二级保护鸟类 65 种。此外，保护区内植物种类丰富，翅碱蓬、柽柳、芦苇、罗布麻等湿地典型植被广泛分布。降水年内分配不均、地形平缓、海水入侵、人类活动影响等因素，造成黄河三角洲土壤盐碱化区域面积较大，因此区域内原生植被类型主要为对盐碱性土壤有一定耐受力的芦苇、獐茅、翅碱蓬、蒿类等草木群落和翅碱蓬群落；而需水量较大的柽柳群落、乔木群落分布较少。

自然保护区以外的陆域生态区域主要包括黄河两岸的原神仙沟流域和东营市中小河流流域。具体为黄河以北除刁口河流路区域的神仙沟流域、挑河流域、草桥沟流域、沾利河流域等生态区域，和黄河以南的广利河流域、溢洪河流域、东八路湿地区域、张镇河流域、三排沟流域等生态区域。

3. 黄河三角洲近海生态

近海生态位于黄河三角洲沿岸浅水区域内，其范围包括渤海湾和莱州湾。黄河水沙携带的丰富营养物质和三角洲独特的气候与地理条件，使入海口附近滩涂和海域成为渤海湾重要的水生生物繁殖和生长场所。黄河三角洲附近海域共有浮游植物 116 种，浮游动物 79 种，底栖动物 222 种。近海洄游鱼类有 39 种在本海区产卵并育幼，超过 40 种幼鱼在此索饵。大部分要求水深 1~10m，盐度为 18‰~32‰，温度为 12~25℃。有 35 种鱼在 5~8 月（水温在 10℃以上）产卵，6 月产卵鱼种数多达 25 种。通过对近海海域的调查研究，5 月底表层海水的温度范围为 14.5~25.4℃，温度平均值为 19.47℃；表层海水的盐度范围为 14.7‰~30.08‰，盐度的平均值为 27.22‰。底层海水的温度范围为 14.5~24.4℃，温度平均值为 18.26℃；底层海水的盐度范围为 26.25‰~28.64‰，盐度的平均值为 27.63‰。

黄河入海径流携带大量营养物质在口门附近富集，为河口栖息的底层鱼类提供了良好的产卵场和栖息地，形成了著名的莱州湾渔场。该渔场还是黄河口—渤黄海大生态系统的重要组成部分。鱼类主要品种有梭鱼、矛尾虾虎鱼、焦氏舌鳎和牙鲆等；头足类主要品种有短蛸、枪乌贼和长蛸等；虾蟹类中的绝对优势品种是口虾蛄，日本蟳、脊腹褐虾、鲜明鼓虾、三疣梭子蟹、脊尾白虾和葛氏长臂虾等数量也较多；贝类中主要是脉红螺和扁玉螺。鱼类、虾蟹类、头足类和贝类占渔获物总量的比例分别为 33.84%、47.33%、8.98% 和 9.84%。

（五）黄河三角洲地区出现的主要生态问题

黄河三角洲地势平缓、海水入侵、较短的成陆时间等因素使其土壤熟化程度低、养分少，盐碱化区域范围较大，并且由于地理位置特殊，土壤极易盐碱化，生态系统易遭到破坏。同时其湿地生态系统发育层次低，整个生态系统不成熟也不稳定，适应变化能力弱，属脆弱生态敏感区。近年来，受自然环境变化和人类活动影响，黄河三角洲的生态保护也面临诸多问题与挑战。

1. 黄河三角洲侵蚀与淤积并存，侵蚀区河口生境受到威胁

黄河三角洲行河流路淤积延伸，不行河流路侵蚀后退，重点防潮堤附近

淘刷剧烈，自身安全受到严重威胁，三角洲海岸呈现高度时间动态性和空间异质性，海岸整体处于不稳定状态。自 1976 年以来，随着黄河尾闾入海流路改道清水沟，刁口河流路河口海岸区失去入海泥沙直接补给而出现严重的蚀退现象，累计蚀退超过 10km，蚀退面积超过 300km²。① 刁口河流路逐渐萎缩，加之强烈的海洋动力导致堤岸坍塌，引发潮灾，入海口岸线蚀退严重，附近淡水湿地不断干涸、萎缩和盐渍化，自然形态和生态环境遭到破坏，对三角洲内物种生境造成重大威胁。

近年来，黄河来水来沙减少，改变了河口海域的海水盐度、营养条件和饵料生物种群数量。黄河水量偏少年份，非汛期河道流量偏低，入海径流量偏少，河道洄游鱼类洄游通道受阻，河道淡水鱼类缺乏栖息地，再加上过度捕捞等，近海生物资源减少，生物多样性受到严重威胁。同时，来水量减少直接影响湿地淡水水源补给，打破了湿地水盐平衡、水量平衡和生态平衡，造成湿地干涸、萎缩和盐渍化，对生物生境造成严重威胁。

2. 生态恢复与退化并存，陆域生态出现逆向演替

黄河水量不足一方面使黄河三角洲地下水位下降，造成海水倒灌入侵；另一方面使河水泛滥淤泥压制沙碱的能力减弱，从而导致黄河三角洲土壤盐碱化加剧。20 世纪 90 年代初，黄河三角洲沿黄区域林地生态系统出现大范围死亡现象，截至 2020 年沿黄林地死亡面积已超过 60%，面临整体崩溃式退化的风险。自 20 世纪 80 年代以来，黄河三角洲湿地面积不断减少，天然湿地萎缩严重，生态功能难以发挥。随着人类活动加剧，与湿争地、与湿争水现象时有发生，盐田、坑塘、养殖等人工湿地大量侵占了滩涂、芦苇等自然湿地，三角洲湿地生态系统结构发生了显著变化，生态保护工作难度进一步加大。

盐地碱蓬是黄河三角洲盐沼湿地的优势物种，也是全球最受关注的盐生物种之一。盐地碱蓬构成了黄河三角洲独特的"红地毯"景观，该盐地

---

① 凡姚申：《黄河三角洲近岸海床侵蚀过程及其动力机制》，博士学位论文，华东师范大学，2019，第 50~65 页。

是我国保有面积最大、种质资源最丰富的区域，盐地碱蓬覆盖大部分湿地区域，构成我国北方最具特色的景观格局。根据研究，1984~2014年，黄河三角洲盐地碱蓬盐沼面积萎缩了约78%，而且盐沼斑块破碎化趋势明显，黄河三角洲盐地碱蓬斑块数1984年为23块，1994年为66块，2004年为199块，2014年为260块，盐地碱蓬在黄河三角洲的稳定性受到严重威胁。

柽柳同样为黄河三角洲滨海湿地的优势物种，曾是黄河三角洲分布最广的物种，是支持黄河三角洲滨海湿地生物多样性的重要基础。然而，由于淡水资源补给受阻、土壤盐碱化程度提高、海水侵蚀加剧、风暴潮袭击等原因，近30年黄河三角洲的柽柳林退化严重，其中刁口河流路的"一千二"保护区柽柳林由20世纪90年代的15万亩骤减到2020年的1.3万亩，分布面积减少超过90%。

二 黄河三角洲地区生态补水实践与成效

（一）黄河三角洲地区生态补水实践

当黄河来水量充沛的时候，水中携带的大量泥沙会及时补充被侵蚀的海岸，使海岸线不断延伸、推进。河水漫滩后，三角洲中较为低平的湿地得到了富含有机质的水源补给，生物的生存环境得到有效改善。如果没有黄河水的调节补给，三角洲的生态系统平衡很难维持，更谈不上良性循环。

20世纪70年代至90年代末，黄河利津断面频繁出现断流，最严重的1997年断流达226天，原本脆弱的生态系统遭受了严重损害。为修复和保护黄河三角洲生态系统，一系列黄河水资源生态调度措施与实践由此开展。黄河三角洲生态调度可分为4个阶段：水量统一调度、调水调沙、湿地生态补水、春季敏感期调度。自1999年黄河开始实行全河水量统一调度以来，黄河三角洲实现连续23年不断流。2002~2022年连续进行了21年调水调沙；2008年开始实施清水沟片保护区湿地生态补水；2010年开始实施刁口河尾闾片区湿地生态补水；自 2017 年起实施黄河下游鱼类敏感期（4～6月）生态调度；自 2018 年以来黄河水利委员会实施黄河下游生态调度，并充分利用 2018 年以来黄河丰水的有利条件，实施了黄河三角洲河道外应急生态调水。

1. 清水沟流路保护区生态补水

2008 年黄河水利委员会开始实施黄河三角洲生态调度，并利用调水调沙有利时机实施了黄河三角洲湿地生态补水，重点对现行清水沟流路入海口附近保护区湿地补水。[1] 主要利用河道左右岸导流堤上的 6 个自流取水口和 1 个提水泵站，设计总取水能力为 30m³/s。

据统计，现行流路 2008～2022 年共实施生态补水 14 年（2016 年未补水），累计补水 7.04 亿 m³，年均补水 5028 万 m³。同时，补水期间共恢复已退化湿地面积 29.5 万亩，增加水面面积 7.5 万亩。

2. 刁口河及其尾闾湿地补水

2010 年黄河水利委员会开始抓住调水调沙、大流量时机，对刁口河及其尾闾湿地生态补水。补水采用两条取水路线。一是崔家节制闸自流引水，当自流能力不足时，利用崔家泵船提水，河水通过罗家屋子闸进入刁口河。二是自西河口泵船取水，河水通过神仙沟闸，经河王渠进入刁口河生态区域。[2]

2010～2022 年刁口河及其尾闾湿地共实施生态补水 12 年（2016 年未补水），累计补水 3.64 亿 m³，年均补水 3033 万 m³。同时补水期间恢复退化湿地面积 5.5 万亩。

3. 黄河三角洲河道外应急生态调水

黄河三角洲河道外应急生态调水自 2018 年开始实施，充分利用近年来黄河来水颇丰的有利条件，实施了黄河三角洲河道外应急生态调水。[3] 重点

---

[1] 苏茂林：《开展更高水平的黄河水量调度》，《人民黄河》2021 年第 1 期。

[2] 彭勃、葛雷、王瑞玲：《黄河三角洲刁口河生态补水对地下水影响的模拟分析》，《水资源保护》2015 年第 5 期。

[3] 刘丛、杨希梅、胡慧杰：《为生态修复提供有力水资源支撑》，《中国水利报》2021 年 9 月 1 日，第 4 版。

对黄河以北除刁口河流路区域以外的神仙沟流域、挑河流域、草桥沟流域、沾利河流域等生态区域，以及黄河以南的广利河流域、溢洪河流域、东八路湿地区域、张镇河流域、三排沟流域等生态区域进行生态补水，有效改善和恢复了黄河三角洲及近海生态环境。

（二）黄河三角洲地区生态调度成效

1. 生态效果

为客观评估黄河三角洲地区生态调度效果，近年来黄河水利委员会建立黄河三角洲水生态监测站网体系，包括陆域及湿地生态监测点位 80 个、近海生态监测点位 29 个、地下水监测井 20 个，共计 129 个监测点。监测分析与初步效果评估显示，生态调度取得了较好的效果。

（1）湿地面积扩大

根据"国土三调"成果和近几年遥感影像变化情况，相比 2017 年，自然保护区北部区域植被分布面积占比提升 0.46 个百分点，湿地面积占比提升 14.96 个百分点，湿地功能进一步加强；南部区域植被分布面积占比下降 6.14 个百分点，湿地面积占比提高 10.96 个百分点，建设用地面积占比下降 0.74 个百分点，南部区域植被和湿地覆盖面积占比总体有所提升。截至 2022 年底，自然保护区累计退耕还湿、退养还滩 7.25 万亩，盐地碱蓬及海草床累计恢复 5.2 万亩，湿地面积增加 188km^2。

补水后年均湿地水面增加面积达 0.38 万公顷，湿地水面面积达 5.90 万公顷，较 2013 年增加 27%，湿地水面面积已由统一调度前的 15% 增加到 60%。黄河三角洲地区的不同植被群落不同深度的土壤含盐量，均呈显著下降趋势，淡水压盐效果显著，陆域生态环境持续改善，生物多样性显著增加。芦苇沼泽湿地是黄河三角洲地区生态补水的主要对象。2020 年黄河三角洲地区芦苇沼泽湿地面积逐年回升，面积达 1.73 万公顷，恢复至 20 世纪 80 年代水平，较 2008 年增加 0.58 万公顷。

（2）物种多样性增加

随着淡水湿地水量得到补给、地下水位抬升，黄河三角洲自然保护区鸟类栖息地面积得到有效恢复，栖息生境质量显著提高，恢复区的土壤状况明显改善，鸟类种类和植被物种丰富度呈上升趋势。据黄河三角洲自然保护区监测，清水沟流路湿地恢复区内样地植被较 2015 年增加 3 科 13 种，刁口河流路湿地恢复区内样地植被较 2010 年增加 16 科 43 种。鸟类从 1992 年的 187 种增加到 2022 年的 373 种，其中国家一级保护鸟类由 5 种增加到 25 种，国家二级保护鸟类由 27 种增加到 65 种，迁徙的候鸟数量达 600 多万只。

根据自然资源部北海局近 10 年调查监测数据，浮游动物种类由 2017 年的 13 种增加到 24 种，大型底栖动物种类保持稳定。自 2017 年以来，生物量逐步增加，近 5 年黄河口海域鱼虾类生物群落结构相对稳定，2020 年 5 月鱼卵和仔鱼密度明显提升。

（3）地下水、土壤含盐量下降

现行清水沟流路湿地补水区及影响区地下水位抬升 45～100cm。湿地土壤含盐量下降，10cm 层和 30cm 层湿地土壤含盐量平均下降 55% 和 41%。植被由逆向演替向顺向演替转变，生物多样性增加。

（4）河口和近海生态环境改善

《中国海洋环境质量公报》显示，黄河三角洲地区生态系统状况在 2006 年前为不健康，2006 年后恢复至亚健康状态。《黄河水资源公报》显示，自 2005 年以来，黄河入海利津断面年均水质类别均为Ⅱ～Ⅲ类。

黄河三角洲是众多洄游鱼类的栖息生境，随着黄河水量统一调度和生态调度，下游及近海鱼类种类、数量逐渐恢复。同时，通过生态调度，提高了黄河三角洲地区近海营养盐通量，低盐度海域范围扩大，近海鱼类适宜低盐区产卵场面积扩大。2020 年调查发现鱼类 77 种，比 20 世纪初增加了 61 种。自 20 世纪 90 年代末绝迹的黄河鲚鱼活体首次再现，标志着黄河生态调度对黄河三角洲地区生态环境产生了积极影响，近海生态环境明显改善，鱼类资源及多样性得到有效恢复。

2. 经济效益

万里而来的黄河水深深惠泽东营市，城市周边湿地绵延，市内湖泊水波荡漾，城里城外皆是绿意。黄河是三角洲地区唯一的客水资源，东营市生态及经济社会发展对引黄河水的依赖程度较高，根据《东营市水资源公报（2010—2021 年）》，东营市年均引黄水量占全市年均总供水量的 73.52%。① 东营市水资源的禀赋和特点，决定了水资源已成为影响东营市经济社会发展的主要因素。从用水结构来看，东营市农田灌溉用水、工业用水、生态与环境补水、农林渔畜用水、居民生活用水、城镇公共用水占比分别为 46.29%、18.13%、15.47%、8.80%、8.40%、2.90%（见图 1）。黄河水支撑着东营市工业、农业、旅游业等行业的发展。根据《2022 年东营市国民经济和社会发展统计公报》，2022 年全市实现地区生产总值 3620.74 亿元，按可比价格计算，比上年增长 4.3%。②

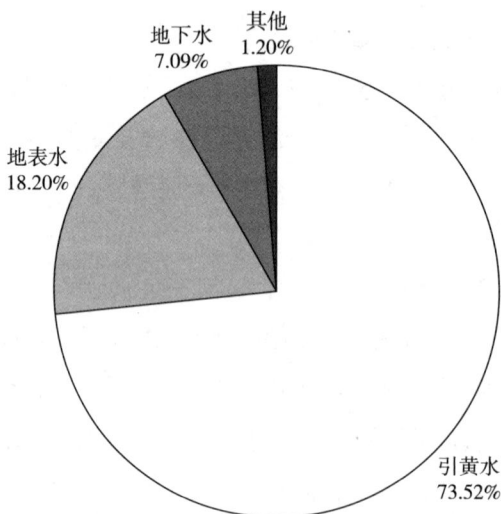

（a）供水量分水源组成

---

① 《东营市水资源公报（2010—2021 年）》，东营市水务局网站，2023 年 10 月 23 日，http：//www.dongying.gov.cn/col/col42933/index.html？vc_ xxgkarea = 1137050000450 5604Y&jh=261。
② 《2022 年东营市国民经济和社会发展统计公报》，东营市统计局网站，2023 年 3 月 15 日，http：//www.dongying.gov.cn/art/2023/3/15/art_ 40119_ 10381258.html。

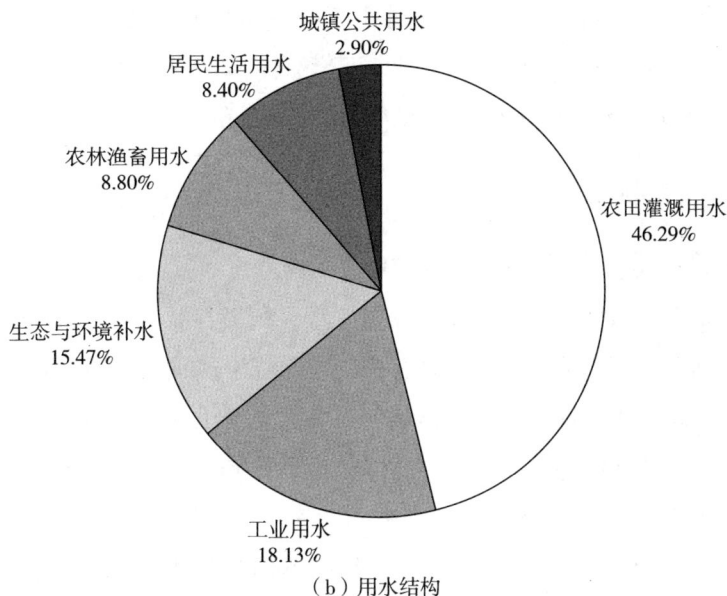

（b）用水结构

图 1　2010~2021 年东营市年均供水量分水源组成及用水结构

黄河三角洲生态修复效果显著，不仅改善了生态、社会效益，而且提高了间接经济效益，其生态修复的经济价值主要概括为为人类提供淡水资源、生物商品资源、矿物资源和能源。通过生态调度，黄河三角洲地下水位升高、土壤含盐量提升、近海低盐度范围扩大、生态环境得到有效改善，促进了种植业、养殖业、旅游业等发展。东营市水稻种植依托盐碱地改造，近年来，东营市建设成为我国北方地区重要的水稻生产基地，2022 年东营市农业总产值达 119.03 亿元。生态的改善为渔业的发展提供了优良条件，主要包括淡水鱼类、虾类、大闸蟹，以及近海鱼、虾贝、蟹藻类等，2022 年东营市水产品总产量达 53.2 万吨，渔业总产值达 101.86 亿元。黄河三角洲湿地具有草场丰富、水资源充足和气候适宜等优良条件，具有广阔的发展前景。2021 年，东营市牧业总产值达 117.90 亿元，比上年增长 6.4%。2022 年，东营市农林牧渔业总产值为 378.29 亿元，比上年增长 5.9%。黄河入海口河与海的深情相拥，赋予了东营市河海交汇、新生湿地、野生鸟类三大世界级旅游资源。据统计，2022 年末东营市有 A 级旅游景区 68 家，其中，5A 级景区 1 家、4A 级景区 8 家、3A 级景区 52 家、2A 级景区 7 家。全年接待游客 1358.6 万人次，实现旅游总收入 126.02 亿元。

（三）措施与建议

1. 推进黄河三角洲地区生态保护修复工程

实施黄河三角洲重大生态保护修复工程，积极开展黄河三角洲生态保护和修复规划、黄河口国家公园建设有关工作。基于《黄河流域综合规划》提出的入海流路总体布局，合理安排黄河三角洲地区土地利用和水生态保护空间格局，坚持陆海统筹、系统修复、综合治理原则，充分发挥黄河的生态效益，促进生态系统的正向演替。加快推进落实规划纲要、水利专项规划中黄河三角洲生态保护修复措施，实施以入侵物种治理和原生物种恢复为主的潮间带生态恢复工程，改善以鸟类为主的滩涂生物栖息地质量，从而达到提升生态质量、改善生态环境、增强生态承载力、提高生物多样性的目的。

2. 建立黄河三角洲生态监测平台和评估体系

建立黄河三角洲气象—水文—资源—环境—生态一体化监测体系，在黄河三角洲地区率先建立生态监测平台、湿地大数据平台、协同研究基地、成果转化基地，打造全球大河三角洲湿地研究高端平台，在全球三角洲湿地科学研究中发挥科技带头作用。构建全面、系统的黄河三角洲水生态监测评估体系，完善黄河生态流量与调度管理监测评估机制，开展黄河三角洲湿地生态跟踪监测与评估工作。

3. 加强生态补水科学调度与管理

现行黄河入海清水沟流路系单一入海流路，对黄河三角洲地区生态系统的良性维持存在一定局限性，为发挥生态补水的综合生态效益，亟须加强生态补水科学调度，提高生态补水效率。充分利用已有黄河三角洲生态监测体系，加强生态调度跟踪，实施精细化生态补水调度。推进黄河三角洲生态补水调度顶层战略设计，强化生态补水科学管理。改善河口及近海区域生态环境，改善黄河三角洲湿地生态系统，促进黄河三角洲生态持续向好。

B.13
乌梁素海水生态环境状况及修复对策

韩 冰　赵凌栋　张展硕*

摘　要： 乌梁素海是我国重要的生态安全屏障，承担着保障黄河生物多样性及水生态安全的重要使命。本文以乌梁素海为研究区域，总结了近年来其主要生态修复措施，通过现场调查对湖区水质状况、富营养化状态、水生植被和水生生物多样性进行全面分析，评价了2022年乌梁素海水生态环境改善情况。结果表明，2022年6月，乌梁素海水体总氮、总磷和叶绿素a浓度明显较低，整体处于Ⅳ类水平，与历史年份相比有所改善；水体综合营养状态指数范围为36.9~46.8，为中营养状态；60%以上的水面被芦苇覆盖，80%以上的明水面区分布有篦齿眼子菜、穗花狐尾藻、轮藻、金鱼藻等沉水植物，其中篦齿眼子菜为绝对优势种；浮游植物共检出6门55种，浮游动物共检出4类16种。建议持续性实施生态补水，加强农业面源污染削减，强化湖区水生植被管理，提升乌梁素海水生态环境质量。

关键词： 乌梁素海　生态补水　生物多样性

一 水生态环境概况

乌梁素海位于内蒙古自治区巴彦淖尔市乌拉特前旗境内，呼和浩特、包头、鄂尔多斯三角地带的边缘，距乌前旗政府所在地西山嘴镇 13km，距110 国道 22km，距西王公路 4km，距哈磴高速公路西山嘴出口 15km，是全国八大淡水湖之一，总面积约 300km²，素有"塞外明珠"之美誉。它是全球范围内干旱草原及荒漠地区极为少见的大型多功能湖泊，也是地球同一纬度最大的湿地，已被国家林业部门列为湿地水禽自然保护示范工程项目和自治区湿地水禽自然保护区，同时列入《国际重要湿地名录》。[①]

"乌梁素"在蒙古语中的意思为"红柳海"，因为历史上这里曾生长茂密的红柳林。历史上乌梁素海水域面积很大，是黄河故道遗留下来的河迹湖，后因山洪和河套灌区排水汇集于此，形成了今日的乌梁素海。20 世纪 50 年代，乌梁素海最大水面面积为 120 万亩，最大蓄水量达到 6亿立方米，后来随着水位下降，湖面水体逐渐减小。在广袤的半干旱草原地区，乌梁素海是具有较高生态效益的多功能湖泊，具有气候调节、维持生物多样性、鸟类栖息、水产养殖和旅游等功能，同时是河套灌区灌排系统的重要组成部分，在黄河防凌和水资源管理调度中发挥了积极的作用。它接纳了河套地区 90% 以上的农田排水，形成了河套地区有灌有排的灌排网络，还承担蓄滞洪区、保护周边群众生命财产安全的作用。

（一）河湖水系

乌梁素海处于黄河河套平原的末端，西临河套灌区，东靠乌拉山西麓，是内蒙古自治区第二大湖泊，也是黄河流域最大的湖泊。河套灌区共

---

① 肖桐：《塞外明珠的华丽蜕变：乌梁素海的生态治理与修复》，《中国减灾》2022 年第 6 期。

分为五个灌域：一干灌域、解放闸灌域、永济灌域、义长灌域和乌拉特灌域。灌区的设计灌溉面积为 1100 万亩，实际灌溉面积为 861 万亩。灌区现有总干渠 1 条，干渠 13 条，分干渠 48 条，支、斗、农、毛渠 8.6 万多条；排水系统有总排干沟 1 条，干沟 12 条，分干沟 59 条，支、斗、农、毛沟 1.7 万多条，各类建筑物 13.25 万座。另外，河套灌区还分布有大小湖泊、海子和湿地。灌区的斗渠衬砌采用土壤固化剂预制板，农渠采用混凝土整浇 U 形渠道，毛渠采用未衬砌梯形断面，灌溉方式为畦灌。灌区农作物灌溉，分夏灌、秋灌和秋后灌三个阶段，夏灌从 5 月上旬到 6 月底，秋灌从 9 月初到 9 月中旬。这两个阶段的灌水都是作物生长期的灌溉。秋后灌是作物收割后的储水灌溉，每年从 10 月初开始至 11 月初结束。灌区退水则由各排水沟汇至总排干和 7 排干、8 排干、9 排干汇入乌梁素海，经退水渠退入黄河。乌梁素海主要补给源除了灌区的总排干，周围的塔布渠、长济渠、烂大渠等渠道的注入，还有狼山南部及乌拉山北部各山沟之水，直接或通过各个渠道注入乌梁素海。入湖主要水源为河套灌区引黄灌溉排水、当地降水和山洪水。[①]

（二）水质

根据 2017～2019 年《中国生态环境状况公报》，2017～2019 年乌梁素海水质类别分别为劣 V 类、IV 类、III 类，综合营养状态指数分别为轻度富营养、中营养和中营养，乌梁素海水环境质量有逐渐好转的趋势。根据内蒙古自治区生态环境厅公布的《内蒙古国控重点流域水质月报》相关数据，2019 年 1 月至 2021 年 10 月乌梁素海进口区（西大滩）、湖心及出口区（河口）水质类别情况，除因冰冻和断流引起的数据空缺月数外，乌梁素海进口区和湖心水质 V 类的月数仅有 1 个月，出口区全部月数在 III 类～IV 类，符合功能区划要求。

[①] 屈忠义等：《基于 Horton 分形的河套灌区渠系水利用效率分析》，《农业工程学报》2015 年第 13 期。

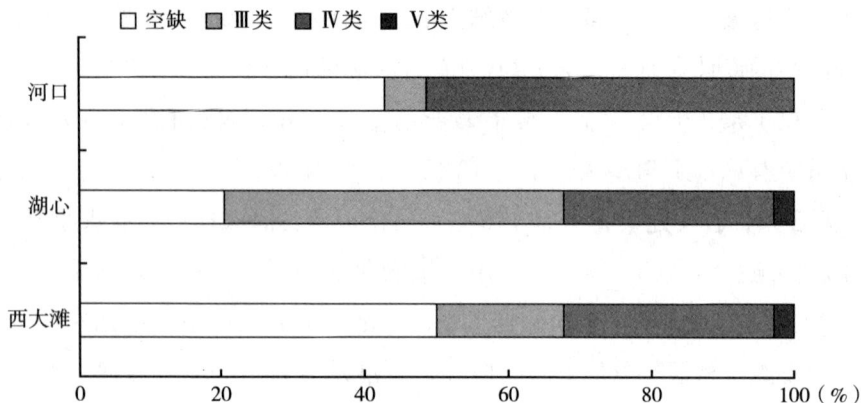

图 1　2019~2021 年乌梁素海水质类别占比

资料来源：《内蒙古国控重点流域水质月报》。

（三）水生生物

乌梁素海浮游动植物类型丰富。根据相关调查成果，2017~2018 年，乌梁素海浮游植物共鉴定出 124 种，隶属于 8 门 76 属，种属组成为硅藻—绿藻—蓝藻型，平均多样性指数（H'）、丰富度指数（D）分别为 4.29、4.23。浮游植物优势种共 24 种，以蓝藻、绿藻、硅藻为主要优势种。浮游植物平均密度为 25.19×10^6 cell/L，平均生物量为 13.34mg/L。乌梁素海浮游动物共鉴定出 4 类 88 种，平均多样性指数（H'）、丰富度指数（D）分别为 3.48、3.72。其中浮游动物优势种 20 种。浮游动物平均密度为 21749ind./L，生物量为 4.22mg/L。[①]

（四）鸟类

据乌梁素海湿地水禽自然保护区管理站统计，乌梁素海鸟类资源非常丰富，现有记载的鸟类 264 种。珍稀鸟类主要有：国家一级保护动物金雕、黑鹳、白尾海雕、玉带海雕、大鸨、波斑鸨、遗鸥；国家二级保护动

---

① 孙林丹等：《放养鱼类对乌梁素海浮游植物群落结构的影响》，《广东海洋大学学报》2019年第 3 期。

物大天鹅、疣鼻天鹅、白琵鹭、蓑羽鹤、斑嘴鹈胡、鸢、苍鹰、松雀鹰、棕尾鵟、大鵟，毛脚鵟、秃鹫、白尾鹞、铜色鹞、猎隼、燕隼、红脚隼、黄瓜隼、红隼、雕鸮、短耳鸮、纹腹小鸮等 29 种，鸟类总体数量在 600 万只以上。①

二　近年来主要生态修复措施

（一）生态补水

生态补水作为乌梁素海综合治理的重要措施之一，在乌梁素海生态环境改善过程中发挥着不可或缺的作用。自 2003 年起，通过春季分凌补水，灌溉间歇期补水及秋浇后补水等方式向乌梁素海补水。2010~2022 年，累计补水量超 40 亿 m³。分年度看，2010~2013 年年均补水量为 0.61 亿 m³，2014~2017 年年均补水量为 2.75 亿 m³，2018~2022 年年均补水量约为 6 亿 m³，补水量呈大幅增加趋势。近年来，乌梁素海治理历程与治理成效表明，生态补水对湖区水资源、水环境、水生态等多个方面产生了显著的提升效应。

（二）流域污染治理

2018 年，乌梁素海启动实施污水"零入海"工程，对现有的 7 座污水处理厂进行提标改造。一是加强对涉水工业企业的管理，以乌梁素海水质改善为目标，倒逼企业减少污水排放。二是推进农业面源污染治理，全面开展控肥增效、控药减害、控水降耗、控膜提效"四控"行动，减少农田退水对乌梁素海的影响。同时，巴彦淖尔市委、市政府每年划拨近 1 亿元资金来补贴农户，提高农户治理面源污染的积极性。

---

① 《乌梁素海：600 万只候鸟的家》，"内蒙古日报"百家号，2020 年 10 月 26 日，https：// baijiahao. baidu. com/s？id=1681618966893366548&wfr=spider&for=pc。

（三）湖区生态治理

阻断了外来污水的源头，下一步就是对湖区本身的水质进行治理。此前，大量含有氮磷成分的农业退水被排入乌梁素海，导致了湖区内芦苇泛滥，水体严重富营养化，芦苇在秋天沉入水中，造成二次污染。同时，河套灌区地势西南高、东北低，位于东北方的乌梁素海承接了河套平原、阴山山脉几百条沟渠的山洪水。这些都导致湖区的淤积严重，最浅的部分距离水面只有三四十厘米，甚至裸露出来。因此，综合治理项目中有一项重要的措施是打通湖区 120km 的网格水道，挖出 515 万 m^3 的底泥，用自卸工程车需要运 30 万辆车次才可以完成。在河道周边，建成 60km^2 的生物过渡带，加快了湖区水体循环，并且开辟出航道，可供渔船和游船航行。在各级政府和社会各方的共同努力下，乌梁素海终于渐渐恢复往日的生机。[①]

三　水生态环境改善情况

2022 年 6 月，黄河水利委员会黄河水利科学研究院通过现场调查，对乌梁素海水体总氮、总磷、氨氮、叶绿素 a 和氯化物进行了测定，并利用水体综合营养状态指数对湖区水体营养状态进行了分类评价，同时对湖区水生植被、浮游动植物和底栖动物进行了调查。

（一）水质状况

调查结果显示，2022 年 6 月，湖区水体总氮浓度范围为 0.51~2.43mg/L，呈现由总排干入湖口向外扩散降低的趋势，表明调查期间总排干入水总氮污染负荷高于湖泊水体。水体氨氮的浓度范围为 0.05~0.36mg/L，分布规律与总氮基本一致。水体总磷浓度范围为 0.01~0.05mg/L，与总氮和氨氮的

---

① 《乌梁素海环境保卫战：曾经臭气熏天　如今鱼鸟成群》，"看看新闻"百家号，2021 年 3 月 30 日，https：//baijiahao.baidu.com/s？id=1695615656933959156&wfr=spider& for=pc。

分布规律不相关。水体叶绿素 a 浓度范围为 3.30~6.28mg/m³，分布规律与总氮和氨氮较为一致。本次调查中水体总氮、氨氮和叶绿素 a 的分布规律与历史调查结果相符，而与同月份历史数据相比，本次调查获取的水体总氮、总磷和叶绿素 a 浓度明显较低，表明调查期间乌梁素海水质较好。乌梁素海整体处于Ⅳ类，部分点位水质为Ⅲ类，与历史年份相比有所改善。湖区氯化物浓度范围为 412~748mg/L，均值达 554mg/L，远超下游包头黄河生活饮用水水源地水质标准规定的氯化物限值，这成为乌梁素海水量调度的重要限制因素之一。

（二）水体营养状态

本次调查采用水体综合营养状态指数进行水体营养状态评价。选取 5 项反映水体营养程度的主要指标：$Chl\ a$、TP、TN、SD、COD_{Mn}。计算公式为：

$$TLI(\textstyle\sum) = \sum_{j=1}^{m} W_j \times TLI(j) \tag{1}$$

式（1）中，TLI（$\sum$）为综合营养状态指数；W_j 为第 j 种参数的营养状态指数相关权重；TLI（j）为第 j 种参数的营养状态指数。

TLI（j）营养状态指数计算公式为：

$$TLI(Chl\ a) = 10(2.500 + 1.086\ln Chl\ a) \tag{2}$$
$$TLI(TP) = 10(9.436 + 1.624\ln TP) \tag{3}$$
$$TLI(TN) = 10(5.453 + 1.694\ln TN) \tag{4}$$
$$TLI(SD) = 10(5.118 - 1.940\ln SD) \tag{5}$$
$$TLI(COD_{Mn}) = 10(0.109 + 2.661\ln COD_{Mn}) \tag{6}$$

式（2）~（6）中，$Chl\ a$ 单位为 μg/L，SD 单位为 m，其他指标单位均为 mg/L。

将 $Chl\ a$ 作为基准参数，则第 j 种参数的归一化相关权重计算公式为：

$$W_j = \frac{r_{ij}^{\ 2}}{\sum_{j=1}^{m} r_{ij}^{\ 2}} \tag{7}$$

式（7）中 r_{ij} 为第 j 种参数与基准参数 $Chl\ a$ 的相关系数。

根据中国湖泊（水库）的 $Chl\ a$ 与其他参数之间的相关关系，采用 0~100 的一系列连续数字对湖泊营养状态进行分级：$TLI（\Sigma）<30$ 为贫营养；$30\leqslant TLI（\Sigma）\leqslant 50$ 为中营养；$TLI（\Sigma）>50$ 为富营养，其中 $50<TLI（\Sigma）\leqslant 60$ 为轻度富营养，$60<TLI（\Sigma）\leqslant 70$ 为中度富营养，$TLI（\Sigma）>70$ 为重度富营养。

表 1 各项指标营养状态指数权重

	$Chl\ a$	TP	TN	SD	COD_{Mn}
权重	0.2663	0.1879	0.1790	0.1834	0.1834

根据调查结果，2022 年 6 月，乌梁素海水体综合营养状态指数范围为 36.9~46.8，按照分级标准，乌梁素海湖区水体整体为中营养状态。

（三）水生植被

参考自然资源部发布的 2020 版 30m 全球地表覆盖数据，乌梁素海 60%以上的水面被芦苇覆盖。现场调查对明水面区 9 个点位周边的沉水植物物种进行了识别，并根据沉水植物在水面的覆盖情况对其多度进行了分级。[①] 调查发现，篦齿眼子菜、穗花狐尾藻、轮藻、金鱼藻等 4 种沉水植物为优势种。其中，篦齿眼子菜是乌梁素海湿地沉水植物的绝对优势种，遍布各个采样点；在靠近总排干入口的一处明水区（#4 点位）有大量穗花狐尾藻与篦齿眼子菜相间分布，为局部优势种；在该明水区及其南侧的几处明水区发现轮藻和金鱼藻少量分布（#3、#6 和#7 点位）；其余点位均仅发现有篦齿眼子菜分布。本次调查结果与相关研究结论较为一致，篦齿眼子菜、穗花狐尾藻、轮藻、金鱼藻等为乌梁素海主要沉水植物，其中篦齿眼子菜为绝对优势种。

---

① 韩冰等：《3 种沉水植物净化引黄灌区退水的应用潜力》，《中国农村水利水电》2022 年第 2 期。

从各点位沉水植物的多度上看，篦齿眼子菜在#2、#7 和#9 点位的多度最高，其次是#3、#4、#5、#6 和#8 点位，最低是退水渠附近（#1 点位）；穗花狐尾藻在#4 点位的多度与篦齿眼子菜相当；金鱼藻和轮藻在所分布点位的多度较低（见表2）。结果表明，乌梁素海沉水植物分布呈现一定的差异。

表 2　乌梁素海沉水植物分布特征

点位	植物种类	植物多度	是否优势种
#1	篦齿眼子菜	+	是
#2	篦齿眼子菜	++++	是
#3	篦齿眼子菜	+++	是
	轮藻	+	否
#4	篦齿眼子菜	++	是
	金鱼藻	+	否
	穗花狐尾藻	++	否
#5	篦齿眼子菜	++	是
#6	篦齿眼子菜	++	是
	金鱼藻	+	否
	轮藻	+	否
#7	篦齿眼子菜	++++	是
	金鱼藻	+	否
#8	篦齿眼子菜	++	是
#9	篦齿眼子菜	++++	是

（四）水生生物群落多样性

2022 年 6 月，乌梁素海浮游植物共检出 6 门 55 种，其中主要为绿藻和硅藻。浮游植物密度为 $3.2 \times 10^6 \sim 1.2 \times 10^8$ cell/L，生物量为 $3.1 \sim 35.1$ mg/L，平均多样性指数（H'）、丰富度指数（D）分别为 1.95、0.75。乌梁素海浮游动物共检出 4 类 16 种，其中以轮虫纲为主。浮游动物密度为 $203 \sim 7502$ ind./L，生物量为 $0.07 \sim 3.38$ mg/L，平均多样性指数（H'）、丰富度指数（D）分别为 1.00、0.52。

四　乌梁素海生态修复对策建议

（一）持续性实施生态补水

乌梁素海作为我国北方重要的生态安全屏障，其生态恢复与良性维持对区域及流域的社会经济发展具有重要意义。作为河套灌区的尾闾湖泊，乌梁素海农业面源污染负荷将长期保持高位。在流域水资源刚性约束下，随着灌区节水灌溉比例的提高，入湖流量呈减少趋势，乌梁素海生态水量长期不足。在黄河流域生态保护和高质量发展要求下，持续性实施生态补水仍是维持乌梁素海生态系统功能和生物多样性的一项重要举措。

（二）加强农业面源污染削减

近年来，河套灌区引黄灌溉面积不断增加，化肥、农药亩均施用量居高不下。随着城镇污水收集处理率的不断提高，农业面源污染成为乌梁素海水体的主要污染来源。农业面源污染往往具有广泛性、随机性、脉冲性的特点，通过农田漫灌、降水径流、地下渗漏和自然挥发等途径进入河湖水体。在河套灌区节水改造基础上，应加强畜禽养殖污染控制，推行生态养殖模式，鼓励对畜禽粪便实行综合利用，推广测土配方施肥及秸秆综合利用技术，积极发展生态农业和有机农业，从源头减轻农业面源污染；充分利用退水沟道、坑塘、洼地等构建基于污染拦截的生态净化工程技术措施，从污染迁移途径削减农业面源污染，降低入湖污染负荷。

（三）强化湖区水生植被管理

乌梁素海芦苇面积占总面积的 60% 左右，明水面区 80% 以上的区域被沉水植物覆盖，冬春季节植物腐败是造成乌梁素海水质季节性恶化的重要原因。近年来实施的芦苇收割措施对水质改善具有一定的成效，应进一步强化湖区水生植被管理，扩大芦苇收割范围，科学实施沉水植物打捞，降低植物集中腐败期污染物释放量，从源头降低植物腐败造成的内源污染。

幸福河建设篇

Happy River Construction

B.14
黄河幸福河建设评价报告

王弯弯　梁　帅　曹永涛*

摘　要： 本报告在系统总结国内关于幸福河定义和内涵研究的基础之上，以"人水和谐"为主题，系统阐释了"幸福黄河"的基本内涵和建设目标，并基于河流健康导向和满足社会经济高质量发展需求，结合黄河流域特点和实际情况，从防洪保安全、优质水资源、健康水生态、宜居水环境、先进水文化、现代水经济和科学水管理7个方面，选取了25个一般指标和特征指标初步构建了黄河幸福河评价指标体系，并对黄河不同时期、不同河段及沿黄9省（区）的幸福指数进行了评价。结果表明：黄河流域幸福指数呈逐渐向好的态势；不同河段幸福指数为上游>下游>中游，整体空间差异性较小；沿黄9省（区）中四川、青海、山东、

---

* 王弯弯，黄河水利委员会黄河水利科学研究院工程师，主要研究方向为水生态环境治理等；梁帅，黄河水利委员会黄河水利科学研究院工程师，主要研究方向为水生态环境治理等；曹永涛，博士，黄河水利委员会黄河水利科学研究院泥沙所所长、教授级高级工程师，主要研究方向为河流水文水利、河流生态环境治理修复等。

河南和陕西幸福指数较高，内蒙古和山西幸福指数较低。目前，黄河防洪短板依然突出，优质水资源和科学水管理建设层面有待加强。本报告从持续完善防洪工程及非工程体系，加快推进水资源节约集约利用，注重水环境和水生态治理保护，加强黄河文化保护传承弘扬，推进流域经济绿色可持续发展，提升河湖现代化管理水平等方面提出黄河幸福河建设对策建议，同时预测了未来幸福河建设目标。

关键词： 黄河　河流幸福指数　幸福河建设

黄河作为中华民族的母亲河，是连接青藏高原、黄土高原和华北平原的生态廊道。黄河流域是中华文明的发祥地，在推动我国经济社会发展方面具有十分重要的地位。"黄河宁，天下平。"千百年来人们对黄河的治理从未间断，并形成一系列治河理念。当前黄河流域仍存在一些突出问题和困难，洪水依然是流域的最大威胁，流域水资源保障形势严峻，生态环境脆弱，发展质量有待提高。这些问题，表象在黄河，根子在流域。2019 年 9 月 18 日，习近平总书记在黄河流域生态保护和高质量发展座谈会上，发出了"让黄河成为造福人民的幸福河"① 的伟大号召，为新时代加强黄河治理保护提供了根本遵循和科学指南。幸福河，成为未来河流治理的主要方向。

一　"幸福河"概念内涵解读

（一）研究现状

20 世纪 50 年代前，国外的治河理念主要以保障防洪安全为前提，开展

---

① 《习近平：在黄河流域生态保护和高质量发展座谈会上的讲话》，人民网，2019 年 10 月 15 日，http://cpc.people.com.cn/n1/2019/1015/c64094-31401625.html。

水量调度和洪水灾害治理。20 世纪 50 年代，北美和西欧国家经过二战后工业的复苏和发展期，工业迅速发展，城市规模急剧扩大，随之出现了严重的河流污染，这一时期河流保护的重点是水质恢复。20 世纪 70 年代初，美国颁布的《水污染控制修正法》率先对河湖健康的内涵进行了初步探讨。20 世纪 80 年代起，河湖健康问题越来越引起人们的重视，河湖管理的目标从单一的水资源功能管理扩展到对生态系统的管理。

初期的河湖健康主要指河湖的生态健康。同时期，国外先后建立了不同的指标体系用于河流健康评价，如美国采用生态完整性指数及河流无脊椎动物预测和分类计划进行河湖健康评价和生物监测，英国于 1984 年提出了河流无脊椎动物预测和分类计划，瑞典于 1992 年提出了岸边与河道环境细则，澳大利亚提出了河流地貌类型、河流状态调查、溪流健康指数等多种评价方法。美国、意大利和瑞士则采用 16 个特征值快速评价下游农业景观地区小溪流的物理和生物状态。从河流生态评价修复尺度来看，河流生态修复从小型河流起步，发展到以单个物种恢复为标志的大型河流生态修复，比如 1987 年启动的莱茵河《鲑鱼—2000 计划》。20 世纪 90 年代，河流保护行动进一步发展成以大型河流为流域尺度的整体生态恢复，如美国的密西西比河、法国的罗纳河等。

我国在河流污染治理和生态修复方面的研究起步较晚，且治河理念相对滞后。1972 年对大连湾涨潮退潮黑水黑臭事故和北京官厅水库污染的治理，标志着我国水污染防治工作的正式起步。1979 年，我国颁布第一部综合性防治水污染的专门法律《中华人民共和国环境保护法》。1995 年，出台我国第一部比较完整、具有一定操作性的流域性污染防治法规《淮河流域水污染防治暂行条例》。2004 年，水利部印发《关于水生态系统保护与修复的若干意见》，对水生态系统保护与修复工作的指导思想、基本原则和目标、主要工作内容做出部署。2014 年，水利部印发《关于加强河湖管理工作的指导意见》，强调到 2020 年基本建成河湖健康保障体系，建立完善河湖管理体制机制，努力实现河湖水域不萎缩、功能不衰减、生态不退化。2016 年 12 月，中共中央办公厅、国务院办公厅印发的《关于全面推行河长制的意见》明确提出"推进河湖生态修复和保护""恢复河湖水系的自然连通"等要求。

国内外河流近百年来的治理，主要经历了对象的水量—水质—水生态，方法的点源治理—重点区域治理—系统治理、综合治理，尺度的河流—廊道—流域，目标的河流自身健康—人水和谐共生的发展阶段。因此，"幸福河"是河流治理发展到一定阶段产生的新概念，其内涵更丰富、要求更高、目标更明确。

目前国内关于"幸福河"定义和内涵的研究刚起步，学界对此有不同的解读和界定。陈茂山等认为"幸福河"的内涵应当包含洪水有效防御、供水安全可靠、水生态健康、水环境良好、流域高质量发展、水文化传承6个方面内容。[①] 左其亭等将"幸福河"定义为"四河准则"，即安全运行之河、持续供给之河、生态健康之河、和谐发展之河。[②] 谷树忠提出"幸福河湖"的概念和判别河湖幸福与否的四个方面标准，认为幸福河湖是指灾害风险较小、供水保障有力、生态环境优良、水事关系和谐的安澜河湖、民生河湖、美丽河湖、和谐河湖。[③] 朱法君认为幸福河评价考核应充分考虑各地自然条件、自然生态以及需求、文化差异等，对防洪安全、水资源合理需求保障、生态环境要素等设定必要的"刚性"约束，将河流景观、水文化、休闲便民措施等作为"弹性"指标。[④] 另外，冯平结合山东省水土资源特点，从安全、健康、美丽、文化、科技五个方面对山东河湖保护与建设提出了建议。[⑤] 中国水科院幸福河研究课题组等则根据习近平新时代中国特色社会主义思想及马克思主义幸福观，提出"幸福河"的概念，即能够维持河流自身健康、支撑流域经济社会高质量发展，体现人水和谐，让流域内人民具有安全感、获得感与满意度的河流，主要从水安全、水资源、水环境、水生态、水文化五个层面体现。[⑥]

---

① 陈茂山、王建平、乔根平：《关于"幸福河"内涵及评价指标体系的认识与思考》，《水利发展研究》2020年第1期，第1~5页。

② 左其亭等：《幸福河的概念、内涵及判断准则》，《人民黄河》2020年第1期，第1~5页。

③ 谷树忠：《关于建设幸福河湖的若干思考》，《中国水利》2020年第6期，第13~16页。

④ 朱法君：《"幸福河"是治水模式的理念升级》，《中国水利》2020年第6期，第21~22页。

⑤ 冯平：《山东打造幸福河湖的思考与建议》，《山东水利》2020年第2期，第37~39页。

⑥ 中国水科院幸福河研究课题组：《幸福河内涵要义及指标体系探析》，《中国水利》2020年第23期，第1~4页。

（二）概念内涵

通过对前述专家观点的分析，本报告从科学构建幸福河评价指标体系的角度考虑，提出了"幸福河"的概念，即幸福河是河流健康的迭代升级，是指在维持河流自身健康的基础上，能够持续满足人类社会发展合理需求，保护传承弘扬民族文化，不断提升流域内人民获得感、满足感和幸福感的河流。幸福河的内涵必须具备以下 7 个方面要素：①长久的水安全保障，即防洪安全，沿岸人民群众的安全感明显提高；②高效的水资源利用，即实现水资源流域内高效供给、流域外有序调水；③健康的水生态保护，即河流生态系统结构和功能恢复，维持生物多样性；④宜居的水环境治理，即水质满足功能需求，美化水景观；⑤先进的水文化弘扬，即保护弘扬历史文化，传承新时代文化；⑥持续的水经济发展，即经济社会发展与流域承载能力相融共济；⑦科学的水管理体系，即实现河湖管理现代化，打造智慧河湖、智能水网。

因此，幸福河建设就是实现河流以及流域防洪安全、有效供给、生态宜居、文明和谐、高质量发展的过程，其最终目标则是打造人水和谐新格局，让河流更好地造福于流域人民。

二　黄河幸福河评价指标体系构建

基于前述对"幸福河"概念及内涵的思考和对河流相关评价指标体系的梳理，本报告认为幸福河评价应是涉及资源、环境、生态、社会经济等诸多方面的综合性评价，其评价指标体系能全面、合理、科学地反映河流"幸福"情况。参照河（湖）健康评价指标体系、生态系统健康评估指标体系、生态文明建设考核目标体系、水生态文明城市建设评价指标体系和《黄河流域生态保护和高质量发展规划纲要》发展目标体系等相关研究成果，经综合分析，本报告基于防洪保安全、优质水资源、健康水生态、宜居水环境、先进水文化、现代水经济和科学水管理 7 个方面构建幸福河评价指标体系。

（一）评价指标筛选

1. 筛选原则

结合黄河自身特点和流域实际情况，确定评价指标筛选依照以下 4 个原则。

（1）全面性和典型性相结合的原则

指标选取应能全面分析河流的自身健康状况及其与流域社会、经济、环境等因素之间的关系。同时，评价指标应具有一定的代表性，要尽可能准确反映特定区域的生态、环境、经济、社会变化的综合特征，即使在指标数量减少的情况下，也要便于数据计算和提高结果的可靠性。

（2）层次性和独立性相结合的原则

指标体系由不同层级的子系统构成，每个子系统又能够用其他指标进行表述。同时，各评价指标的含义要明确，且各评价指标之间要相互独立，避免烦琐重复。

（3）先进性和可操作性相结合的原则

指标体系建设要能综合反映并适应系统的未来发展趋势，以更好地进行预测与管理。同时，各指标应能够充分考虑人力、资金和后勤保障等条件，充分利用已有资料与成果，根据河流环境条件，优选效率高、成本适宜的调查与监测方法。

（4）客观评价与公众体验相结合的原则

评价指标体系既能够对幸福河建设水平进行量化分析评价，又能注重公众对河流水量、水质、景观、舒适性、经济价值、历史文化建设等的满意程度，适当采用定性的描述性指标。

2. 指标筛选

（1）防洪保安全。黄河具有水少沙多、水沙关系不协调的特点。当前黄河下游防洪短板仍较突出，地上"悬河"长达 800km，洪水预见期短、威胁大；上游宁蒙河段淤积形成"新悬河"，流域洪水风险总体形势依然十分严峻。下一步，安全黄河的建设目标为建成黄河防洪减淤和水沙调控体系，上游宁蒙"新悬河"得到遏制，中游干支流防洪能力显著提升，下游游荡性河势得到有效控制，"二级悬河"基本消除，破解河道行洪和高质量发展的矛盾。因此，选取防洪达标率、主槽过流能力、来沙系数、洪水监测预警预报能力4个指标，来评价黄河流域的防洪安全状况。

（2）优质水资源。据统计，2018年黄河流域水资源总量为869.1亿 m³，占全国的3.2%，而水资源开发利用率却高达80%，远超一般流域40%的生态警戒线。黄河流域地下水开采系数达到95%，山西、陕西、河南、甘肃、宁夏等省区存在超采问题。黄河主要向青海、甘肃、宁夏、内蒙古、陕西、山西、河南、山东、河北等沿黄各省（区）供水，满足其生产、生活、生态用水需求，支撑社会经济不断发展，但这些省（区）还存在水资源利用方式粗放、农业用水效率不高等问题。城市供水管网逐渐成为城市文明和现代化水平的重要体现，相较于发达国家，中国供水管网漏损率较高，导致城市供水受到影响，在一定程度上阻碍了城市的发展。据统计，2019年黄河流域城市管网漏损率约为13.2%，城市管网漏损问题仍较严重。当前，黄河水资源保障形势严峻，下一步将建立水资源刚性约束机制，加强水资节约集约利用。因此，选取水资源开发利用率、地下水超采面积比例、万元工业增加值用水量、农田灌溉水有效利用系数、城市供水管网漏损率5个指标，来评价黄河流域的水资源状况。

（3）健康水生态。当前，黄河流域仍有约24.5万 km² 水土流失面积未得到有效治理，尤其是7.86万 km² 的中游多沙粗沙区治理总体进展缓慢。黄河三角洲开发利用与生态保护布局仍有待协调，不合理开发开垦现象严重，与湿地争地、与湿地争水等侵占生态空间问题突出。受人类活动等影响，河湖天然湿地萎缩，与20世纪80年代相比，黄河宁蒙、小北干流、下游等河段河流湿地面积减少了30%~40%。目前生产用水挤占生态用水，生态流量及过程保障程度低，流域水资源量呈持续减少态势，入海水量保障困难。湟水、大通河、洮河、伊洛河、沁河等水电梯级开发集中，河流阻隔，水生生境破坏，生物多样性下降。下一步，将建成流域水生态保护体系，河流生态流量基本满足，上游湖泊湿地，下游及河口生态系统得到改善，河湖水生态持续向好，生态功能稳定提升。因此，选取水土保持率、生物完整性指数、生态流量保障程度、林草覆盖度、天然湿地保留率/湿地保护率5个指标，来评价黄河流域的生态健康状况。

（4）宜居水环境。据统计，2018年黄河137个水质断面中，劣Ⅴ类水质占比达12.4%，明显高于全国6.7%的平均水平。宁蒙灌区退水及汾河、延河等入黄水质长期为Ⅴ~劣Ⅴ类，干流水质存在污染风险。汾河、湟水、窟野河、渭河、泾河等主要支流水质难以达标，省界水体污染矛盾突出。生活污水排放不断增长，城市发展的同时也给黄河造成了污染。流域内城市生活污水处理率和收集率较低，城市污水处理厂建设和运行滞后，普遍存在配套管网不完善情况。要加快改善黄河流域水环境，解决支流水污染问题，进一步落实河长制，开展河湖"清四乱"，实现"河畅、水清、岸绿、景美"，河岸带得到有效管理和保护，建设成美丽宜居河湖。因此，选取达到或好于Ⅲ类水质断面比例，城市生活污水集中收集率，水体及岸线整洁性，滨水廊道亲水、乐水岸线比例，公众满意度5个指标，来评价黄河流域水环境状况。

（5）先进水文化。水文化得以传承、保护和弘扬，能够满足人民日益增长的文化生活需求，体现出现代生态文明美。黄河是中华民族的母亲河，根植于黄河流域的黄河文化则是中华文明中最具代表性、最具影响力的主体文化。黄河文化所蕴含的精神内涵具有重要的时代价值，对中华民族的伟大复兴具有重要意义。选取文化及相关产业增加值占GDP比重、水文化传承载体数量2个指标，来促进黄河文化保护、传承和弘扬。

（6）现代水经济。目前，黄河流域经济社会发展整体滞后，是我国生态安全保障和经济社会发展的重点和难点地区。黄河上中游7省（区）是发展相对不充分的地区，同东部地区及长江流域相比存在明显差距，传统产业转型升级步伐滞后，内生动力不足，源头的青海玉树州与入海口的山东东营市人均地区生产总值相差超过10倍。河流的社会服务功能应能够满足流域内居民生活生产需求，支撑流域经济社会可持续发展。因此，选取城乡居民人均可支配收入与全国平均水平的比率、常住人口城镇化率2个指标，来评价黄河流域的经济社会发展状况。

（7）科学水管理。河流应造福于人类，同时人类能保护河流维持健康生命状态，实现"人水和谐"，做到全民共管共治共享。新中国成立70多年来，中国共产党领导人民开创了治黄事业新篇章，黄河流域经济社会发展和人民生活发生了根本性变化。同时，当前黄河流域高质量发展仍受资源刚性约束、空间开发失调、生态环境脆弱、治理效率低下等多重因素制约。这些问题，表象在黄河，根子在流域。因此，在高质量发展的背景下，黄河需要进一步建立健全监督监测监管体系，推进流域管理能力现代化，提升公众环境保护参与度。要保护好黄河，在根本上需依靠广大人民群众的力量，而其保护成效的体现有赖于沿岸地区群众参与的主动性、有效性和创造性。因此，选取河湖管理现代化水平、公众保护意识与参与性2个指标，来评价黄河流域的"人水和谐"状况。

（二）评价指标体系

将上述筛选出的指标按照目标层、准则层和指标层三个层次构建幸福河评价指标体系。目标层即河流幸福指数（RHI），综合反映河流维持自身生态状况良好、持续发挥社会服务功能的水平；准则层为防洪保安全、优质水资源、健康水生态、宜居水环境、先进水文化、现代水经济、科学水管理7个方面，共包括25个具体指标。

指标体系准则层及指标层各指标的权重主要是利用主观层次分析法、客观熵值赋权法等，结合专家主观定性判断，并遵循综合客观、简明定量和科学可行的原则，综合分析得出。各指标的评分标准主要参考已有标准、相关规划及制度等目标值或专家主观定性判断而制定。具体评价指标体系见表1。

表1 黄河幸福河评价指标体系

目标层 （A）	准则层 （B_i, N_i）	序号	具体指标（B_{ij}, N_{ij}）	单位
河流幸福指数（RHI）	防洪保安全 （$B_1, 0.2$）	1	防洪达标率（$B_{11}, 0.4$）	%
		2	主槽过流能力（$B_{12}, 0.2$）	m³/s
		3	来沙系数（$B_{13}, 0.3$）	kg·s/m⁶
		4	洪水监测预警预报能力（$B_{14}, 0.1$）	
	优质水资源 （$B_2, 0.2$）	5	水资源开发利用率（$B_{21}, 0.3$）	%
		6	地下水超采面积比例（$B_{22}, 0.2$）	%
		7	万元工业增加值用水量（$B_{23}, 0.2$）	m³
		8	农田灌溉水有效利用系数（$B_{24}, 0.2$）	
		9	城市供水管网漏损率（$B_{25}, 0.1$）	%
	健康水生态 （$B_3, 0.2$）	10	水土保持率（$B_{31}, 0.3$）	%
		11	生物完整性指数（$B_{32}, 0.2$）	
		12	生态流量保障程度（$B_{33}, 0.3$）	%
		13	林草覆盖度（$B_{34}, 0.1$）	%
		14	天然湿地保留率/湿地保护率*（$B_{35}, 0.1$）	%
	宜居水环境 （$B_4, 0.2$）	15	达到或好于Ⅲ类水质断面比例（$B_{41}, 0.3$）	%
		16	城市生活污水集中收集率（$B_{42}, 0.3$）	%
		16	水体及岸线整洁性（$B_{43}, 0.2$）	
		18	滨水廊道亲水、乐水岸线比例（$B_{44}, 0.1$）	%
		19	公众满意度（$B_{45}, 0.1$）	
	先进水文化 （$B_5, 0.05$）	20	文化及相关产业增加值占 GDP 比重（$B_{51}, 0.6$）	%
		21	水文化传承载体数量（$B_{52}, 0.4$）	个
	现代水经济 （$B_6, 0.1$）	22	城乡居民人均可支配收入与全国平均水平的比率（$B_{61}, 0.7$）	%
		23	常住人口城镇化率（$B_{62}, 0.3$）	%
	科学水管理 （$B_7, 0.05$）	24	河湖管理现代化水平（$B_{71}, 0.6$）	
		25	公众保护意识与参与性（$B_{72}, 0.4$）	%

*若评价区有历史湿地资料，则用天然湿地保留率指标表示；若评价区无历史湿地资料，则用湿地保护率指标表示。

河流幸福指数由准则层 7 个指标定量评价得到，采用百分制计算方式。计算公式如下：

$$RHI = \sum_{i=1}^{7} N_i B_i \times 100$$

其中，RHI 为河流幸福指数；N_1、B_1 分别为防洪保安全层面的权重、得分；N_2、B_2 分别为优质水资源层面的权重、得分；N_3、B_3 分别为健康水生态层面的权重、得分；N_4、B_4 分别为宜居水环境层面的权重、得分；N_5、B_5 分别为先进水文化层面的权重、得分；N_6、B_6 分别为现代水经济层面的权重、得分；N_7、B_7 分别为科学水管理层面的权重、得分。

根据河流幸福指数计算结果，将幸福河状态划分为"非常幸福""幸福""一般幸福""不幸福"四个等级，具体划分标准见表 2。

表 2　幸福河等级划分情况

指数范围	状态	等级
[90,100]	非常幸福	I
[80,90)	幸福	II
[60,80)	一般幸福	III
[0,60)	不幸福	IV

三　黄河幸福指数评估

（一）不同时期黄河幸福指数评估

对 20 世纪 80 年代、21 世纪初和 2022 年黄河流域幸福指数进行评价，得到不同时期的幸福指数分别为 51.2、55.1 和 74.6（见图 1）。其中，防洪保安全层面评分分别为 71.1、65.5、78.8，优质水资源层面评分分别为 34.6、45.0、66.5，健康水生态层面评分分别为 68.2、69.1、75.7，宜居水环境层面评分分别为 26.5、30.5、76.4，先进水文化层面评分分别为 40.0、61.0、72.2，现代水经济层面评分分别为 68.7、73.3、83.2，科学水管理层面评分分别为 44.0、54.0、64.0。

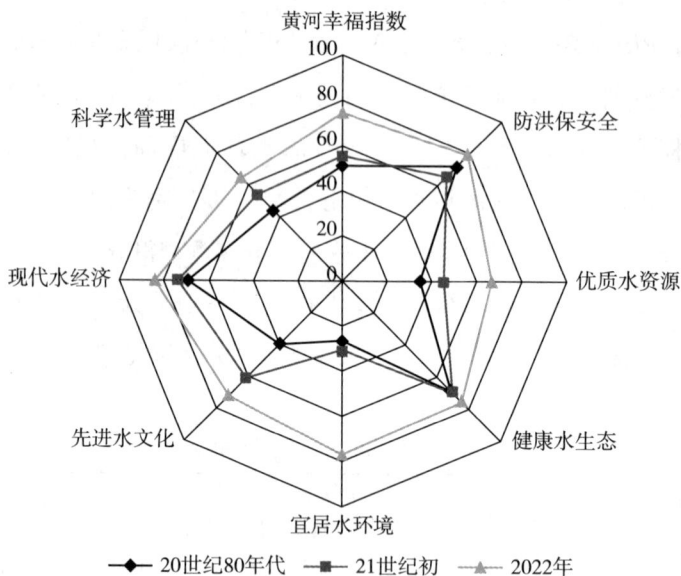

图 1　不同时期黄河幸福指数

从时间尺度来看，不同时期黄河在防洪保安全层面得分均较高，但目前黄河防洪短板依然突出，河防工程体系还有待进一步完善。随着时间推移，其他六个层面的建设也都逐步加强，尤其是在宜居水环境建设层面（见图 2）。相对而言，黄河流域在科学水管理层面存在明显短板且发展较为缓慢。2022年，黄河幸福指数评估级别为"一般幸福"状态。当前黄河流域在优质水资源和科学水管理两个层面评分较低（<70），未来幸福河的建设过程中应在保障防洪安全的前提下加大对这两个层面的投入力度。

（二）分河段黄河幸福指数评估

对 2022 年黄河不同河段数据进行统计分析，得出黄河上、中、下游三

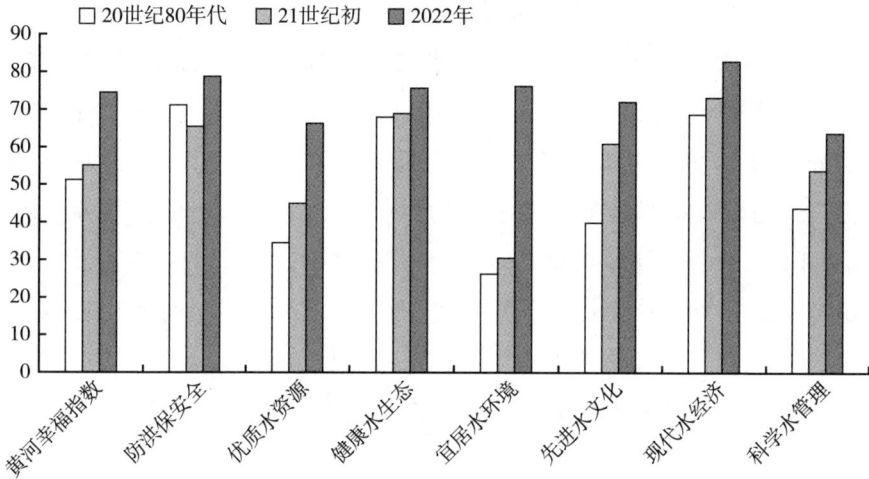

图 2　不同时期黄河幸福指数各准则层变化情况

个河段的幸福指数分别为 76.4、74.0、74.2（见图 3），其中防洪保安全层面评分分别为 81.2、77.2、79.5，优质水资源层面评分分别为 73.3、70.7、

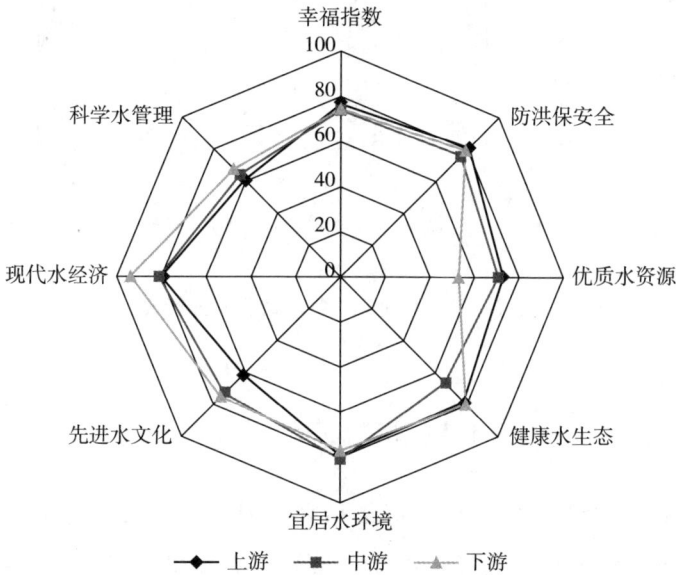

图 3　黄河不同河段幸福指数

52.9，健康水生态层面评分分别为77.7、66.1、79.0，宜居水环境层面评分分别为79.0、81.1、77.2，先进水文化层面评分分别为61.8、72.8、75.6，现代水经济层面评分分别为80.1、81.2、93.2，科学水管理层面评分分别为61.0、64.0、67.0。从空间尺度来看，2022年黄河上、中、下游三个河段的幸福指数评估级别均为"一般幸福"级别，得分情况为上游>下游>中游，整体空间差异性较小（见图4）。建议上游加强水文化挖掘与保护、中游加强水土保持和生态保护，上中游要充分利用现有资源加快经济发展；下游要确保防洪安全，加强生态环境治理；同时，上、中、下游均要加强水环境治理、水资源节约集约利用及河湖管理现代化建设。

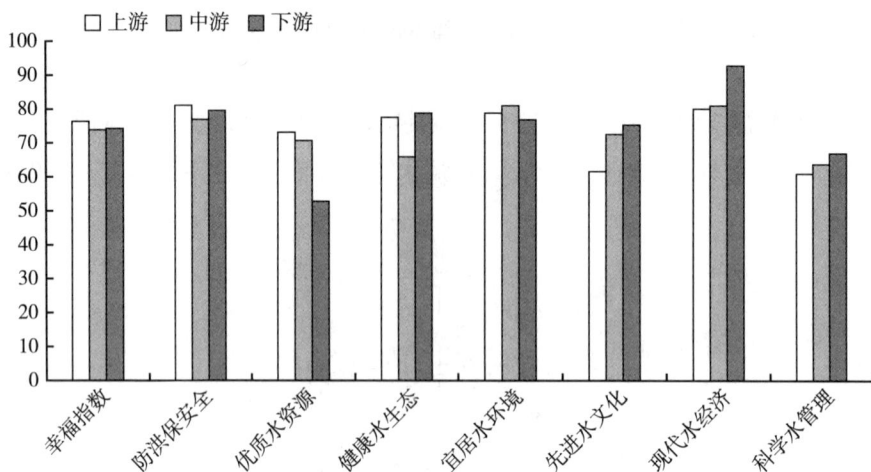

图4 黄河不同河段各准则层得分情况

（三）沿黄9省（区）幸福指数评估

对2022年沿黄9省（区）幸福指数（其中主槽过流能力、来沙系数和生物完整性指数三个指标未参与评价）进行统计分析得出：9省（区）幸福指数均处于"一般幸福"级别，内蒙古和山西幸福指数较低，为

71.7 和 71.1；四川、青海、山东、河南和陕西幸福指数较高，分别为79.1、78.9、78.8、77.7 和 77.1。各准则层得分存在较大差异。其中，防洪保安全准则层：青海、宁夏评分较高，为 85 左右，四川、内蒙古、陕西和山西较低，为 75 左右。优质水资源准则层：内蒙古和陕西评分较高，为 85 左右，青海、山西和河南较低，为 70 左右。健康水生态准则层：青海、四川和宁夏评分较高，均为 85 左右，内蒙古、山西、陕西较低，为 60 左右。宜居水环境准则层：青海、四川、陕西评分较高，为 80 左右，内蒙古和甘肃评分较低，低于 70 分。先进水文化准则层：山东和四川评分较高，为 85 分左右，内蒙古和宁夏评分较低。现代水经济准则层：内蒙古和山东评分较高，为 90 分以上，甘肃较低，为 70 分以下。科学水管理准则层：中下游省区评分为 60 分以上，上游省区多数评分低于60 分（见图 5 至图 7）。总的来看，黄河分省（区）幸福指数评价结果与黄河分河段评价结果趋势基本一致。

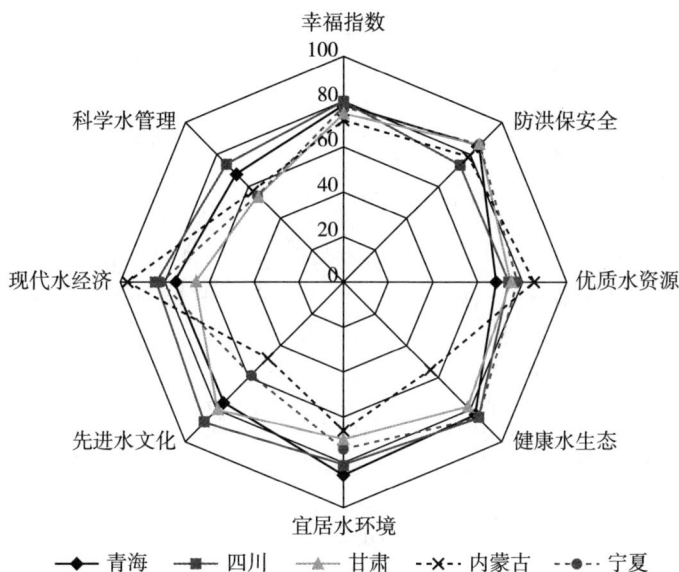

图5　黄河上游5省（区）幸福指数

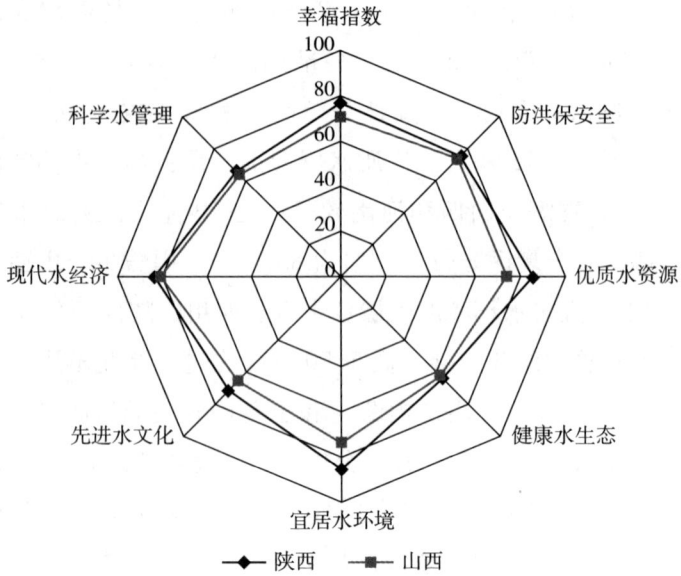

图 6　黄河中游 2 省幸福指数

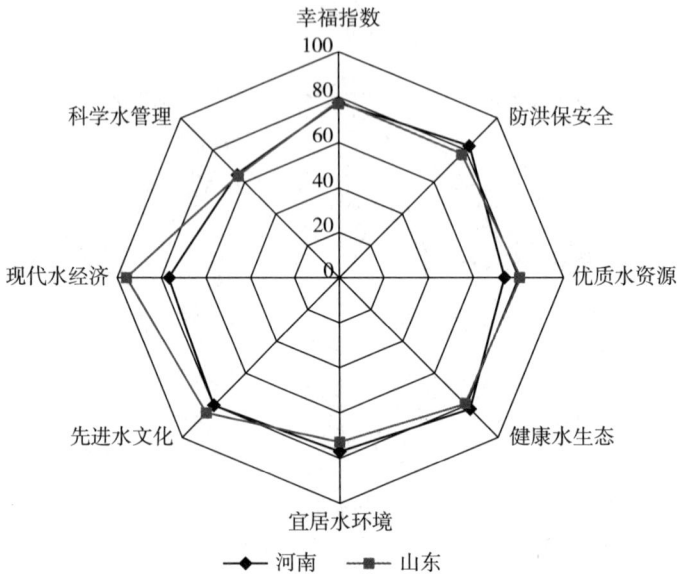

图 7　黄河下游 2 省幸福指数

（四）黄河幸福指数建设目标

因地制宜，分类施策，加快推进幸福河建设。通过采取一系列措施，提升黄河幸福指数，预测黄河幸福指数近期目标 2025 年将达到 78 （见图 8），其中除优质水资源和健康水生态准则层低于 78 外，其他准则层均达到 80 左右；预测 2035 年各准则层评分均达到 79 以上（见图 9），尤其是先进水文化、现代水经济和科学水管理准则层评分为 95 以上，黄河幸福指数远景目标 2035 年将达到 85 以上，进入幸福等级。

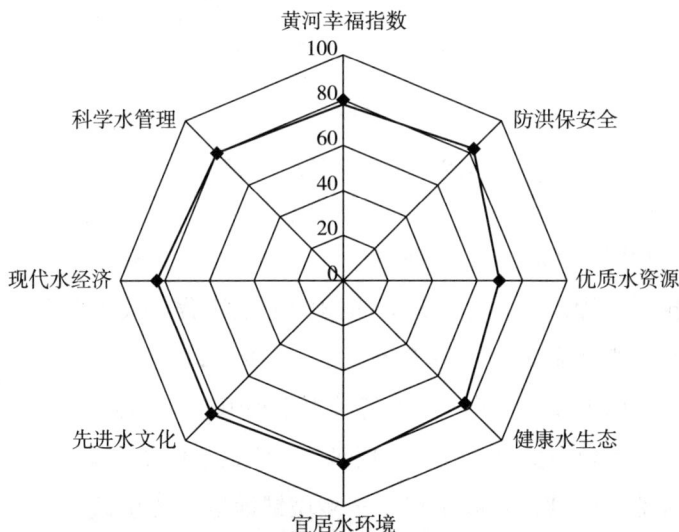

图 8　2025 年黄河幸福指数

四　黄河幸福河建设对策建议

（一）防洪保安全层面，完善防洪工程及非工程体系

建设青海、四川（阿坝州）、甘肃河段防护工程 249km，新建内蒙古龙口和蒙西提防 45km，持续推进渭河、汾河等主要支流重点防洪河段治理，

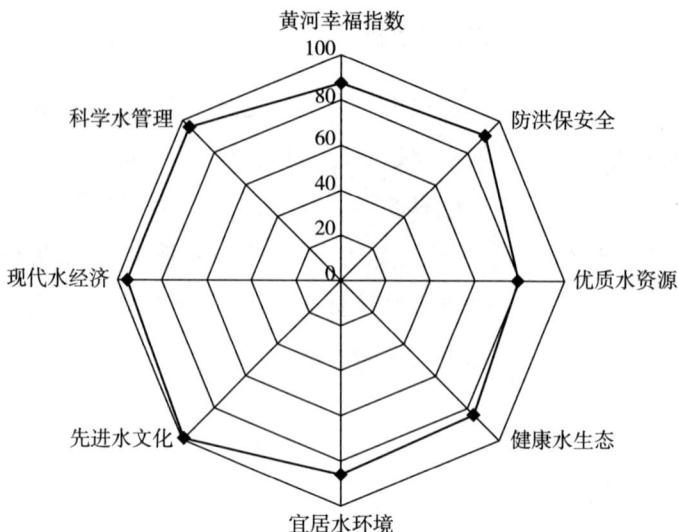

图 9　2035 年黄河幸福指数

提高防洪达标率，2025 年大于 75%，2035 年大于 90%。完善黄河"上拦、中分、下排"工程体系。上游建设黑山峡河段工程，改善宁蒙河段水沙关系，增强其主槽过流能力，2025 年大于 2500m^3/s，2035 年大于 3000m^3/s；中游完善水沙调控体系，建设古贤等重大水利枢纽，长期维持三门峡水库防洪库容，续建控导和护岸工程，归顺河势，降低或维持潼关高程；下游加强河道和滩区综合治理，开展东坝头至陶城铺河段"二级悬河"治理，消除堤河串沟顺堤行洪危害。全流域加强智能感知监测系统建设、信息传输网络升级改造、智能监管应用系统开发及网络安全体系建设，进一步提升防洪管理能力和洪涝早期预警预报能力，2025 年"小花间"洪水预报达到 36h，2035 年达到 48h。通过采取以上措施，实现黄河防洪保安全准则层评分由现状 78.8 达到 2025 年的 82.1、2035 年的 91.5。

（二）优质水资源层面，加快推进水资源节约集约利用

合理分水，优化"八七"分水方案，优化水资源配置格局，推动水资源节约集约利用，2025 年水资源开发利用率降至 78%，2035 年降至 75%。

制定地下水压减方案，实施地下水超采区治理工程，实现地下水水量、水位双控。通过节水，跨流域调水和人工回灌等措施，争取 2025 年实现地下水采补平衡。大力推进农业节水增效，对宁蒙平原、汾渭盆地、引黄灌区等进行现代化改造，以水定地，实现农业用水节约集约化，2025 年和 2035 年农田灌溉水有效利用系数分别提升至 0.57 和 0.61 以上。主抓工业节水减排，推进工业企业向工业园区聚集，以水定产，实现工业用水集约化，2025 年万元工业增加值用水量降至 17.7m³ 以下，2035 年降至 16.3m³ 以下。推进城镇节水降损，实施城镇供水管网改造，完善供水管网检漏制度，2025 年城市供水管网漏损率降低到 10% 左右，2035 年降低到 9% 以下。通过采取以上措施，实现黄河优质水资源准则层评分由现状 66.5 达到 2025 年的 70.1、2035 年的 79.6。

（三）健康水生态层面，统筹实施一批生态保护修复工程

以扎陵湖、鄂陵湖为重点，加强河源区湖泊湿地保护，适时开展乌梁素海、岱海等湖泊生态补水并开展补水效果评价，河口地区推进湿地自然修复，2025 年和 2035 年天然湿地保留率分别大于 85% 和 90%。对黄河上游支流湟水、大通河、洮河等小水电站进行清理整治，实施连通性恢复等工程，下游以伊洛河为重点，开展土著及珍稀濒危鱼类栖息地保护，河口地区推进湿地修复和河湖生态连通工程，保护鸟类栖息地，逐渐提升黄河生物多样性。加强黄河干支流水量统一调度，优化渭河、汾河、沁河、大汶河等主要支流水资源配置，保障其生态流量，到 2025 年黄河主要断面生态流量保障程度大于 95%，2035 年大于 98%。在黄土高原适宜区域建设旱作梯田，并对低标准梯田进行改造；在多沙区开展淤地坝建设，防治沟道侵蚀；在砒砂岩地区实施沙棘生态建设工程，减少入黄粗泥沙，提升黄河流域林草覆盖度和水土保持率，到 2025 年黄河流域水土保持率大于 67%，2035 年大于 70%。通过采取以上措施，实现黄河健康水生态准则层评分由现状 75.7 达到 2025 年的 77.6、2035 年的 83.9。

（四）宜居水环境层面，注重截污治污

重点加强中游汾河等支流污染治理工作，力争Ⅲ类及以上水质断面比例2025年达到88%、2035年达到90%；通过加大城镇污水收集处理力度，特别是上游省份，实现城市生活污水处理率2025年达到65%、2035年达到75%；同时，注重加强城乡宜居水环境治理，提升公共设施服务水平，增强城乡居民对于河湖水体的满意度和亲近率，实现河流健康和人民幸福。通过采取以上措施，实现黄河宜居水环境准则层评分由现状76.4达到2025年的78.8、2035年的86.3。

（五）先进水文化层面，保护传承弘扬黄河文化

加大黄河文化遗产保护与宣传力度，大力弘扬黄河文化，进一步树立黄河文化品牌，积极发展文化相关产业，将黄河文化资源优势转化为高质量发展优势，争取2025年文化及相关产业增加值占GDP比重达到4.5%、2035年达7%以上；2035年流域每1万平方公里水文化传承载体数量达到10个以上。通过采取以上措施，实现黄河先进水文化准则层评分由现状72.2达到2025年的84、2035年的100。

（六）现代水经济层面，推进流域经济绿色可持续发展

以高质量发展、绿色发展、可持续发展为导向，因地制宜构建特色优势产业体系，增强流域经济发展的动力和韧性。尤其要带动中上游经济发展，加快推进兰西、关中等城市群发展；强化西安、郑州等国家中心城市带头作用，充分发挥山东半岛城市群龙头作用；争取2025年城乡居民人均可支配收入占全国平均水平的比重达到86%以上，2035年达到90%左右。通过采取以上措施，实现黄河现代水经济准则层评分由现状83.2达到2025年的84.2、2035年的95.5。

（七）科学水管理层面，打造智慧河湖、法制河湖

结合水利现代化、信息化、智能水网建设等工作，建立起"空—天—地""水—陆—生"一体化的河湖信息监测体系，实现智慧管控；建立健全水资源、防洪安全保障、河湖生态环境保护及黄河文化保护体制机制，认真贯彻实施《黄河保护法》，加强幸福河建设法制统领，显著提升河湖管理现代化水平。同时，鼓励、引导公众积极参与水治理保护，提高公众保护意识与参与性，构建"人水和谐"新格局。通过采取以上措施，实现黄河科学水管理准则层评分由现状64.0达到2025年的80、2035年的96。

B.15
黄河流域生态保护和高质量发展的法治保障

乔西现*

摘　要：　《黄河保护法》是一部针对黄河流域的基础性、综合性和统领性的专门法律，其颁布对于贯彻落实习近平生态文明思想、习近平法治思想和习近平总书记"十六字"治水思路，加强黄河流域生态环境保护，保障黄河安澜，推进水资源节约集约利用，推动高质量发展，保护传承弘扬黄河文化，实现人与自然和谐共生、中华民族永续发展具有重大意义。本文从国家全局的高度、流域整体的视野、黄河流域突出问题三个角度，阐述了制定《黄河保护法》必要性，揭示了《黄河保护法》区别于已有法律条文的针对性、统筹性、系统性和集成性等亮点，着重介绍了《黄河保护法》对加强生态环境保护、推进水资源节约集约利用、保障黄河安澜无害、促进高质量发展、保护传承弘扬黄河文化做出的针对性规定。建议将宣传贯彻《黄河保护法》与全面学习、全面把握、全面落实党的二十大精神结合起来，坚决履行好法定职责，在法治轨道上有力、有效做好黄河保护治理各项工作，为推进黄河流域生态保护和高质量发展凝聚起强大合力。

关键词：　《黄河保护法》　黄河流域　生态保护　法治建设

---

* 乔西现，黄河水利委员会原副总工程师，正高级工程师。

2022 年 10 月 30 日，习近平签署第 123 号主席令，公布十三届全国人大常委会第三十七次会议全票表决通过的《中华人民共和国黄河保护法》（以下简称《黄河保护法》），自 2023 年 4 月 1 日起施行。《黄河保护法》坚持以习近平新时代中国特色社会主义思想为指导，深入贯彻习近平生态文明思想、习近平法治思想和习近平总书记"十六字"治水思路，以习近平总书记关于黄河流域生态保护和高质量发展的重要讲话精神为根本遵循，立足建设造福人民的幸福河总体目标，贯彻新发展理念，聚焦黄河流域突出问题，将黄河保护治理中行之有效的普遍性政策、机制、制度等予以立法确认，以法律形式界定各方权责边界、明确保护治理制度体系，规范对黄河保护治理产生影响的各类行为，完善黄河流域生态保护和高质量发展的法治保障体系，是一部贯彻党的主张、表达人民意愿、反映黄河特点、务实管用的法律，是保护黄河的良法、促进发展的善法、造福人民的好法，对于充分发挥法治固根本、稳预期、利长远的保障作用，让黄河成为造福人民的幸福河具有重要意义。

一　制定《黄河保护法》是着力解决黄河保护治理特殊问题的需要

目前我国已有关于水的法律 4 部、行政法规 20 多部、部门规章 50 多部，以及多部地方性水法规和规章。黄河有其自身独特的情况，有区别于其他大江大河的特点，全国的法律法规难以完全适用于黄河，要求专门为黄河量身打造一部更具有针对性的专门法律。

一是体现国家全局的高度。黄河流域最大的矛盾是水资源短缺、最大的问题是生态脆弱、最大的威胁是洪水、最大的短板是高质量发展不充分、最大的弱项是民生发展不足，这些问题相互交织，必须站在保护黄河是事关中华民族伟大复兴的千秋大计的全局和战略高度，通盘考虑，综合施策，统筹发展和安全、保护和治理、流域和区域，推动相关问题从法治角度系统解决。

二是突出流域视野。黄河问题，表象在黄河，根子在流域，必须坚持全流域一盘棋，妥善处理多元诉求，统筹兼顾各方利益，强化流域统一规划、统一管理、统一调度。以水为核心（水资源、水生态、水环境、水灾害、水文化）、以河为纽带（上中下游、左右岸、河道内外）、以流域为基础（干支流、省区间、行业间），通过立法规范、约束、统筹、协调各方面的关系和对黄河保护治理产生影响的各类行为。

三是聚焦黄河特点。黄河一直"体弱多病"，既有先天不足的客观因素，也有后天失养的人为因素，生态环境脆弱、水资源禀赋差、水沙关系不协调，可以说黄河问题在中国乃至世界河流中都极具特殊性。保护治理黄河，既要治水，也要治沙；既要除害，也要兴利；既要治表，也要治本；既要协调上中下游各省区利益，也要兼顾各行业不同用水部门要求。必须坚持问题导向，针对特定区域、特殊问题、突出困难规定针对性、保障性、约束性的特别措施，做出更为特殊的制度安排。

因此，制定《黄河保护法》，聚焦黄河流域突出问题，建立一整套充分反映流域特点的法律制度，是把习近平总书记关于黄河流域生态保护和高质量发展的重要讲话、指示批示精神和党中央决策部署以法律形式予以贯彻落实，转化为黄河保护治理、高质量发展的国家意志和全社会行为准则，是为黄河流域生态保护和高质量发展国家重大战略保驾护航，为黄河流域生态保护和高质量发展立下的铁规矩、硬杠杠的一部专门法律。

二 《黄河保护法》的特点

《黄河保护法》共 11 章 122 条 2.1 万多字，涵盖规划与管控、生态保护与修复、水资源节约集约利用、水沙调控与防洪安全、污染防治、促进高质量发展、黄河文化保护传承弘扬、保障与监督等多方面内容，针对黄河流域特殊问题，规定特别制度措施，不简单重复或者汇总现行相关基础性和普适性法律规定，制度设计具有针对性、统筹性、系统性和集成性，是流域保护治理和高质量发展的有机统一和综合集成，在许多方面实现了制度创新、措施创新，具有许多亮点。

一是确立基本原则。法律第 1 条规定为实现人与自然和谐共生、中华民族永续发展制定本法，第 3 条将"重在保护、要在治理""生态优先、绿色发展，量水而行、节水为重，因地制宜、分类施策，统筹谋划、协同推进"确立为原则，并规定黄河流域生态保护和高质量发展坚持中国共产党领导，确保黄河流域法治建设始终沿着正确的政治方向前进，政治站位高。

二是明确适用范围。根据黄河流域生态保护和高质量发展需要确定适用范围，突破了自然流域 79.5 万平方公里，体现了黄河流域的资源、生态、社会、文化属性，超越了传统的流域"水系空间"，按照涉水县级行政区域进行管理，涉及 9 省（区）的 439 个县级行政区。同时法律第 52、53 条在取用水管理领域还扩大到流域外其他黄河供水区的相关县级行政区，更加符合黄河流域外用水也应严格管理的要求。

三是界定管理责任。法律明确各方责任为黄河保护治理的国家统筹和地方协调提供了保障。有 84 条规定了国家部委和地方各级人民政府相关责任及其对政府的监督，占 68.8%，确保事务与部门对应、监督与部门对应、责任与部门对应。同时为了协调与其他已有法律关系，法律第 2 条还规定"本法未作规定的，适用其他有关法律的规定"。

四是突出流域管理。首次以法律形式规定黄河水利委员会及其所属管理机构依法行使流域水行政监督管理职责，体现了流域管理机构统一规划、统一管理、统一调度，如实行水量统一配置、水沙统一调度。同时规定黄河流域生态环境监督管理机构依法开展流域生态环境监督管理工作职责。

五是严格管理红线。法律规定了 17 处禁止性行为条款，"不得"超过、批准等行为条款 9 处，"严格"限制、严格控制条款多达 16 处，还有刚性约束、强制性、准入清单、负面清单、淘汰类目录等条款，对黄河保护治理设立严格的管理红线，是非常硬性的制度。

六是夯实管理基础。规定国务院有关部门、地方县级以上人民政府要建立健全标准体系、信息共享系统加强调查监测、科技创新，设立专家咨询委员会，以及组织开展第三方评估、分析、论证等工作，为黄河保护治理提供支撑。

七是规范保障手段。规定了财政、金融、税收、价格等保障制度，也规定了舆论监督、表彰奖励、责任考核、约谈、向人大报告等监督制度，使黄河保护治理保障手段更加完善。

八是法律责任更严。为了体现"法律责任更大更严、违法处罚更重更硬"要求，《黄河保护法》在已有相关法律的基础上补充、增设、细化、加重了行政处罚的法律责任。如针对国家工作人员不作为、乱作为、慢作为等规定了严格的法律责任；增加行刑衔接规定；针对违规取用水行为由现行《水法》的 2 万~10 万元罚款增加到 5 万~50 万元，对违反水土保持规定的行为，比现行《水土保持法》增加 10 倍罚款，进一步织密、织严法网。

三 《黄河保护法》主要制度

（一）关于管理体制机制的制度安排

《黄河保护法》针对黄河保护治理中部门分割、地区分割等问题，坚持共同抓好大保护、协同推进大治理，按照"中央统筹协调、部门协同配合、属地抓好落实、各方衔接有力"的原则制定管理法律制度，形成了"重大事项国家统筹+重点事项部门主管+相关事项省级负责+具体事项市县落实"的流域治理管理新机制，进一步提升了流域治理管理的系统性、整体性、协调性，解决"九龙管水"难题。

一是第 4 条规定国家建立黄河流域生态保护和高质量发展统筹协调机制，全面指导、统筹协调黄河流域生态保护和高质量发展工作，审议黄河流域重大政策、重大规划、重大项目等，协调跨地区跨部门重大事项，督促检查相关重要工作的落实情况，体现了"中央统筹"。同时，规定了"黄河流域省、自治区可以根据需要，建立省级协调机制，组织、协调推进本行政区域黄河流域生态保护和高质量发展工作"。

二是规定了国务院有关部门在黄河流域生态保护和高质量发展中的职责

及对部门的监督。规定国务院有关部门职责 62 条（款），直接点名 14 个部委、2 个流域管理机构，涉及 18 个行业，体现了"部门协同"。

三是规定了地方各级人民政府责任。规定了县级以上地方人民政府职责 82 处，其中省级 27 处、县级以上 55 处，省级有关部门 10 处、县级以上有关部门 19 处。同时规定各级河湖长负责河道、湖泊管理和保护相关工作，体现了"省负总责、市县抓落实"的要求。

四是法律第 5 条规定了黄河水利委员会及其所属管理机构依法行使流域水行政监督管理的职责。对黄河水利委员会及其所属管理机构规定了 21 处职责，强化黄河水利委员会在全流域"防洪、监测、调度、监督"等方面职能，实现对干支流监管"一张网"全覆盖。

五是规定了建立协同机制。要求黄河流域相关地方根据需要，在地方性法规和地方政府规章制定、规划编制、监督执法等方面加强协作。第 6 条规定建立省际河湖长联席会议制度。第 105 条规定建立执法协调机制，对跨行政区域、生态敏感区域以及重大违法案件，依法开展联合执法。加强黄河流域司法保障建设，推进行政执法机关与司法机关协同配合等。

（二）关于黄河保护治理规划体系的制度规定

《黄河保护法》设置"规划与管控"专章，在服从于国家关于规划体系要求的基础上又有新突破。根据黄河河情，突出了"水"这个黄河流域最大的矛盾、发展的最大瓶颈因素，规定了规划水资源论证，这也是实现"四水四定"的重要制度，同时注重发挥规划对推进黄河流域生态保护和高质量发展的引领、指导和约束作用，将"1+n+x"的黄河流域生态保护和高质量发展规划体系法治化。

一是明确建立以国家发展规划为统领，以空间规划为基础，以专项规划、区域规划为支撑的黄河流域规划体系。

二是要求国务院和黄河流域县级以上地方人民政府应当将黄河流域生态保护和高质量发展工作纳入国民经济和社会发展规划。

三是编制黄河流域国土空间规划，科学有序统筹安排黄河流域农业、生态、城镇等功能空间，划定永久基本农田、生态保护红线、城镇开发边界，优化国土空间结构和布局，统领黄河流域国土空间利用任务。

四是按照统一规划、统一管理、统一调度的原则，依法编制黄河流域综合规划、水资源规划、防洪规划等，对节约、保护、开发、利用水资源和防治水害做出部署。

五是规定实行规划水资源论证制度。工业、农业、能源、自然资源开发等专项规划和开发区、新区规划等，涉及水资源开发利用的，应当进行规划水资源论证。未经论证或者经论证不符合水资源强制性约束控制指标的，规划审批机关不得批准该规划。

（三）关于生态保护与修复的相关规定

生态环境脆弱是黄河流域最大的问题，《黄河保护法》按照"山水林田湖草沙生命共同体"及"以自然恢复为主、自然恢复与人工修复相结合"的系统治理、源头治理、综合治理原则设立相应规定。如针对"三区一廊道"的特定区域规定相应的制度措施。

针对河源区：规定禁止在黄河上游约古宗列曲、扎陵湖、鄂陵湖、玛多河湖群等河道、湖泊管理范围内从事采矿、采砂、渔猎等活动，维持河道、湖泊天然状态。

针对黄土高原地区：规定在黄土高原地区采取坡耕地综合整治、淤地坝建设、小流域综合治理、整沟治理等相关制度。

针对河口区：第36条规定国务院水行政主管部门应当会同国务院有关部门和山东省人民政府，编制并实施黄河入海河口整治规划，合理布局黄河入海流路，加强河口治理，保障入海河道畅通和河口防洪防凌安全，实施清水沟、刁口河生态补水，维护河口生态功能。国务院自然资源、林业和草原主管部门应当会同国务院有关部门和山东省人民政府，组织开展黄河三角洲湿地生态保护与修复，有序推进退塘还河、退耕还湿、退田还滩，加强外来入侵物种防治，减少油气开采、围垦养殖、港口航运等活动对河口生态系统的影响。禁止侵占刁口河等黄河备用入海流路。

针对"河流廊道"：规定实现河流生态流量和湖泊生态水位管控制度，确保不断流，维持河流廊道畅通。要求确定生态流量和生态水位的管控指标应当进行科学论证，综合考虑水资源条件、气候状况、生态环境保护要求、生活生产用水状况等因素。有关单位和省区要组织编制和实施生态流量和生态水位保障实施方案。黄河干流、重要支流水工程应当将生态用水调度纳入日常运行调度规程。

国家支持黄河流域有关地方人民政府以稳定河势、规范流路、保障行洪能力为前提，统筹河道岸线保护修复、退耕还湿，建设集防洪、生态保护等功能于一体的绿色生态走廊。一是将"三线一单"法治化。按照生态保护红线、环境质量底线、资源利用上线要求，制定生态环境分区管控方案和准入清单，生态环境分区管控方案和准入清单应当与国土空间规划相衔接。禁止在黄河干支流岸线管控范围内新建、扩建化工园区和化工项目。禁止在黄河干流岸线和重要支流岸线的管控范围内新建、改建、扩建尾矿库。二是针对一些特殊问题进行了规定。对自然保护地体系建设管理、生物多样性保护管理、重点水域禁渔制度、地下水超采综合治理、严格控制黄河流域以人工湖、人工湿地等形式新建人造水景观人造水景观、水电开发、矿山监督管理做了针对性规定。

（四）关于水资源节约集约利用的相关规定

《黄河保护法》针对水资源短缺这个黄河流域最大的矛盾，对精打细算用好水资源、从严从细管好水资源、打好深度节水控水攻坚战规定了一系列严格的制度措施。

一是规定国家在黄河流域实行水资源刚性约束制度。在黄河流域实行水资源刚性约束制度。以水定城、以水定地、以水定人、以水定产，构建与水资源承载能力相适应的现代产业体系，建立水资源强制性约束控制指标体系，包括：地表水取用水总量、地下水取水总量和地下水位控制指标、生态流量、强制性用水定额；干支流、行政区、行业（农业、工业、生活及河道外生态等）水量分配等强制性约束控制指标，并规定国家实行黄河流域生态保护和高质量发展责任制和考核评价制度，上级人民政府应当对下级人民政府水资源强制性约束控制指标落实情况等生态保护和高质量发展目标完成情况进行考核。

二是对打好节水控水攻坚战规定了严格的制度。要求强化农业节水增效、加强工业节水减排、推动城镇节水降损。首次规定实行强制性用水定额管理制度，超过强制性用水定额的，应当限期实施节水技术改造。对农业、工业、园区、公共机构的节水规定针对性措施，并对水价体系首次在法律层面予以规定，规定城镇居民生活用水和具备条件的农村居民生活用水实行阶梯水价，高耗水工业和服务业水价实行高额累进加价，非居民用水水价实行超定额累进加价，推进农业水价综合改革。

三是规定了在黄河流域实行水资源差别化管理，开展黄河流域水资源评价和承载能力调查评估，划定水资源超载地区、临界超载地区、不超载地区，除生活用水等民生保障用水外，黄河流域水资源超载地区不得新增取水许可；水资源临界超载地区应当严格限制新增取水许可。

四是强化了取水许可制度，明确了不予批准取水申请或者限批取水许可情形。超载区不得新增、临界超载区限制性措施；严格限制从黄河流域向外流域扩大供水量，严格限制新增引黄灌溉用水量。不予批准高耗水负面清单和淘汰类目录取水申请；禁止取用深层地下水用于农业灌溉。

（五）关于水沙调控与防洪安全的规定

《黄河保护法》聚焦洪水风险这个最大威胁，紧紧抓住水沙关系调节这个"牛鼻子"，对水沙调控和防洪减灾工程体系建设、完善水沙调控和防洪防凌调度机制、滩区治理及河道、水库管理等做出了全面规定。

一是加强防洪工程体系建设有了法律依据。要求依据黄河流域综合规划、防洪规划，在黄河流域组织建设水沙调控和防洪减灾工程体系，国家完善以骨干水库等重大水工程为主的水沙调控体系。加强黄河干支流控制性水工程、标准化堤防、控导工程、病险水库除险加固及山洪泥石流灾害防治等，加强城市防洪排涝设施建设和管理，完善城市洪涝灾害监测预警机制，健全城市防灾减灾体系。

二是规定了水沙综合调度、统一调度、调水调沙制度，实现了水沙统一调度有法可依。要求统筹防洪减淤、城乡供水、灌溉用水、水力发电等目标，建立水资源、水沙、防洪综合调度体系，实施黄河干支流控制性水工程统一调度；实施黄河流域水沙统一调度；实施黄河干支流水库群统一调度，编制水沙调控方案，确定重点水库水沙调控运用指标、运用方式、调控起止时间，下达调度指令。

三是针对黄河流域河湖管理中特殊问题、普遍问题、难点问题规定了针对性的法律制度，如制定黄河滩区名录，有序安排滩区居民迁建，严格控制向滩区迁入常住人口，实施滩区综合提升治理工程。在黄河滩区内，不得新划定永久基本农田，不得新开垦荒地、新建生产堤。禁止在河道、湖泊管理范围内建设妨碍行洪的建筑物以及从事影响河势稳定、危害河岸堤防安全和其他妨碍河道行洪的活动。禁止违法利用、占用河道、湖泊水域和岸线。黄河流域河道治理，应当因地制宜采取河道清障、清淤疏浚、岸坡整治、堤防加固治理措施，加强悬河和游荡性河道整治。黄河流域河道采砂应当依法取得采砂许可。禁止在黄河流域禁采区和禁采期从事河道采砂活动。加强对龙羊峡、刘家峡、三门峡、小浪底、故县、陆浑、河口村等干支流骨干水库库区的管理，科学调控水库水位，加强库区水土保持、生态保护和地质灾害防治工作。

（六）关于加强污染防治的规定

一是规定国家加强黄河流域农业面源污染、工业污染、城乡生活污染等的综合治理、系统治理、源头治理，推进重点河湖环境综合整治。

二是对入河排污口设置审批、排查整治进行了规定，规定新设、改设或者扩大排污口，应当报经有管辖权的管理机构批准。水环境质量不达标的水功能区，应当严格控制新设、改设或者扩大排污口。对本行政区域河道、湖泊的排污口组织开展排查整治，明确责任主体，实施分类管理。

三是明确尾矿库及化工园区地下水污染源等监测防治制度。对沿河道、湖泊的垃圾填埋场、加油站、矿山、尾矿库、化工园区和化工项目等地下水重点污染源及周边地下水环境风险隐患组织开展调查评估，采取风险防范和整治措施。

四是规定农业面源污染防治制度。加强农药、化肥等农业投入品使用总量控制，推广病虫害绿色防控等先进适用技术，实施灌区农田退水循环利用，加强对农业污染源的监测预警。

（七）关于促进高质量发展的规定

一是要求协同推进黄河流域生态保护和高质量发展与乡村振兴、新型城镇化战略和中部崛起、西部大开发等区域协调发展战略的实施。

二是对黄河流域两高项目、粮食安全等做了规定。严格限制在黄河流域布局高耗水、高污染或高耗能项目。鼓励、支持黄河流域建设高标准农田、现代畜牧业生产基地。调整农业产业结构，优化农业产业布局，发展区域优势农业产业，服务国家粮食安全战略。

三是对城镇发展、美丽乡村建设、基础设施建设、科技创新、绿色低碳生活方式等做了规定。应当科学规划乡村布局，加强农村基础设施建设，推进农村产业融合发展，鼓励使用绿色低碳能源，加快推进农房和村庄建设现代化，建设生态宜居美丽乡村。推动制造业高质量发展和资源型产业转型，因地制宜发展特色优势现代产业和清洁低碳能源，推动产业结构、能源结构、交通运输结构等优化调整，推进碳达峰碳中和工作。

（八）关于保护传承弘扬黄河文化的相关制度

《黄河保护法》首次设置"黄河文化保护传承弘扬"专章。一是组织开展黄河文化和治河历史研究，推动黄河文化创造性转化和创新性发展。二是国家加强黄河流域历史文化名城名镇名村、历史文化街区、文物落、少数民族特色村寨和古河道、古堤防、古灌溉工程等水文化遗产以及农耕文化遗产、地名文化遗产等的保护。三是将黄河文化融入城乡建设和水利工程等基础设施建设。四是应当以保护传承弘扬黄河文化为重点，促进文化产业与农业、水利、服务业等深度融合。统筹黄河文化、流域水景观和水工程等资源，建设黄河文化旅游带。

法律的生命力在于实施，法律的权威也在于实施。《黄河保护法》的施行是黄河保护治理的新起点，必须将宣传贯彻《黄河保护法》与全面学习、全面把握、全面落实党的二十大精神结合起来，把《黄河保护法》蕴含的法治精神理解到位、内涵要求把握到位、贯彻落实执行到位，坚决履行好法定职责，在法治轨道上有力、有效做好黄河保护治理各项工作。

Contents

I General Report

B.1 Report on Yellow River Governance and Green

Development of the Basin

Qian Xi, Zhang Min, Wang Wanwan, Wang Jiayi and Ma Dongfang / 001

Abstract: The Yellow River is the second largest river in China, renowned for its high sediment concentration and fine sediment. The average sediment of the Yellow River over the years is 1. 6 billion tons, 16 times that of the Corollado and Nile rivers, but its water volume is only 5% of that of the Yangtze River. The changes in rivers are the result of a combination of natural and human factors. The relationship between people and water in the Yellow River Basin is extremely complex, and the harmonious and stable relationship between people and water plays a crucial role in promoting green development in the basin. This chapter revolves around the evolution process of human water relationship and the development characteristics of water and sediment situation in the Yellow River Basin, revealing the relationship between humans and nature in the process of Yellow River governance, development and protection, and elucidating the impact of nature and human activities on the hydrological and sediment processes of the Yellow River. The results indicate that the natural attributes of the Yellow River have a mutually beneficial impact on humans, and the combined effects of nature and human activities can also affect the changes in the river. Therefore, a history of Yellow River governance is also a history of the relationship between humans and nature. At the same time, this chapter systematically elaborates on the new achievements made by the people in controlling the Yellow River in recent years from the perspectives of water security, water ecology, water resources, and green development, as well as the current situation of ecological protection and green development in river basins. It also proposes specific suggestions to further increase the efforts of ecological environment protection and governance, improve flood control safety guarantees, strengthen rigid constraints on water resources, and promote green and high-quality development, To provide theoretical support for promoting the high-quality development of water conservancy in the Yellow River Basin in the new era.

Keywords: Yellow River Basin; Water Ecology; Ecological Protection; Green Development

Ⅱ   Yellow River Conservancy

B.2   The Status of Water Ecological Environment in the Yellow

River Basin   *Han Bing, Liang Shuai and Wang Wanwan* / 027

Abstract: The state of water ecological environment is an important indicator of whether the relationship between humans and nature in a watershed is harmonious. This chapter provides an overview of the ecological and environmental patterns in the upper, middle, lower reaches, and estuaries of the basin. It focuses on the ecological flow guarantee situation of key sections, water quality status of national control sections, and biodiversity in the Henan section of the lower Yellow River. It analyzes and evaluates the water ecological and environmental status of the basin in 2021. Finally, it summarizes the key work of water ecological and environmental governance in 9 provinces and regions along the Yellow River. Research shows that in 2021, the Yellow River Basin will receive 55058 billion cubic meters of water, which is 20% higher than the same period in many years. The Yellow River Water Resources Commission has fully ensured the safety of water supply in the basin, implemented ecological regulation throughout the entire basin, and supplemented ecological water outside the river channel to achieve the ecological flow guarantee goal of meeting the ecological flow standards of the main stream of the Yellow River, as well as 22 key sections of 12 tributaries such as the Tao River and Datong River; Among the 256 national controlled sections in the Yellow River Basin, Class I to Ⅲ water quality sections account for 81.9%, and Class V water quality sections account for 3.8%. The water quality of the main stream is excellent, while the water quality of the main tributaries is good, with a significant improvement compared to 2020; The number of fish species in the Henan section of the lower reaches of the Yellow River increased from 36 in 2009－2010 to 62 in 2018－2020, indicating a significant increase in biodiversity in the past decade. The 9 provinces and regions along the Yellow River actively promote the management of mountains, rivers, forests, fields, lakes, and grasslands, and carry out water ecological environment management work in accordance with local conditions, all of which have achieved significant results.

Keywords: Ecological Flow; Water Quality; Biodiversity; Water Ecology; Environment Governance

B.3 Report on Soil Erosion Control in the Yellow River Basin

Liu Yang, *Jiao Peng* / 040

Abstract: The Yellow River Basin is an important ecological barrier in northwest China, an ecological corridor connecting Qinghai-Xizang Plateau, Loess Plateau and North China Plain, and also the most serious area of soil erosion in China. Soil erosion in the Yellow River Basin is mainly concentrated in the Loess Plateau area, which covers an area of 640, 600km^2, accounting for 80.61% of the basin area, but its soil erosion area accounts for 89.21% of the basin soil erosion area. Therefore, the Loess Plateau region has been a key area for erosion control. This chapter analyzes the five stages of development process of soil erosion management in the Yellow River Basin from the current situation, characteristics and hazards of soil erosion in the Yellow River Basin, and further reveals the status and management of soil erosion in the Yellow River Basin at the present stage, and finally summarizes the new problems and new countermeasures for soil erosion management in the new period. The results show that soil erosion causes ecological degradation, triggers flooding in the Yellow River, affects the effective use of water resources and harms agricultural production, which seriously threatens the life and property safety of people along the river. Through policy support such as returning farmland to forest (grass), integrated management of small watersheds and the use of new technologies such as remote sensing, by 2020, the Yellow River Basin has initially managed a total of 252, 400km^2 of soil erosion, built 58, 100 silt dams, constructed 6, 080, 200hm^2 of terraces, created 12, 635, 400hm^2 of soil and water conservation forests, planted 2, 340, 000hm^2 of grass, and The rate of soil and water conservation has been stabilized at 66.9%.

Keywords: Yellow River Basin; Water and Soil Erosion; Water and Soil Conservation

B.4   The Development Situation of Flood Control Safety and Water-sediment Regulation in the Yellow River Basin

Li Junhua, Zheng Jiayun, Li Jieyu,

Chen Bing and Zhang Xiangping / 062

Abstract: The Yellow River is susceptible to siltation, breach, and shifting, which can lead to devastating flood disasters in the basin, posing a significant threat to people along the river. Over thousands of years, the Chinese nation has been fighting against the Yellow River flood disaster. Through systematic research, it is believed that the causes of flood disasters mainly include factors such as floods, sediment, embankments, and society. Flood disasters mainly occur in the lower reaches of the Yellow River. On average, there was one flood disaster per year before the establishment of the People's Republic of China. However, since its establishment, there have been significant accomplishments in water and sediment control. The Yellow River basin has built a flood prevention and disaster reduction system of "storing water upstream, draining downstream and opening up detention zone at both sides of the banks", and formed the basic way of comprehensive treatment of sediment by 'damming, regulating, draining, releasing and dredging', and gradually formed a water and sediment control system. Before the flood season, the minimum discharge of the main channel will be restored from 1800 m3/s in 2002 to about 5000 m3/s in 2021, meaning that the discharge capacity of the main channel is significantly improved. Continuous regulation of water and sediment has resulted in significant comprehensive benefits, including improved flood control security, reduced sediment discharge and siltation, better utilization of flood resources, and enhanced ecological water supplement, which has ensured the safety of the Yellow River in summer and autumn flood and the safety of people's lives and property. Typical cases are introduced using the 2018 to 2020 water-sediment regulation and flood prevention in the autumn of 2021.

Keywords: Yellow River Basin; Security of Flood Control; Water-sediment Regulation; Yellow River Autumn Flood Prevention

B.5 Development Report on Conservation and Intensive

Utilization of Water Resources in the Yellow River Basin

Wang Juntao, Jing Ming and Liu Chang / 096

Abstract: The Yellow River Basin is an important ecological barrier and an important economic zone in China. Since the 18th Party Congress, General Secretary Xi Jinping has made several important speeches on water conservation, and it is important to accelerate the formation of industrial structure, production mode, lifestyle and spatial pattern of water conservation and intensive use for promoting ecological protection and high-quality development in the Yellow River Basin. Based on a series of laws and regulations, plans or institutional policies issued at the national, basin, provincial and regional levels, this paper summarizes the target requirements for water conservation and intensive use in the Yellow River Basin, and analyzes the water withdrawal and consumption levels of each river section, each province and region, and each industry in the Yellow River Basin in different spatial and temporal dimensions. From the current situation of water resources withdrawal and consumption, the total water withdrawal in the Yellow River water supply area in 2021 is 50. 145billion m^3, and the total water consumption in the Yellow River water supply area is 40. 525 billion m^3. Through analyzing the water consumption indexes of agriculture, industry and life in the Yellow River basin, it is found that the Yellow River basin has an overall growth trend of irrigated area after 2012, the average water consumption per mu has steadily decreased, the industrial water consumption in the Yellow River basin has shown an obvious The per capita urban domestic water consumption of the Yellow River has decreased and the per capita rural residential water consumption has increased. since 2015, the water resources development and utilization rate of the Yellow River Basin has shown a significant downward trend. In general, there are still problems in the Yellow River Basin in terms of water resources conservation and intensive use, such as the total amount and quota control index system still needs to be improved, agricultural water conservation still has more room for improvement, and the mechanism of water conservation and intensive use is not yet complete. Constraints and shortcomings, still need to continue to take targeted measures to strengthen the intensive and economical use of water resources, to provide solid water security for the quality development of the Yellow River Basin.

Keywords: Water Resources; Conservation and Intensification Utilization; Yellow River Basin; Water-conserving Society

III   Green Development

B . 6   Research on Water Resources Security and Green
Development in Yellow River Basin

Li Enkuan , Zhang Wenge , Zhang Jie and Shi Rui / 137

Abstract: The major national strategy of ecological protection and high-quality development of the Yellow River Basin has put forward higher requirements for water resources security in the Yellow River Basin. The index system of water resources utilization for green development of the Yellow River Basin is constructed, and the interactive relationship between water resources and green development of the national economy in the Yellow River Basin is systematically analyzed, and the results show that: water resources and green development of the national economy are well coordinated in five provinces: Sichuan, Shanxi, Shaanxi, Henan and Shandong, Qinghai and Gansu are in the middle coordinated state, and Ningxia and Inner Mongolia are in the uncoordinated state. development; analyzed the situation and problems of water resources security in the context of green development, and put forward six proposals to improve water resources security in the Yellow River Basin provinces (autonomous regions), such as optimizing the adjustment of the "87" water diversion scheme and improving the Yellow River water resources control index system.

Keywords: National Economy; Green Development; Water Efficiency; Water Resources Security

B.7 Report on Ecological Protection and Green Development
of the Yellow River Basin *Wang Zhihui* / 159

Abstract: To promote the ecological protection and high-quality development of the Yellow River Basin, it is necessary to adhere to the premise of ecological priority and the driving force of green development, so as to realize the intrinsic unity of high-level ecological protection and high-quality development. In order to further reflect the important connection between ecological protection and green development, this chapter firstly based on the ecological restoration rate and GDP growth rate, a two-dimensional evaluation index system was constructed to evaluate the balance state between ecological governance restoration and GDP economic development, and reflects the effectiveness of soil and water conservation and ecological governance through the indexes of the forest coverage rate, the grassland coverage rate, the area of soil and water erosion and the soil and water conservation rate, and summarizes the current soil and water conservation of the Yellow River basin ecological governance still exists, and puts forward countermeasures and suggestions to promote high-quality ecological governance and green economic development. The results show that the effect of soil and water conservation and ecological governance in the Yellow River Basin has been remarkable in the past two decades, but all the provinces along the Yellow River have certain deficiencies in the synergistic development of ecological protection and governance and GDP, and at the same time, there are such problems as spatial imbalance in the degree of soil and water conservation governance , water-sand relationship is still uncoordinated, the sustainability of the ecological environment of soil and water conservation, the absence of the function of the ecological governance measures, and the absence of the quantitative assessment in the new period of ecological governance. Therefore, it is suggested to do a good job of top-level design, adhere to the systematic thinking and bottom-line awareness, focus on the development of green low-carbon emerging industries, and accelerate the construction of climate governance system.

Keywords: Ecological Governance; Green Development; Yellow River Basin

B . 8   Report on Water Ecological Governance and Green
         Development in the Yellow River Basin

Han Bing , Wang Jiayi / 174

Abstract: To implement ecological protection and high-quality development
in the Yellow River Basin, it is necessary to handle the relationship between
water ecological environment governance and green development. This chapter
analyzes the relationship between water ecological environment and green
development from the perspective of concept and connotation, as well as the
reflection and status of water ecological environment in the green development
indicator system. It summarizes the effectiveness of water ecological environment
governance in the Yellow River Basin in recent years, analyzes the existing
problems and reasons, and proposes corresponding countermeasures. The results
show that the water environment quality of the Yellow River Basin has steadily
improved, with the proportion of I-III sections increasing from 12% in 2001 to
81. 9% in 2021, and the proportion of inferior V sections decreasing from 56%
in 2001 to 3. 8% in 2021; The wetland protection system has been preliminarily
established, with a protected wetland area of 2325700 hectares, a wetland
protection rate of 59. 19%, and a natural wetland protection rate of 59. 49%;
During the 13th Five Year Plan period, the decrease in chemical oxygen demand
and ammonia nitrogen in various provinces and regions along the Yellow River
was between 9. 4 to 27. 1 and 3. 36 to 68. 4 percentage points, respectively. The
use of pesticides and fertilizers in the Yellow River Basin was effectively
controlled. However, there are still serious issues with tributary water pollution,
reduction of natural wetlands, and degradation of fish biodiversity. The main reasons
are the prominent contradiction between water resource supply and demand, the
high discharge load of pollutants in the basin, and the degradation of water
ecosystems caused by human activities. It is recommended to strengthen the
ecological regulation of river basins, deepen water pollution prevention and
control, promote water ecosystem governance, and improve the water ecological
environment of river basins.

Keywords: Water Ecological Environment Governance; Green Development; Ecological Scheduling; Pollution Prevention and Control; Wetland Protection

B.9　The Yellow River Basin Protection Governance and "Double Carbon" Goal

Wang Zhihui, Jia Jia and Sun Pengcheng / 186

Abstract: According to the analysis of CO_2 data emitted by fossil fuel consumption in each province released by the China Carbon Accounting Database, the average carbon emissions in the Yellow River Basin from 1997 to 2019 were 3.094 billion tons, accounting for 38.29% of the total carbon emissions in the country, and the total carbon emissions increased by 4.673 billion tons. Among the nine provinces in the Yellow River Basin, Shanxi, Shaanxi, Inner Mongolia and Ningxia have the largest growth rate of carbon emissions, followed by Shandong and Qinghai, and Henan, Sichuan and Gansu have the smallest. According to the carbon flux simulation results of the Yellow River Basin, after nearly two decades of soil and water conservation measures, the carbon sink of the Yellow River Basin ecosystem increased from −1.15 TgC to 9.88 TgC from 2000 to 2020, an increase of 11.02 TgC. From 2000 to 2018, the carbon uptake of vegetation in the Yellow River Basin increased from 401.57 TgC to 662.54 TgC, an increase of 65%. According to the results of Meta-analysis in the literature, the carbon sequestration effect of terraces ranged from 20.71% to 55.92% in months, and the carbon sequestration benefit of terracing measures decreases with increasing soil depth. Silt dams are an important pathway to increase soil carbon sinks in the Yellow River basin. Based on the current problem of the relationship between soil and water conservation and carbon sequestration, several suggestions are proposed, such as the configuration of ecological management measures for soil and water conservation to achieve the function of carbon increase and sink, and strengthening the evaluation of carbon sink mechanisms and benefits of ecological management measures.

Keywords: Carbon Emissions; Carbon Increase and Sink; Carbon Sequestration Capacity

B . 10　Status of Protection; Inheritance; and Promotion of

　　　　Yellow River Water Culture

Ma Guangzhou, Yu Fukun and Li Fang / 207

Abstract: The Yellow River culture is an important part of Chinese civilization and the root and soul of the Chinese nation. As an important birthplace of Chinese civilization, the Yellow River Basin is rich in historical and cultural resources. With its indomitable momentum, it has shaped the national character of the Chinese nation's self-improvement and laid an important foundation for the Chinese nation's cultural confidence. At present and in the future, the Yellow River water conservancy has entered a new stage of accelerating reform and development. Strengthening the construction of the Yellow River water culture is a strong support for promoting the rapid and good development of the Yellow River water conservancy. This chapter outlines the connotation and logical relationship between the Yellow River culture and the Yellow River water culture. Taking the Yellow River water culture as a representative, it basically reflects the protection and development of the Yellow River cultural resources of the provinces (regions) in the Yellow River Basin from 2020 to 2021, and preliminarily identifies the differences in the protection and utilization of the Yellow River cultural resources among the nine provinces (regions) in the Yellow River Basin. Based on the analysis of the relationship between culture and economic regional development, it is suggested to rely on the rich cultural resources of the Yellow River, establish systematic protection and utilization ideas, coordinate the short-term and medium and long-term development, develop the full chain cultural tourism industry with distinctive characteristics, constantly expand the main body of the cultural tourism market, and tell the story of the Yellow River.

Keywords: Yellow River Culture; Yellow River Water Culture; Cultural Heritage; Yellow River Cultural Tourism Belt

Ⅳ Regional Governance

B . 11 The Status and Facing Situation of Water Conservation

in the Source Region of the Yellow River

Liang Shuai, Han Bing and Tian Shimin / 243

Abstract: The source area of the Yellow River (SAYR) is very important for water conservation in the Yellow River Basin. Under the coupled stresses of climate change and human activities, the ecosystem in the source area of the Yellow River has degraded significantly, which has a significant impact on the water conservation function. Based on previous studies, this study elaborates the concept and connotation of water conservation, relates the change process for the subjects of water conservation in the SAYR, discusses the response characteristics of waterconservation function to the change of water conservation subjects, and analyzes the situation facing the evolution of the water conservation capacity of the SAYR in the future. By analyzing the changing characteristics of water source conservation in the SAYR, it was found that due to the continuous degradation of grasslands and wetlands in the SAYR in the early days, as well as the continuous melting of glaciers and permafrost, the water storage and retention capacity of the source area and the regulating effect of glacier melting on runoff were severely reduced, which had adverse effects on water source conservation in the SAYR, water resource allocation and ecosystem in the Yellow River basin. Generally speaking, the water conservation function of the SAYR is gradually recovering, but its water conservation capacity is still relatively low. Therefore, in the future, it is still necessary to carry out targeted measures such as implementing precise restoration and governance of the ecological environment, establishing an ecological compensation mechanism for the Yellow River Basin, and strengthening scientific basic research related to water conservation for providing reference and guarantee for the improvement of water conservation capacity in SAYR.

Keywords: The Source Area of the Yellow River; Water Conservation; Grassland Degradation; Wetland Shrinkage; Climate Change

B . 12   Current Status of Ecological restoration in the Yellow

River Delta   *Dou Shentang, Zhang Shaohua* / 260

Abstract: The decrease of runoff and sediment from the Yellow River to the sea has broken the balance of water and salt, water and ecological balance of wetlands, seriously threatened biological habitats and reduced biodiversity. The fragile ecosystem of the Yellow River Delta urgently needs to strengthen the ecological protection and restoration of the delta. The major national strategy of ecological protection and high-quality development in the Yellow River Basin and the construction of the Yellow River Estuary National Park put forward higher standards for the ecological protection and Restoration of the Yellow River Delta. The report systematically introduces the general situation, strategic positioning, ecological characteristics and general situation of the Yellow River Delta region, and combed the urgent problems to be solved in the ecological governance of the Yellow River Delta, such as coastal erosion threatening estuarine habitat, the coexistence of ecological restoration and degradation and so on。 Combined with the practice and effectiveness of ecological water replenishment in the Yellow River Delta, some suggestions are put forward, such as promoting the ecological protection and restoration project of the Yellow River Delta, establishing an ecological monitoring platform and evaluation system, and doing a good job in the scientific dispatching and management of ecological water replenishment.

Keywords: Yellow River Delta; Ecological Protection and Restoration; Ecological Water Replenishment

B . 13 Research on the Ecological Environment status and Restoration Strategies of Wuliangsuhai Lake

Han Bing, Zhao Lingdong and Zhang Zhanshuo / 275

Abstract: Wuliangsuhai is an important ecological security barrier in China, responsible for ensuring the biodiversity and water ecological security of the Yellow River. This chapter takes Wuliangsuhai as the research area and summarizes the main ecological restoration measures in recent years. Through on-site investigation, a comprehensive analysis was conducted on the water quality, eutrophication status, aquatic vegetation, and aquatic biodiversity of the lake area. The improvement of the ecological environment of Wuliangsuhai in 2020 was evaluated, and countermeasures and suggestions were proposed. The results showed that in September 2020, the concentrations of total nitrogen, total phosphorus, and chlorophyll-a in the water body of Wuliangsuhai were significantly lower, overall at the level of Class IV, with some improvement compared to historical years; The comprehensive nutritional status index of Wuliangsuhai water body ranges from 29. 8 to 38. 8, indicating a moderate nutritional status; More than 60% of the water surface of Wuliangsuhai is covered by reeds, and more than 80% of the open water surface area is distributed with submerged plants such as Labyrintha serrata, Ceratophyllum paniculatum, Charophyta, and Goldfish algae, among which Labyrintha serrata is the absolute dominant species; A total of 6 phyla, 39 genera, and 50 species of phytoplankton were detected, while 4 categories, 23 genera, and 37 species of zooplankton were detected. It is recommended to continue implementing ecological water replenishment, strengthen the reduction of agricultural non-point source pollution, strengthen the management of aquatic vegetation in the lake area, and improve the ecological environment quality of Wuliangsu seawater.

Keywords: Wuliang Suhai; Ecological Water Replenishment; Biodiversity

V Happy River Construction

B.14 Report on Construction and Evaluation of the Happy

Yellow River

Wang Wanwan，Liang Shuai and Cao Yongtao / 285

Abstract：Based on the river health orientation，meeting the needs of social and economic sustainable development，systematically expounds the basic connotation of "Happy River" with the theme of "harmony between human and water". At the same time，combined with the characteristics and actual situation of the Yellow River Basin，25 indicators，such as Flood control compliance rate and Degree of ecological flow guarantee，were selected from seven aspects of Flood control and safety，High quality water resources，Healthy water ecology，Livable water environment，Advanced water culture，Modern water economy and Scientific water management，to preliminarily build the Happy River evaluation index system，and evaluates the happiness index of the Yellow River in different periods，different reaches and nine provinces through which it flows. The results indicate that the happiness status in the Yellow River Basin is gradually improving；The happiness index of different river sections is upstream > downstream > midstream，with small overall spatial differences；Among the 9 provinces along the Yellow River，Sichuan，Qinghai，and Shandong have higher happiness indices，while Inner Mongolia and Shanxi have lower happiness indices. At present，the short board of flood control of the Yellow River is still outstanding，and the construction of "high-quality water resources"，"livable water environment" and "scientific water management" needs to be strengthened. The next step should be to continuously improve flood control engineering and non engineering systems，accelerate the promotion of water resource conservation and intensification，pay attention to water environment and ecological governance and protection，increase the inheritance and promotion of the Yellow River culture protection，promote high-quality development of the basin economy, and enhance the level of modern management of rivers and lakes. At the same time, the construction goals of the future Happy Yellow River were predicted.

Keywords: Yellow River; Happy Index of River; Happy River Construction

B.15   Legal Guarantee of Ecological Protection and

High-quality Development in the Yellow River Basin

Qiao Xixian / 306

Abstract: Law on Yellow River conservation is a basic, comprehensive and dominant special law for the Yellow River basin. The promulgation of this law is of great significance to implementing Xi Jinping Thought on Eco-Civilization, Xi Jinping Thought on the Rule of Law and '16 characters' water-control concept , strengthening the protection of the ecological environment in the Yellow River Basin, ensuring the safety of the Yellow River, promoting the economical and intensive use of water resources, promoting high-quality development, protecting and inheriting the culture of the Yellow River, and realizing the harmonious coexistence between man and nature and the sustainable development of the Chinese nation. This paper expounds the necessity of law on Yellow River conservation from the perspective of the whole country, the whole river basin and the prominent problems of the Yellow River Basin, and reveals the highlights of law on Yellow River conservation, such as pertinence, overall planning, systematism and integration, which are different from the existing legal provisions. Law on Yellow River conservation makes specific provisions on strengthening ecological and environmental protection, promoting conservation and intensive use of water resources, ensuring the safety of the Yellow River, promoting high-quality development, and protecting, inheriting and carrying forward the Yellow River culture. It is suggested to combine the publicity and implementation of law on

Yellow River conservation with the comprehensive study, full grasp and full implementation of the 20th National Congress of the Communist Party of China, resolutely perform legal duties, effectively and effectively do various work on the protection and governance of the Yellow River on the track of the rule of law, and gather a strong joint force for promoting ecological protection and high-quality development of the Yellow River basin.

Keywords: Law on Yellow River Conservation; Yellow River Basin; Ecological Protection; Legislative Construction

皮 书

智库成果出版与传播平台

❖ 皮书定义 ❖

皮书是对中国与世界发展状况和热点问题进行年度监测，以专业的角度、专家的视野和实证研究方法，针对某一领域或区域现状与发展态势展开分析和预测，具备前沿性、原创性、实证性、连续性、时效性等特点的公开出版物，由一系列权威研究报告组成。

❖ 皮书作者 ❖

皮书系列报告作者以国内外一流研究机构、知名高校等重点智库的研究人员为主，多为相关领域一流专家学者，他们的观点代表了当下学界对中国与世界的现实和未来最高水平的解读与分析。

❖ 皮书荣誉 ❖

皮书作为中国社会科学院基础理论研究与应用对策研究融合发展的代表性成果，不仅是哲学社会科学工作者服务中国特色社会主义现代化建设的重要成果，更是助力中国特色新型智库建设、构建中国特色哲学社会科学"三大体系"的重要平台。皮书系列先后被列入"十二五""十三五""十四五"时期国家重点出版物出版专项规划项目；自2013年起，重点皮书被列入中国社会科学院国家哲学社会科学创新工程项目。

皮书网

（网址：www.pishu.cn）

发布皮书研创资讯，传播皮书精彩内容
引领皮书出版潮流，打造皮书服务平台

栏目设置

◆ **关于皮书**

何谓皮书、皮书分类、皮书大事记、
皮书荣誉、皮书出版第一人、皮书编辑部

◆ **最新资讯**

通知公告、新闻动态、媒体聚焦、
网站专题、视频直播、下载专区

◆ **皮书研创**

皮书规范、皮书出版、
皮书研究、研创团队

◆ **皮书评奖评价**

指标体系、皮书评价、皮书评奖

所获荣誉

◆ 2008 年、2011 年、2014 年，皮书网均
在全国新闻出版业网站荣誉评选中获得
"最具商业价值网站"称号；

◆ 2012 年，获得"出版业网站百强"称号。

网库合一

2014 年，皮书网与皮书数据库端口合
一，实现资源共享，搭建智库成果融合创
新平台。

皮书网

"皮书说"
微信公众号

权威报告·连续出版·独家资源

皮书数据库
ANNUAL REPORT(YEARBOOK)
DATABASE

分析解读当下中国发展变迁的高端智库平台

所获荣誉

- 2022年，入选技术赋能"新闻+"推荐案例
- 2020年，入选全国新闻出版深度融合发展创新案例
- 2019年，入选国家新闻出版署数字出版精品遴选推荐计划
- 2016年，入选"十三五"国家重点电子出版物出版规划骨干工程
- 2013年，荣获"中国出版政府奖·网络出版物奖"提名奖

皮书数据库　"社科数托邦"
微信公众号

成为用户

登录网址www.pishu.com.cn访问皮书数据库网站或下载皮书数据库APP，通过手机号码验证或邮箱验证即可成为皮书数据库用户。

用户福利

- 已注册用户购书后可免费获赠100元皮书数据库充值卡。刮开充值卡涂层获取充值密码，登录并进入"会员中心"—"在线充值"—"充值卡充值"，充值成功即可购买和查看数据库内容。
- 用户福利最终解释权归社会科学文献出版社所有。

数据库服务热线：010-59367265
数据库服务QQ：2475522410
数据库服务邮箱：database@ssap.cn
图书销售热线：010-59367070/7028
图书服务QQ：1265056568
图书服务邮箱：duzhe@ssap.cn

社会科学文献出版社 皮书系列
SOCIAL SCIENCES ACADEMIC PRESS (CHINA)
卡号：255526134278
密码：

S 基本子库
UB DATABASE

中国社会发展数据库（下设 12 个专题子库）

紧扣人口、政治、外交、法律、教育、医疗卫生、资源环境等 12 个社会发展领域的前沿和热点，全面整合专业著作、智库报告、学术资讯、调研数据等类型资源，帮助用户追踪中国社会发展动态、研究社会发展战略与政策、了解社会热点问题、分析社会发展趋势。

中国经济发展数据库（下设 12 专题子库）

内容涵盖宏观经济、产业经济、工业经济、农业经济、财政金融、房地产经济、城市经济、商业贸易等 12 个重点经济领域，为把握经济运行态势、洞察经济发展规律、研判经济发展趋势、进行经济调控决策提供参考和依据。

中国行业发展数据库（下设 17 个专题子库）

以中国国民经济行业分类为依据，覆盖金融业、旅游业、交通运输业、能源矿产业、制造业等 100 多个行业，跟踪分析国民经济相关行业市场运行状况和政策导向，汇集行业发展前沿资讯，为投资、从业及各种经济决策提供理论支撑和实践指导。

中国区域发展数据库（下设 4 个专题子库）

对中国特定区域内的经济、社会、文化等领域现状与发展情况进行深度分析和预测，涉及省级行政区、城市群、城市、农村等不同维度，研究层级至县及县以下行政区，为学者研究地方经济社会宏观态势、经验模式、发展案例提供支撑，为地方政府决策提供参考。

中国文化传媒数据库（下设 18 个专题子库）

内容覆盖文化产业、新闻传播、电影娱乐、文学艺术、群众文化、图书情报等 18 个重点研究领域，聚焦文化传媒领域发展前沿、热点话题、行业实践，服务用户的教学科研、文化投资、企业规划等需要。

世界经济与国际关系数据库（下设 6 个专题子库）

整合世界经济、国际政治、世界文化与科技、全球性问题、国际组织与国际法、区域研究 6 大领域研究成果，对世界经济形势、国际形势进行连续性深度分析，对年度热点问题进行专题解读，为研判全球发展趋势提供事实和数据支持。

法律声明

"皮书系列"（含蓝皮书、绿皮书、黄皮书）之品牌由社会科学文献出版社最早使用并持续至今，现已被中国图书行业所熟知。"皮书系列"的相关商标已在国家商标管理部门商标局注册，包括但不限于LOGO（▧）、皮书、Pishu、经济蓝皮书、社会蓝皮书等。"皮书系列"图书的注册商标专用权及封面设计、版式设计的著作权均为社会科学文献出版社所有。未经社会科学文献出版社书面授权许可，任何使用与"皮书系列"图书注册商标、封面设计、版式设计相同或者近似的文字、图形或其组合的行为均系侵权行为。

经作者授权，本书的专有出版权及信息网络传播权等为社会科学文献出版社享有。未经社会科学文献出版社书面授权许可，任何就本书内容的复制、发行或以数字形式进行网络传播的行为均系侵权行为。

社会科学文献出版社将通过法律途径追究上述侵权行为的法律责任，维护自身合法权益。

欢迎社会各界人士对侵犯社会科学文献出版社上述权利的侵权行为进行举报。电话：010-59367121，电子邮箱：fawubu@ssap.cn。

社会科学文献出版社

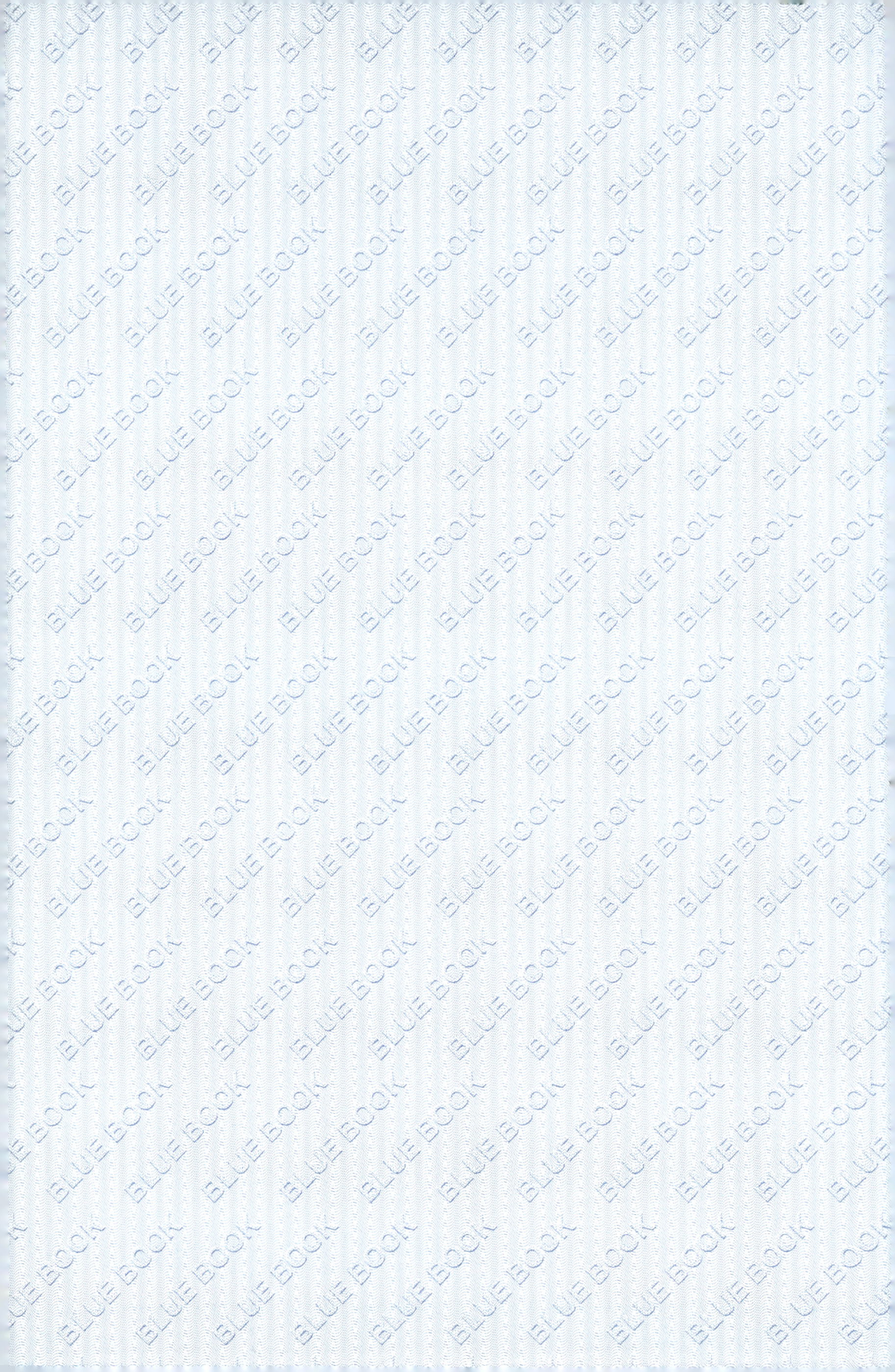